JN237656

[名人の授業シリーズ]

野島の センター試験 日本史B
最速要点チェック

第1章 原始・古代
第2章 中世
第3章 近世
第4章 近代
第5章 現代

東進ハイスクール・東進衛星予備校 講師
野島 博之

東進ブックス

はじめに

◆ 過去との差異

　僕たちは、一体なぜ勉強するのでしょうか。
　いきなり何だよ、って感じですね。自分でもたじろいでしまいそうな問いを発してみました。答えが一様でないことはよくわかっています。
　でもあえて、「この時代に生まれたからだ」、「それ以外の道はないんだ」と応じてみようと思います。
　今のオトナは、皆さんよりも数十年早く、この世を去っていきます。
　しかも、この高度に発達した現代文明は、室温を自在にコントロールでき、コンビニが目と鼻の先にあり、世界中がネットワークされた環境をもたらす一方で、地球規模の厄災をもたらす負のエネルギーも極大化させてしまいました。現在の日本は、いずれの面からみても確かに見事な先進国だと形容してよさそうです。
　つまり、綱渡りにも似た状況が継続・拡大するなかで、皆さんはそれほど遠くない時期に地球という船の重要な構成員になり、やがて否応なく前の世代からすべてをバトンタッチされることになるのです。
　過去の世代も、そうやって次の時代を切り開いてきました。この点では何ら変わらないのですが、差異がまったくないわけではありません。
　それは、相手にするものが飛躍的に複雑化・広域化・巨大化しているところでしょうか。可能性と危険性という尺度で測ったならば、人類史上、これほど刺激的な時代は過去には存在しなかったと断言してよさそうです。ドキドキするなあ。

◆ 一言だけ

　とても面白くて、だからこそ怖い社会のなかで、それぞれが活躍の場をみつけ、たとえわずかでも、この船の中で果たすべき役割を自覚しながら生き抜いていく——、そのために、「今」があるのだと思います。
　本書は日本史の受験用参考書です。本編は、有用であることを何よりも最優先してまとめられています。もう放言はしないから、一言だけ叫ばせてください。

**　　　　その日はやってくる。進もう。**

　　　　　　　　　　　　　　　　　　　　　　　　野島博之

本書の使い方

1 自分に合った学習方法

本書は，学習の進度や習熟度によって，さまざまな使い方ができます。

◆ パターン1

入試本番まで時間がたっぷりあれば，最初からとおして読みましょう。注意問題をみて，どこが誤りなのか，正しい答えは何なのかを考えながら本文を読み進めてください。 NOTE にまとめられた内容を確認して，さらに理解を深めましょう。

◆ パターン2

苦手分野がわかっている場合には，分野ごとに知識を整理するのもよいでしょう。分野アイコンをみながら，苦手な分野にしぼって学習することができます。

◆ パターン3

読み終えたあと，今度は NOTE を使って，年号・人物・事件ごとに要点を整理しましょう。本文中の重要事項も NOTE にまとめられているので，入試直前期に NOTE だけを見直すのもよいでしょう。

◆ パターン4

入試直前期には，★3つの項目だけを学習するのもよいでしょう。最頻出事項にしぼって，外せないところを確認することができます。

◆ パターン5

いよいよ入試が目前に迫ってきたら，確認テストで間違えた問題だけを復習するのも効果的です。該当部分の授業を読み返し，「なぜその答えになるのか」背景知識を確かなものにしておきましょう。

本書の使い方

2 授業

政治・経済・文化など，さまざまな角度から日本古代史〜現代史まで全時代を扱います。冒頭で，センター試験頻出の「注意問題」について考察し，その後「注意問題」に対する解説を中心に，おさえておくべき重要事項について説明していきます。

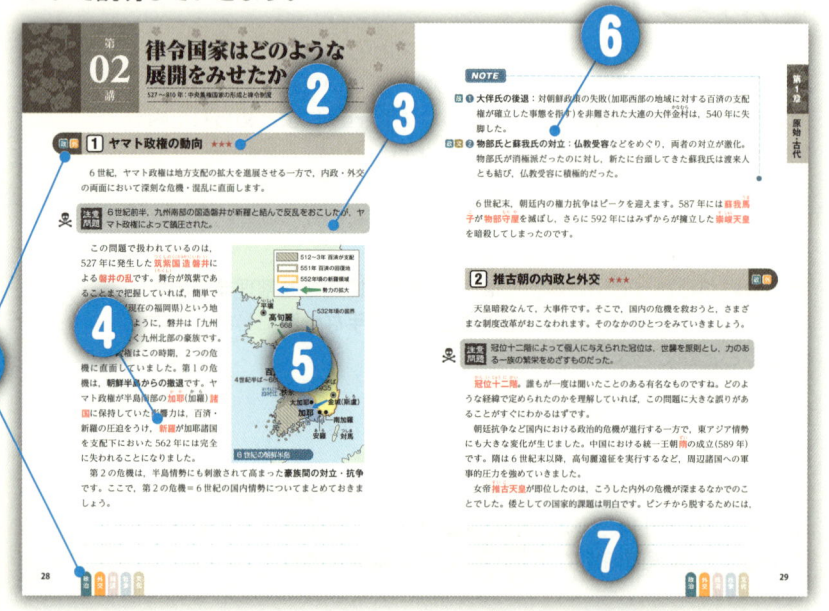

① 分野アイコン：テーマタイトルの横には，授業内容がどの分野に相当するかを示すアイコンを掲載。ページ下部にも，テーマごとに扱っている内容の分野アイコンが表示されています。

【分野の種類】

政＝政治　外＝外交　経＝経済

社＝社会　文＝文化

② 頻出度：テーマタイトルの右側には，授業内容がセンター試験でどれだけ出題されるのか，★を用いて表示しています。学習の目安にしてください。

【頻出度】

★★★：最頻出
★★　：頻出

③ 注意問題：テーマごとに，「ひっかかりやすい」誤った内容の問題を掲載。どこが誤りなのかを考えながら読み進め，理解を深めていきましょう。

④ 本文中の赤文字：本文中の赤文字は，入試頻出の重要用語です。付属の赤シートで隠せるので，確実に覚えましょう。

5 **図版**：大きさ・鮮明さ・正確さ・みやすさを追求した図版です。日本史では，人物や事件とともに，関連する場所を示した地図・系図・史料・文化財などの図版によってイメージを膨らませることも大切。要所に配置した年表で，時系列に沿って記憶を整理するのもよいでしょう。

6 **NOTE**：授業で扱った重要事項と，それに関連する詳細な内容を整理したものです。年号・人物・事件ごとなど，内容に即してまとめているので，学習した内容をおさらいするのに最適です。

7 **メモ欄**：各ページの下に，メモ欄があります。テーマや **NOTE** ごとに内容をまとめたり，注意問題で気をつけるべき点や，なかなか覚えられない用語をメモしたりするなど，自分に合った使い方をみつけましょう。

3 確認テスト

授業で学習した重要語および重要事項に関する確認テストを，講ごとに用意しました。本文に出てきた注意問題を中心に，内容をよく思い出しながら，慎重に解いていきましょう。

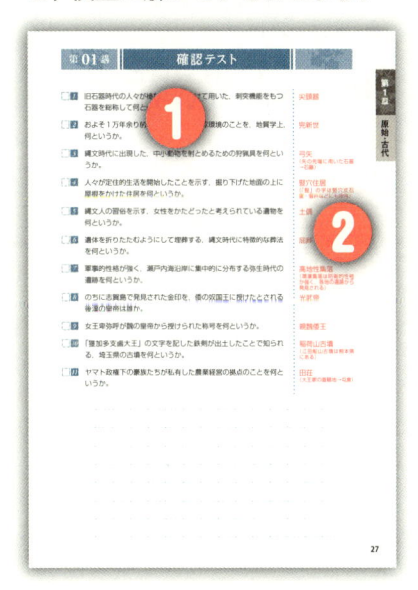

1 **問題**：頻出かつ間違いやすいものを厳選しました。解くときは，間違えた問題に印をつけて，できるようになるまで解き直しましょう。

2 **解答**：問題の右側には解答があります。その下に補足がついているものもあります。赤シートで解答を隠せば，実際の入試に近い状態で解くことができます。

もくじ

はじめに ・・・・・・・・・・・・・・・・・・・・ 2
本書の使い方 ・・・・・・・・・・・・・・・・・ 3

第1章　原始・古代

第01講　国家の形成はどのように進んだか

1. 年代区分と人骨 ・・・・・・・・・・・・・ 10
2. 旧石器時代 ・・・・・・・・・・・・・・・・ 12
3. 縄文文化の成立 ・・・・・・・・・・・・・ 13
4. 縄文人の生活と社会 ・・・・・・・・・・ 14
5. 弥生文化の成立 ・・・・・・・・・・・・・ 16
6. 水稲農耕の展開 ・・・・・・・・・・・・・ 17
7. 弥生人の生活と青銅製祭器 ・・・・・ 18
8. 邪馬台国への道 ・・・・・・・・・・・・・ 20
9. ヤマト政権の成立 ・・・・・・・・・・・・ 22
10. 倭の五王 ・・・・・・・・・・・・・・・・・ 24
11. 氏姓制度 ・・・・・・・・・・・・・・・・・ 25
◆ 確認テスト ・・・・・・・・・・・・・・・・・ 27

第02講　律令国家はどのような展開をみせたか

1. ヤマト政権の動向 ・・・・・・・・・・・・ 28
2. 推古朝の内政と外交 ・・・・・・・・・・ 29
3. 大化改新 ・・・・・・・・・・・・・・・・・ 32
4. 律令国家の形成 ・・・・・・・・・・・・・ 34
5. 律令システムⅠ（法と機構）・・・・・ 36
6. 律令システムⅡ（班田と農民）・・・・ 39
7. 律令政府の政策 ・・・・・・・・・・・・・ 42
8. 奈良時代の政争 ・・・・・・・・・・・・・ 44
9. 新しい土地政策と初期荘園 ・・・・・ 47
10. 平安時代初期の政治 ・・・・・・・・・ 49
◆ 確認テスト ・・・・・・・・・・・・・・・・・ 53

第03講　貴族政治は社会をどのように変えたか

1. 北家の台頭と国際関係の変化 ・・・・ 54
2. 摂関政治 ・・・・・・・・・・・・・・・・・ 56
3. 公領と荘園 ・・・・・・・・・・・・・・・・ 58
4. 武士と反乱 ・・・・・・・・・・・・・・・・ 63
◆ 確認テスト ・・・・・・・・・・・・・・・・・ 65

第04講　古代の文化にはどのような特徴があるか

1. 古墳文化（3世紀中頃～7世紀）・・・・・ 66

2. 飛鳥文化（6世紀末～7世紀前半、推古朝前後）
・・・・・・・・・・・・・・・・・・・・・・ 68
3. 白鳳文化（7世紀後半～8世紀初頭、天武・持統朝前後）・・・・・・・・・・・・・・ 70
4. 天平文化（8世紀、聖武朝前後）・・・・・ 71
5. 弘仁・貞観文化（9世紀、桓武～嵯峨朝前後）
・・・・・・・・・・・・・・・・・・・・・・ 75
6. 国風文化（10世紀～11世紀、摂関政治前後）
・・・・・・・・・・・・・・・・・・・・・・ 77
◆ 確認テスト ・・・・・・・・・・・・・・・・・ 81

第2章　中世

第05講　武士の社会はどのように成長していったか

1. 院政と社会の様相 ・・・・・・・・・・・・ 84
2. 平氏政権の成立と滅亡 ・・・・・・・・・ 86
3. 武士政権の成立 ・・・・・・・・・・・・・ 88
4. 鎌倉幕府の性格 ・・・・・・・・・・・・・ 90
5. 承久の乱 ・・・・・・・・・・・・・・・・・ 93
6. 執権政治 ・・・・・・・・・・・・・・・・・ 97
7. 地頭の成長 ・・・・・・・・・・・・・・・・ 100
8. 蒙古襲来の衝撃 ・・・・・・・・・・・・・ 103
9. 得宗専制と御家人の窮乏 ・・・・・・・ 105
10. 鎌倉時代の農業と商業 ・・・・・・・・ 107
◆ 確認テスト ・・・・・・・・・・・・・・・・・ 109

第06講　武士の社会はどのように変化していったか

1. 建武の新政 ・・・・・・・・・・・・・・・・ 110
2. 南北朝の動乱と守護の成長 ・・・・・ 112
3. 室町幕府と守護大名 ・・・・・・・・・・ 115
4. 国人一揆と土一揆 ・・・・・・・・・・・ 117
5. 東アジア世界との交易 ・・・・・・・・ 119
6. 琉球と蝦夷地 ・・・・・・・・・・・・・・ 122
7. 下剋上の世へ ・・・・・・・・・・・・・・ 124
8. 室町時代の農業と商業 ・・・・・・・・ 125
9. 戦国大名の登場 ・・・・・・・・・・・・ 127
10. 都市の発展 ・・・・・・・・・・・・・・・ 131
◆ 確認テスト ・・・・・・・・・・・・・・・・・ 133

第07講　中世の文化にはどのような特徴があるか

1. 院政期の文化（11世紀後半～12世紀）
・・・・・・・・・・・・・・・・・・・・・・ 134

2 鎌倉文化（12世紀後半〜14世紀初頭） 135
3 南北朝文化（14世紀） 139
4 北山文化（14世紀末〜15世紀前半，3代将軍義満の時代前後） 140
5 東山文化（15世紀後半，応仁の乱前後） 142
6 戦国期の文化（15世紀末〜16世紀） 144
◆ 確認テスト 145

第3章　近世

第08講　幕藩体制の確立はどのように進展したか

1 西欧の衝撃 148
2 南蛮貿易とキリスト教 149
3 天下統一 150
4 太閤検地 153
5 秀吉の対外政策 156
6 江戸幕府の成立 157
7 大名統制 160
8 朝廷・寺院統制 162
9 身分秩序と農民・町人 164
10 家康の外交 166
11 いわゆる「鎖国」政策の展開 168
12 「鎖国」下の対外関係 171
◆ 確認テスト 175

第09講　幕藩体制はどのような展開をみせたか

1 平和と秩序の確立 176
2 元禄時代 178
3 正徳の治 180
4 農業生産の飛躍 182
5 町人の台頭 184
◆ 確認テスト 189

第10講　幕藩体制はどのように動揺・衰退していったか

1 享保の改革 190
2 田沼時代 193
3 寛政の改革 195
4 国外情勢の緊迫 197
5 社会不安の増大 200
6 天保の改革 203
7 新時代への動き 204
◆ 確認テスト 207

第11講　近世の文化にはどのような特徴があるか

1 桃山文化（16世紀後半〜17世紀初頭） 208
2 寛永期の文化（17世紀前半） 211
3 元禄文化（17世紀後半〜18世紀前半） 212
4 宝暦・天明期の文化と化政文化（18世紀後半〜19世紀前半） 216
◆ 確認テスト 223

第4章　近代

第12講　日本は近代の圧力にどのように対応したか

1 開国 226
2 貿易の開始と経済変動 229
3 攘夷から倒幕へ 232
4 明治新政府の成立 238
5 身分制度の改革と徴兵制軍隊の創設 242
6 財政改革の進展 243
7 近代産業の育成と金融改革 246
8 明治初期の対外関係 250
9 反政府運動の高まり 252
◆ 確認テスト 255

第13講　近代国家日本はどのように行動したか

1 民権運動の高揚 256
2 松方財政と民権運動の激化 259
3 憲法の制定 264
4 明治憲法体制 266
5 初期議会 269
6 条約改正 271
7 日清戦争 274
8 日清戦争後の政治 277
9 桂園時代 281
10 日清戦争後の国際関係 283
11 日露戦争 285
12 日露戦争後の国際関係 288

もくじ

13　韓国併合 ‥‥‥‥‥‥‥‥‥ 290
14　産業革命——金融と軽工業分野
　‥‥‥‥‥‥‥‥‥‥‥‥‥‥ 291
15　産業革命——鉄道業・重工業分野
　と財閥 ‥‥‥‥‥‥‥‥‥‥ 295
16　社会運動の勃興 ‥‥‥‥‥‥ 297
◆　確認テスト ‥‥‥‥‥‥‥‥ 300

第14講　成長した日本にはどのような限界があったか

1　大正政変 ‥‥‥‥‥‥‥‥‥ 302
2　第一次世界大戦と日本 ‥‥‥ 304
3　大戦景気 ‥‥‥‥‥‥‥‥‥ 307
4　ヴェルサイユ体制 ‥‥‥‥‥ 310
5　ワシントン会議と協調外交 ‥ 312
6　1920年代不況 ‥‥‥‥‥‥‥ 315
7　井上財政 ‥‥‥‥‥‥‥‥‥ 317
8　政党勢力の成長 ‥‥‥‥‥‥ 320
9　原敬内閣 ‥‥‥‥‥‥‥‥‥ 322
10　第二次護憲運動と政党内閣期 ‥ 324
11　田中義一内閣 ‥‥‥‥‥‥‥ 328
12　浜口雄幸内閣 ‥‥‥‥‥‥‥ 330
13　社会運動の拡大 ‥‥‥‥‥‥ 332
◆　確認テスト ‥‥‥‥‥‥‥‥ 336

第15講　近代日本の挫折はどのように進行したか

1　満州事変と孤立への道 ‥‥‥ 338
2　政党内閣期の崩壊と「転向」現象
　‥‥‥‥‥‥‥‥‥‥‥‥‥‥ 341
3　天皇機関説問題と二・二六事件
　‥‥‥‥‥‥‥‥‥‥‥‥‥‥ 343
4　高橋財政 ‥‥‥‥‥‥‥‥‥ 346
5　泥沼の日中戦争 ‥‥‥‥‥‥ 348
6　第二次世界大戦の開始と三国同盟
　‥‥‥‥‥‥‥‥‥‥‥‥‥‥ 351
7　対米開戦への道 ‥‥‥‥‥‥ 354
8　戦時体制 ‥‥‥‥‥‥‥‥‥ 356
9　帝国の崩壊 ‥‥‥‥‥‥‥‥ 359
◆　確認テスト ‥‥‥‥‥‥‥‥ 364

第16講　近代の文化にはどのような特徴があるか

1　幕末・明治初期の文化（1850〜70年前後）
　‥‥‥‥‥‥‥‥‥‥‥‥‥‥ 366
2　明治期の文化（1870〜1910年前後）
　‥‥‥‥‥‥‥‥‥‥‥‥‥‥ 369
3　大正・昭和初期の文化（1910〜20年前後）
　‥‥‥‥‥‥‥‥‥‥‥‥‥‥ 375
◆　確認テスト ‥‥‥‥‥‥‥‥ 379

第5章　現代

第17講　日本の占領はどのように進展したか

1　占領の開始 ‥‥‥‥‥‥‥‥ 382
2　民主化政策の展開 ‥‥‥‥‥ 386
3　日本国憲法の制定 ‥‥‥‥‥ 388
4　政党の復活と占領期の内閣 ‥ 390
5　占領初期の経済情勢 ‥‥‥‥ 392
6　占領政策の転換 ‥‥‥‥‥‥ 394
7　朝鮮戦争と講和・独立 ‥‥‥ 397
8　経済の復興 ‥‥‥‥‥‥‥‥ 399
◆　確認テスト ‥‥‥‥‥‥‥‥ 401

第18講　独立回復後の日本はどのような変化をみせたか

1　独立回復後の政治情勢 ‥‥‥ 402
2　55年体制の成立 ‥‥‥‥‥‥ 405
3　安保条約の改定 ‥‥‥‥‥‥ 407
4　長期自民党政権 ‥‥‥‥‥‥ 408
5　高度経済成長の過程 ‥‥‥‥ 412
6　高度経済成長の要因とひずみ ‥ 417
◆　確認テスト ‥‥‥‥‥‥‥‥ 421

第19講　現代の世界と日本はどうなっているか

1　高度経済成長の終焉 ‥‥‥‥ 422
2　日中国交回復 ‥‥‥‥‥‥‥ 425
3　自民党政権の動揺と日米貿易摩擦
　‥‥‥‥‥‥‥‥‥‥‥‥‥‥ 427
4　難題に直面する現代社会 ‥‥ 431
◆　確認テスト ‥‥‥‥‥‥‥‥ 437

おわりに ‥‥‥‥‥‥‥‥‥‥‥ 438
索引 ‥‥‥‥‥‥‥‥‥‥‥‥‥ 439

第1章
原始・古代
約35000年前〜A.D.1108年

- 第01講：国家の形成はどのように進んだか
- 第02講：律令国家はどのような展開をみせたか
- 第03講：貴族政治は社会をどのように変えたか
- 第04講：古代の文化にはどのような特徴があるか

第01講 国家の形成はどのように進んだか

約35000年前～A.D.500年頃：農耕社会の成立・発展とヤマト政権の誕生

社 ① 年代区分と人骨 ★★

　昔のことから話を始めましょう。猿だか人間だかがウッホウッホしていたようなこの時代，キーワードは「年代区分」と「人類の進化」です。さっそく下の問題をみてください。

> **注意問題** 日本における更新世の化石人骨には，沖縄県で発見された港川人のように，原人段階のものもある。

　更新世？　港川人？　原人？　何だか聞いたことのある単語が並んでいますね。大学入試では，このように「聞いたことのある」単語を並べて，いかにも「正しい」ように出題してきます。本書では，このような紛らわしい問題を，まず「注意問題」として掲載します。そのあとに解説をしながら当時の様子をお話しますので，どこが誤りだったか，下線をひいたり正答部分にマーカーをひくなりして頭に入れましょう。各ページ下に，ちょっとしたメモ欄がありますので，そこもぜひ活用してください。この1冊をやりきる頃には，あなただけの参考書ができあがりますよ。

　では，上にあげた問題の答えがなぜ×なのか，それを解くために右上の表をみてください。表の上部に「中新世」，下部に「旧石器時代」とあります。これが「年代区分」です。原始時代についての混乱を避けるためには，まず，地質学上の年代区分と日本史における時代区分との関係を正確に把握しておく必要があります。

　更新世とは，約258万年前から1万年余り前までの期間を指す**地質学上の言葉**で，この時代は，寒冷な氷期と比較的温暖な間氷期がくりかえされました（**氷河時代**）。今からおよそ650万年前に出現したと考えられている人類は，このあいだに，**猿人→原人→旧人→新人**へと進化します。

人類の進化と地質年代

万年前	650	500	200	100	70	50	20	13	10	5	1万	5000
	中新世	鮮新世	更新世前期			更新世中期			更新世後期		完新世	

- 猿人（アウストラロピテクスなど）
- 原人（ホモ＝エレクトスなど）
- 旧人（ホモ＝ネアンデルタレンシスなど）
- 新人（ホモ＝サピエンス）
- 現代人

海面の高さ 0 / -100m

旧石器時代　　新石器時代

更新世末期の日本列島

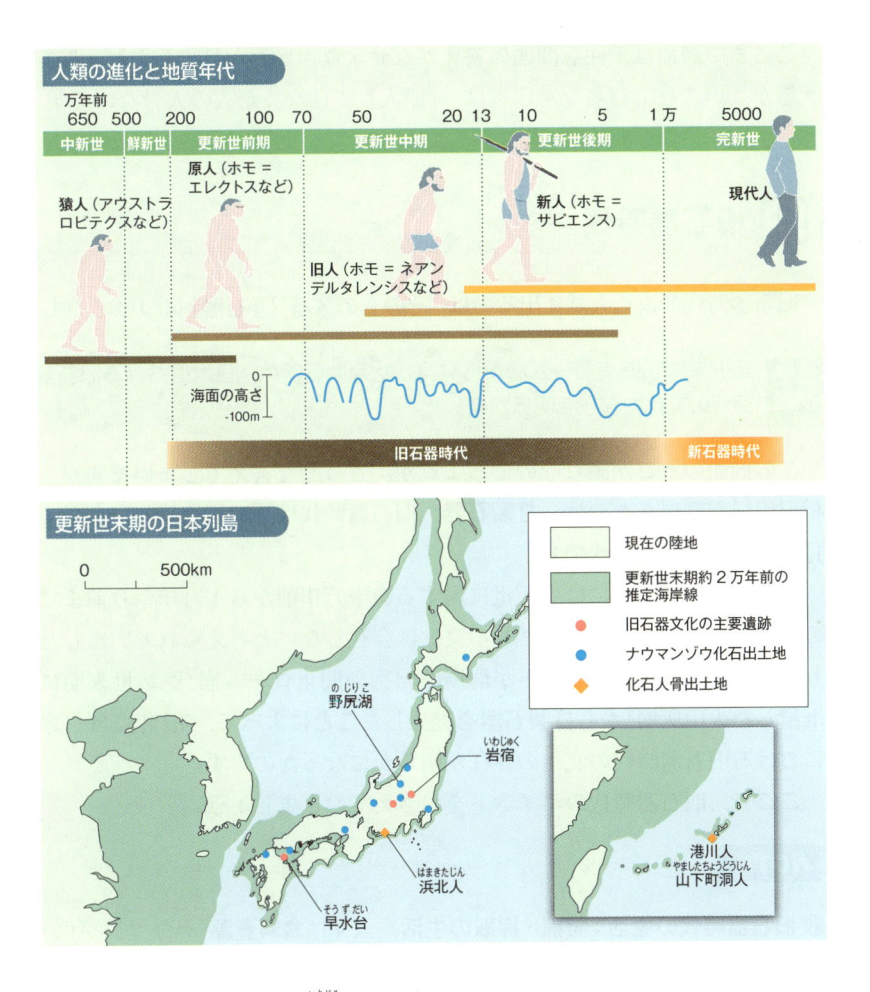

- 現在の陸地
- 更新世末期約2万年前の推定海岸線
- 旧石器文化の主要遺跡
- ナウマンゾウ化石出土地
- 化石人骨出土地

野尻湖／岩宿／浜北人／早水台／港川人・山下町洞人

　寒冷な氷期には**海面が著しく下降**したため，日本列島は北と南で**アジア大陸北東部と陸続き**になったと考えられています。まだ確かなことはいえませんが，ナウマンゾウなどの大型動物を追って，日本列島にも人類が移動してきた可能性は否定できないでしょう。そのため，日本列島にも数十万年前から人類が生活していたと推定されていますが，港川人・山下町洞人（いずれも沖縄県）や浜北人（静岡県）など，**日本で発見された更新世の化石人骨はいずれも新人段階のものとみられています**。

第1章　原始・古代

ここまで読めば，注意問題の答えがなぜ×なのかわかりましたね。保存状態がよいことで有名な港川人は，「原人」ではなく新人の人骨なのです。

社 2 旧石器時代 ★★

旧石器時代でよく入試に出るのは，そのものズバリ「石器」についてです。

> 注意問題　相沢忠洋が関東ローム層から発見した磨製石器は，日本における旧石器時代の文化の存在を明らかにした。

この問題のどこが誤りなのでしょうか。さっそく答えてしまいますが，相沢忠洋が発見したのは，**打製石器**。旧石器時代は「**磨製石器**」ではなく**打製石器を用いた時代**です。

かつて，日本列島には更新世に属する数十万年前から1万年余り前までの期間，旧石器時代に分類される文化は存在しないと考えられていました。しかし，1946年に相沢忠洋が群馬県岩宿の関東ローム層(更新世末期に堆積した火山灰層)から打製石器を発見したことによって，49年には日本における旧石器時代の文化の存在が明らかになったのです。

ここで，旧石器時代のポイントをおさえておきましょう。

NOTE

社 ❶ **旧石器時代の生活**：狩猟・採取の生活。人々は**食料資源**(ナウマンゾウ・オオツノジカ・ヘラジカなどの大型動物)**を求めて移動**した。

社 ❷ **旧石器時代の住居**：移動に適したテント式の小屋。山中の洞穴も利用された。

文 ❸ **旧石器時代の石器**：打製石器は，まずハンドアックス(握槌・握斧)が用いられ，やがて多様化してナイフ形石器や尖頭器(槍先に使用)が一般化。旧石器時代末期には細石器(木や骨の軸の側縁に装着する組合せ式石器)が登場した。

① 打製石斧　② ナイフ形石器　③ 尖頭器　④ 細石器

旧石器時代の石器と使用法

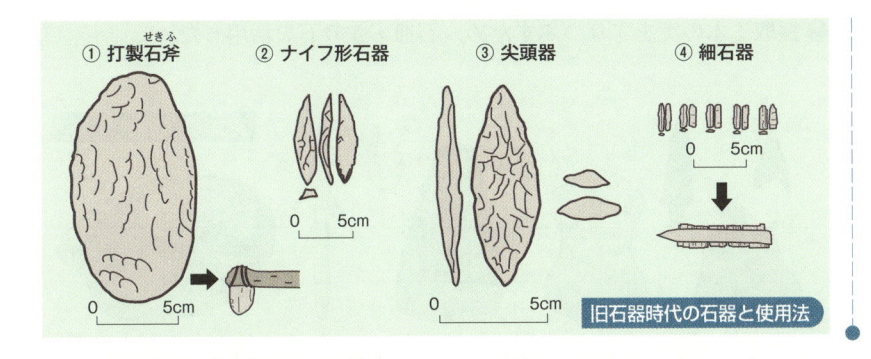

3 縄文文化の成立 ★★

次は縄文時代，縄文文化についてです。

> **注意問題** 縄文時代，中小動物を捕獲するために登場した矢の先端には，尖頭器が用いられた。

この問題で問われているのは，縄文時代に使われた矢の先端に尖頭器が用いられたかどうかですね。

縄文時代とは，**約1万年余り前の地球環境の変化によって生まれた時代**です。温暖化により，海面が上昇して日本列島が形成され，落葉広葉樹林帯(東日本)・照葉樹林帯(西日本)の拡大や中・小動物の増加といった事態が進行したのです。地質学上，**更新世から完新世へと地球環境が大きく変化**しました。

そのような環境で暮らしていた縄文人たちの生活は，基本的に狩猟・漁労・採取を中心とするものでした。そのため，土掘り用の石鍬(打製石斧のひとつ)など用具類が非常に発達したのです。

NOTE

❶ **狩猟**：シカ・イノシシを捕獲するため，弓矢・落し穴をさかんに利用した。
❷ **漁労**：動物の骨・角・牙を釣針などに加工し(**骨角器**)，丸木舟を用いて海上を移動した。

第1章　原始・古代

社 ❸ **採取**：木の実をすりつぶすため，石皿・すり石を活用した。

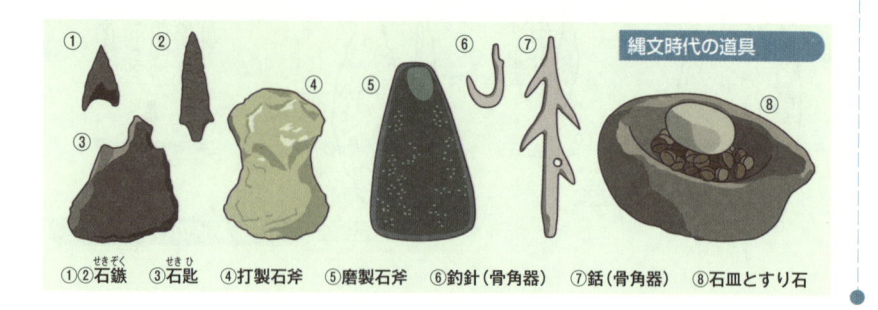

縄文時代の道具
①②石鏃　③石匙　④打製石斧　⑤磨製石斧　⑥釣針(骨角器)　⑦銛(骨角器)　⑧石皿とすり石

　矢の先端に用いられた石器の名称は，「尖頭器」ではなく**石鏃**。よって，問題の答えは誤りとなります。縄文人たちはただ石器をつくるだけでなく，研磨するなどの工夫を凝らしていました。
　こうして成立した新たな文化は，1万年近くにわたって継続されました。それが**縄文文化**です。

NOTE

文 ❶ **縄文土器**：土器(低温で焼成された厚手の**縄文土器**)が出現した。この縄文土器の模様や器形の変化から，縄文文化の時代は草創期・早期・前期・中期・後期・晩期の6期に区分される。このうち草創期の土器は，現在のところ世界で最古の土器のひとつとされている。

社 ❷ **弓矢**：中小動物の捕獲に適した**弓矢**が使用された。矢の先端に用いられた石器を石鏃という。

文 ❸ **新石器**：**磨製石器**(磨くという作業が施された石器)が普及した。

社 ④ 縄文人の生活と社会 ★★

　さて，日本における縄文時代の代表的な遺跡のひとつに，**三内丸山遺跡**があります。

> **注意問題** 青森県の三内丸山遺跡は，東北地方の縄文人が飢餓の危機に直面していたことを示すものとして有名である。

三内丸山遺跡は，数百軒の住居跡や大木を柱にした大型建造物跡などの発見で知られています。これは，**縄文時代における東北地方の豊かさを象徴するもの**で，「飢餓の危機に直面していたことを示すもの」ではありません。

以下の事項が，縄文人たちの生活と社会の基本的特徴です。

NOTE

- ❶ **縄文時代の住居**：定住化が進行し，**竪穴住居**・広場などを備えた集落が生まれ，**貝塚**が形成された。
- ❷ **縄文時代の交易**：**黒曜石**（長野県和田峠などで産出）や**ひすい**（硬玉，新潟県姫川流域で産出）などが広範囲に分布していることから，かなり遠方の集団どうしの交易も展開されていたと考えられている。
- ❸ **縄文時代の習俗**：(a) 女性をかたどった**土偶**，(b) 男性を象徴的に表現した**石棒**，(c) 成人式など通過儀礼の際におこなわれた**抜歯**，(d) 死者の手足を折り曲げて葬る**屈葬**が代表例である。

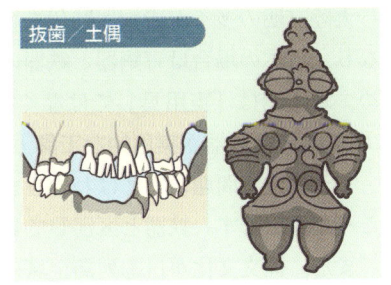

01 国家の形成はどのように進んだか

社❹ 縄文時代の社会：貧富の差や身分の別はみられない(住居や墓地がほぼ均質)。また、社会全体が**アニミズム**(自然の物や現象に宿るとされる霊魂を畏怖・崇拝する信仰形態)に強く規制されていた。

社❺ 縄文時代における東と西：縄文文化は**東日本で高度に発展**した(三内丸山遺跡・亀ヶ岡遺跡、いずれも青森県)。一方で、菜畑遺跡(佐賀県)・板付遺跡(福岡県)で縄文時代晩期の水田が発見されるなど、縄文時代の終わり(約2500年前頃)には西日本の一部で水稲農耕が開始された(▶p.17)。

社文 ⑤ 弥生文化の成立 ★★

水稲農耕が始まったことで、時代は弥生時代へと移ります。まず、弥生文化についてみていきましょう。

> 注意問題　大陸から伝えられた青銅器は、弥生時代をつうじて実用具として普及した。

この問題のどこが誤りなのか？　ヒントは、青銅器の使い方です。

弥生時代を語るうえで外せない水稲農耕は、今からおよそ2500年前と想定される縄文時代の終わり頃、九州北部で始まったと考えられています。紀元前4世紀頃には、**水稲農耕の展開と金属器**(青銅器・鉄器)**の使用を特徴とする弥生文化**が西日本で成立し、やがて東日本へと広がっていきました。

大陸文明の多くが青銅器時代を経て鉄器時代へと移行していったのと異なり、日本の場合は青銅器と鉄器の使用が同時期に始まりました。そのため、青銅器は「実用具」ではなく**祭器**としての道(**銅鐸**、**銅剣**、**銅矛・銅戈**)を歩み、鉄器が**実用的な工具・農具**として普及します。

もう、注意問題の答えはわかりましたね。青銅器を「実用具」としたところが誤りです。鉄器と区別して覚えておきましょう。

また、縄文文化が日本列島全域に達したのに対して、弥生文化は北海道

や南西諸島にはおよばず，両地域では食料採取文化が継続しました。

弥生文化が成立した背景には，次のような事情があったと考えられています。

NOTE

社 ❶ **食料獲得経済の限界**：西日本を中心とした地域では，食料獲得経済の限界から，**食料生産経済への動きが本格化**していた。菜畑遺跡(佐賀県)・板付遺跡(福岡県)などで，縄文時代晩期の水田が発見されている(▶p.16)。

文 ❷ **大陸文明の伝播（でんぱ）**：大陸での戦乱(この時期の中国は戦国時代)の影響などにより，朝鮮半島などから**高度な技術を携えた人々が集団で渡来（とらい）**してきた(渡来人)。

COLUMN 弥生時代の開始年代

　AMS法(加速器質量分析法（かそくきしつりょうぶんせき）)と呼ばれる炭素14年代法（たんそ）を用いた計測の結果，弥生時代の早い段階における土器に付着していた炭化物などの年代が，紀元前約900〜800年頃に集中するという調査結果が公表された。まだ結論は出ていないが，炭素14年代法の計測結果の誤差を補正する較正炭素年代法（こうせい）などによって，より確実な年代決定の研究が進み，弥生時代の始まりは約2800年前までさかのぼる可能性も含めて検討するべきだという見解が唱えられている。

　なお，AMS法とは，加速器を用いて炭素14(5730年の半減期（はんげん）をもつ放射性炭素（ほうしゃせい）)を直接1個1個検出し，年代を算出する方法をいう。

6 水稲農耕の展開 ★★

それでは，水稲農耕に関する問題を解いてみましょう。

注意問題 弥生時代の農具として有名な石包丁は，脱穀のために用いられた。

01 国家の形成はどのように進んだか

いうまでもなく，石包丁（いしぼうちょう）は脱穀（だっこく）ではなく収穫のための農具ですね。弥生時代の水稲農耕は，次のような展開をみせました。

> **NOTE**
>
> 社 ❶ 農具：磨製石器で製作した**木製農具**（木鍬（きくわ）・木鋤（きすき）・田下駄（たげた）など）
> ⇒鉄製農具の普及へ。
>
> 社 ❷ 収穫：石包丁による**穂首刈り**（ほくびがり）⇒鉄鎌（てつがま）を用いた**根刈り**（ねがり）も登場。
>
> 社 ❸ 脱穀・貯蔵：脱穀には**木臼**（きうす）・**竪杵**（たてぎね）が用いられ，収穫物は**高床倉庫**（たかゆかそうこ）などに貯蔵。
>
> 社 ❹ 水田：生産性の低い**湿田**（しつでん）⇒**灌漑**（かんがい）施設が必要だが生産性の高い**乾田**（かんでん）開発へ。
>
> ①太型蛤刃石斧（ふとがたはまぐりば）(伐採用)　②柱状片刃石斧（ちゅうじょうかたばせきふ）(木工用)
> ③扁平片刃石斧（へんぺい）(木工用)　④石包丁　⑤鍬　⑥⑦鋤
> 弥生時代の農具

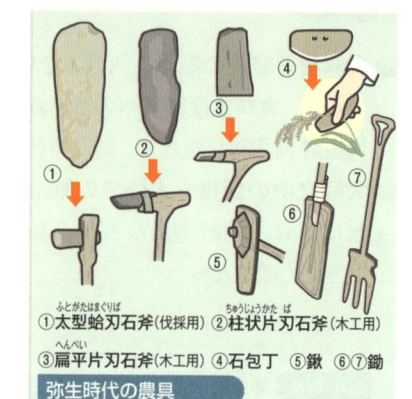

7 弥生人の生活と青銅製祭器 ★★★

農耕を基盤とした弥生人たちの生活には，いくつかの新しい特徴があります。まずは問題をみてください。

> **注意問題** 近畿地方と異なり，九州北部を中心とする地域では，おもに銅鐸と呼ばれる大型化した祭器が用いられた。

先ほどの ⑤ 弥生文化の成立（▶p.16）を思い出してください。青銅器は祭器です。青銅製祭器（銅鐸，銅剣，銅矛・銅戈）は，弥生時代における地域的な勢力圏の変遷を示すものとして知られています。

ただし，九州北部を中心とする地域に分布するのは「銅鐸」ではなく銅矛・銅戈。朝鮮半島の鈴（朝鮮式小銅鐸）に起源をもつ銅鐸は，**近畿地方を中心として，広く西日本一帯で発見**されています。ちなみに，平形銅剣（ひらがた）

（銅剣のかたちをした武器形祭器）は瀬戸内中部に分布しています。

それでは，弥生時代の生活は縄文時代とどう違ったのか。農耕のために「定住」を始めたことで，「争い」が生じるようになった点に注目しながらみていきましょう。

NOTE

社❶ 弥生時代の住居：定住生活が定着し，竪穴住居が一般化。外敵の侵入を防ぐため，住居群を濠や土塁で囲んだ**環濠集落**が拡大し，瀬戸内海沿岸には軍事機能をもつと考えられる**高地性集落**も出現した。

文❷ 弥生時代の土器：高温で焼成された薄手・硬質の弥生土器が広がり，甕（煮炊き用）・壺（貯蔵用）・高杯（盛付け用）など種類も豊富になった。

社文❸ 弥生時代における埋葬：伸展葬が増加。また，**大型の墳丘墓や多数の副葬品をもつ墓が出現した**点も重要で，九州北部では**甕棺墓**や**支石墓**がみられ，各地に**方形周溝墓**も拡大した。

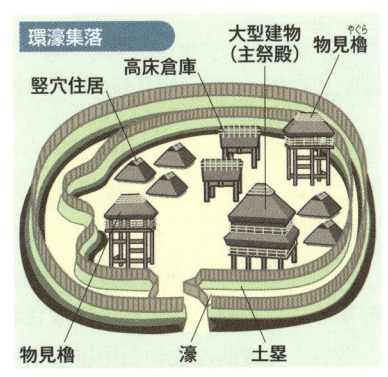

「イネと鉄」によって成立した弥生時代は，農業そのものが人々の集団化をうながしました。加えて，用水の確保や余剰生産物の獲得をめぐる争いが激化し，ほどなく戦争の時代へと突入します。

8 邪馬台国への道 ★★★

この時代，戦争の過程で小国が形成され，そのなかからより大きな政治的統合が生まれようとしていました。その様子は，中国の歴史書にも記録が残されています。

> 注意問題　中国の歴史書に当時の日本（倭国）の様子が記述されているのは，中国皇帝からの使者が文物を携えて定期的に日本にやってきたからである。

東アジアにおける，中国を中心とした伝統的な国際秩序のことを**冊封体制**といいます。しかしその関係は，「中国皇帝からの使者が文物を携えて定期的に」やってくるというものではありません。

冊封体制とは**中国皇帝が，朝貢※してきた周辺諸国の王に称号などを授与すること（冊封）によって形成される国際秩序**をいいます。弥生時代の王たちも，先進的な文物と中国皇帝の政治的な権威を求めて，大陸に使者を派遣するようになります。　※貢ぎ物を差し出すこと

NOTE

❶『漢書』地理志：
- 紀元前1世紀…倭，100余国に分立。前漢が朝鮮半島においた楽浪郡に遣使。

❷『後漢書』東夷伝：
- 1世紀（57年）…倭の奴国の王，後漢の光武帝より印綬を授かる。印綬とは，福岡市志賀島出土の**金印**（「漢委奴国王」印）のこと。
- 2世紀（107年）…倭国王帥升ら，生口（奴隷のこと）を安帝に献上。
- 2世紀後半…倭国大乱。当時の様子を示すものとして，巨大な環濠集落である佐賀県**吉野ヶ里遺跡**があげられる。

金印

政外 ❸ 『魏志』倭人伝：
- ◆ 3世紀(239年)…邪馬台国の女王**卑弥呼**，魏に遣使。⇒「**親魏倭王**」の称号と金印・銅鏡などを授かる。

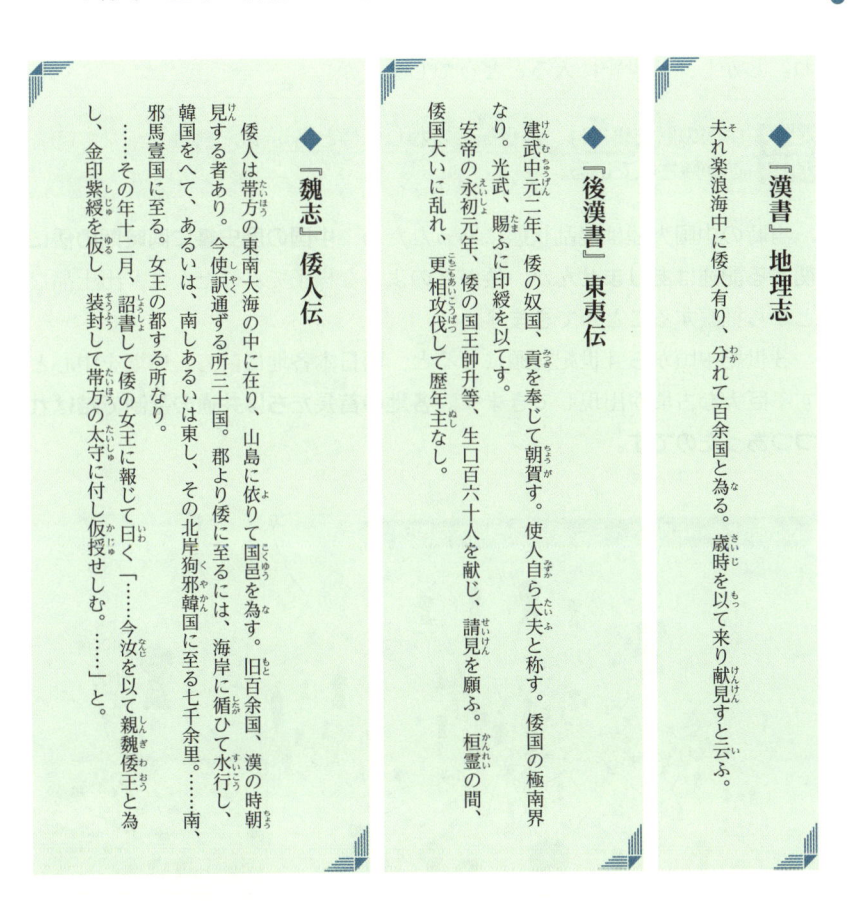

◆ 『漢書』地理志

夫れ楽浪海中に倭人有り、分れて百余国と為る。歳時を以て来り献見すと云ふ。

◆ 『後漢書』東夷伝

建武中元二年、倭の奴国、貢を奉じて朝賀す。使人自ら大夫と称す。倭国の極南界なり。光武、賜ふに印綬を以てす。安帝の永初元年、倭の国王帥升等、生口百六十人を献じ、請見を願ふ。桓霊の間、倭国大いに乱れ、更相攻伐して歴年主なし。

◆ 『魏志』倭人伝

倭人は帯方の東南大海の中に在り、山島に依りて国邑を為す。旧百余国、漢の時朝見する者あり。今使訳通ずる所三十国。郡より倭に至るには、海岸に循ひて水行し、韓国をへて、あるいは南しあるいは東し、其の北岸狗邪韓国に至る七千余里。……南、邪馬壹国に至る。女王の都する所なり。……その年十二月、詔書して倭の女王に報じて曰く、「……今汝を以て親魏倭王と為し、金印紫綬を仮し、装封して帯方の太守に付し仮授せしむ。……」と。

　上記の3史料は，きわめて大切です。
　また，**邪馬台国**については，①小国連合(約30国)の中心であること，②「**鬼道**」(呪術)による支配がおこなわれる一方で，法や制度が整い始め，社会には身分差があったこと，③その所在地をめぐり**近畿説**と**九州説**が対立していること，を確実に理解しておきましょう。

9 ヤマト政権の成立 ★★

1～3世紀頃の倭の様子は，中国の史料から読みとることができましたね。しかし，4世紀に入るとどうでしょうか。

> **注意問題** 中国の歴史書には，4世紀の終わりに倭と高句麗が交戦した，という記述が残されている。

当時の中国大陸は混乱状態にあったため，**中国の歴史書に同時期の倭に関する記述はありません**が，倭がどのような様子であったかは，出土品などから推察することができます。

3世紀中頃から4世紀初頭になると，西日本各地に**前方後円墳**を中心とする巨大な古墳が出現してきます。**各地の首長たちは共通の墓制で結ばれつつあったのです。**

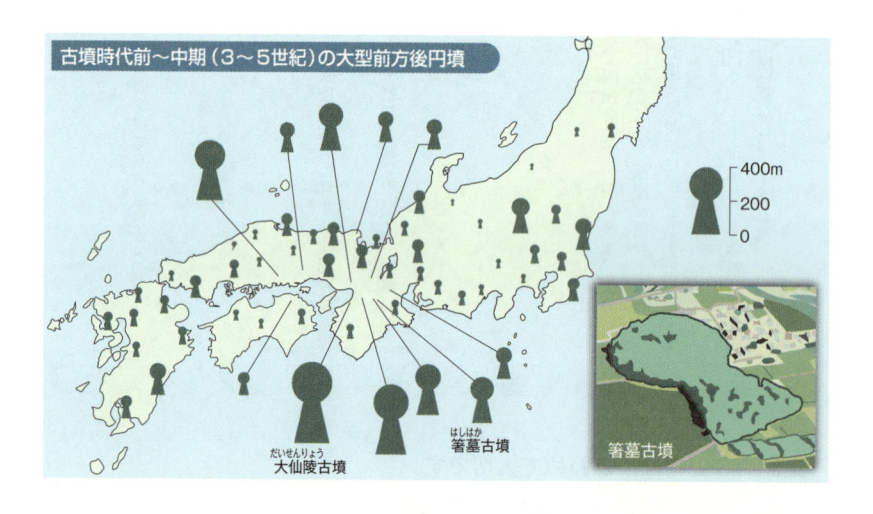

古墳時代前～中期（3～5世紀）の大型前方後円墳

大仙陵古墳　箸墓古墳　箸墓古墳

出現期における最も大規模な前方後円墳が，大和(奈良県)に造営された**箸墓古墳**であることから，この時期には近畿地方を中心とする広域の政治連合＝**ヤマト政権**が形成されていたと考えてよいでしょう。

「倭と高句麗が交戦した」という記録が残されているのは，朝鮮半島北部に領土を広げた高句麗の**好太王**(広開土王)**碑**の**碑文**です。

NOTE

社❶ **4世紀頃の中国情勢**：中国は，南北分裂時代(五胡十六国時代・南北朝時代)を迎えて混乱していた。このため，4世紀とその前後をあわせた約150年のあいだ，中国の歴史書に倭(ヤマト政権)の記述はない。また，周辺諸民族に対する中国の支配力が弱まったことで，東アジアの諸地域は次々に国家形成を進めた。

社❷ **4世紀頃の朝鮮半島**：中国東北部からおこった**高句麗**が朝鮮半島北部に領土を拡大し，313年には楽浪郡を滅ぼした。一方，朝鮮半島南部ではそれぞれ小国の連合である**馬韓・弁韓・辰韓**が形成されていたが，4世紀に馬韓から**百済**が，辰韓から**新羅**が生まれた。

　高句麗の好太王(広開土王)碑文には，「4世紀の終わり(391年)に倭と高句麗が交戦した」という記録が残されている。高句麗は南下政策をとり，倭(ヤマト政権)は**半島南部の鉄資源を欲したため**，新羅・百済をはさんで軍事衝突したのだと考えられている。

4～5世紀の東アジア

第1章　原始・古代

政 外 10 倭の五王 ★★

5世紀に入ると，中国の歴史書に倭（ヤマト政権）の記事がみられるようになります。『宋書』倭国伝は，この約1世紀のあいだに5人の倭王（倭の五王）が中国南朝に朝貢したと伝えています。

> 注意問題　『宋書』は，5人目の倭王のことを「獲加多支鹵大王」と記している。

『宋書』倭国伝は倭の五王のことを讃・珍・済・興・武と記しています。5人目の倭王は，倭王武の上表文（478年）で知られる「武」です。倭王武＝獲加多支鹵大王＝雄略天皇だと考えられていますが，『宋書』倭国伝には「獲加多支鹵大王」という表記はありません。その点に注意しながら，5人目の倭王について各史料の表記を確認してください。

NOTE

- 政 ❶ **倭王武**：『宋書』倭国伝の記述。
- 政 ❷ **獲加多支鹵大王**：**江田船山古墳出土鉄刀**（熊本県）や**稲荷山古墳出土鉄剣**（埼玉県）の表記。
- 政 ❸ **雄略天皇**：のちにまとめられた「記紀」（『古事記』『日本書紀』のこと，▶p.71）に登場。

稲荷山古墳出土鉄剣と銘文

其の児、名はカサヒヨ。其の児、名はヲワケの臣。世々、杖刀人の首と為り、奉事し来り今に至る。ワカタケルの大王の寺、シキの宮に在る時、吾、天下を左治し、此の百練の利刀を作らしめ、吾が奉事の根原を記す也。

◆倭王武の上表文

倭国王と称す。順帝の昇明二年、使を遣して上表して曰く、「封国は偏遠にして、藩を外に作す。昔より祖禰躬ら甲冑を擐き、山川を跋渉して寧処に遑あらず。東は毛人を征すること五十五国、西は衆夷を服すること六十六国、渡りて海北を平ぐること九十五国……」と。

（『宋書』倭国伝）

11 氏姓制度 ★★ 【政】【社】

こうした倭王たちの活動からもわかるように，4世紀中頃には，ヤマト政権の支配は九州から東北地方中部にまでおよぶようになったと考えられています。支配がおよんだということは，地方の豪族を従えたということ，すなわち「身分」制度ができあがったということです。注意問題をみてみましょう。

> **注意問題** 大王家の直轄地を田荘といい，そこでは部曲と呼ばれる人々が耕作に従事していた。

田荘で働いていたのは確かに部曲と呼ばれる人々でしたが，果たして田荘は大王家の直轄地だったのでしょうか。

5世紀後半から6世紀にかけてつくりあげられた支配体制を，**氏姓制度**と呼びます。

「**氏**」とは，**ヤマト政権を構成する豪族のこと**をいいます。ヤマト政権は大王を中心とする諸豪族の連合体でした。「**姓（カバネ）**」は**氏に与えられた称号**で，臣・連・君などの例がありました。

NOTE
- ❶ 臣：中央豪族（葛城氏・蘇我氏など）や伝統的地方豪族（吉備氏・出雲氏など）に授与。
- ❷ 連：特定の職務をつかさどった有力豪族（軍事を担当した大伴氏・物部氏など）に授与。
- ❸ 君：地方の有力豪族に授与。

このような位置づけを与えられた諸豪族は，それぞれ職務を分担して政権を支えていきます。

NOTE

政 ❶ **大臣**(おおおみ)・**大連**(おおむらじ)：臣・連の最高実力者が任じられ，**国政を担当**。
政 ❷ **伴造**(とものみやつこ)：**品部**(しなべ)(ともべ)(韓鍛冶部(からかぬちべ)・陶作部(すえつくりべ)など専門的技術で朝廷に奉仕する集団)などを統率して朝廷(大王を中心とする政府)内の職務を分担。
政 ❸ **国造**(くにのみやつこ)・**県主**(あがたぬし)：ヤマト政権下の地方官。

　豪族連合というヤマト政権の特徴は，土地支配の様子(私地私民的な支配)をみてもよくわかります。田荘と屯倉(みやけ)ですね。この2つは混乱しがちなので注意しましょう。

　注意問題では「大王家の直轄地」とされていた田荘ですが，実際は**豪族の農業経営の拠点**(私有地)のことをいいます。**部曲**は豪族の私有民です。間違えて注意問題をそのまま覚えないように！

　大王家の直轄地は屯倉，その耕作者は**田部**(たべ)と呼ばれています。さらに大王家は，服属した地方豪族の支配する私有民の一部を，**名代**(なしろ)・**子代**(こしろ)の部という直轄民として組織し，大王家を維持するための労働に従事させていました。

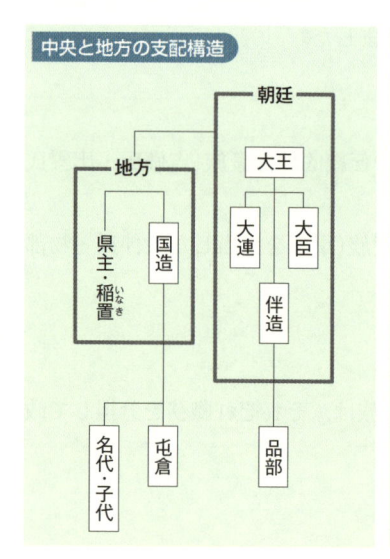

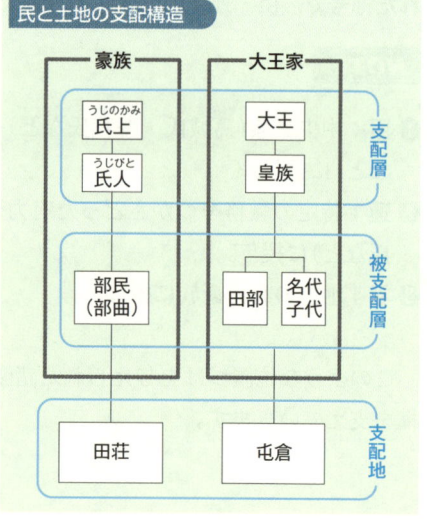

中央と地方の支配構造

朝廷
├─ 大王 ─ 大連・大臣 ─ 伴造 ─ 品部
地方
├─ 国造 ─ 屯倉
└─ 県主・稲置(いなき) ─ 名代・子代

民と土地の支配構造

豪族
├─ 氏上(うじのかみ)／氏人(うじびと)　〔支配層〕
└─ 部民(部曲)　〔被支配層〕
└─ 田荘　〔支配地〕

大王家
├─ 大王／皇族　〔支配層〕
└─ 田部／名代・子代　〔被支配層〕
└─ 屯倉　〔支配地〕

第01講 確認テスト

- [ ] **1** 旧石器時代の人々が槍などの先につけて用いた，刺突機能をもつ石器を総称して何というか。

  尖頭器

- [ ] **2** およそ1万年余り前から現在までの地球環境のことを，地質学上，何というか。

  完新世

- [ ] **3** 縄文時代に出現した，中小動物を射とめるための狩猟具を何というか。

  弓矢
  （矢の先端に用いた石器→石鏃）

- [ ] **4** 人々が定住的生活を開始したことを示す，掘り下げた地面の上に屋根をかけた住居を何というか。

  竪穴住居
  （「竪」の字は竪穴式石室・竪杵などにも使用）

- [ ] **5** 縄文人の習俗を示す，女性をかたどったと考えられている遺物を何というか。

  土偶

- [ ] **6** 遺体を折りたたむようにして埋葬する，縄文時代に特徴的な葬法を何というか。

  屈葬

- [ ] **7** 軍事的性格が強く，瀬戸内海沿岸に集中的に分布する弥生時代の遺跡を何というか。

  高地性集落
  （環濠集落は防衛的性格が強く，各地の遺跡から発見される）

- [ ] **8** のちに志賀島で発見された金印を，倭の奴国王に授けたとされる後漢の皇帝は誰か。

  光武帝

- [ ] **9** 女王卑弥呼が魏の皇帝から授けられた称号を何というか。

  親魏倭王

- [ ] **10** 「獲加多支鹵大王」の文字を記した鉄剣が出土したことで知られる，埼玉県の古墳を何というか。

  稲荷山古墳
  （江田船山古墳は熊本県にある）

- [ ] **11** ヤマト政権下の豪族たちが私有した農業経営の拠点のことを何というか。

  田荘
  （大王家の直轄地→屯倉）

第02講 律令国家はどのような展開をみせたか

527～810年：中央集権国家の形成と律令制度

政 外 ① ヤマト政権の動向 ★★★

　6世紀，ヤマト政権は地方支配の拡大を進展させる一方で，内政・外交の両面において深刻な危機・混乱に直面します。

> **注意問題** 6世紀前半，九州南部の国造磐井が新羅と結んで反乱をおこしたが，ヤマト政権によって鎮圧された。

　この問題で扱われているのは，527年に発生した**筑紫国造磐井**による**磐井の乱**です。舞台が筑紫であることまで把握していれば，簡単ですね。筑紫（現在の福岡県）という地名からわかるように，磐井は「九州南部」ではなく九州北部の豪族です。

　ヤマト政権はこの時期，2つの危機に直面していました。第1の危機は，**朝鮮半島からの撤退**です。ヤマト政権が半島南部の**加耶（加羅）諸国**に保持していた影響力は，百済・新羅の圧迫をうけ，**新羅**が加耶諸国を支配下においた562年には完全に失われることになりました。

　第2の危機は，半島情勢にも刺激されて高まった**豪族間の対立・抗争**です。ここで，第2の危機＝6世紀の国内情勢についてまとめておきましょう。

NOTE

政❶ **大伴氏の後退**：対朝鮮政策の失敗（加耶西部の地域に対する百済の支配権が確立した事態を指す）を非難された大連の大伴金村は，540年に失脚した。

政文❷ **物部氏と蘇我氏の対立**：**仏教受容**などをめぐり，両者の対立が激化。物部氏が消極派だったのに対し，新たに台頭してきた蘇我氏は渡来人とも結び，仏教受容に積極的だった。

6世紀末，朝廷内の権力抗争はピークを迎えます。587年には**蘇我馬子**が**物部守屋**を滅ぼし，さらに592年にはみずからが擁立した**崇峻天皇**を暗殺してしまったのです。

② 推古朝の内政と外交 ★★★　政 外

天皇暗殺なんて，大事件です。そこで，国内の危機を救おうと，さまざまな制度改革がおこなわれます。そのなかのひとつをみていきましょう。

> **注意問題** 冠位十二階によって個人に与えられた冠位は，世襲を原則とし，力のある一族の繁栄をめざすものだった。

冠位十二階。誰もが一度は聞いたことのある有名なものですね。どのような経緯で定められたのかを理解していれば，この問題に大きな誤りがあることがすぐにわかるはずです。

朝廷抗争など国内における政治的危機が進行する一方で，東アジア情勢にも大きな変化が生じました。中国における統一王朝**隋**の成立（589年）です。隋は6世紀末以降，高句麗遠征を実行するなど，周辺諸国への軍事的圧力を強めていきました。

女帝**推古天皇**が即位したのは，こうした内外の危機が深まるなかでのことでした。倭としての国家的課題は明白です。ピンチから脱するためには，

権力を集中して体制を整えるしかありません。推古天皇のもとで、摂政(天皇にかわって政務を代行する職)厩戸王(聖徳太子)と大臣蘇我馬子は、**中央集権国家**建設をめざす改革にとりくんでいくことになりました。

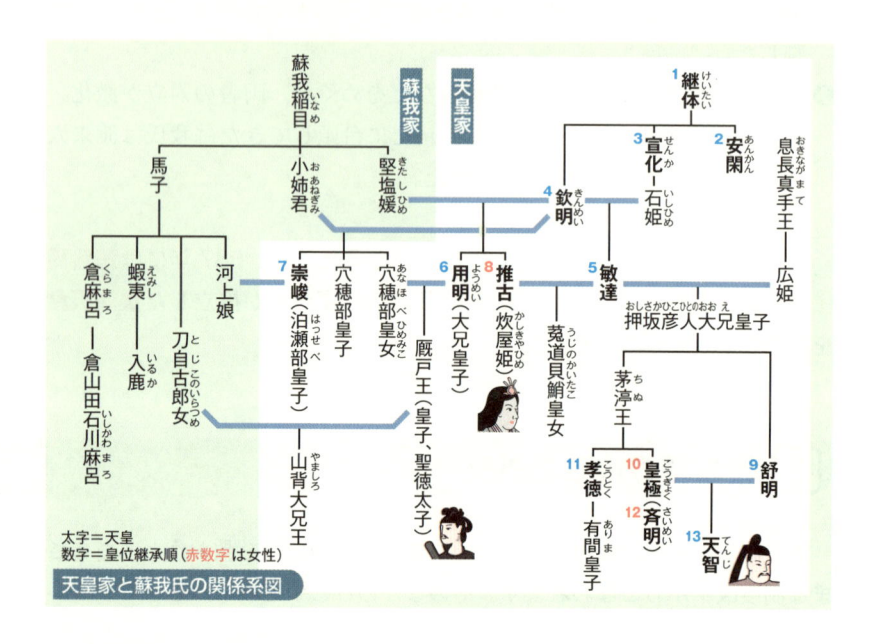

天皇家と蘇我氏の関係系図

太字＝天皇
数字＝皇位継承順（赤数字は女性）

内政面でおさえておきたい重要事項は次のとおりです。

NOTE

- ❶ **冠位十二階の採用**：603年、才能・功績に応じて個人に授与。
- ❷ **憲法十七条の制定**：604年、官吏の道徳・仏教の重視・天皇への服従などを強調。
- ❸ **国史の編纂**：『天皇記』『国記』⇒現存せず。

冠位十二階にもとづく冠位は、従来の姓(豪族への称号で世襲のもの)とは異なり、授与された個人一代かぎりのものとされました。つまり、この制度は注意問題が示した「力のある一族の繁栄」をめざしたものではなく、

氏姓制度のもつ世襲制を打破する試みとしてつくられたものだったのです。構造改革なくして危機突破なしといったところでしょうか。

ただし，これらの改革も十分なものとはいえませんでした。**諸豪族の特権を奪って私地私民的な支配構造を変革するには，なお時間がかかること**になります。

一方，外交面では，中国文化の摂取・朝鮮諸国に対する優位の確保などを目的とした遣隋使派遣（合計4回）があげられます。とくに，第2回と第3回が大切です。

NOTE

❶ **遣隋使**：

- ◆ 600年…**第1回遣隋使**派遣。『隋書』倭国伝にのみ記載があり，『日本書紀』には記述がない。
- ◆ 607年…**第2回遣隋使**派遣。**小野妹子**を派遣。**対等外交を主張する国書を提出**して中国皇帝に臣属しようとせず，煬帝は激怒。しかし，皇帝の激怒にもかかわらず，隋は日本に**裴世清**を派遣した。
- ◆ 608年…隋使の裴世清来日。**第3回遣隋使**派遣。小野妹子が**高向玄理・南淵請安・旻**らの留学生・学問僧を随行して再渡航した（→帰国後，彼らの新知識が**大化改新**以降の国政改革に影響，▶p.32）。
- ◆ 614年…**第4回遣隋使**派遣。**犬上御田鍬**を派遣。

❷ **隋の滅亡**：

- ◆ 618年…**唐**が隋を滅ぼす。
- ◆ 630年（**舒明朝**）…**第1回遣唐使**（犬上御田鍬）を派遣（▶p.42）。

◆『隋書』倭国伝

大業三年，其の王多利思比孤，使を遣して朝貢す。使者曰く，「聞くならく，海西の菩薩天子，重ねて仏法を興すと。故，遣して朝拝せしめ，兼ねて沙門数十人，来りて仏法を学ぶ」と。其の国書に曰く，「日出づる処の天子，書を日没する処の天子に致す。恙無きや，云云」と。帝，之を覧て悦ばず，鴻臚卿に謂ひて曰く，「蛮夷の書，無礼なる有らば，復た以て聞する勿れ」と。

02 律令国家はどのような展開をみせたか

　第2回遣隋使の際に，厩戸王(聖徳太子)が対等外交を求める国書を持参させた最大の理由は何でしょうか。それは，中国の冊封をうけないことで，冊封体制下にある**朝鮮諸国との関係を優位**にしようと考えたからでした。また，皇帝の激怒にもかかわらず隋が裴世清を派遣してきたのは，**敵対関係にある高句麗の動きを警戒**した結果だと考えられます。

政 ③ 大化改新 ★★

　つづく7世紀では，中央集権国家の形成に向けて改革がおこなわれます。

> ☠ **注意問題** 藤原京跡から発見された木簡によって，7世紀の段階から「郡」が地方行政の単位として機能していたことが判明した。

　この問題は少し難しいですね。行政単位についての問いで，いわゆる**郡評論争**にかかわるものです。まず，7世紀の日本をとりまく環境からみていきましょう。
　618年，中国では隋が滅んで**唐**が成立しました。**唐帝国は律令法にもとづく強力な中央集権国家へと成長**し，周辺諸国を軍事的に圧迫していきます。唐から帰国した留学生・学問僧は，その最新情報を日本にもたらしました。
　一方，国内では7世紀半ばに**蘇我蝦夷・入鹿**が権力をにぎり，643年には厩戸王(聖徳太子)の子の**山背大兄王**が自殺に追いこまれるという事件が発生します。
　このような情勢のなか，645年に**中臣鎌足**(のち**藤原鎌足**)と**中大兄皇子**は，中央集権体制の確立をめざすクーデターを敢行して蘇我蝦夷・入鹿を滅ぼし(**乙巳の変**)，次のような政策を実行に移しました(**大化改新**)。

NOTE

政 ❶ **年号と遷都**：645年を大化（初の年号）元年とし，東アジアの動乱に備えるため，都を飛鳥から難波に遷都。

政 ❷ **基本方針**：**改新の詔**（646年正月）を発し，公地公民制・班田収授法など中央集権国家建設の基本方針を明示（▶p.40）。

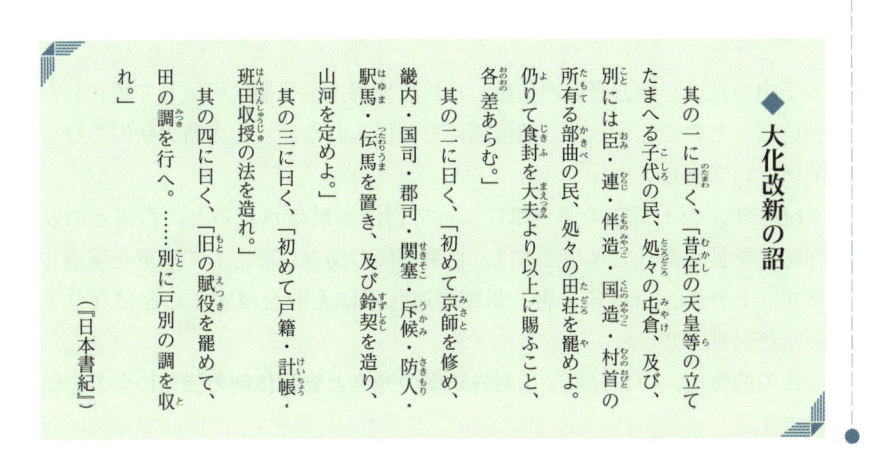

◆ **大化改新の詔**

其の一に曰く，「昔在の天皇等の立てたまへる子代の民，処々の屯倉，及び，別には臣・連・伴造・国造・村首の所有る部曲の民，処々の田荘を罷めよ。仍りて食封を大夫より以上に賜ふこと，各差あらむ。」

其の二に曰く，「初めて京師を修め，畿内・国司・郡司・関塞・斥候・防人・駅馬・伝馬を置き，及び鈴契を造り，山河を定めよ。」

其の三に曰く，「初めて戸籍・計帳・班田収授の法を造れ。」

其の四に曰く，「旧の賦役を罷めて，田の調を行へ。……別に戸別の調を収れ。」

（『日本書紀』）

　改新の詔によって税制の統一をめざし，地方行政組織の整備が進められることとなりました。注意問題でとりあげた郡評論争とは，大化改新の頃の地方行政を示す文字として「郡」が用いられたか，それとも「評」であったか，という点を軸に展開された論争のことです。藤原京跡から発見された大量の**木簡**によって，「郡」は**大宝律令**（701年制定）にもとづく単位で，**それ以前は「評」の用語が使用されていた**という事実が判明し，決着がつけられました。

　したがって，『日本書紀』（720年完成）に記載された改新の詔（646年発令）に「郡」の文字が使用されているのは，**『日本書紀』編纂の段階で大宝律令が反映されたためで**，実際には当時は「評」が使われていたことになります。この事例にも示されるように，改新の詔が示した方針を実行に移すのは容易でなく，実現までの過程は波乱に満ちたものになります。

02 律令国家はどのような展開をみせたか

政外 4 律令国家の形成 ★★★

改新の詔が示した方針を実現する過程でおきた最大の波乱は，672年の**壬申の乱**です。

> 注意問題　壬申の乱では，吉野の大海人皇子側が，地方豪族の動員した兵を撃破して勝利をおさめた。

壬申の乱は，地方豪族の動員した兵を**大海人皇子**側が撃破して勝利した戦いだったのでしょうか。前後関係を頭に入れながら，当時の状況をひも解いていきましょう。

660年，唐・新羅の連合軍によって百済が滅ぼされると，百済との友好関係を長く保ってきた日本は，百済復興の動きに呼応して水軍を派遣します。しかし，663年，唐・新羅の連合軍に大敗を喫することになりました（**白村江の戦い**）。

この敗戦後，中大兄皇子は**対外防備の充実**と**支配体制の強化**に全力を傾けます。

白村江の戦い

> **NOTE**

政外 ❶ **防備体制の強化**：九州に防人と烽をおき，水城(大宰府)や古代朝鮮式山城(西日本各地)を築造。
政 ❷ **遷都と即位**：**近江大津宮**へ遷都(667年)。中大兄皇子はそこで即位した(=天智天皇，668年)。
政 ❸ **中央集権化**：**庚午年籍**作成(最初の全国的戸籍，670年)。

　❸に注目してください。庚午年籍には，全国の諸豪族の私有民=部曲などが登録されました。これによって，朝廷は軍事力の動員や税の徴収が実行しやすくなったはずですが，一方で**中央の介入を好まない地方豪族たち**は不満を高めていきました。

　こうしたなかで，672年，**壬申の乱**が発生したのです。この乱の直接的原因は，**大海人皇子**(天智天皇の弟，吉野側)と**大友皇子**(天智天皇の子，近江朝廷側)のあいだで生じた皇位(大王位)継承問題です。吉野に逃れていた大海人皇子側は，美濃を拠点とし，**東国で徴発された兵の協力を得て**勝利をおさめます。このことから，注意問題で地方豪族を「撃破して」とあったのは，「味方につけて」の誤りだとわかります。

　乱後，大海人皇子は673年に**飛鳥浄御原宮**で即位して**天武天皇**となって強大な権力を手中にし，この頃より，それまでの「大王」の称号にかわって「天皇」号を使うなど，天皇の神格化を進めます。さらに，「政の要は軍事なり」と考えた天武天皇は，**東アジア情勢の緊張に対処する**ため，中央集権的な律令国家体制の確立に全力を注ぎます。

> **NOTE**

政 ❶ **天武天皇の時代**：
　◆681年…**飛鳥浄御原令**の編纂に着手。国史の編纂開始(→8世紀に『古事記』『日本書紀』として完成，▶p.71)。
　◆684年…**八色の姓**制定(目的→諸豪族の身分秩序を天皇中心に再編成する)。

第1章　原始・古代

02 律令国家はどのような展開をみせたか

政 ❷ **持統天皇の時代：**
 ◆ 689 年…飛鳥浄御原令を施行。
 ◆ 690 年…庚寅年籍完成（→以後，全国的な班田開始）。
 ◆ 694 年…藤原京へ遷都（日本で最初に条坊制をとりいれた中国風都城）。

こうして，天皇を中心とする中央集権国家（＝律令国家）の建設は，ようやく完成の域へと達することになったのです。7世紀後半，天武・持統天皇のもとでおこなわれた政治の全体的特徴は，①皇族が政治を主導したこと（皇親政治），②天皇の神格化が進行したこと，といえるでしょう。

藤原京の条坊復元図

COLUMN 富本銭

　1998年に奈良県飛鳥池遺跡から大量に出土した「富本銭」は，7世紀後半に同遺跡で鋳造されていたことが判明した。『日本書紀』のなかで「683年に使用を命じた」と記述されている銅銭の可能性が高い。飛鳥池遺跡は飛鳥浄御原宮や藤原宮に関係した工房と推察され，藤原京造営にあたって都周辺の経済活動を支えるために，最初の通貨である富本銭を鋳造したのではないかと考えられている。

政 **⑤ 律令システムⅠ（法と機構）** ★★★

天武・持統天皇後の時代をみていきましょう。8世紀に入ると，日本史

上重要な法典が完成します。

> **注意問題** 大宝令は現存しないが，のちにつくられた大宝令の注釈書によって，その内容を知ることができる。

大宝律令は，郡評論争のところで出てきていましたね。これは701年に**刑部親王・藤原不比等**らが完成させた，律・令ともに完備した法典です。

NOTE

政 ❶ **法の完成**：
- ◆**大宝律令**…701年に完成。翌年施行。
- ◆**養老律令**…718年に完成。757年施行。

政 ❷ **法の種類**：
- ◆**律**…犯罪と刑罰を記した法。
- ◆**令**…行政機構・官吏の服務規定，租税・労役などを定めた基本法。
- ◆**格**…律令の**補足・改正**のために制定された法。
- ◆**式**…律令および格の**施行細則**。

ここで，律令の残存状況について考えてみましょう。問題文のとおり，確かに大宝令は現存しません。しかし，のちにつくられるのは，「大宝令の注釈書」ではなく**養老令**の注釈書です。やや細かい事項になりますが，次の2つの書をおさえておいてください。

NOTE

政 ❶ **令義解**：9世紀前半にまとめられた**養老令の官撰注釈書**。
政 ❷ **令集解**：9世紀後半にまとめられた**養老令の私撰注釈書**。養老令だけでなく，大宝令の内容の一部もうかがうことができる。

完成した律令国家において，支配的な地位を占めたのは貴族たちです。**五位以上の位階**(律令制のもとで役人の序列を示す等級，合計30階)**が与えられた人々**を貴族といいますが，彼らには，その地位と生活を維持する

第1章 原始・古代

ことができるように，以下のような多くの特権が与えられていました。

> **NOTE**
>
> 経社 ① **経済上の特権**：調・庸・雑徭を免除。位階・官職に応じて，位封・位田，職封・職田などが支給された。
>
> 社 ② **身分上の特権**：五位以上の貴族の子と三位以上の貴族の孫には，父や祖父の位階に応じて一定の位階が授与(**蔭位の制**)された。これによって，貴族は同一の階層から再生産されることになった。

行政機構についても，いくつかおさえておいてほしい事項があります。

> **NOTE**
>
> 政 ① **中央組織**：中央官庁として神祇官と太政官(国政の中心)があり，太政官のもとに八省(中務省・式部省など)がおかれた。
>
> 政 ② **地方行政**：国－郡－里の3層構造をもつ地方制度がとられ，それぞれ国司(**中央貴族を派遣，任期制**)，郡司(かつての国造など**地方豪族を任命**，終身官・世襲制)，里長をおいて統治した。なお，律令制下における諸国の役所を国府といったが，のちに国衙の呼称が一般化した(▶p.61)。郡司の統治拠点を郡家，あるいは郡衙という。
>
> 政 ③ **大宰府**：外交・国防上の要地である筑紫におかれた地方特別官庁。**西海道諸国**(九州地方)**の軍事・行政を統括**した。
>
> 政 ④ **四等官制**：中央・地方の諸官庁は，長官・次官・判官・主典の4段階に序列化された官職をもつ役人中心に構成された。
>
> 政 ⑤ **官位相当制**：正三位の位階をもつ者が大納言になるなど，役人には**位階に相当する官職を与える**原則がとられた。

律令官制表

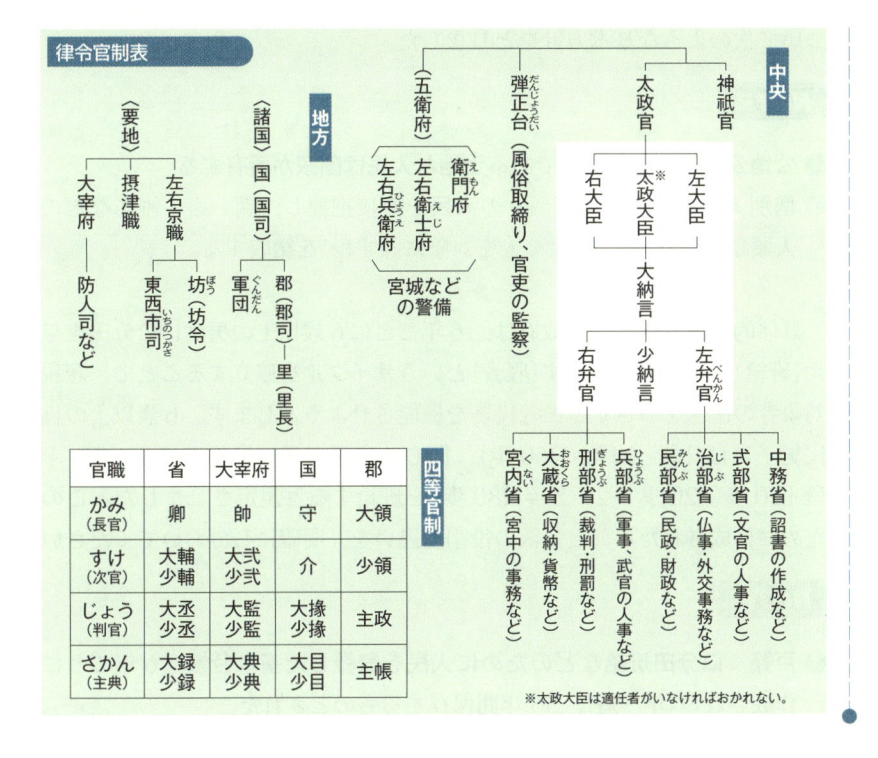

中央

- 神祇官
- 太政官
  - 左大臣
  - 右大臣
  - 太政大臣※
  - 大納言
    - 少納言
    - 左弁官
    - 右弁官
- 弾正台（風俗取締り、官吏の監察）
- 五衛府
  - 衛門府
  - 左右衛士府
  - 左右兵衛府
  （宮城などの警備）

- 中務省（詔書の作成など）
- 式部省（文官の人事など）
- 治部省（仏事・外交事務など）
- 民部省（民政・財政など）
- 兵部省（軍事、武官の人事など）
- 刑部省（裁判・刑罰など）
- 大蔵省（収納・貨幣など）
- 宮内省（宮中の事務など）

地方

- 諸国
  - 国（国司）
    - 郡（郡司）― 里（里長）
    - 軍団
  - 坊（坊令）
    - 東西市司
- 要地
  - 左右京職
  - 摂津職
  - 大宰府 ― 防人司など

四等官制

官職	省	大宰府	国	郡
かみ（長官）	卿	帥	守	大領
すけ（次官）	大輔 少輔	大弐 少弐	介	少領
じょう（判官）	大丞 少丞	大監 少監	大掾 少掾	主政
さかん（主典）	大録 少録	大典 少典	大目 少目	主帳

※太政大臣は適任者がいなければおかれない。

6 律令システムⅡ（班田と農民）★★★

律令制度のなかでも，とくに土地支配についてはよく理解しておく必要があります。

注意問題 律令制度のもとで，土地税である租は中央政府の重要財源として活用された。

これは間違えやすいですね。「中央集権国家」「中央集権国家」と散々強調してきたので，うっかり○にしてしまいそうです。でも，税はすべてが中央政府のものというわけではありません。

中央集権的システムを支えるために，律令政府は，土地と人民の支配に

ついて次のような基本方針をとりました。

> **NOTE**
> 社❶ **公地公民制**：富の基盤である**土地と人民は国家が所有**する。
> 経社❷ **個別人身支配**：国家が個々の人民を直接把握し、調・庸・雑徭などの**人頭税**(土地や物ではなく人を対象に課す税)**を徴収**する。

具体的に説明すると、政府は、6年ごとに6歳以上の男女に**口分田**を与え(班給)、死後とりもどす(収公)というサイクルを確立することで、課税対象者の確保をめざす**班田収授法**を機能させようとします。6歳以上の良民男子には2段(1段=360歩)、同じく良民女子には男子の2/3=1段120歩(720歩×2/3=480歩)を班給すると規定されました。このために作成された**戸籍**と**計帳**の役割の違いを、明確にしておいてください。

> **NOTE**
> 社❶ **戸籍**：口分田班給などのために人民を登録した基本台帳。6年ごとに作成され(六年一造)、30年間保存するものとされた。
> 社❷ **計帳**：調・庸などを徴収するための台帳。毎年作成。身体的特徴も記載された。

口分田を班給された農民は、これによって最低限の生活が保障されたはずでしたが、実際には、**調・庸・雑徭**などの負担に苦しむことになりました。農民負担の主要な内容をまとめておきます。

> **NOTE**
> 経❶ **調**：おもに成年男子を対象とした人頭税。**地域の特産物**を納める。
> 経❷ **庸**：おもに成年男子を対象とした人頭税。都での年10日の労役(歳役)にかえて布2丈6尺(約8m)を納める。
> 経❸ **租**：口分田など田地を対象とした土地税。収穫の3％程度を稲で納める。
> 経❹ **雑徭**：おもに成年男子を対象とした人頭税。年60日以内、**国司のもと**

で土木事業などに従事する。
- 経 ❺ **出挙**（公出挙）：貸し付けられた稲を利息（利稲）とともに納める。
- 社 ❻ **兵役**：成年男子の約3分の1を各地の**軍団**に配属。軍団兵士から、**防人**（→九州の防衛）・**衛士**（→都の警備）を選抜。
- 社 ❼ **運脚**：調・庸を各地方から都へ徒歩で運搬する負担をいう。

公民の税負担

区分	正丁 （21～60歳の男性）	次丁（老丁） （61～65歳の男性）	中男（少丁） （17～20歳の男性）	備考
調	絹・絁・糸・布など郷土の産物の一種を一定量	正丁の½	正丁の¼	ほかに正丁は染料などの調の副物を納入
庸	都の労役（歳役）10日にかえ、布2丈6尺（約8m）	正丁の½	なし	京・畿内はなし
租	田1段につき稲2束2把（収穫の約3％にあたる。田地にかかる租税）			
雑徭	地方での労役60日以下	正丁の½	正丁の¼	のちに半減される

　注意問題の答えですが、土地税である租は「中央政府の重要財源」ではなく地方の財源です。人頭税を原則とする律令税制のもとで、**租は、負担が軽かっただけでなく、積極的な財政機能も果たしていませんでした**。農民負担に関しては、次のような分類が可能です。

NOTE

- 経 ❶ **財源上の分類**：
   - ◆ **中央の財源**…調・庸など。
   - ◆ **地方の財源**…租・雑徭・出挙（公出挙）など。
- 社 ❷ **負担上の分類**：
   - ◆ **労働力・軍事力を直接徴収する負担**…雑徭・兵役など。
   - ◆ **布など穀物以外の生産物を徴収する負担**…調・庸など。
   - ◆ **稲などの穀物を徴収する負担**…租・出挙（公出挙）など。

02 律令国家はどのような展開をみせたか

このように，律令制下の農民負担については，負担の中身を知っているだけではできない問題も出題されます。多方面から点検しておきましょう。

政外 7 律令政府の政策 ★★★

8世紀前半，国内における最大の事業は**平城京**(へいじょうきょう)遷都です。

> ☠ 注意問題 平城京は，中央につくられた朱雀大路によって，東の右京と西の左京に分けられていた。

この問題自体は，よく出る「ひっかけ」問題ですね。奈良や京都を知っている人は一目で答えがわかるかもしれませんが，どこが誤りなのか，解答はのちほど。

平城京についてお話する前に，中央集権的な国家体制が整えられるなかで律令政府がとった政策をみていきましょう。対外的には，①**遣唐使**の派遣，②新羅・渤海(ぼっかい)との関係，③東北経営，が大切です。

NOTE

外 ①遣唐使の派遣：
- ◆派遣…630年に最初の遣唐使を派遣。大規模な使節が派遣されたが，8世紀以降，**新羅との関係悪化**により，危険な南路（東シナ海を直接横断するルート）・南島路（帰路に利用，南西諸島を北上するルート）を航海した。
- ◆遣唐使に同行した**留学生・留学僧**…奈良時代，吉備真備(まきび)・玄昉(げんぼう)らが政界で活躍。

【図：8世紀中頃の東アジアと日唐交通路】
上京龍泉府(じょうけいりゅうせんふ)／渤海／東京(とうけい)／能登客院(のとのきゃくいん)／松原客院／五台山／登州／青州／新羅／金城／日本／洛陽(らくよう)／汴州(べんしゅう)／楚州(そしゅう)／揚州／鴻臚館(こうろかん)／平城京／難波／大宰府／杭州／明州／長安／唐／天台山／遣唐使航路／渤海航路

- ◆ 渡来僧…帰国の遣唐使船に乗り、鑑真らが来日。
- 外 ❷ 新羅・渤海との関係：
  - ◆ 新羅…676年、半島統一。日本とのあいだの使節往来は少なくなかったが、日本が新羅を従属国として扱おうとしたため、しだいに両国の関係は冷却化した。
  - ◆ 渤海…7世紀末に建国。中国東北部に位置する。唐・新羅と対抗するため、日本に使節を派遣した。**日本はこれを朝貢の使節として歓待した**が、しだいに両国の関係は交易を中心とするものへと変化した。
- 政 外 ❸ 支配領域の拡大：
  - ◆ 日本海側の東北経営…大化改新直後、唐の高句麗攻撃によって対外的緊張が高まったため、渟足柵・磐舟柵が設けられた。さらに7世紀後半には、阿倍比羅夫が蝦夷征討事業を推進。8世紀には出羽国がおかれ、ついで秋田城も築城された。
  - ◆ 太平洋側の東北経営…724年に**多賀城**設置（現在の仙台平野に位置する）。以後、太平洋側における東北経営の拠点となる。多賀城は、鎮守府・国府として蝦夷征討の軍事拠点であったと同時に、律令にもとづく支配の浸透を図る行政府的性格を強くもっていた。
  - ◆ 九州南部への支配拡大…南九州の隼人と呼ばれた人々の地域には、薩摩国と大隅国がおかれた。

　一方、国内では710年、元明天皇のときに宮都として奈良盆地北端に平城京がつくられました。以後、恭仁京・難波宮・紫香楽宮への短期間の遷都を除いて、784年の長岡京遷都まで、天皇8代の律令国家の首都として機能しました（奈良時代）。

　問題では「右京」と「左京」が逆になっていましたが、正しくは東が左京、西が右京です。平城宮から南

平城京図

を向いて左手が左京，右手が右京になります。
　以下，平城京とその関連事項について整理しておきます。

> **NOTE**
>
> 政❶ **平城京の構造**：平城京は，東西 4.3km・南北 4.8km の長方形で，北側に北辺坊，東側に外京がはり出している。中央北端に平城宮(宮城・大内裏)があり，宮の中央南端から南にのびている朱雀大路の東側を左京，西側を右京という。
>
> 　京域は東西南北に走る道路によって碁盤目状に整えられた街区をもち(条坊制)，条坊の区画は細分化されて官人などに支給された。京内には 7 〜 10 万人が住んでいたと考えられ，左右両京には官営の東市・西市が設けられた。
>
> 　平城宮は官庁街にあたり，政務や国家的儀式の場である大極殿を中心とし，内裏(天皇の日常生活の場)もおかれた。
>
> 社❷ **官道の整備**：都を中心に七道※の諸地域へのびる官道(駅路)が整備された。官道には，一定距離(約 16 キロ)ごとに駅家がおかれ，公用の役人が利用した。　　※畿内を除く古代の行政区
>
> 政経❸ **貨幣の鋳造**：7 世紀後半の富本銭につづいて，708(和銅元)年に和同開珎が鋳造された。以後，律令国家のシンボルとして，958 年の乾元大宝まで合計 12 種類の銭貨(本朝十二銭＝皇朝十二銭)がつくられたが，**その流通は限定的で本格化しなかった。**
>
> 　711 年には，銭貨流通促進策として蓄銭叙位令が施行された。銭貨を集積(蓄銭)して上納した者には，位階別に銭貨の納入額に応じた新たな位階を与えることとしたが，その実態や効果についてはわかっていない。

政 ⑧ 奈良時代の政争 ★★

　つづいては，激しい権力抗争の過程を把握するのがやっかいな，奈良時

代の政治史に突入です。

> **注意問題** 玄昉・吉備真備らが政界で重用されると，藤原仲麻呂は，彼らの排除を求めて九州で反乱をおこした。

奈良時代の政争は，全体として①藤原氏と皇族出身者（＋僧侶）が，ほぼ10年ごとに中央政界で政権を担当→②そのなかで藤原氏の台頭が顕著になるという流れで覚えましょう。

上の問題は，玄昉・吉備真備らを疎（うと）んで九州で反乱をおこした人物についてです。「藤原仲麻呂（なかまろ）」を藤原広嗣（ひろつぐ）にすれば正しくなります。2人とも反乱をおこしてはいますが，登場する時期も反乱の内容も大きく異なっています。次の整理を，くりかえし熟読してください。

8世紀のおもな出来事

年	月	出来事
718年		藤原不比等，養老律令を完成させる
720	8月	不比等死去
724	2	長屋王，左大臣となる
729	2	長屋王の変
	8	光明子，皇后となる
734	1	藤原武智麻呂，右大臣となる
737		疫病流行，武智麻呂ら4兄弟死去
738	1	橘諸兄，右大臣となる
740	9	藤原広嗣の乱
	12	山背の恭仁京に遷都
745	5	平城京へ戻る
757	7	橘奈良麻呂の変
760	1	藤原仲麻呂，太政大臣となる
761		道鏡，孝謙太上天皇の病気治療
764	9	恵美押勝（藤原仲麻呂）の乱
765	閏10	道鏡，太政大臣禅師となる
769	9	宇佐八幡神託事件
770	8	道鏡を下野（しもつけ）に追放

NOTE

政❶ 710年代：**藤原不比等**（鎌足の子）が政界を主導。養老律令を完成させる（718年）など，律令制度の確立に尽力すると同時に天皇家に接近。⇒720年，不比等没。

政❷ 720年代：**長屋王**（ながやおう）（天武天皇の孫）の政権成立。三世一身法（さんぜいっしんほう）（723年）などの諸政策を実施。⇒729年，**光明子**（こうみょうし）（不比等の娘）立后問題をめぐって，長屋王は藤原4兄弟（藤原四子＝不比等の子たち）と対立し，自殺（**長屋王の変**）。

政❸ 730年代：**藤原4兄弟**が勢力を拡大。長屋王の変後，藤原4兄弟（武智麻呂・房前・宇合・麻呂（むちまろ・ふささき・うまかい・まろ））は光明子を聖武天皇の皇后（天皇の正妻）とすることに成功。⇒737年，天然痘（てんねんとう）により藤原4兄弟没。

政❹ 740年代：**橘諸兄**（たちばなのもろえ）（皇族出身者）が政権を掌握。吉備真備・玄昉らが

政界で重用されると，740年，吉備真備・玄昉の排除を求めて**藤原広嗣**(式家，宇合の子)**の乱**が発生。

⇒以後，朝廷は動揺し，**聖武天皇**は遷都をくりかえした(恭仁京・難波宮・紫香楽宮)。また，**国分寺建立の詔**(741年)，**大仏造立の詔**(743年，同年に墾田永年私財法も発令)を出し，仏教のもつ鎮護国家思想によって国家の安定を図ろうとした。

◆ **国分寺建立の詔**

(天平十三年)三月……乙巳，詔し
て曰く。……宜しく天下諸国をして
各敬みて七重塔一区を造り，幷せて
金光明最勝王経・妙法蓮華経各一部
を写さしむべし。……僧寺には必ず
廿僧有らしめ，其の寺の名を金光明
四天王護国之寺と為し，尼寺には
一十尼ありて，其の寺の名を法華滅
罪之寺と為し，両寺相共に宜しく教
戒を受くべし。
(『続日本紀』)

◆ **大仏造立の詔**

(天平十五年)冬十月辛巳，詔して
曰く。……粤に天平十五年歳次癸
未十月十五日を以て，菩薩の大願を
発して盧舎那仏の金銅像一軀を造り
奉る。……夫れ天下の富を有つ者は
朕なり。天下の勢を有つ者も朕なり。
此の富勢を以てこの尊像を造る。事
や成り易く，心や至り難し。
(『続日本紀』)

政 ❺ **750年代**：**藤原仲麻呂**(南家，武智麻呂の子)の勢力が伸張。749年に孝謙天皇(聖武天皇の娘)が即位して，その母である光明皇太后(光明子)の権威が高められたため，仲麻呂が台頭した。757年，仲麻呂を倒そうと橘奈良麻呂(諸兄の子)が立ち上がるものの，逆に滅ぼされた(橘奈良麻呂の変)。その後，みずから擁立した淳仁天皇より恵美押勝の名を賜った。⇒760年，光明皇太后没。仲麻呂の権力弱体化。

政 ❻ **760年代**：**道鏡**(僧侶)，仏教政治を展開。**孝謙太上天皇**(のち再び即位して**称徳天皇**)の信任により，道鏡は異例の出世を遂げた。769年には，称徳天皇が道鏡に皇位を譲ろうとする事件(宇佐八幡神託事件)も発生したが，この動きは成功しなかった。⇒770年，称徳天皇没。道鏡左遷。

政 ❼ **770年代**：皇統，天智系へ。藤原百川(式家，宇合の子)らが**光仁天皇**(天智天皇の孫)を擁立。混乱した律令政治の再建をめざした。

天皇家と藤原氏の関係系図 ①

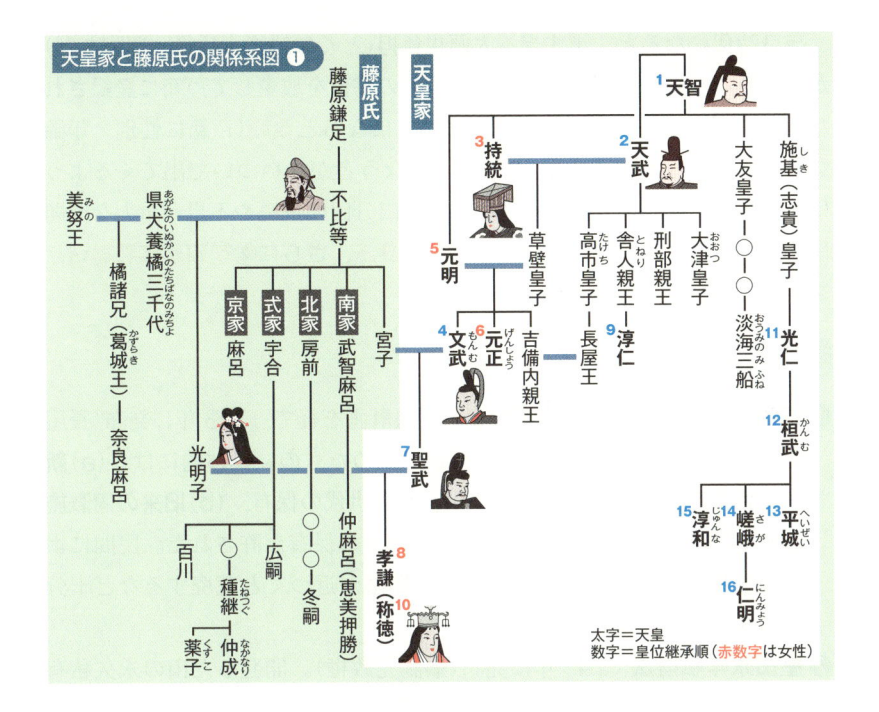

太字＝天皇
数字＝皇位継承順（赤数字は女性）

9 新しい土地政策と初期荘園 ★★　　社

奈良時代には，政治の世界だけでなく地域社会の様子にも変化が生じます。

注意問題 多くの初期荘園では税がすべて免除されていたため，初期荘園の拡大は，律令体制を大きく動揺させることになった。

　この時代の土地政策，ポイントは**初期荘園**です。土地制度史は「どうも苦手」という人が少なくないですが，日本では古くから「いかに土地を支配するか」が権力者にとって最も重要なことでした。そのため，土地政策は当時の権力構造を理解するうえでとても大切になります。何も難しいことはありません。**⑥ 律令システムⅡ（班田と農民）** を見直しながら，読み進めてください。

02 律令国家はどのような展開をみせたか

　奈良時代になると，重すぎる人頭税負担（とくに雑徭・兵役，運脚など）から逃れるため，農民のなかには口分田の耕作を放棄して戸籍に登録された土地を離れる**浮浪・逃亡**や，少しのちになると**偽籍**（戸籍に性別・年齢などを偽って記載すること）などをおこなう者があいついで出てくるようになります。そこに人口増も加わって，口分田の荒廃や不足が重大な問題になりました。そこで政府は，①**三世一身法**，さらに②**墾田永年私財法**，を発して事態に対応しようとします。

NOTE

社❶ **三世一身法**：722年の百万町歩の開墾計画を経て，723年に発布（長屋王政権）。開墾地の保有を期限つきで認めたもの。具体的には，**(a)新しい灌漑施設**をともなう開発の場合⇒3世代の保有，**(b)旧来の灌漑施設**を利用した開発の場合⇒本人1代のみの保有が許された。民間による耕地開発をめざす法令だったが，期限が近づくと荒廃するなど十分な成果はあがらなかった。

社❷ **墾田永年私財法**：743年に発布（橘諸兄政権）。開発した田の永久私有を保障した法令で，位階別に開墾面積が制限（500町～10町）され，土地開発者として貴族・大寺院・地方豪族が想定された。

◆ **三世一身法**
（養老七年四月）辛亥，太政官奏すらく，「頃者百姓漸く多くして，田池窄狭なり。望み請ふらくは，天下に勧め課せて，田疇を開闢かしめん。其の新たに溝池を造り，開墾を営む者有らば，多少を限らず，給ひて三世に伝へしめん。若し旧き溝池を逐はば，其の一身に給せん」と。（『続日本紀』）

◆ **墾田永年私財法**
（天平十五年五月）乙丑，詔して曰く，「聞くならく，墾田は養老七年の格に依りて，限満つる後，例に依りて収授す。是に由りて農夫怠倦して，開ける地復た荒る。今より以後，任に私財と為し，三世一身を論ずること無く，咸悉くに永年取る莫れ。其の親王の一品及び一位は五百町，……初位已下庶人に至るまでは十町。但し郡司は，大領少領に三十町，主政主帳に十町。」（『続日本紀』）

貴族や大寺院は，競うようにして**土地の開発・墾田の買収**を進めました。それが**初期荘園**です。初期荘園は，**輸租**（ゆそ）※1 を原則としていました。荘園の開発は付近の農民や浮浪人を雇って進められ，その後も**賃租**（ちんそ）※2 と呼ばれる方法で経営されました。　※1 租を国家に納める義務があること　※2 農民に土地を貸して収益をあげること

　したがって，問題の文章は「税がすべて免除されていた」の部分が誤りです。
　多くの初期荘園は特定の荘民をもたず，国家機構やその地域の有力者（郡司）などに依存して労働力を確保していきます。このため9世紀以降，**律令支配の変質・動揺とともに初期荘園は衰退**していくことになりました。

10 平安時代初期の政治 ★★　　政

　政治史に戻りましょう。道鏡が左遷されたところまでお話しましたね。時代は8世紀末，いよいよ平安時代に入ります。平安時代初期は，天皇による改革的な政治がポイントになります。

> **注意問題**　嵯峨天皇は天皇の秘書官として令外官を新設し，その長官に藤原冬嗣らを任じた。

　嵯峨天皇（さが）と**藤原冬嗣**（ふゆつぐ）は超重要人物ですね。知識があやふやだと，こうした問題にひっかかりやすくなってしまいます。どこが誤りなのか，光仁天皇から嵯峨天皇までの流れをしっかり点検していきましょう。
　道鏡を排して即位した光仁天皇（天智系）の改革路線は，次の**桓武天皇**（かんむ）にひきつがれ，おもに①新都（**平安京**（へいあんきょう））の造営，②東北経営の推進，③律令体制の再建，が大きな課題になりました。

第1章　原始・古代

NOTE

政❶ 新都(平安京)の造営：桓武天皇は、即位3年後の784年、寺院など奈良の旧勢力を避け、水陸交通の要地に**天智系の新しい都をつくる**ことを意図して、山背国**長岡京**への遷都を命じた。しかし、造都長官の藤原種継(式家、藤原宇合の孫で桓武天皇の腹心)が暗殺されるなど、造都事業は難航した。

長岡京は未完成のまま約10年で放棄されたものの、新都造営にかける天皇の意志は強く、794年、ついに**平安京**への再遷都が実行された。この新たな都の名には、新政への願いと期待がこめられている。王城の地「山背」の国名も「山城」と改められることになった。

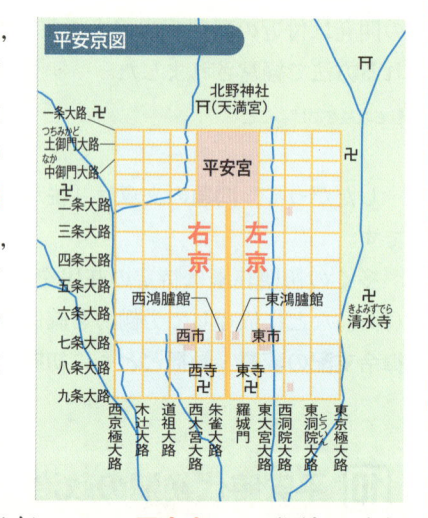

政❷ 東北経営の推進：8世紀末、東北地方で蝦夷の大反乱が発生した。光仁天皇の780年、帰順していた蝦夷の豪族**伊治呰麻呂**が乱をおこし、一時は**多賀城**(▶p.43)を攻めとるほどの大規模なものに発展したのである。

こののち、東北地方では三十数年にわたって戦争があいつぎ、政府軍が敗北する事件もおこる。桓武天皇の789年に紀古佐美が**征東大使**として大軍を進め、北上川中流の胆沢地方の蝦夷を制

圧しようとしたものの，族長**阿弖流為**の活躍により政府軍は大敗を喫した。

9世紀初頭，征夷大将軍**坂上田村麻呂**が阿弖流為を帰順させることによって，それまでつづいていた反乱に終止符をうった。その後，**胆沢城**(北上川中流域)を築造して**多賀城の鎮守府を移転**し，さらに志波城(北上川上流域)を築造した。こうして東北地方は，ほぼ律令国家の支配下におかれることになった。

③ 律令体制の再建：

- ◆ **行政改革**…国司の不正を正すため**勘解由使**を設置。国司交代の際に，後任者が前任者に渡す書類(解由状)の審査を厳重にした。
- ◆ **軍制改革**…東北・九州地方以外の軍団制を廃止。新たに郡司の子弟などを**健児**とした＝国家間戦争を想定した軍制から治安維持目的の軍制へ。
- ◆ **軍事と造作をめぐる議論(「天下徳政相論」)**…桓武天皇が一貫して追求してきた対蝦夷戦争(軍事)と平安京造営事業(造作)は，一方で国家財政や民衆にとって大きな負担になった。805年，軍事と造作の可否を論じた「天下徳政相論」(徳政論争)を経て，ついにこの二大事業の中止が宣言された。

次の**平城天皇**，**嵯峨天皇**の時代も，こうした改革的な政治方針が基調となりました。

ここで，注意問題をもう一度みてみましょう。

> **注意問題** 嵯峨天皇は天皇の秘書官として令外官を新設し，その長官に藤原冬嗣らを任じた。

810年，嵯峨天皇は即位直後に，平城京に遷都しようとした兄の平城太上天皇と対立し，「二所朝廷」と呼ばれる政治的混乱をひきおこします。結局，嵯峨天皇側が迅速に兵を出して勝利しましたが，この**平城太上天皇の変**(薬子の変)の結果，平城太上天皇は出家し，その寵愛をうけた藤原薬子(式家)は自殺，薬子の兄藤原仲成(式家)は射殺されました。

嵯峨天皇は，この平城太上天皇との対立時に，藤原冬嗣を**令外官**である

蔵人頭に任命します。**令外官**とは、**征夷大将軍・勘解由使・蔵人頭・検非違使・関白**など、令に規定されていない新しい官職の総称です。「天皇の秘書官」といった、ある特定の官職を指す言葉ではありません。よって、その部分が誤りとなります。嵯峨天皇は、蔵人頭と検非違使という2つの令外官を新設し、法令の編纂にも尽力しました。

NOTE

政 ❶ **蔵人頭**：平城太上天皇の変(810年，薬子の変)の際に，**機密事項を扱う天皇の秘書官**として藤原冬嗣(北家)らが任命された。役所は蔵人所。

政 ❷ **検非違使**：**平安京内の治安維持**などを担当。役所は検非違使庁。

政 ❸ **法令編纂**：嵯峨天皇のもとで、律令の規定を補足・改正する格(▶p.37)と施行細則の式(▶p.37)を分類・編集した弘仁格式が編纂された。のち貞観格式・延喜格式も編纂され、これらをあわせて**三代格式**という。

第02講　確認テスト

- ☐ 12　527年，新羅との関係を深めた九州地方の有力豪族がおこした乱を何というか。　　**磐井の乱**（筑紫国造磐井の乱・筑紫君磐井の乱）

- ☐ 13　600年から4回にわたって中国に派遣された使節を総称して何というか。　　**遣隋使**

- ☐ 14　608年，中国皇帝によって答礼使として日本に派遣された官人は誰か。　　**裴世清**

- ☐ 15　690年，飛鳥浄御原令にもとづいて作成された戸籍を何というか。　　**庚寅年籍**（庚午年籍の作成は670年）

- ☐ 16　律令貴族の身分上の特権で，貴族の子や孫に一定の位階を与える制度を何というか。　　**蔭位の制**

- ☐ 17　律令制下の行政区画のうち，大宰府が統轄した地域を総称して何というか。　　**西海道**

- ☐ 18　律令制下において毎年作成を原則とした，調・庸徴収のための台帳を何というか。　　**計帳**（戸籍は口分田班給のための基本台帳で六年一造が原則）

- ☐ 19　道鏡追放後に即位した，天智天皇の孫にあたる天皇は誰か。　　**光仁天皇**

- ☐ 20　坂上田村麻呂が802年に築いた東北経営のための拠点で，多賀城から鎮守府が移されたことで知られる城柵を何というか。　　**胆沢城**

- ☐ 21　国司交代などの際に，後任者が前任者に渡す事務ひきつぎの文書を何というか。　　**解由状**

- ☐ 22　大宝令・養老令による律令官職以外に，新たに設置された官職を総称して何というか。　　**令外官**

- ☐ 23　嵯峨天皇によって蔵人頭に任じられた，藤原氏北家出身の貴族は誰か。　　**藤原冬嗣**

- ☐ 24　律令制下の法令集である弘仁格式・貞観格式・延喜格式を総称して何というか。　　**三代格式**

第03講 貴族政治は社会をどのように変えたか

810〜1108年：摂関政治と武士の台頭

政 外 ① 北家の台頭と国際関係の変化 ★★

平安時代になると，藤原氏，なかでも**北家**（藤原房前とその子孫の家柄）が勢力を拡大していきます。どのような手段を用いたのでしょうか？

> 注意問題　藤原冬嗣は，承和の変で橘逸勢らの排斥に成功した。

藤原氏は，おもに2つの手段をとりました。第一の手段は，**天皇家と深く結びつくこと**。藤原氏は，一族の娘を天皇の皇后や皇太子妃とする外戚

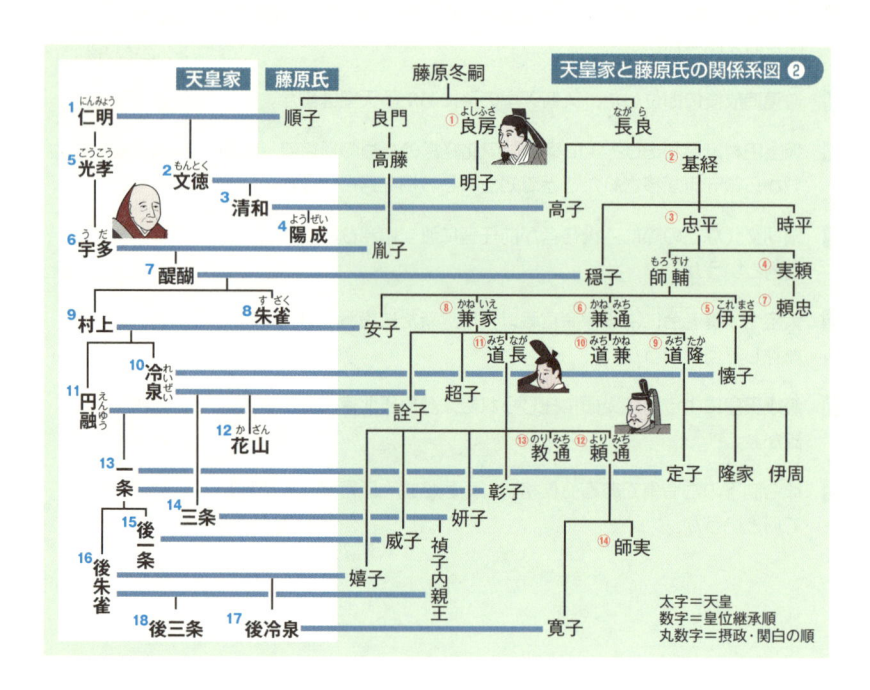

政策，つまり天皇家の母方の親族となる手段をとることで，天皇家との血縁関係を強めていきます。

第二の手段は，**ライバルとなる貴族を追い落とす**こと。いわゆる藤原氏による他氏排斥政策がおこなわれたのです。なかでも，この問題でとりあげた**承和の変**は重要です。ポイントは誰が橘逸勢らをしりぞけたのか，というところです。

この事件が発生したのは842年。当時の藤原北家を代表する人物は「藤原冬嗣」ではなく，その子の**良房**です。混乱しやすいところなので，系図をみながら整理しておきましょう。

NOTE

政❶ 藤原冬嗣の活躍：
- 810年…**平城太上天皇の変**(薬子の変，式家没落，▶p.51)の際に，藤原冬嗣が蔵人頭に就任。

政❷ 藤原良房の摂政就任：
- 842年…**承和の変**により，伴(大伴)健岑・橘逸勢らの排斥に成功。
- 858年…清和天皇が幼少で即位すると，良房が天皇の外祖父(母方の祖父)として，事実上の摂政(これ以降，幼少の天皇にかわって政務を代行する職の意となる)に。
- 866年…**応天門の変**により，大納言伴善男らの排斥に成功。良房は正式に摂政となる。

政❸ 藤原基経の関白就任：
- 884年…光孝天皇の即位に際し，基経は事実上の関白(成人後の天皇を後見する職)に。
- 888年…基経，宇多天皇が即位の際に出した勅書(「阿衡に任ず」)に抗議のうえ撤回させ，政界における実力を誇示(阿衡の紛議)。

一方，対外面では，894年に**菅原道真**が宇多天皇に遣唐使(▶p.42)の廃止を建議します。9世紀になると，**唐や新羅の商船が来航**するようになったため，すでに遣唐使派遣の必要性は低下していたからです。加えて，

03 貴族政治は社会をどのように変えたか

唐の衰退や日本の政治体制の独自の発展により唐の制度導入の意義が失われつつあったため、派遣が停止されることになりました。

> **NOTE**
>
> 外❶ **日宋貿易**：唐の滅亡(907年)後、**宋**(960〜1279年)が建国されたが、日本が朝貢関係の成立に積極的ではなかったこともあり、日宋間に正式な国交は開かれなかった。しかし、宋の商船は博多などにさかんに来航し、11世紀後半になると、日宋貿易はさらに活発化していった。
>
> 外❷ **渤海・新羅の滅亡**：10世紀前半、**契丹**(遼、916〜1125年)により渤海が滅亡し、さらに**高麗**(918〜1392年)が新羅を滅ぼして朝鮮半島を統一した。日本は契丹(遼)・高麗両国との正式な国交を開こうとしなかった。

政 ② 摂関政治 ★★★

藤原氏は、摂政・関白として政治的地位を確立していきます。ここでは、その地位をどのように絶対的なものにしていったのか、みていきましょう。

> **注意問題** 摂関政治を維持するのに不可欠な条件は、藤原氏の一族が国司の職を独占することだった。

摂関政治を維持するのに不可欠なのは、果たして国司の職を独占することだったでしょうか？　**① 北家の台頭と国際関係の変化**を振り返りながら、考えてみましょう。

藤原良房が摂政に就いたのち、摂政・関白がつづけておかれていたと思われがちですが、10世紀の前半を中心とした一時期、摂政・関白がおかれず**親政**※がおこなわれた時代もありました。**醍醐天皇**(→延喜の治)・**村上天皇**(→天暦の治)のときです。のちに「**延喜・天暦の治**」と理想化されて呼ばれることになります。　　※天皇みずから政治をおこなうこと

しかし、この時期は必ずしも親政の理想的時代というわけではありませ

ん。むしろ、藤原北家の勢力はますます無視できないものとなり、また社会も大きく変化していくのです。次のまとめをよく読んでください。

> **NOTE**
>
> 政 ❶ **宇多天皇の政治**：
> ◆ 891年…藤原基経の死後、摂政・関白をおかずに菅原道真を重用。
> ◆ 894年…菅原道真の建議により、遣唐使を廃止(▶ p.55)。
>
> 政 ❷ **延喜の治**(醍醐天皇、在位897～930年)：
> ◆ 901年…藤原時平の陰謀により、菅原道真、大宰権帥に左遷。
> ◆ 902年…**延喜の荘園整理令**発令。班田を実施(**最後の班田**)(▶ p.59)。
> ⇒この時期には、最後の六国史(→『日本三代実録』)や最後の格式(→『延喜格』『延喜式』)が編纂されるなど、律令体制の衰退を象徴する出来事があいついだ。
>
> 政社 ❸ **武士による本格的な反乱発生**：
> ◆ 939～41年…承平・天慶の乱発生。関東地方と瀬戸内海で、同時期に大規模な武装反乱がおこった(▶ p.64)。
>
> 政 ❹ **天暦の治**(村上天皇、在位946～967年)：
> ◆ 958年…**乾元大宝**を鋳造(最後の本朝(皇朝)十二銭、▶ p.44)。⇒乾元大宝は、本朝(皇朝)十二銭の最後であるだけでなく、**律令国家としての最後の事業**。

969年、左大臣 源 高明(醍醐天皇の子)が藤原氏の策謀で左遷される事件(**安和の変**)を経て、いよいよ摂関政治の全盛期がやってきます。

> **NOTE**
>
> 政 ❶ **摂関政治の時期**：10世紀後半(安和の変、969年)から11世紀半ば(延久の荘園整理令、1069年)にかけて。とりわけ藤原道長・頼通父子の時代。
>
> 政 ❷ **摂関政治の条件**：娘を皇后や皇太子妃とし、**天皇との外戚関係を築く**こと。

> **政 ③ 摂関政治の特徴：**
> - ◆ **権力と富の集中**…大きな権力をもつ藤原氏(摂関家)は**役人の任免権を掌握**。このため，国司など利益が手に入る職に就くことを望む中・下級貴族からの貢納物も，藤原氏に集中した。
> - ◆ **国政の形式化**…政治はしだいに先例・儀式を重んじるものとなり，積極的な政策がみられなくなった。一方，日本の貴族社会は大陸文化の吸収・消化を土台にしながら**多様な独自性を発揮しうる段階**に到達し，みずからの風土や嗜好に適合した国風文化を開花させることになる。

　ここまでくれば，注意問題の答えは出たも同然ですね。「摂関政治を維持するのに不可欠な条件」は，「国司の職を独占すること」ではありません。**天皇の外戚(とくに外祖父)となること**です。この点はとても重要なので，しっかり覚えましょう。

経社 ③ 公領と荘園 ★★★

　政治の流れを追ってきましたが，ここで土地制度をみてみましょう。平安時代初期から中期にかけてのポイントは，①律令制にもとづく地方支配システムの変容，②国司の台頭，の２つです。

> **注意問題** 京に住み，現地に赴任しないで私腹を肥やす国司のことを，目代という。

　この問題自体は，用語の意味がわかっていれば解ける問題です。センター試験では，重要な歴史用語のもつ意味を理解していないと解けない問題がよく出題されます。当時の国司がどのようなものであったのか，社会情勢をとらえながら用語を理解していきましょう。
　律令制にもとづく地方支配システムは，すでに述べたように８世紀半ば以降に早くも新しい展開をみせました(▶p.47～49)。おさらいすると，

①庸・調などの人頭税から逃れようとする農民が続出→②三世一身法・墾田永年私財法の施行→③貴族・大寺院による土地の開発・墾田の買収，という流れでしたね。

しかし，逃げ出す農民がいる一方で，富裕な農民層（田堵層）の台頭もみられるようになります。彼ら有力農民たちは，没落した農民の労働力を吸収して墾田を開発し，しだいに独立した農業経営を発展させていきました。

こうした農民層の分解は，律令国家の支配にも重大な影響を与えざるをえませんでした。政治的には，国家が直接に個々の人民を把握する律令制の原則の維持が困難となり，経済的には，庸・調の減少により国家財政が危機へと追いこまれていったのです。そこで政府は，①大宰府管内に設置された**公営田**，②畿内に設置された**官田**，といったかたちで，みずからが直営する田地を設けて財源を確保しようとします。

【農民層の分解による影響】

国：墾田から税をとる方法を考えないと……／人民を把握できない→国家財政の危機

逃げ出す農民：人頭税から逃れたい！

富裕な農民＝田堵：墾田を開発したい！／カモン！／墾田＝新しい土地／もともとの土地

それでも，平安時代初期にあたる9世紀の時期には，律令にもとづく人民支配の根幹となる戸籍の作成が，形式的には六年一造の体制で一応継続されました。しかし902年，**延喜の荘園整理令**で違法な土地所有を禁止したり，最後の班田を命じたりと，一連の律令制再建策が打ち出されたものの（▶p.57），その実施過程で，もはや律令制の原則にもとづく財政運営は不可能であることが明白になっていきます。戸籍をつくろうにも，負担を嫌った農民があの手この手で実態を偽ろうとするので，もはや戸籍を

第1章　原始・古代

03 貴族政治は社会をどのように変えたか

つくって班田をし，税をとりたてる制度自体が崩壊してしまったのです。
　まもなく政府は，**郡司など在地有力者の力に依存してきた律令制的地方支配のあり方を大きく転換**せざるをえなくなります。

NOTE

[経][社] ❶ 転換の内容：**受領**(任国に赴任した**国司のなかで最上位の者**を指す呼称)の権限を強化して，彼らに**一国内の徴税と行政を全面的にまかせ**，その支配のもとで，個々の土地には徴税請負人をおく方式が採用された。

[経][社] ❷ 徴税方式の変化：成年男子を対象に人頭税を徴収する方式から，**有力農民層(田堵)が耕作と徴税を請け負う土地課税方式**へと変化した。また，田堵層のなかからは，土地を大規模に耕作して**大名田堵**と呼ばれる者があらわれた。

[経][社] ❸ 負名体制：受領が公領を**名**(徴税・土地経営の単位となる田地)に編成し，その田地の耕作を請け負わせた田堵を**負名**として把握するかたちが採用されたため，これを負名体制と呼んでいる。負名体制のもとで，受領は一国内の支配にあたり，従来の律令制的な支配原理に拘束されることなく，負名の請作面積に応じて，**官物**(米などが中心)，**臨時雑役**(雑多な負担の総称)を賦課できるようになった。

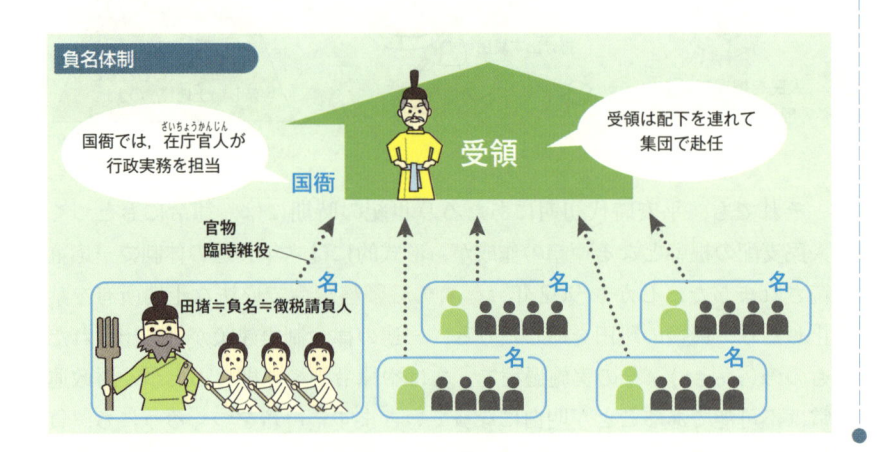

負名体制

国衙では，在庁官人が行政実務を担当

受領は配下を連れて集団で赴任

国衙 → 受領

官物・臨時雑役

田堵≒負名≒徴税請負人

名　名　名　名　名

国司，とりわけ受領の職は，**現地で必要以上に土地税をとることに成功すれば利益が手に入る**，という性格を強めたことになります。ウハウハですね。この魅力に，多くの中・下級貴族がひきつけられていきました。

ここで，もう一度注意問題をみてみましょう。

> ☠ 注意問題　京に住み，現地に赴任しないで私腹を肥やす国司のことを，目代という。

「現地に赴任しない」パターンを指す表現は，**遙任**です。**目代**は国司（受領）の私的な代理人として現地に派遣され，財務などを担いました。用語が混乱しないよう，次のまとめをよく頭に入れておきましょう。

NOTE

- 社❶ **成功**（じょうごう）：私財などを朝廷に提供するかわりに，国司などの官職を得ること。
- 社❷ **重任**（ちょうにん）：私財などの提供により，任期満了後も同じ官職に再任されること。
- 社❸ **遙任**：国司（受領）が現地に赴任せず，かわりに国衙（国司の政庁）に国務を統括する能力をもつ**目代**を派遣して国司（受領）としての収入を得ること。受領が赴任していない国衙は留守所と呼ばれた。

一方で，支配される側である現地の有力農民（＝大名田堵）たちは，どのように力をつけていったのでしょうか？

NOTE

- 社❶ **大名田堵の動向**：10世紀後半頃から，**大名田堵たちは積極的に土地を開発**。結果として一定地域の支配に成功すると，彼らは**開発領主**（かいはつりょうしゅ）と呼ばれるようになった。
- 社❷ **開発領主の動向**：開発領主層は，国司の激しい徴税攻勢に対抗するため，中央の権力者（権門勢家）に土地からの収益権（＝職）を寄進（きしん）することで，保護を求める動きを強めていった。

こうして成立した荘園のことを**寄進地系荘園**といいます。そこでは，本

家－領家－荘官（**預所**・**下司**・**公文**など）という重層的な支配体系が形成されました。初期荘園は輸租を原則としていましたが、**不輸・不入の権**の拡大により、**寄進地系荘園はしだいに土地・人民が私的に支配される領域**になっていきました。

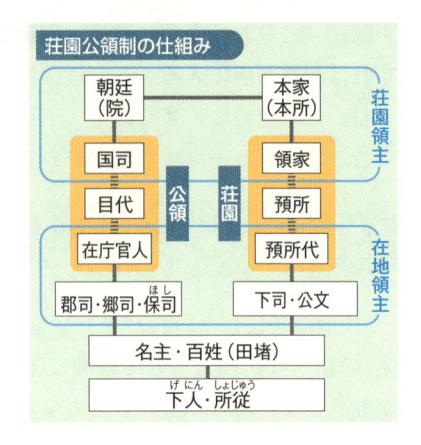

荘園公領制の仕組み

```
          朝廷              本家
          (院)             (本所)        ┐
           │                 │          │荘園
          国司              領家         │領主
           │                 │          ┘
          目代    公領 荘園  預所        ┐
           │                 │          │在地
         在庁官人            預所代       │領主
           │                 │          ┘
        郡司・郷司・保司    下司・公文
                 │
             名主・百姓（田堵）
                 │
               下人・所従
```

NOTE

社 ❶ 不輸の権：国家への租税が免除される権利。政府の出した太政官符・民部省符によって不輸が許可された荘園を官省符荘といい、国司によって不輸が許可された荘園を国免荘という。

社 ❷ 不入の権：国司の派遣する検田使の立ち入りを拒否するなど、**公的権力の介入を拒絶できる権利**。

12世紀になると、一国内の様子は、国司の私領と化した公領（**国衙領**）と公的権力を排除する寄進地系荘園との併存、といった状態に変わっていきます。注意しておくべきことは、①公領は国衙領ともいうこと、②公領を管理した**在庁官人**（目代の指揮のもとで国衙の実務をとる現地の役人）、荘園

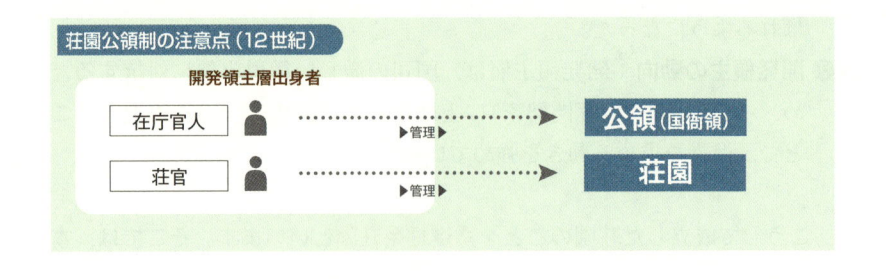

荘園公領制の注意点（12世紀）

開発領主層出身者

| 在庁官人 | …管理→ | **公領**（国衙領） |
| 荘官 | …管理→ | **荘園** |

を管理した荘官は，**ともに開発領主層出身者**が多かったこと，この2点です。

④ 武士と反乱 ★★

社会全体が無秩序になっていけば，大切なものを守るために直接的な力（武力）がものをいう時代がやってくる，というのは，さして難しい話ではありません。武装化した人々（**武士**〔兵〕）が集団化し，戦闘行為が日常化するのに，それほど時間はかかりませんでした（→武士団の形成）。

> **注意問題** 平安時代，まず清和源氏が関東地方に根をおろし，一方で桓武平氏の一族は摂関家に仕えることで力をつけた。

さっそく答えてしまいますが，この文章は「**清和源氏**」と「**桓武平氏**」の説明が逆です。地方や中央で成長した中小の武士団は，貴族の血筋をひく者を自分たちの棟梁（集団の統率者）として，より大きな集団に成長していこうとします。

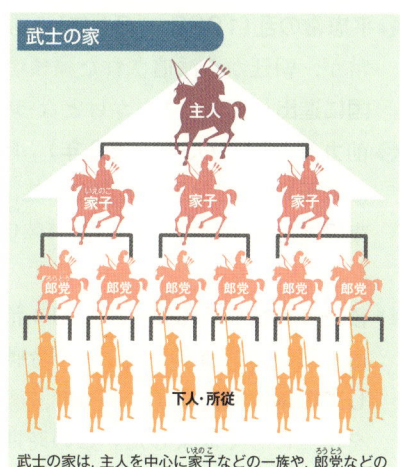

武士の家

武士の家は，主人を中心に家子などの一族や，郎党などの従者が結集して形成された。

NOTE

❶ **桓武平氏**：桓武天皇を祖とする平氏の一族。**東国に土着して成長**。
❷ **清和源氏**：清和天皇を祖とする源氏の一族。**摂関家に仕え，畿内で成長**。

この関係は，今後の武士の成長過程を学習していくうえで前提となるものです。これを頭に入れてから，この時代に武士がおこした反乱の特徴を

NOTE

社 ❶ 承平・天慶の乱（939～41年）：次の２つの乱を指す。流れとしては，延喜の治→承平・天慶の乱→天暦の治。

- ◆ **平将門の乱（939～40年）**…平氏一族の内紛などが拡大。平将門が一時関東一帯を占領し，**新皇**と称するにいたったが，平貞盛・藤原秀郷らに鎮圧された。
- ◆ **藤原純友の乱（939～41年）**…藤原純友（もと伊予の国司）が瀬戸内海の海賊を率いて反乱。大宰府などが攻略されたが，**源経基**（清和源氏の祖）らに鎮圧された。

社 ❷ 平忠常の乱（1028～31年）：房総半島一帯に反乱を拡大させた平忠常が，朝廷から派遣された**源頼信**に戦わずして降伏。以後，**源氏が東国に進出していくきっかけ**となった。

社 ❸ 前九年合戦（1051～62年）：陸奥の豪族安倍氏の反乱。**源頼義**（頼信の子）・**義家**父子が出羽の豪族清原氏の援助をうけて鎮定し，**源氏の東国進出が決定的**になった。『陸奥話記』は前九年の役を主題にした軍記物。

社 ❹ 後三年合戦（1083～87年）：清原氏の内紛。**源義家**が藤原（清原）清衡を援助して鎮定した。この合戦の結果，**源氏が東国武士団の棟梁としての地位を確立**する一方で，**奥州藤原氏**（清衡−基衡−秀衡）は**平泉**を拠点にして繁栄した。この時期に中央では院政（▶p.84）が開始された。

社 ❺ 源義親の乱（1108年）：配流された源義親（義家の子）が出雲で乱をおこしたが，平正盛（平清盛の祖父）に追討された。この反乱は，桓武平氏のうち伊勢・伊賀を地盤とする**伊勢平氏が台頭する契機**になった。

第03講 確認テスト

- [ ] 25 866年，大納言伴善男が流罪に処せられた，藤原氏による他氏排斥事件を何というか。 : 応天門の変

- [ ] 26 10世紀初めに建国され，新羅を滅ぼして朝鮮半島を統一した王朝を何というか。 : 高麗

- [ ] 27 宇多天皇に重用されて出世したが，901年に右大臣から大宰権帥に左遷された，学者出身の政治家は誰か。 : 菅原道真

- [ ] 28 958年に鋳造された，最後の本朝(皇朝)十二銭を何というか。 : 乾元大宝
（958年の乾元大宝鋳造は律令国家としての最後の事業）

- [ ] 29 969年，左大臣源高明が左遷された，藤原氏による他氏排斥事件を何というか。 : 安和の変

- [ ] 30 平安時代初期の律令政府が財源確保のために設けた，大宰府管内の直営田を何というか。 : 公営田

- [ ] 31 朝廷に私財などを献じて国司などの官職を得る，平安時代中期以降に一般化した売官制度のことを何というか。 : 成功

- [ ] 32 10世紀以降，現地で採用されて国衙の行政事務を担当した役人を総称して何というか。 : 在庁官人

- [ ] 33 平将門の乱と藤原純友の乱を，乱が発生したときの年号から総称して何というか。 : 承平・天慶の乱

- [ ] 34 1028年に発生した平忠常の乱を平定した人物は誰か。 : 源頼信

第04講 古代の文化にはどのような特徴があるか

3世紀中頃～11世紀：大陸文化の受容から文化の国風化へ

1 古墳文化（3世紀中頃～7世紀）★★★

　原始時代から平安時代までの流れをお話してきましたが，ここで古代文化史をまとめておきましょう。中心は仏教になりますが，まずは仏教文化以前の**古墳文化**のところから始めることにします。時代背景については，第1講の ⑨ **ヤマト政権の成立**～⑪ **氏姓制度**，第2講の ① **ヤマト政権の動向**～④ **律令国家の形成**をよくおさらいしてください。

　古墳文化は，4期に分けて変化の様子をつかみましょう。

NOTE

❶ **古墳とは**：3世紀中頃から7世紀にかけて築造された，土などを盛った墳丘と，内部に埋葬施設を有する墳墓を古墳と総称する。形態は前方後円墳・前方後方墳・円墳・方墳など多様だが，日本における大規模な古墳はいずれも前方後円墳である。また，葬送儀礼の内容などを示すために，墳丘上部や斜面には埴輪が配置された。

❷ **古墳文化の展開**：

前期（3世紀中頃～4世紀後半）	
形　態	大規模な前方後円墳が出現（→箸墓古墳など）。埋葬施設は**竪穴式石室**や棺を粘土でおおった粘土槨など。
性　格	三角縁神獣鏡などの銅鏡や武器・農工具など呪術的・宗教的副葬品が多く，**司祭者的な人物が葬られた**と考えられる。

中期（4世紀後半〜5世紀末，倭の五王の時代）	
形　態	前方後円墳が巨大化・全国化（大仙陵古墳など）。埋葬施設は竪穴式石室。
性　格	副葬品には武器・武具・馬具などが増加。**軍事的な統率者が葬られたことを示している。**

後期（6世紀）	
形　態	**群集墳**など小型古墳が増加。また，追葬可能な**横穴式石室**が普及した。（横穴式石室：家形石棺、羨道、玄室）
性　格	装飾古墳など古墳の地域性が高まった。また，古墳の家族墓的性格が強まり，**古墳の造営は有力農民にまで拡大した。**

終末期（7世紀）	
形　態	前方後円墳の造営停止，大王墓の八角墳化につづいて，**有力首長も古墳を造営しなくなった。**
性　格	特定の者（大王とその周囲）のみ古墳を営むことは，大王の特別化を表す。また，古墳造営の停止は，中央集権的な律令国家体制を形成する動きに呼応した変化だと考えられている。

　人々の生活と密接にかかわる土器についても新しい傾向が生まれます。ここで問題です。

04 古代の文化にはどのような特徴があるか

> ☠ **注意問題** 古墳時代に用いられた土師器とは，朝鮮半島伝来の技術で制作された，弥生時代のものとは異なる土器のことである。

　古墳時代には，おもに2種類の土器が用いられました。**土師器**と**須恵器**です。さっそく答えてしまいますが，問題にある**土師器**は，弥生土器の系譜をひくものです。一方の**須恵器**は，5世紀頃に朝鮮半島から伝来した技術で**生産された土器**のことです。よって，土師器の説明の部分が誤りになります。逆にして覚えないように気をつけてくださいね。

　そのほか，この時代の文化では，**太占の法**（焼いた鹿の骨で吉凶を判断する占い），**盟神探湯**（熱湯に入れた手がただれるかどうかで正邪を判断する原始的裁判の方法），といった呪術的な風習についても，よく出題されています。

文 ② 飛鳥文化（6世紀末〜7世紀前半，推古朝前後） ★★

　飛鳥文化は，**国内最古の仏教文化**です。6世紀に朝鮮半島を経由して倭（日本）に伝えられた仏教は，古墳にかわって豪族たちの権威を示すものととらえられ，朝廷に保護されるようになりました。第2講 ② **推古朝の内政と外交**と ③ **大化改新**にあたる時代の文化です。

> ☠ **注意問題** 7世紀に百済から来た僧観勒は，紙や墨の製法を倭（日本）にもたらした。

　この時代には，さまざまな僧侶が大陸よりやってきます。なかには，仏教以外のことを伝えた人物もいました。この問題は，誰が何をもたらしたかがポイントです。

　問題を解く前に，飛鳥文化の重要事項をまとめておきましょう。

NOTE

文 ❶ **三経義疏**：仏教に深い理解をもっていた厩戸王（聖徳太子）が経典の注

釈書をまとめたものだと伝えられる。

文 ❷ **氏寺**（うじでら）：豪族たちが競ってたてた寺のこと。蘇我氏の氏寺である**飛鳥寺**（あすかでら）（**法興寺**（ほうこうじ）），聖徳太子の発願による**四天王寺**（してんのうじ）・**法隆寺**（ほうりゅうじ）（**斑鳩寺**（いかるがでら））など。

法隆寺西院全景

文 ❸ **仏像**（ぞう）：仏師**鞍作鳥**（くらつくりのとり）らによる仏像彫刻が残されている。飛鳥寺釈迦如来（しゃかにょらい）像・法隆寺金堂（こんどう）釈迦三尊（さんぞん）像など。

　仏像は，古代人たちが考え出した一種の"スーパーマン"の姿。その姿を1体ずつよくながめながら学習を進めてください。「釈迦如来像」の文字面だけ追っていても区別がつかず，なかなか頭に入りませんよ。

　さて，問題の答えです。大陸から伝えられた高度な文化や技術は，社会や政治に大きな影響を与えていきますが，百済の僧**観勒**（かんろく）が伝えたのは，**暦**（こよみ）（暦法＝時を計り記録する技術のこと）。問題にある「紙や墨の製法」，さらに彩色の技法を伝えたのは，高句麗の僧**曇徴**（どんちょう）です。

中宮寺半跏思惟像（ちゅうぐうじはんかしゆいぞう）

法隆寺玉虫厨子（たまむしのずし）

第1章　原始・古代

04 古代の文化にはどのような特徴があるか

文 ③ 白鳳文化（7世紀後半〜8世紀初頭，天武・持統朝前後）★★

白鳳文化は，律令国家の建設が進んでいく時期の文化で，第2講 ④ **律令国家の形成**の時代にあたります。

> 注意問題　あでやかな人物像などが描かれていることで知られる高松塚古墳壁画は，第二次大戦後の火災で大きな被害をうけた。

白鳳文化を代表する高松塚古墳壁画と，同時期の絵画として学習する法隆寺金堂壁画を混同させようとする問題ですね。「第二次大戦後の火災で大きな被害をうけた」のは，法隆寺金堂壁画（1949年に焼損）のほうです。その時点で，高松塚古墳壁画の存在は明らかになっていませんでした（1972年発見）。

白鳳文化のおもな特徴は，次のとおりです。

高松塚古墳壁画

NOTE

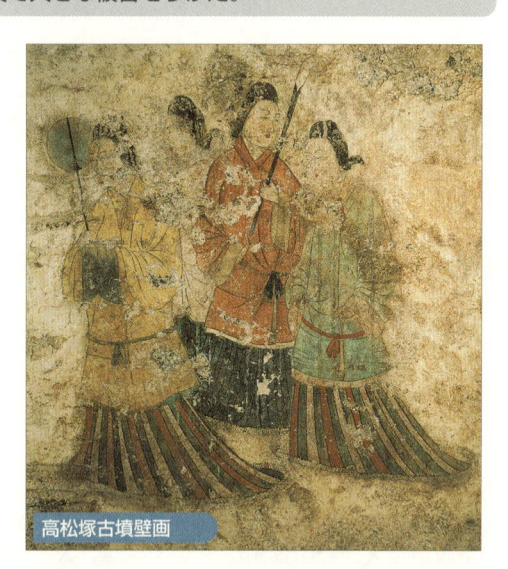

- 文 **❶ 清新な仏教文化**：白鳳文化は，新羅経由での中国（唐初期）文化の伝来と同時に，遣唐使の派遣といった中国文化との直接的な接触をとおして成立。代表的なものとして，興福寺仏頭があげられる。
- 複 **❷ 官立の大寺院**：**国家仏教**（国家の保護・統制下で国家を護る仏教）の確立をめざす動きが本格化。大官大寺・薬師寺などの官立の大寺院がたてられた。

4 天平文化（8世紀，聖武朝前後）★★★　　　文

天平文化はちょうど奈良時代（第2講 5 律令システムⅠ（法と機構）〜 9 新しい土地政策と初期荘園）にあたります。特徴は2つ。1つ目は，唐の影響をうけた**国際色豊かな貴族文化**，2つ目は国家仏教です。さまざまな分野で貴族文化が花開きましたが，教養面で特筆すべき事項があります。

> **注意問題** 律令制下の大学に付属した図書館として，淡海三船が芸亭を開いた。

当時は，貴族たちに漢詩文の教養が必要とされ，文人として名高い人物のなかには，図書館を開いた者もいました。ポイントは，それは誰か，どこで図書館を開いたか，名称は何だったか，です。次に文学と教育についてまとめましたので，確認していきましょう。

NOTE

文 ❶ **史書**：奈良時代には，天武天皇の時代に始められた国史編纂事業が『古事記』『日本書紀』として完成した。

- ◆ 『**古事記**』…712年成立。6世紀頃にまとめられたとされる「帝紀」「旧辞」にもとづく稗田阿礼の記憶を，太安万侶（安麻呂）が筆録した，推古朝までの歴史物語。天皇の代ごとに記述。

  以後，奈良時代から平安時代にかけて漢文の正史が6点編纂され（『日本書紀』『続日本紀』『日本後紀』『続日本後紀』『日本文徳天皇実録』『日本三代実録』），六国史と総称される。

- ◆ 『**日本書紀**』…720年成立。舎人親王らが編纂。中国の歴史書にならい，編年体（年月順に記事を配列する叙述形式）で記述。
- ◆ 『**風土記**』…713年成立。諸国の風土・伝説・風俗などを記した地誌。

文 ❷ **文学**：律令国家における貴族たちには漢詩文の教養が求められ，また，日本古来の和歌も幅広い人々に支持された。淡海三船や石上宅嗣が漢詩文の文人として知られている。

04 古代の文化にはどのような特徴があるか

- 『懐風藻』…751年成立。現存する最古の漢詩集。
- 『万葉集』…759年までの歌を収録した，現存する最古の歌集。動詞「あり」に「蟻」の字をあてるなど，万葉がなが多用されている。歌人としては，柿本人麻呂，山上憶良，大伴家持らが名高い。

❸ 教育：

- **律令制下の大学と国学**…**大学**は官吏養成のために中央に設置された教育機関（式部省が管轄）。**国学**は諸国に設置された地方教育機関で，学生は郡司の子弟などから聡明な者が選ばれた。ただし，こうした機関に学んだからといって確実な出世が保証されたわけではなく，蔭位の制により，上級の官職はほぼ同じ範囲の貴族層から再生産されるシステムになっていた（▶p.38）。

問題の答えですが，2つの誤りに気づきましたか？ 図書館は大学付属ではなく，淡海三船が開いたものでもありません。**芸亭**は，**石上宅嗣**が開いた私設図書館です。さて，次は仏教についてみていきましょう。

> ☠ **注意問題** 奈良時代には，南都六宗と呼ばれる仏教研究集団が形成され，それぞれの信仰集団ごとに寺院が形成された。

果たして，奈良時代は特定の信仰ごとに信者集団が形成されていたのでしょうか。次のまとめから考えていきましょう。

NOTE

❶ **南都六宗の特徴**：仏教理論を研究する6つの集団（三論宗・成実宗・法相宗・倶舎宗・華厳宗・律宗）。一寺院一宗派ではなく，たとえば**東大寺には6宗がすべてそろっていた**。なお，南都とは奈良の都（平城京）のことを指している。

❷ **国家仏教の役割**：律令国家は，**統治の手段として仏教を全面的に活用した**（→国分寺建立の詔・大仏造立の詔）。国家の保護・統制をうける仏教には，仏教理論の研究をつうじて国家安泰の要求に応えることが求められた（＝**鎮護国家**）。

もう，わかりましたね。「それぞれの信仰集団ごとに寺院が形成された」の部分が誤りになります。奈良時代は，仏教研究集団ごとに寺院が形成されたわけではありません。

　一方，美術の分野でも，「天平美術」と形容されるすぐれた作品がたくさん生まれています。

> **NOTE**
>
> 文❶ **塑像と乾漆像**：仏像彫刻の分野では，以前からの金銅像・木像に加え，木を芯にして粘土でかためた塑像（塑とは粘土のこと）と，原型を麻布と漆で塗りかためたあと原型を抜きとる乾漆像の技法が発達した。
> 文❷ **興福寺阿修羅像**：3つの顔に6本の腕という異様な造形ながら，りりしい少年の顔をもつ。
> 文❸ **唐招提寺鑑真像**：唐僧鑑真をモデルにした現存最古の肖像。
> 文❹ **正倉院鳥毛立女屛風**：唐風のファッションに身をつつんだ女性が描かれている。

正倉院宝庫

校倉造（柱を用いず三角形の木材を井の字形に組んで積みあげる建築様式）で高床式の構造をもち，そこには，聖武天皇の遺品など約9000点の宝物が現存している。

第1章　原始・古代

04 古代の文化にはどのような特徴があるか

正倉院螺鈿紫檀五絃琵琶

インドに起源をもつとされる五絃琵琶の唯一の遺品。

吉祥天とは繁栄・幸運を象徴する神。唐風美人の姿を知ることができる。

薬師寺吉祥天像

COLUMN 神仏習合

　仏と神は本来同一であるという考え方のことを，神仏習合思想という。8世紀頃から，神宮寺（神社境内の寺院）や寺院境内の鎮守（守護神）といった神仏習合の風潮がみられたが，平安時代になるとこの傾向はさらに広まっていった。

5 弘仁・貞観文化（9世紀，桓武～嵯峨朝前後）★★★

弘仁・貞観文化は平安時代初期の文化（第2講 ⑩ **平安時代初期の政治**）です。文芸の発展と密教の台頭が顕著でした。

> **注意問題** 密教寺院として知られる室生寺は，平安京の中心部にたてられている。

この時代の主要な密教寺院の特色が頭に入っていれば，すぐに解ける問題ですね。密教の説明をする前に，この文化の全体概要をつかみましょう。

平安時代初期は，唐風の儀礼が受容されて宮廷における儀式が整備された時代でした。また，文芸を国家発展の支柱に位置づける**文章経国**の思想が広まり，宮廷では，初の勅撰漢詩集である『凌雲集』が編纂されるなど，漢文学がいっそう隆盛します。

NOTE

① **学問の重視**：有力な貴族は，一族子弟の教育のために寄宿舎にあたる**大学別曹**を設けた。藤原氏の勧学院などが知られている。さらに，菅原道真など学問の力で出世する文人官僚が登場した。

② **書道**：唐風の書が広まった。なかでも書の名人であった嵯峨天皇・空海・橘逸勢は，のちに**三筆**と称されるようになる。

さあ，次に仏教についてです。律令体制の再建を図った桓武天皇は，**平城京（南都）の寺院が新しい都に移転してくることを認めませんでした。**そこに，**最澄**（天台宗）・**空海**（真言宗）という2人の天才が登場します。彼らによって唐からもたらされた新しい仏教，とりわけ**密教**がこの時期の文化に大きな影響を与えました。

密教とは，理論研究を重視した南都六宗とは異なり，**瞑想などの秘法によって仏と一体化しようとする仏教**のことをいいます。国家安泰を祈る国家仏教であると同時に，**加持祈禱による現世利益に重点をおいたため**，貴

第1章 原始・古代

族たちに大変歓迎されました。

NOTE

文❶ **天台宗**：最新の仏教を学んで唐から帰国した最澄は、**比叡山**(近江)に延暦寺を開き南都の諸宗と激しく論争。天台宗の地位確立につとめた。天台宗は、最澄の弟子円仁(のち山門派を形成)・円珍(のち寺門派を形成)の頃から密教化。台密と呼ばれるようになった。

文❷ **真言宗**：空海を開祖とする密教。東密(東寺の密教という意味)と呼ばれる。空海は、密教を学んで唐から帰国したのち、まず**高野山**(紀伊)に金剛峰寺を開き、さらに嵯峨天皇から京都の東寺(796年、羅城門の東に建立、▶p.50〔平安京図〕)を与えられ、ここを教王護国寺と名づけて真言宗の根本道場とした。

　また、空海が設立した私立学校である**綜芸種智院**は、庶民にも門戸を開いたことで知られる。

　さて、問題の答えですが、もう誤りはみつけられたはずです。室生寺ではなく、東寺のことを指していますね。室生寺は次の図をみてもわかるように、金堂の背後に山が迫っていて都の中心部にはたてられていません。

室生寺金堂

NOTE

文 ❶ **室生寺弥勒堂釈迦如来坐像**：**一木造**で**翻波式**（衣に重量感を出すための彫刻技法）の表現がみられる。また室生寺の背後に山が迫っていることからも，山林修行を重んじた密教寺院の特徴をつかむことができる。

文 ❷ **観心寺如意輪観音像**：一木造。神秘的な雰囲気を漂わせている姿から密教のもつ魅力を感じとることができる。

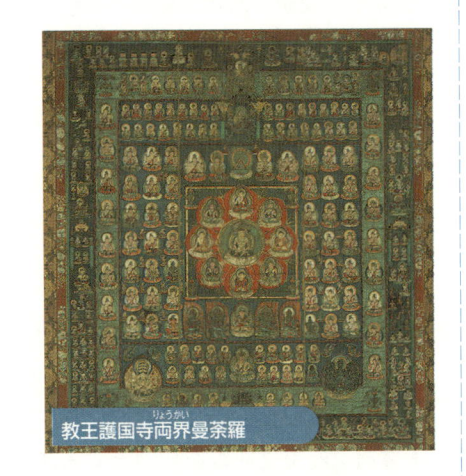

文 ❸ **曼荼羅**：サンスクリット語の mandala の音訳で，密教の悟りの境地を特異な構図で説明した図像をいう。

教王護国寺両界曼荼羅

6 国風文化（10世紀〜11世紀，摂関政治前後）★★★　文

国風文化は，それまでの大陸文化受容から日本の風土に合うよう工夫された文化です。時代は第3講 ① **北家の台頭と国際関係の変化**〜 ③ **公領と荘園**にあたります。

> 注意問題　文化面で国風化が進んだのは，遣唐使の廃止により，大陸との関係が閉ざされたからである。

すでに何度か触れてきた話ですね。「遣唐使の廃止」は，中国との公的な関係が断絶したことを意味するものでしたが，一方で，大陸商人の来航などは非常にさかんでした（▶p.55）。遣唐使が廃止されたからといって，「大陸との関係が閉ざされた」わけではなかったのです。

そうすると、「なぜ文化が国風化したのか」という疑問が出てきますが、「ようやく模倣の時代が終わった」と考えてください。つまり、中国文化を吸収することだけで精一杯ではなくなり、そこに**独自性を付加できるようになった**のです。

　たとえば、国風文化を代表する**かな文字**はすべて漢字を独自に簡略化したものです。この例からもわかるように、新しい文化は中国文明の巨大な影響のうえに育っていきました。

NOTE

❶ **和歌とかな物語**：最初の勅撰和歌集である『**古今和歌集**』(紀貫之ら)が編纂され、国文学史上における最高の傑作とされる『**源氏物語**』(紫式部)や『**枕草子**』(清少納言)などが生まれた。

❷ **書道**：優美な曲線を特徴とする和様が発達し、小野道風・藤原佐理・藤原行成は三跡(蹟)と呼ばれた。

❸ **貴族の住宅**：貴族の住宅は**寝殿造**と呼ばれる日本風のものになり、建物内部の襖(障子)や屏風には日本の風物を題材にした**大和絵**が描かれた。屋内の調度品にも、日本独自の**蒔絵**の手法(金銀の粉を蒔いて漆器に文様を描く技法)が多く用いられた。

❹ **貴族の正装**：男性の正装は**束帯**やそれを簡略にした**衣冠**、女性の正装は**女房装束**(十二単)。これらは唐風の服装を日本人向けに改めたもので、文様や配色などに日本風の趣向が凝らされた。

寝殿造

束帯・女房装束

一方、仏教面での国風化の具体例としては、**来世において極楽浄土へ往生することを願う浄土教**の隆盛があげられるでしょう。

> **NOTE**

社文 ❶ **末法思想**：釈迦の死後の時代を区分し、時代がくだって仏法が衰える末法を迎えると世の中が乱れると考えられた仏教的歴史観。当時の日本では1052年から末法の世に突入すると解釈され、それが律令体制の動揺やあいつぐ戦乱などの現実と結びついて説得力をもったため、貴族たちは浄土への信仰をつのらせることになった。

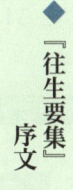

◆『往生要集』序文

夫れ往生極楽の教行は、濁世末代の目足なり。道俗貴賎、誰か帰せざる者あらんや。但し顕密の教法は、其文一に非ず。事理の業因は、其の行惟れ多し。利智精進の人は、未だ難しとなさざるも、予の如き頑魯の者、豈敢てせんや。是の故に念仏の一門によりて、聊か経論の要文を集む。之を披き之を修すれば、覚り易く行ひ易からん。

社文 ❷ **浄土教の流行**：民間への布教をおこない「市聖」と呼ばれた**空也**、『往生要集』（極楽と地獄の様子を描き、浄土にいたるための具体的な方法を示した書物）をまとめた**源信**（恵心僧都）、などの登場によって浄土教が流行した。

文 ❸ **阿弥陀堂**：浄土への救済を願う場として貴族たちが建立。法成寺（藤原道長）・平等院鳳凰堂（藤原頼通）などがあり、仏師**定朝**は、**寄木造**の技法を完成させて**仏像の大量需要に応えた**。また、堂の内部には**来迎図**（往生を願う人の臨終の際に仏が迎えに来る様子を描いた絵画）も多数描かれた。

04 古代の文化にはどのような特徴があるか

平等院鳳凰堂

文 ❹ **寄木造**：寄木造は，巨木を必要とせず木材確保が容易で分業も可能であり，さらに軽量で移動にも適していた。

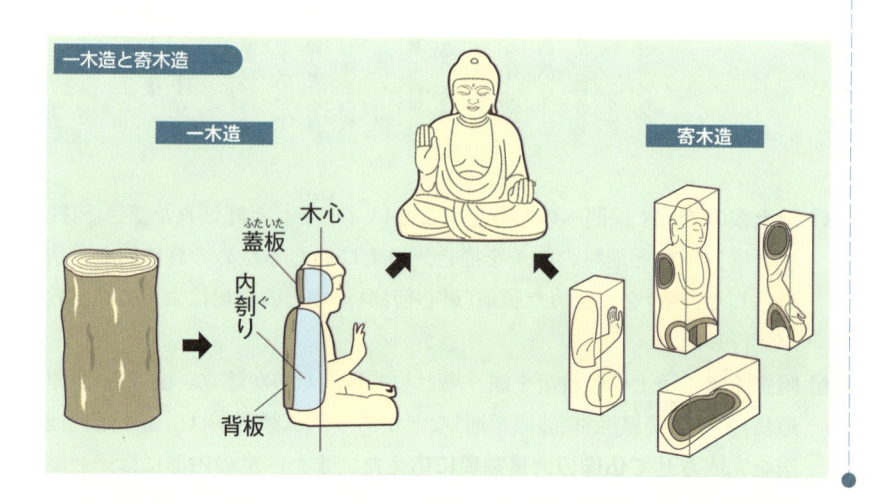

一木造と寄木造

一木造　木心　蓋板（ふたいた）　内刳り（うちぐり）　背板

寄木造

第04講 確認テスト

35	熱湯に手を入れさせ，手がただれた者を罪人とする呪術的風習を何というか。	盟神探湯
36	法隆寺金堂釈迦三尊像などを制作したと考えられている仏師は誰か。	鞍作鳥 (止利仏師)
37	7世紀初頭に来日し，絵の具・紙・墨の製法を伝えた高句麗の僧は誰か。	曇徴
38	中国の史書の体裁にならって720年に編纂された歴史書を何というか。	日本書紀
39	751年に成立した，現存最古の漢詩集を何というか。	懐風藻
40	最澄が比叡山に開いた，天台宗の総本山を何というか。	延暦寺 (「延暦」は桓武天皇の時代の年号)
41	サンスクリット語のmandalaの音訳で，密教の悟りの境地を特異な構図で説明した図像を何というか。	曼荼羅
42	唐風書道の名手をいう三筆の1人で，承和の変により流罪とされた貴族は誰か。	橘逸勢
43	庶民にも門戸を開いたことで知られる，空海の設立した私立学校を何というか。	綜芸種智院
44	『古今和歌集』の編者で，『土佐日記』を著した歌人は誰か。	紀貫之
45	平安中期に浄土信仰を民間に布教して「市聖」と呼ばれた僧は誰か。	空也
46	源信(恵心僧都)によってまとめられた，浄土信仰の教えを説いた書物を何というか。	往生要集
47	和風書道の名手である小野道風・藤原佐理・藤原行成の3人を，総称して何というか。	三跡(蹟)
48	藤原頼通が京都の宇治に建立した阿弥陀堂を何というか。	平等院鳳凰堂
49	往生を願う人のために，極楽浄土から阿弥陀仏が雲に乗って来臨する様子を描いた絵画のことを総称して何というか。	来迎図

第2章

中世

1068年～1551年

第05講：武士の社会はどのように成長していったか
第06講：武士の社会はどのように変化していったか
第07講：中世の文化にはどのような特徴があるか

第05講 武士の社会はどのように成長していったか

1068〜1297年：院政から武士政権の時代へ

政 社 ① 院政と社会の様相 ★★★

中央政界で長くつづいた摂関政治にも，ついに終わりがやってきます。キーワードは「**院政**」です。

> **注意問題** 院政のもとでは，太政官の機構が重視されたため，摂関家の一族にかわって院近臣が上級の官職を独占していった。

院政とは，天皇を譲位して院号（譲位後の住居にちなんだ称号）を得た上皇あるいは法皇が天皇の後見人として実質的に権力をにぎること，**院近臣**とは文字どおり院政をおこなう者の側近のことです。

では実際に上の問題にあるとおり，摂関家にかわって院近臣が官職を独占していったのでしょうか。摂関政治から院政に移っていった過程から，どのように院政がおこなわれたのかみてみましょう。

わが世の春を謳歌していた藤原氏ですが，藤原頼通の娘には皇子が生まれなかったため，1068年には藤原氏の娘を生母としない**後三条天皇**が即位しました。そのため，後三条天皇は摂関家の意向を気にすることなく，**大江匡房**ら学識にすぐれた人材を登用するなど，意欲的な姿勢で国政の改革にとりくみます。その代表例が，**延久の荘園整理令**（1069年）です。

NOTE

- 政 社 ❶ **延久の荘園整理令の内容**：後三条天皇は荘園の整理を命じ，新しい荘園や証拠書類に不備がある荘園などを停止した。さらに，荘園の証拠書類（券契）を厳密に審査するため，**記録荘園券契所**（記録所）を新設した。
- 社 ❷ **延久の荘園整理令の効果**：摂関家に寄進された荘園も対象とされ，荘

園の整理にかなりの効果をあげたと考えられる。

社❸ **枡の公定**：荘園整理令とともに，枡の大きさが統一された（**宣旨枡**）。以後，基準となって太閤検地まで用いられた。

　つづいて即位した**白河天皇**は，1086年に譲位して上皇（院）となり，**院政**が始まりました。院政の最大の特徴は，**院庁**という上皇の家政機関が政治的な存在感を強くもったところにあります。

　問題文には「院近臣が上級の官職を独占していった」とありますが，独占したわけではなく，これは誤りです。なかには従来の国家機構の要職を占めた者もいますが，その大半は官位が低く，諸国の国司（受領，▶p.60）をつとめて院政を経済的に支える存在でした。こうした統治のあり方は，中世武士社会の到来をうながした大きな要因となります。この点を確かめておきましょう。

NOTE

政❶ **院政の時期**：11世紀後半からの約70年間（白河・鳥羽上皇，1086～1156年），上皇が政治の中心に位置した院政時代がつづき，以後も院政そのものは1221年（承久の乱）までほぼ継続した（後白河・後鳥羽上皇）。

政❷ **院政の条件**：天皇の父・祖父にあたる父方の上皇（出家した場合は法皇，いずれも譲位した天皇のこと）であること。

政社❸ **院政期の政治形態**：院政は父の立場を活用した政治形態であり，そこでは**専制的な統治が可能になった**。具体的には，**院宣**（上皇の命令を伝える文書）や**院庁下文**（院庁が下した文書）などを発し，さらに要職に院近臣を送りこんで従来の国家機構に背後から働きかけをおこなうことで，国政を動かしたと考えられている。

　また，上皇を中心とする勢力によって法や慣例にもとづかずに強い権力が行使されたため，**武力による争いの解決が一般化**し，院の軍事力として**北面の武士**（上皇の身辺警護のために組織された武士団）もおかれた。

社 ❹ 院政期の社会：
- ◆僧兵の強訴…法によらず実力で争うという社会的風潮のなかで，大寺院が下級の僧侶などを組織して武器をもたせ，みずからの要求をかかげて朝廷に訴え出る動きが活発化した。興福寺(南都)と延暦寺(北嶺)の僧兵による強訴がよく知られている。
- ◆知行国制…知行国制とは，皇族や上級貴族らを知行国主に任命して，その国の国守(国司の長官＝受領，▶ p.38・p.60)の人選権と収益の大半を与える制度。なかでも，上皇自身が収益権をにぎる知行国を院分国という。知行国主は，子弟や近親者を国守に任命し，現地には目代を派遣して一国の支配を担当させた。

　また，この知行国からの収益と院に集中した寄進地系荘園(▶ p.61)が，院政を支える経済基盤になった。

政 ❷ 平氏政権の成立と滅亡 ★★

　北面の武士など，院政期にますます存在感を強めていった武士は，天皇や貴族にかわってついに政権をとるまでになります。キーワードは，「平氏」です。

> 注意問題　平清盛は，大輪田泊を修築して新たに宋との貿易を開始した。

　平氏が政権をにぎり権力をふるったときの中心人物が平清盛であることはいうまでもないですね。彼の政策のひとつに宋との貿易がありますが，果たして問題にあるとおりの内容だったのでしょうか。ここで，院政から平氏が政権をとるまでの流れをみてみましょう。

　法より実力の社会になると，権力闘争においても武力で物事を解決しようとする風潮が強まります。12世紀には，京都を舞台として，保元の乱(1156年)や平治の乱(1159年)があいついで発生し，平氏政権(六波羅政権)が成立しました。

> **NOTE**

政 ❶ **保元の乱(1156年)**：鳥羽法皇の死を契機に発生。崇徳上皇・藤原頼長と後白河天皇・藤原忠通という，皇室・摂関家が敵味方に分かれての内紛は，**源平の武力によって解決された**。勝者は，後白河天皇・**平清盛・源義朝**ら。その後，後白河天皇が上皇となって院政を開始すると，平清盛と源義朝の対立が深まった。

政 ❷ **平治の乱(1159年)**：平清盛・源義朝の対立に，院近臣間の対立がからんだ戦い。勝者になって武家の棟梁としての地位を確立した清盛は，勢力を増大させて**平氏政権を成立させた**。敗れた義朝は滅ぼされ，子の頼朝は伊豆に流された。

政権を掌握した平清盛は，確かに宋との貿易を推進します。しかし，貿易を「新たに」開始したわけではありません。すでに述べたように，この時期は，大陸商人の来航などにより文物の交流・民間の交易がさかんだったのです（▶ p.56）。清盛がどこに目をつけたのかを含めて，短命に終わった平氏政権についてまとめておきます。

> **NOTE**

政 ❶ **政権の二面性**：
- ◆ **武家的性格**…平清盛は，各地で成長していた武士の一部を荘園や公領の現地支配者である地頭に任命し，**武家の棟梁**として畿内・西国の武士を家人として組織した。
- ◆ **貴族的性格**…平氏政権の基盤は摂関家の構造と共通点が多い。具体的には，一族による高位高官独占，外戚政策の展開，知行国と荘園を経済基盤にしたことがあげられる。

外 ❷ **日宋貿易の推進**：日本と大陸との交易が活発になるなかで，日宋貿易を積極的に推進。**大輪田泊**(現在の神戸港の前身)を修築して**宋商人を畿内に招来**し，貿易利潤の獲得につとめた。

政 ❸ **政権の滅亡**：

- **鹿ヶ谷の陰謀**…1177年に発覚した院近臣による平氏打倒計画。事件後の1179年、清盛は**後白河法皇**を幽閉するなど強硬な姿勢をとり、国家機構のほとんどを手中におさめて政界の主導権をにぎった。
- **強まる反発**…清盛の独裁的な政治によって、反対勢力の反発が激化。1180年、以仁王（後白河法皇の皇子）と源頼政が平氏打倒の兵をあげる。「平氏を討て」という以仁王の令旨が出されると、各地で武士団の蜂起があいつぎ、内乱が全国に広がった。平氏は一時、都を大輪田泊に近い福原京へ移したものの、すぐに京都に戻すなど混乱をきわめ、結局西国への都落ちを余儀なくされた（1180〜85年、**治承・寿永の乱**）。

　以仁王の令旨に呼応し挙兵したなかには、伊豆の**源頼朝**や信濃の**源（木曽）義仲**らがいました。彼ら源氏勢力が平氏を倒し、次の新たな政権をつくっていくことになるのです。

３ 武士政権の成立 ★★★

　平氏を打倒しようとした諸勢力のうち、最も強力な東国武士団を率いる頼朝は、上京を急がずに、鎌倉を根拠地として新政権の樹立につとめます。いわゆる鎌倉幕府の成立です。これによって、中世と呼ばれる時代がいよいよ本格化します。この時代の最大の特徴は、**武家がしだいに公家を圧倒していった**ことになるでしょう。
　ここで問題です。

> **注意問題** 地頭とは、鎌倉幕府が新たにつくり出した職制である。

　頼朝は、**守護**と**地頭**によって全国に支配をおよぼそうとしていきました。この２つを理解することが、鎌倉時代の最重要課題です。
　平氏が都落ちした1183年には、**東国の事実上の支配権を後白河法皇に**

認めさせ，平氏が滅亡した85年には，守護と地頭を設置する権限を獲得しました。その後，頼朝が92年に征夷大将軍に任ぜられると，ここに名実ともに鎌倉幕府が成立することになります。

　守護と地頭は，時を経るにつれて姿を変えていきますが，まずは基本をおさえましょう。最初が肝心です。

NOTE

政社 ❶ 守護：おもに東国出身の有力御家人が各国1人ずつ任命され，一国内の御家人を動員して**大犯三カ条**などの職務を果たした。守護は，国衙領・荘園に介入することを原則的に禁じられており，**軍事・警察というかぎられた分野を担当する存在**だった。
- ◆**大犯三カ条**…**京都大番役**の催促，謀叛人・殺害人の逮捕の3項目をいう。
- ◆**京都大番役**…皇居などの警護にあたる御家人役をいい，**御家人の召集・統率**(催促)**を守護が担当**した。

政社 ❷ 地頭：年貢の徴収・納入，土地の管理，治安維持を任務とし，**荘官とほぼ共通する役割を果たす存在**で，幕府成立期には，**平家没官領**などを対象に，**御家人への御恩**として地頭が任命された。以後，幕府勢力の拡大にともない，現地の支配権をめぐる地頭と荘園領主との対立がしだいに激化していく。
- ◆**平家没官領**…平氏滅亡により没収された平家一門の所領をいい，その多くは**関東御領**として幕府の財政基盤になった。
- ◆**関東御領**…将軍家の所領となった荘園。平家没官領や承久の乱後の処置にともなう院方所領(▶p.95)の一部などからなる。これに対して，朝廷から与えられた将軍家の知行国のことを，**関東知行国**(関東御分国)という。

　地頭は，もともと**現地の有力な支配者，あるいは土地そのものを指す呼称**でしたが，やがて，荘官の職名のひとつとして用いられるようになりました。すでに記したように，平氏政権下においても平氏が家人を地頭に任

05 武士の社会はどのように成長していったか

命した例が残されています（▶p.87）。よって，問題にあるように「鎌倉幕府が新たにつくり出した」のではありません。

社 ④ 鎌倉幕府の性格 ★★

ここで，もう少し鎌倉幕府について理解を深めましょう。鎌倉幕府の支配体制についてです。

> **注意問題** 幕府の支配機構を確立するにあたって，源頼朝は，重要な役職をすべて主要な御家人たちでかためる措置をとった。

御家人とは，将軍と主従関係を結んだ武士のことです。頼朝は，側近たちで脇をかためてしまったのでしょうか？　それでは，院政や平氏政権のもとでの政治のあり方と変わりませんね。

鎌倉幕府を支えた武士社会は，**主従関係**というタテの結合の原理と，**惣領制**という血縁にもとづく結合の原理を基礎としていました。まず，ここをしっかり理解してください。

NOTE

社 ❶ **主従関係**：主君と家臣とのあいだの，**御恩**と**奉公**の関係にもとづく結合をいい，幕府は，これを基盤として**御家人制**（将軍⇔御家人）を形成した。

- ◆ **御恩**…御恩には，**本領安堵**と**新恩給与**があった。本領安堵は先祖伝来の所領支配を確認すること，新恩給与は働きに応じて新たな所領を与えることをいう。
- ◆ **奉公**…戦時には命懸けで**軍役**（家臣が主君に提供する軍事奉仕のこと）を果たし，平時にも京都大番役や幕府御所の警備にあたる鎌倉番役などをつとめること。
- ◆ **御家人**…幕府の首長である将軍と主従関係を結んだ武士のこと。武家の棟梁である源氏や平氏の従者を指す「家人」の語に，将軍に対

する敬意の表現として「御」の字がついたものだと考えられる。

社 ❷ **惣領制**：**血縁にもとづいて一族が団結する，武士の家の結合形態**をいう。一族の長である惣領によって統括され，所領は**分割相続**された。幕府は，原則的に惣領を御家人として組織することで武士社会全体を統御した。

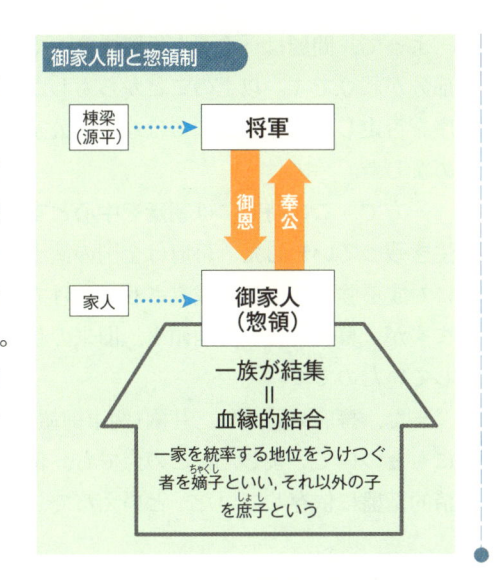

御家人制と惣領制

棟梁(源平) → 将軍
家人 → 御家人(惣領)
将軍 ⇅ 御家人 （御恩／奉公）
一族が結集＝血縁的結合
一家を統率する地位をうけつぐ者を嫡子といい，それ以外の子を庶子という

幕府が成立したことによって，源氏の棟梁(鎌倉殿)と東国武士との私的な主従関係は，将軍と御家人という公的な主従関係へと転換していきました。

鎌倉幕府は，支配機構の整備，幕政の運営にあたって，**朝廷のもつ伝統や経験を積極的に活用**していくために，公家出身者を登用します。例として，**公文所**(のち政所)の初代**別当**(長官のこと)**大江広元**や，**問注所**の初代執事(長官のこと)**三善康信**があげられます。

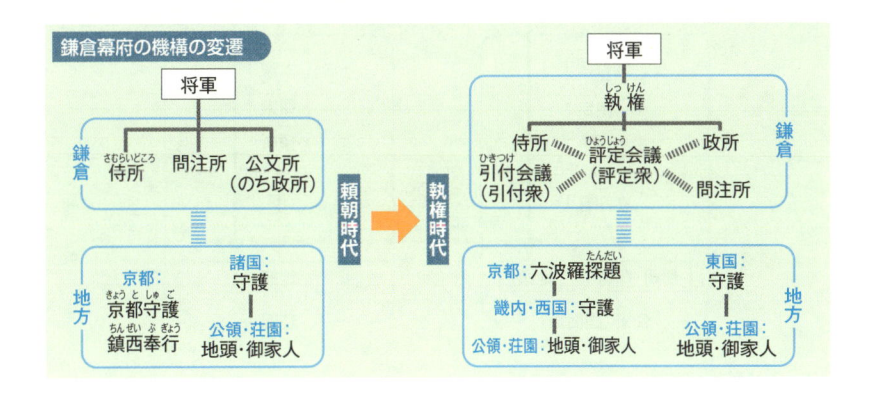

鎌倉幕府の機構の変遷

頼朝時代
- 鎌倉：将軍 ─ 侍所・問注所・公文所(のち政所)
- 地方：
  - 京都：京都守護
  - 諸国：守護
  - 鎮西奉行
  - 公領・荘園：地頭・御家人

執権時代
- 鎌倉：将軍 ─ 執権 ─ 侍所・評定会議(評定衆)・政所・引付会議(引付衆)・問注所
- 地方：
  - 京都：六波羅探題
  - 畿内・西国：守護
  - 東国：守護
  - 公領・荘園：地頭・御家人

よって，問題は「重要な役職をすべて主要な御家人たちでかためる」の部分が誤りです。以上のことからもわかるように，鎌倉幕府は古代的な秩序を否定して成立したのではなく，公家出身者を迎えて体制の確立につとめました。

　一方で，この時代には**朝廷を中心とする旧来の体制や基盤がなお強固に生き残っていました**。幕府は全国の武士を組織したわけでも，土地・人民に対する強固な支配を成立させたわけでもありません。くりかえしになりますが，幕府が任じた地頭も，旧来の荘園制下における一種の荘官を意味していたのです。

　また，幕府の財政は，荘園（関東御領）と知行国（関東知行国）からの収入にもとづいていました。この点でも，幕府は上級貴族などと同じような経済的基盤に依存していた，といえるでしょう。

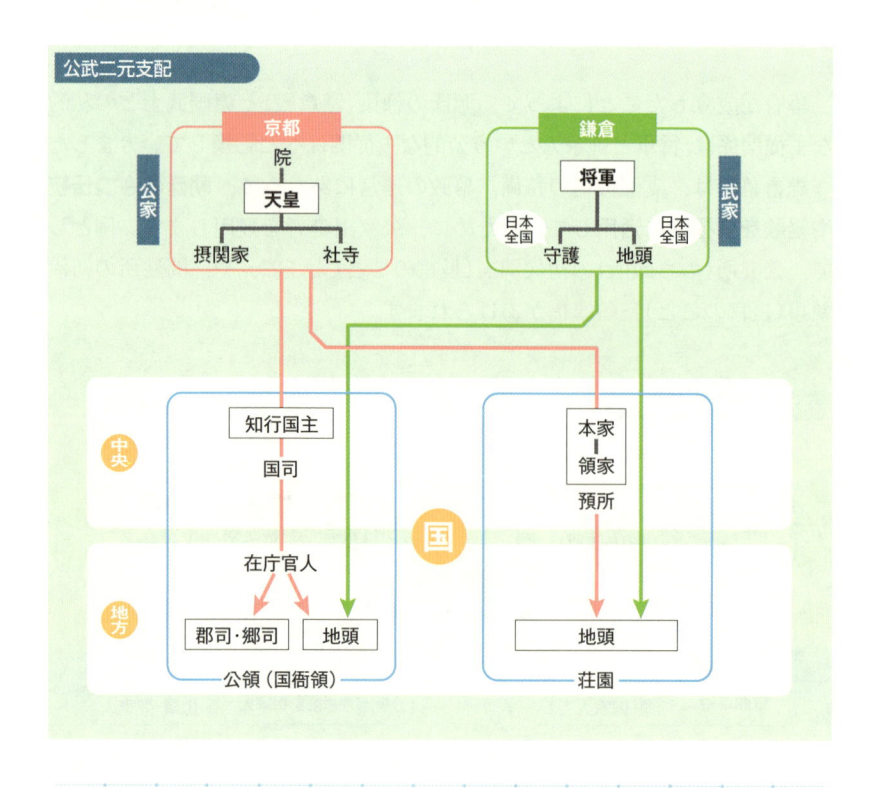

公武二元支配

京都／公家
- 院
- 天皇
  - 摂関家
  - 社寺

鎌倉／武家
- 将軍
  - 守護（日本全国）
  - 地頭（日本全国）

中央
- 知行国主 — 国司
- 本家＝領家 — 預所

地方（国）
- 公領（国衙領）：在庁官人 → 郡司・郷司／地頭
- 荘園：地頭

⑤ 承久の乱 ★★★ 政

　1199年，将軍源頼朝がこの世を去ったあと，勢力をのばしたのは**北条氏**でした。頼朝の妻で有名な**北条政子**の一族ですね。頼朝亡きあとの時代で重要なのは，**鎌倉幕府の影響力が全国に広がったこと**です。変化をうながした一因は，1221年の**承久の乱**にありました。ここでも，地頭を軸に幕府の支配体制についてみていきましょう。

> ☠ 注意問題　承久の乱後，幕府は，それまでの本補地頭をやめて新たに新補地頭をおく政策をとった。

　本補地頭と新補地頭，学校で習ったことがあったような，なかったような……といったところでしょうか。センター試験では，このように類似した用語を使って混乱を誘うタイプの問題がよく出題されます。北条氏の台頭から承久の乱後までの流れをお話ししながら用語を解説しますので，しっかりと頭に入れてください。

　頼朝亡きあと，子の**頼家**が跡を継ぎますが，実際には**北条時政・梶原景時**ら13名の有力御家人が**合議制のかたちをとって幕政を運営**していました。このなかで力をのばしたのが北条時政です。

　時政はまず，1203年に頼家の外戚として力をつけていた**比企能員**ら一族を滅ぼし，頼家の弟**実朝**を将軍に擁立します。当時，彼は政所別当（▶p.91）に就いており，以後，この地位は**執権**（将軍を補佐して政務をとる職）と称されることになりました。

　また，時政にかわって執権となった息子の**北条義時**は，1213年に侍所別当の**和田義盛**ら一族を滅ぼし，以来，北条氏は**執権として政所と侍所の別当を兼任し，その地位を世襲**していきます。これによって，鎌倉幕府内における北条氏の権力は確固としたものになったと考えられています。

　一方，京都で院政をおこなっていた後鳥羽上皇は，あいつぐ内紛で幕府が弱体化していると考えて朝廷の勢力を挽回しようとし，朝廷と幕府の関係はにわかに緊迫していきます。

第2章　中世

05 武士の社会はどのように成長していったか

NOTE

- 政❶ **後鳥羽上皇の院政**：政治に熱心だった上皇は，皇室関係の荘園(八条女院領・長講堂領)を掌握し，**西面の武士**(北面の武士との混乱に注意，▶p.85)をおくなど，経済力・軍事力の強化を図った。1219年，3代将軍源実朝が暗殺されて源氏の正統が断絶すると，上皇は倒幕を決意。幕府の皇族将軍要求を拒否した。
- 政❷ **藤原(摂家)将軍**：源氏将軍を失った幕府は，皇族将軍を要求して拒否されると，摂関家出身の藤原(九条)頼経を鎌倉に迎えた(当時2歳，のち4代将軍)。
- 政❸ **承久の乱発生**：1221年，後鳥羽上皇は北条義時追討を諸国の武士に指令。しかし，武士の多数が北条氏の主導する幕府側に味方したため，幕府軍は短期間のうちに朝廷側を圧倒した。
- 政❹ **北条義時**：安定した幕府権力を確立した鎌倉幕府2代執権。姉の**北条政子**と協力して執権の地位をかため，さらに**承久の乱**に勝利して**後鳥羽上皇**を中心とする朝廷勢力に打撃を与えた。
- 政❺ **北条政子**：北条時政の娘で源頼朝の妻。3代将軍源実朝の死(1219年)後は**北条義時**とともに幕政を主導。「尼将軍」と称された。承久の乱の際には，涙ながらの名演説をおこない，御家人の団結をかためたことで知られる。この演説は，頼朝からうけた御恩の大きさを御家人たちに思い出させ，武士社会を支える原理である御恩と奉公の関係に従って，その御恩を幕府に返すよう求めたものだった。

北条氏台頭の過程

1199年	源頼朝死去。**源頼家**が家督を相続
1200	梶原景時敗死
1203	**北条時政**, 比企氏の乱（比企能員の乱）後,
	源実朝を将軍に擁立し, **政所別当に就任**, **執権**となる
1204	源頼家謀殺
1205	北条時政, 畠山重忠らを討つ
	源実朝の廃位をねらう陰謀が露見し,
	北条政子・義時により時政失脚
	→ **北条義時**, 執権に就任
1213	和田義盛敗死（和田合戦）
	→ 北条義時, **侍所別当兼任**, 以後, 執権の地位世襲へ
1221	**承久の乱**発生

承久の乱に勝利した幕府は, さまざまな処置を実行し, 全国に広く影響力を行使するようになっていきます。そのなかのひとつに, 問題でとりあげた「本補地頭」と「新補地頭」があります。

NOTE

政 社 ❶ 承久の乱後の処置：
- ◆ 3上皇配流…後鳥羽上皇は隠岐に送られ, 土御門・順徳上皇も配流された。
- ◆ 皇位干渉…**仲恭天皇**をしりぞけ, 以後, 幕府は皇位の継承などに介入するようになった。
- ◆ 六波羅探題の設置…京都におかれた幕府の職名。朝廷の監視・京都の警備・西国の統轄を担当した。旧平清盛邸を改築して役所とした。
- ◆ 院方所領没収…朝廷に味方した貴族や武士の所領3000余カ所を没収。ここには, 功績に応じて東国の御家人が地頭として配置された（→**新**

補地頭）。

社 ❷ **新補地頭**：**新補率法**を適用された地頭のこと。

◆ **新補率法**…承久の乱後に新たに現地に派遣された地頭と荘園領主とのあいだの紛争を避けるために定められた，**地頭の給与についての基準**。(a)田畑 11 町につき 1 町を地頭の田畑とする，(b) 1 段あたり 5 升の加徴米（年貢など正規の税以外に徴収する米のこと）を認める，(c)山野河海からの収益は荘園領主と折半する，という内容をもつ。この規定を適用された地頭を新補地頭，それ以外の地頭を**本補地頭**（従来の現地の先例に従う地頭）と呼んで区別した。

つまり，問題文にあった新補地頭とは，承久の乱後に没収した朝廷側の土地を新しく与えられ，給与が一律の地頭のこと，本補地頭とは従来の地頭のことで，その権利の内容はまちまちでした。ここまでくれば，問題文のどこが誤りかわかりますね。「本補地頭をやめて」の部分です。承久の乱後，本補地頭と新補地頭は並存していたのです。

6 執権政治 ★★

承久の乱後の政治を語るうえで欠かせない用語は，**執権政治**と**御成敗式目**（貞永式目）です。

> **注意問題** 御成敗式目は，承久の乱によって実力で朝廷を圧倒した幕府が，律令にかわる全国法として制定したものである。

御成敗式目は，果たして全国法として機能していたのでしょうか。施行までのいきさつをみてみましょう。

承久の乱後，北条義時・北条政子らがあいついで亡くなり，3代執権となった**北条泰時**は，御家人による集団指導体制で政治を運営しようとしました。そのためにまず，**連署**（執権の補佐役），**評定衆**（有力御家人で構成）がおかれ，重要な政治課題や裁判は，執権・連署・評定衆の合議で決定されるようになりました。このような執権を中心とした**合議制にもとづく政治運営**のことを，**執権政治**と呼んでいます。

さらに泰時は，武家のための法典の編纂にとりくみます。それが，1232年に制定された**御成敗式目**です。

NOTE

❶ **編纂の基準**：頼朝以来の先例や「**道理**」と呼ばれた武士社会における慣習・道徳。

❷ **編纂の目的**：合議のための指針，公平な裁判のための基準を示す。

❸ **公家法・本所法との関係**：御成敗式目は，武家最初の体系的法典であり，幕府法の自立を宣言するものだったが，一方で，**律令の系譜をひく公家法や荘園領主のもとで用いられる本所法と共存**する性格をもっていた。この特徴は，北条泰時が式目制定の趣旨などを説明した北条泰時書状（泰時消息文）のなかの，「この式目は……武家の人へのはからひのためばかりに候。これによりて，京都の御沙汰，律令のおきて，聊もあらたまるべきにあらず候也」という表現によく示されている。

ただし以後、武家の成長にともなって、公家法や本所法のおよぶ土地においても、公平さを重んじる武家法の影響が強まり、その適用範囲は拡大していった。

◆ 式目制定の趣旨——北条泰時書状

さてこの式目をつくられ候事は、なにを本説として注し載せらるの由、人さだめて謗難を加ふる事候か。まことにささせる本文にすがりたる事候はねども、たゞどうりのおすところを記され候者也。……この式目は只かなをしれる物の世間におほく候ごとく、……武家の人へのはからひのためばかりに候。これによりて、京都の御沙汰、律令のおきて、聊もあらたまるべきにあらず候也。……

御成敗式目は、問題にあるような「律令にかわる全国法」となることが意図されたのではなく、原則として御家人社会に適用するものとされたため、公家や荘園領主が使っていた法律と共存したのです。

泰時によって発展した執権政治は、5代執権**北条時頼**(執権在職1246～56年)にひきつがれます。彼は、土地紛争の増加に対応するため、1249年に引付をおき、引付衆を任命しています。これによって、**所領に関する裁判のスピードアップ**が図られることになりました。

鎌倉時代の政治史は、幕府権力のあり方によって、前期→将軍(鎌倉殿)独裁政治、中期→合議制にもとづく執権政治、後期→**得宗専制政治**、の3期に区分できます。時頼の時代には、蒙古襲来(元寇)後に顕著となる、**得宗(北条氏の本家を継いだ者)を中心とする独裁的な政治**、という傾向が強まります。

北条氏略系図と鎌倉時代の政治の流れ（前・中・後期）

数字＝執権就任順
　　　＝得宗

NOTE

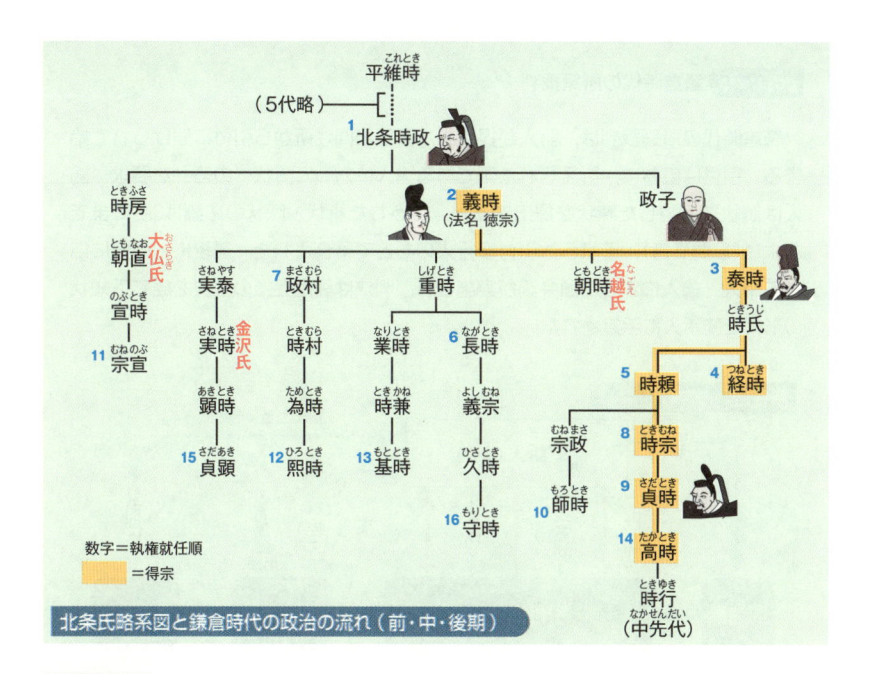

政 ❶ **宝治合戦**：1247年に，北条時頼が幕府創設以来の有力御家人である三浦泰村一族を滅ぼした事件。この戦いの結果，北条氏の権力は一段と強化され，幕政は得宗専制の方向へと進んだ。

政 ❷ **皇族（親王）将軍**：1252年，反北条氏勢力が藤原将軍とつながっていることを察知した幕府は，藤原将軍を京都に送還。宗尊親王を将軍とした。以後，4代つづくことになる皇族将軍も藤原将軍と同じく幼少で迎えられ，将軍は**名目だけの存在**になった。

> **COLUMN** 鎌倉時代の所領裁判
>
> 　鎌倉時代の所領裁判は，訴人が提出した訴状が問注所から引付に届けられて始まる。引付は直ちに，訴えられた側である論人に対して訴状への答弁を要求，論人は訴状に反論した陳状を提出するが，こうした訴状・陳状の応酬は3度にまでおよび（三問三答），それらは引付奉行人のもとで審査された。最後に，必要に応じて訴人・論人による口頭弁論が実施され，判決は評定会議の議決を経て下知状の形式で勝訴人に手渡された。
>
> 所領裁判の流れ

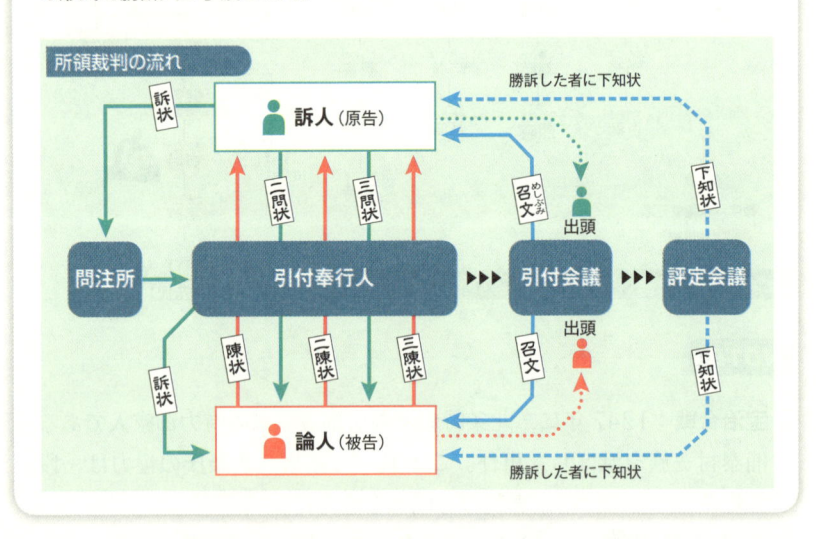

7 地頭の成長 ★★

　ここで承久の乱後の地頭による地方支配に触れておきましょう。承久の乱のあと，新補地頭が新たにおかれたところまではお話しましたね。

> ☠ **注意問題** 土地そのものを分割することで荘園領主と地頭の争いを解決する方法を，新補率法という。

　新補率法はすでに登場しているので（▶ p.96），これはすぐにどこが誤り

か気づいたはずです。新補率法にこのような役割はありませんでしたね。

　⑥執権政治で述べたように，当時，土地をめぐる争いが増加していました（▶p.98）。幕府権力の拡大を背景に現地に根をおろした地頭が，荘園領主への年貢を納めなかったり，奪いとったりといった行為をしきりにおこなうようになったからです。当然，荘園領主と地頭とのあいだに争いが勃発します。執権政治の時期に，幕府が公平な裁判制度の確立につとめたのも，こうした事態に対応しようとしたからでした。

　そこで，登場した解決策が2つあります。

> **NOTE**
>
> 社❶ **地頭請(所)の契約を結ぶ**：**地頭請**とは，荘園領主から地頭が荘園管理を一任され，**定額の年貢納入を請け負う**こと。これによって，荘園領主の現地に対する権利は**弱体化**した。
>
> 社❷ **下地中分をおこなう**：**下地中分**とは，荘園領主と地頭が土地そのものを分割し，それぞれの土地・農民の支配権を認め合うことをいう。当事者間の示談による場合（和与中分）と幕府の命令による場合とがあり，こうした手続きにもとづいて中分したことを明示するため，鎌倉時代後期には，多数の荘園絵図が作成された。
>
> 伯耆国東郷荘の下地中分図（復元イラスト）

　よって，問題文は「新補率法」を下地中分に訂正すれば正解です。
　ところで，土地支配について大きな変化がおこっていることに気がつきましたか？　下地中分が実行されると，分割された土地の片方は地頭が直

接的に領有することになりますね。これは，今までの荘園制（＝１つの土地に多くの権利が重なり合っている状態，▶p.62）にたとえ小さくても風穴をあけたことを意味しています。

　こうして地頭は，荘官として現地を管理する存在から，**現地の土地と農民を直接（一円的に）支配する領主へ**と，その姿を変貌させていきました。

> **COLUMN** 武士の武芸訓練
>
> 　鎌倉時代の武士が武芸を身につけるためにおこなった訓練には，犬追物（いぬおうもの）（馬場に犬を放って追い射る訓練），笠懸（かさがけ）（馬上から遠距離の的を射る訓練），流鏑馬（やぶさめ）（疾駆する馬上から3カ所の的を次々に射る訓練），巻狩（まきがり）（狩場を四方から多人数でとりかこみ獲物を追いつめながら射とめる，戦闘訓練を兼ねた大規模な狩猟）などがあり，犬追物・笠懸・流鏑馬を総称して騎射三物（きしゃみつもの）という。
>
> 笠懸の様子（「男衾三郎絵巻（おぶすま）」東京国立博物館蔵）

8 蒙古襲来の衝撃 ★★

13世紀後半，5代執権北条時頼の子8代執権時宗の時代，外交上大きな出来事がおこります。**蒙古襲来**(**文永の役**，**弘安の役**)です。日本は2度にわたるモンゴル(蒙古)の襲来(元寇)を経験し，警戒態勢を整えていきました。

> **注意問題** 弘安の役後，異国警固番役はなくなり，御家人の負担は大幅に軽減された。

異国警固番役とは，モンゴル軍の襲来に備えて幕府が御家人らに課したものです。おもに九州北部・長門国(現山口県西部)の沿岸警備を担当し，その原形は襲来前の1271年にみることができます。

問題の誤りを指摘する前に，当時の東アジア世界の様子をちょっと確かめておきましょう。

10世紀後半以降，中国の宋(960～1279年，1127年以降は南宋)とのあいだでは，大陸商人が来航するなど貿易がさかんでした(日宋貿易)。一方，朝鮮半島には高麗王朝(918～1392年)がありました。しかし13世紀初頭，**チンギス＝ハン**(成吉思汗)のもとで急速に勢力を拡大したモンゴル民族は，またたく間にユーラシア大陸にまたがる大帝国をつくりあげます。

チンギス＝ハンの孫の**フビライ＝ハン**(忽必烈汗)は中国支配のため北京に都を移し，1271年に国号を元として，高麗を全面的に服属させたのです。

元は日本にも服属を要求しますが，時宗がこれを強硬に断ったため，フビライ＝ハン率いる元の日本遠征は時間の問題となりました。

NOTE

外①　文永の役：1274年，高麗軍を含む元軍約3万が九州北部に襲来。元軍の集団戦法や火器（「てつはう」）に，一騎打ち戦法をとる日本軍は苦しんだが，内部の対立などもあって元軍は退却を余儀なくされた。

以後，幕府は，**異国警固番役**の強化，防塁（石塁〔石築地とも〕）の構築などで2度目の襲撃に備えることになる。

外②　弘安の役：1281年，南宋を滅ぼした元が総勢約14万で襲来。しかし，元軍は総攻撃の直前に暴風雨に直面し，壊滅的な打撃をうけて再び退却した。

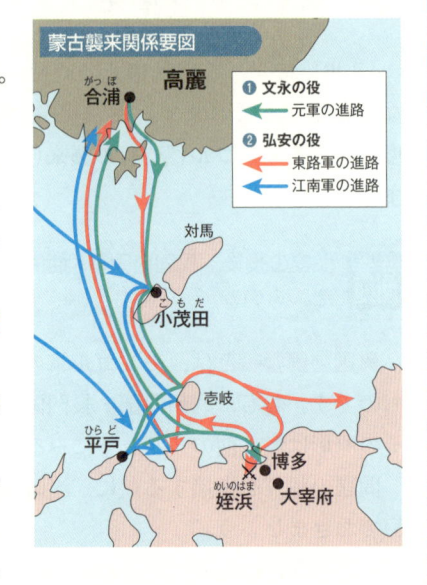

蒙古襲来関係要図
① 文永の役　元軍の進路
② 弘安の役　東路軍の進路　江南軍の進路

高麗／合浦／対馬／小茂田／壱岐／平戸／姪浜／博多／大宰府

元の日本征服計画が失敗したのは，①元軍が**海戦に不慣れだったこと**，②出撃基地となった**高麗がさまざまなかたちで元に抵抗したこと**，③動員された日本側の武士がよく奮戦したこと，④元軍が暴風雨に遭遇したこと，などが原因です。

実際には実現しなかったものの，元は**日本侵攻計画をあきらめたわけではありませんでした**。そのため，幕府は3度目がいつになるのか予測できないまま，13世紀末には九州を統括する**鎮西探題**をおき，異国警固番役や沿岸の警備をつづけざるをえませんでした。よって，問題文とは正反対だったことがわかります。

9 得宗専制と御家人の窮乏 ★★

2度にわたる蒙古襲来と継続的な警戒態勢の維持は，日本社会に大きな影響をおよぼします。1つ目は，北条氏の権力増強。2つ目は，御家人の窮乏です。

> **注意問題** 永仁の徳政令で，幕府は，御家人・非御家人を問わず土地を無償でとりもどすことを認めた。

これは誤解しやすい問題ですね。窮乏した御家人の救済策である**永仁の徳政令**が出された背景をていねいに読み解いていきましょう。

まず，北条氏は元寇にともなう全国規模の軍事動員をつうじて権力をさらに強大化させ，得宗専制を確立させることになりました。

得宗専制政治は，次のような特徴があります。

NOTE

① **幕政**：合議にもとづく政治が転換し，**得宗**（北条氏の本家を継いだ者）の強力な政治指導力のもとで，**御内人**（得宗家に仕えた家臣）が幕政を主導するようになった。こうしたなかで，1285年，有力御家人**安達泰盛**らが**内管領**（御内人の代表）**平頼綱**に滅ぼされる事件（**霜月騒動**）が発生し，平頼綱もまもなく9代執権北条貞時に滅ぼされた。これによって得宗専制が決定的なものになったと考えられている。

② **全国の守護**：守護は，しだいに国衙に対する支配を強め，地方行政官として大きな役割を果たすようになっていた。得宗専制期になると，**北条氏一門が全国の守護職の半数以上を独占**する事態が生じた。

そこには，惣領制（▶p.91）の崩壊により一族単位の軍事動員が困難になったという事情が存在した。それでも幕府は防衛体制をとらなければならず，**守護による一国単位の軍事動員が模索された**。

惣領制の崩壊について，詳しくは第6講 ② 南北朝の動乱と守護の成長

（▶p.114）で説明しますが，この時期，御家人たちの社会には深刻な危機がおとずれていました。その理由として，①分割相続の継続による**所領の細分化**，②貨幣経済の浸透による**生活苦の進行**があげられます。

そこに，③蒙古襲来にともなう**長期の軍事負担**が重なったのです。蒙古襲来は，日本にとって防衛戦争だったため，負けなかったとはいっても領土などの獲得はありませんでした。動員された御家人からみると，**御恩なき奉公を長期にわたって強制された**ことになります。

相続する土地は少なくなるわ，お金はないわ，敵をしりぞけても褒美はないわで，御家人の懐はスッカラカン。ないソデは振れませんので，当然借金を重ねます。御家人のおもな財産は土地でしたので，みずからの所領を質に入れたりあるいは売却したりして，何とか生活をしていました。

そこに出されたのが，1297年の**永仁の徳政令**です。これは，売却・質入れされた所領の**無償返還**を命じたものですが，対象となる所領は，法令では御家人のものに限定されていました。問題文のように「非御家人」までを対象にした法令ではなく，あくまでも，窮乏しつつある**中小御家人たちの所領回復が目的**だったのです。

ただし，日本社会には，本来あるべき状態に戻すことがよい政治（**徳政**）であるという観念が古くから存在していました。こうしたことも背景となって，永仁の徳政令は**所領の無償返還という部分だけが拡大解釈されていった**のも事実です。実際には，御家人以外の者でも売却地のとりもどしに成功した事例が記録されています。

しかし，こうした政策も一時しのぎにしかならず，御家人制を立て直す

◆ **永仁の徳政令**

一　質券売買地の事
　右、所領を以て或は質券に入れ流し、或は売買せしむるの条、御家人等侘傺の基なり。向後に於いては、停止に従ふべし。以前沽却の分に至りては、本主領掌せしむべし。但し、或いは御下文・下知状を成し給ひ、或いは知行廿箇年を過ぐるは、公私の領を論ぜず、今更相違有るべからず。……
　次に非御家人・凡下の輩の質券買得地の事。年紀を過ぐると雖も、売主知行せしむべし。

永仁五年七月廿二日
（一二九七）

（東寺百合文書）

のに有効とはいえませんでした。社会全体が大きな変動につつまれるなかで，幕府の支配は動揺・衰退へと向かっていきます。

10 鎌倉時代の農業と商業 ★★★

最後に，農業と商業について整理しておきましょう。鎌倉時代は農業生産力が向上し，貨幣経済が浸透して，飛躍的に農業と商業が発展した時代です。

> **注意問題** 農業生産力を増大させることに成功した中世の農民たちは，座をつくって団結し，しばしば領主に抵抗するようになった。

中世の農民についての問題ですね。農業や商業はあまり学習しない分野ですが，センター試験作問者が好んで出題するのでやっかいです。問題を解説する前に，まずはこの時代の農業・商業についてまとめておきましょう。

NOTE

❶ **農業**：農業技術の発展に支えられて**農業生産力が増大**した。
- ◆肥料…草を田に埋めこんで腐らせる**刈敷**，草木を焼いて肥料にする**草木灰**など，自給肥料が本格的に使われるようになった。
- ◆耕作…**牛馬耕**が本格的に普及した。
- ◆田の有効利用…西日本では麦を裏作とする**二毛作**の田が増加した。
- ◆副業…**荏胡麻**(中世における灯油の原料)などが栽培された。

❷ **商業**：貨幣経済の浸透を背景に商業活動も活発化した。
- ◆貨幣経済の浸透…貨幣として，日宋貿易でもたらされた**宋銭**がおもに使用された。
- ◆商業活動の活発化…(a)荘園の年貢を貨幣にかえて領主に納める**銭納**，(b)遠隔地への金銭の輸送を手形(一定額の支払いを約束する契約証書)でおこなう**為替**，(c)商品の中継ぎ・運送などを担当する**問**(問丸)，(d)高利貸業に従事する**借上**，などが増加した。さらに，(e)交通の

05 武士の社会はどのように成長していったか

要地などで定期市(毎月3回の場合→**三斎市**)が開かれるようになり，(f)**行商人**に加えて京都などでは**見世棚**(常設の小売店)もみられるようになった。

こうして形成された各地の町では，**有徳人**(中世社会において富裕層を指すときに用いられた表現)と呼ばれる富裕な人々も登場してくることになる。

備前国福岡の市(『一遍上人絵伝』部分)

武士，織物・米・魚・壺などを売る商人，市に群がる男女などが描かれ，鎌倉時代の市の様子を知ることができる。なお，備前国は現在の岡山県にあたる。(『一遍上人絵伝』〈『一遍聖絵』〉清浄光寺蔵)

経済的に豊かになった農民たちは，確かに団結をしましたが，それは**惣**のことです。問題にある「**座**」とは，商工業者たちの同業者組合のことです。惣と座の話は，詳しくは次の室町時代のところでとりあげることにしましょう(▶p.118・p.126)。

第05講 確認テスト

☐ 50	1069年に新設された，荘園の証拠書類を審査する機関の正式名称を何というか。	記録荘園券契所
☐ 51	大寺院の衆徒などがみずからの要求をかかげて朝廷に訴え出る，院政期に活発化した示威行動を何というか。	強訴 （農民の集団的な直訴行動も「強訴」という）
☐ 52	平清盛が大規模な修築事業を施した，現在の神戸港の前身にあたる港を何というか。	大輪田泊
☐ 53	院近臣が平氏打倒を計画したが，1177年に発覚して失敗した事件を何というか。	鹿ヶ谷の陰謀
☐ 54	1180年から85年にかけて源平両勢力のあいだで戦われた全国規模の内乱の総称を，この時期の年号をとって何というか。	治承・寿永の乱
☐ 55	鎌倉幕府の将軍家が本所の荘園群のことを，総称して何というか。	関東御領
☐ 56	1213年に北条義時に滅ぼされた侍所別当は誰か。	和田義盛
☐ 57	承久の乱後に朝廷監視・西国統轄などのために設置された機関を何というか。	六波羅探題 （京都の六波羅はもともと平氏の根拠地）
☐ 58	承久の乱後に定められた，地頭の給与についての基準を何というか。	新補率法
☐ 59	敏速・公正な所領裁判をおこなうために1249年に設置された役職を何というか。	引付 （「引付」を構成したメンバーを「引付衆」という）
☐ 60	土地そのものを分割してそれぞれ一方を荘園領主と地頭が領有することで，土地をめぐる荘園領主・地頭間の争いを解決する方法を何というか。	下地中分
☐ 61	日本が2度の蒙古襲来(元寇)を経験した際，鎌倉幕府の8代執権であった人物は誰か。	北条時宗
☐ 62	蒙古襲来に備えて鎌倉幕府が御家人らに課した防備のための負担を，総称して何というか。	異国警固番役
☐ 63	北条氏得宗家の直属の家臣のことを，総称して何というか。	御内人
☐ 64	1285年に有力御家人の安達泰盛らが平頼綱に滅ぼされた事件を何というか。	霜月騒動

第2章 中世

第06講 武士の社会はどのように変化していったか

1317〜1551年：南北朝の動乱から戦国大名の時代へ

政 ① 建武の新政 ★★

　社会全体が大きく変動し，鎌倉幕府はついに終焉のときを迎えます。鎌倉幕府滅亡の際に一躍歴史の表舞台に躍り出た人物は後醍醐天皇。彼がおこなった政治は，建武の新政と呼ばれています。

> **注意問題** 後醍醐天皇は，新政への不満が高まると退位して上皇となり，院政を開始したため，足利尊氏が擁立した天皇と対立することになった。

　この問題がパッと解ければ，建武の新政前後の歴史認識はバッチリです。果たして，後醍醐天皇は新政をおこなったのちに上皇となり院政を開始したのか，鎌倉時代末期から建武の新政までの流れをみていきましょう。

　鎌倉時代末期，幕府は，①得宗専制政治（内管領長崎高資）に対する御家人たちの不満・反感，②悪党の活動による治安の悪化，といった事態に悩まされます。悪党とは，この時代に登場してきた新しいタイプの武士たちのことです。彼らは，畿内を中心として年貢納入の拒否や物資の略奪などをおこなったため，荘園領主や幕府にとって大きな頭痛の種になっていました。

　一方，鎌倉時代中期以降，**天皇家は分裂状態**（持明院統と大覚寺統）となり，院政をおこなう権利や皇位，皇室領系の荘園をめぐる争いがつづきます。14世紀初頭，ようやく幕府の仲介で両統迭立（両統が交互に皇位に就く方式）の合意ができあがり，この直後に即位したのが大覚寺統の後醍醐天皇でした。

　後醍醐天皇は政治に意欲的にとりくみ，天皇家の権限を強化しようとします。さらに幕府への不満が高まっているのをみて，武力による討幕へと踏み出しました。彼が企てた1324年の正中の変，31年の元弘の変（後醍

醐天皇→隠岐に配流）といった討幕計画はいずれも失敗しますが，その行動は悪党など反幕勢力の結集と蜂起をうながしていきました。

具体的には，①天皇の皇子護良親王や楠木正成らの挙兵，②隠岐から脱出した後醍醐天皇による討幕の呼びかけ，③幕府軍が派遣した指揮官足利高氏（のち尊氏）の天皇側への寝返りと六波羅探題攻落，④新田義貞らの関東での挙兵，です。こうした討幕の動きによって，1333年，北条高時以下の北条氏一門と御内人が自殺に追いこまれ，ついに鎌倉幕府は滅亡します。

京都に戻った後醍醐天皇は，天皇親政をめざして**建武の新政**を始めました。しかし，新政は3年ほどであえなく失敗することになります。

なぜ，建武の新政は失敗してしまったのでしょうか？　原因は次のとおりです。

NOTE

- 政❶ **妥協的な政治機構**：中央機関として，記録所と並んで旧幕府の引付をひきつぐ雑訴決断所をおくなど，新政を遂行するにふさわしい**一元的な機構を整備できなかった**。
- 政❷ **綸旨絶対万能主義による混乱**：あらゆる決定を後醍醐天皇の綸旨（天皇の意思を最も直接的に示す文書）でおこなったため，**政務が停滞**した。
- 政❸ **所領政策への不満**：持ち主が**20年以上支配している土地の権利は変更できない**という武士社会の法を無視して，所領の確認を綸旨でおこなおうとしたため，武士層が離反した。
- 政❹ **先例を無視した政治**：綸旨絶対万能主義をかかげて**先例を無視**した後醍醐天皇の政治は，貴族層の反発も招いた。

建武政府の政治機構

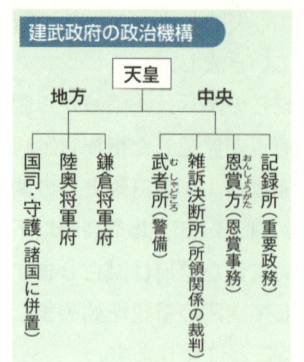

```
                    天皇
         ┌───────────┴───────────┐
        地方                    中央
    ┌────┼────┐      ┌────┬────┬────┬────┐
   国司 鎌倉 陸奥   武者所 恩賞方 記録所 雑訴決断所
  ・守護 将軍府 将軍府 (警備) (恩賞事務) (重要政務) (所領関係の裁判)
  (諸国に併置)
```

◆二条河原落書

此比都ニハヤル物。夜討、強盗、謀綸旨。召人、早馬、虚騒動。生頸、還俗、自由出家。俄大名、迷者、安堵、恩賞、虚軍。本領ハナルヽ訴訟人。文書入タル細葛。追従、讒人、禅律僧。下克上スル成出者。器用堪否沙汰モナク。モルヽ人ナキ決断所。キツケヌ冠上ノキヌ。持モナラハヌ笏持テ。内裏マジハリ珍シヤ。……誰ヲ師匠トナケレドモ。遍ハヤル小笠懸。事新シキ風情ナリ。京鎌倉ヲコキマゼテ。一座ソロハヌエセ連歌。在々所々ノ歌連歌。点者ニナラヌ人ゾナキ。
（『建武年間記』）

　後醍醐天皇は，摂関政治や武家政治だけでなく院政さえも否定する政治姿勢をとったため，問題文にあるような「上皇となり，院政を開始した」という事実はありません。そういえば，最近の政治の世界でも似たようなことがありましたね。旧来の政治を壊すと言って，にわかづくりの組織で政治をおこなっても，それは簡単なことではないのです。

社 ② 南北朝の動乱と守護の成長 ★★

　建武の新政が失敗に終わる過程で台頭したのは**足利尊氏**です。彼は，1335年に鎌倉で北条高時の子，時行らが挙兵した反乱（**中先代の乱**）をおさえると，その直後に建武政権からの離反を鮮明にします。
　1336年，京都制圧に成功した尊氏は，持明院統の光明天皇を擁立し（**北朝**），政治方針を定めた**建武式目**を発表して，武家政権である室町幕府を樹立しました。
　ここで，問題をみてみましょう。

> 注意問題　足利尊氏の定めた建武式目は室町幕府の基本法典として機能し，その追加法は建武以来追加と呼ばれた。

　これは，建武式目と御成敗式目の性格を混同させた問題ですね。

さっそく解説してしまいますが、建武式目は「基本法典」ではなく、幕府を開くにあたっての**施政方針を示すもの**でした。室町幕府の基本法として機能したのは、鎌倉幕府と同様、御成敗式目（貞永式目）です。**建武以来追加**は**室町幕府による御成敗式目の追加法**の総称。貞永式目は、以後も戦国大名の分国法に影響を与え、近世には寺子屋の学習教材として利用されるなど、その生命力はきわめて強いものでした。

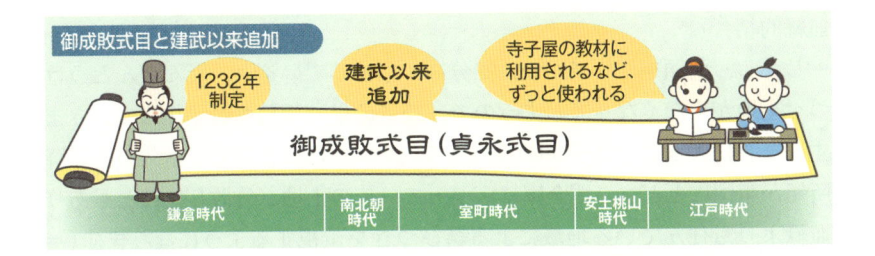

御成敗式目と建武以来追加
1232年制定 — 建武以来追加 — 寺子屋の教材に利用されるなど、ずっと使われる
御成敗式目（貞永式目）
鎌倉時代／南北朝時代／室町時代／安土桃山時代／江戸時代

一方、後醍醐天皇は**吉野**に逃れ、**南朝**を立てます。以後、南朝（大覚寺統）と北朝（持明院統）は皇位の正統性をめぐって対立し、ここから、約60年にわたる動乱の時代＝南北朝時代が始まります。

高師直と足利直義の対立
バサラの高師直／マジメな足利直義
注：あくまでイメージです

しかし、南朝と北朝の対立・衝突はそのままつづいたわけではありません。動乱が長引いた大きな原因のひとつは、北朝を支える**幕府の内部分裂**にありました。畿内の新興武士などに支持された**高師直**（尊氏の執事）・足利尊氏と、鎌倉幕府以来の伝統的な武士などに支持された**足利直義**（尊氏の弟）の対立が決定的となり、1350年以降、ついに両者の対決は全国規模の内乱へと発展しました（**観応の擾乱**）。

出口のみえない長期の争乱は、社会全体を大きく揺さぶり、多くの変化を生みます。ここでは、①武士社会の変化、②守護の成長、という2つの

側面から変化の様子を追ってみましょう。

武士社会の変化については、第5講 **⑨ 得宗専制と御家人の窮乏**でも触れましたが、ここで詳しくお話します。難しいところなので、おさらいしながら説明しますね。

そもそも、これまで武士は、惣領制(▶p.91)によって鎌倉幕府を支えており、惣領(一族の長)のもと、嫡子(一家を統率する地位をうけつぐ者)と庶子(嫡子以外の者)で所領を分割相続し、一族でまとまっていました(＝血縁的結合)。

しかし、所領をたくさんの人で分けて相続していると、だんだんとうけつぐ土地が少なくなってしまうので、**嫡子の単独相続へ**と変化していきます。それによって、庶子が所領をもてなくなったこと、また承久の乱以降、所領が東国にとどまらず全国に広がって一族の土地が分散したこともあり、血縁よりも住んでいる地域による結びつきを重視するようになります(＝地縁的結合)。

NOTE

社 ❶ **武士社会の変化**：惣領制の崩壊(▶p.105)のなかで、地縁によって結びついた小規模な武士集団が多数形成され、それらが南朝や北朝などと無秩序に提携したり敵対したりしたため、戦闘の日常化・全国化がもたらされた。

こうした武士集団は、鎌倉時代末頃から南北朝時代にかけて、秩序に従わない武士として悪党(▶p.110)と呼称された。さらに南北朝時代後半には、地域に深く根をおろして実力を蓄えた在地の有力武士(**国人**、▶p.117)が多数姿をみせるようになる。

社 ❷ **守護の成長**：14世紀、動乱のなかで、幕府は守護に大犯三カ条以外の権限を認め、守護をとおして地域の有力武士(国人)を組織化しようとした。次に示したような守護権限の拡大を背景に、**有力武士の組織化や国衙機能の吸収などを果たして地域的な支配権を確立**した守護のことを、鎌倉幕府体制下の守護と区別して**守護大名**ともいう(**守護領国制**とは守護大名がつくりあげた支配体制のこと)。

- ◆ 刈田狼藉の取り締まり…田地をめぐる紛争の際，実力で相手方の稲を刈りとってしまう行為を取り締まる権限。
- ◆ 使節遵行…幕府の裁判の判決を強制執行する権限。
- ◆ 半済…観応の擾乱がつづいていた1352年，幕府は，とくに動乱の激しかった近江・美濃・尾張3国の守護に対して，1年のみという約束で荘園・公領の年貢の半分を軍費調達のために徴発できる権利を認めた（**半済令**）。戦乱のなかで力を強めつつあった守護たちが，この法令を拡大解釈したため，半済は全国的かつ永続的におこなわれるようになり，ついには**土地そのものの分割**が認められるにいたった。

　これによって守護は，**獲得した土地を国内の武士に分け与えることでみずからの統制下にくみいれる**ことが可能になった。

3 室町幕府と守護大名 ★★

　長くつづいた動乱も，3代将軍**足利義満**の頃にようやく終息を迎えます。1392年，義満は事実上南朝を吸収するかたちで南北朝の合体を果たし，全国政権を確立しました。

> **注意問題** 足利義満は，京都に花の御所をかまえたが，経済の中心地である京都の市政権を公家側から奪うことはできなかった。

　義満が京都の室町に「花の御所（室町殿）」と呼ばれる邸宅をかまえ，そこで政治をおこなったことは事実ですが，問題の後半部分は誤りです。南北朝の動乱は，朝廷・公家勢力を弱体化させ，支配勢力としての武家の地位を確かなものにしました。義満は**外交権**（日明貿易，▶p.119）や**京都の市政権の掌握**に成功しています。

NOTE
- 政 ❶ 政権の政治的性格：室町幕府は，**有力守護大名との連合政権**だった。
- 政 ❷ 守護大名に対する政策：義満は有力守護大名の利用と統制につとめた。

06 武士の社会はどのように変化していったか

- ◆ **守護大名の利用**…将軍の補佐役である**管領**には，足利氏一門の有力守護である細川・斯波・畠山氏（＝**三管領**）が交代で就任。管領の管理下におかれた侍所の**所司**（長官のこと）には，赤松・一色・山名・京極氏（＝**四職**）が交代で就任した。

  彼らは領国を守護代に統治させ，自身は**在京して幕府に出仕する**のが原則だった。

- ◆ **守護大名の統制**…義満は，**奉公衆**と呼ばれる将軍家の直轄軍を整備して守護大名の牽制にあたらせた。統制の具体例には，**土岐康行の乱**（1390年，美濃・尾張・伊勢の守護を兼ねる土岐氏を討伐），**明徳の乱**（91年，西国11カ国の守護を兼任し「六分の一衆」と称された山名氏の勢力を削減），**応永の乱**（99年，大内義弘を討伐し，大内氏の勢力を削減）がある。

政 ❸ **足利義満の権力**：南北朝の統一を主導し，外交権や朝廷が保持してきた京都の市政権（警察権・民事裁判権・商業課税権など）を吸収することで，**公家・武家両権力の上に立とうとした。**

経 ❹ **室町幕府の財政基盤**：各地に散在する**御料所**（将軍の直轄領）の規模が小さかったため，年貢収入などだけで政権を運営することはできなかった。このため，段銭・棟別銭，土倉役・酒屋役，関銭・津料，日明貿易の利益などの**貨幣収入に対する依存度が高まっていった。**

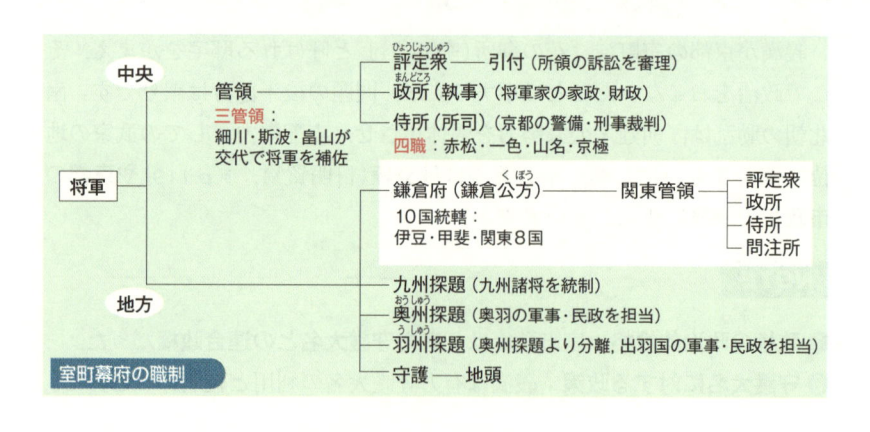

室町幕府の職制

- 将軍
  - 中央
    - 管領（三管領：細川・斯波・畠山が交代で将軍を補佐）
      - 評定衆 ── 引付（所領の訴訟を審理）
      - 政所（執事）（将軍家の家政・財政）
      - 侍所（所司）（京都の警備・刑事裁判）
        - 四職：赤松・一色・山名・京極
    - 鎌倉府（鎌倉公方）── 関東管領 ── 評定衆／政所／侍所／問注所
      - 10国統轄：伊豆・甲斐・関東8国
  - 地方
    - 九州探題（九州諸将を統制）
    - 奥州探題（奥羽の軍事・民政を担当）
    - 羽州探題（奥州探題より分離，出羽国の軍事・民政を担当）
    - 守護 ── 地頭

4 国人一揆と土一揆 ★★

中世は，社会のさまざまな階層に位置した人々が急速に力をつけていった時代です。これまでは政治についてお話してきましたが，ここでは，おもに武士と農民についてみていきましょう。次にあげる問題は農民にまつわる内容です。

> **注意問題** 惣村では，村の日常的な運営のため，預所・下司などと呼ばれる指導者が選出された。

これはひっかかってほしくない問題。用語をきちんと覚えることが大切です。どこが誤りなのか，解説はのちほど。

第5講 ⑩ **鎌倉時代の農業と商業**でも触れましたが，農業生産力の向上にともなって，経済的に豊かになった農民は自治的な性格をもった**惣(惣村)** をつくって団結し，ときに領主に抵抗するようになります。

このように力をつけていった中世の人々は，しばしば日常では達成できないような目的に到達するために，神仏に誓いを立てて一体化(＝**一味同心**)した集団をつくりました。これを一揆といいます。武士も農民も一揆をおこしますが，まずは武士からみていきましょう。

NOTE

- ❶ **国人一揆の形成**：鎌倉時代の地頭層の系譜をひく地域の有力武士は，**地域に深く根をおろして国人と呼ばれた**。守護の成長とともにその家臣となる国人も多かったが，一方で，守護大名の支配が弱体な地域などでは，国人間の紛争を自力で解決したり，実力をつけてきた農民を服従させるために，国人たちが互いに契約を交わして地域的な一揆を形成した。
- ❷ **国人一揆の行動**：国人一揆は，**構成員間の平等，多数決による決定**を原則として一致団結して自主的な地域権力をつくりあげ，守護大名の支配にもしばしば抵抗した。

06 武士の社会はどのように変化していったか

次に農民です。彼らがつくり出した**惣**（**惣村**）は地縁にもとづく自治的な結合で，中世後半，畿内とその周辺地域に形成されました。惣村の指導者はおとな（長・乙名）・沙汰人などと呼ばれ，惣村を構成した村民を惣百姓ともいいました。ちなみに，問題に出てくる「預所・下司」は荘官の名称です。

NOTE

社 ❶ 惣村の特徴：農民の**地縁的自治組織**として宮座（地域の神を祀る人々）による神事を結合の中心とした惣村では，村民は寄合という会議で，**惣掟**（村法・村掟）の決定，指導者（おとな・沙汰人）の選出などをおこない，灌漑用水や山林・原野などの入会地を共同で管理した。さらに，惣掟違反者や犯罪者を処罰する**地下検断**（自検断）をおこない，領主への年貢納入を惣村でまとめて請け負う**地下請**（村請・百姓請）によって外部勢力の介入を排除しようとした。

社 ❷ 惣村の行動：強い連帯意識で結ばれた惣村の住民たちは，しばしば，強訴・逃散などのかたちで領主の支配に抵抗し，15世紀前半に発生する徳政一揆や土一揆の母体を形成した。

- ◆**正長の徳政一揆**…1428年，近江の**馬借**（運送業者）の蜂起をきっかけに，土一揆が京都の酒屋・土倉などを襲撃。**実力による債務破棄**などの**徳政実施行動**（私徳政）が展開された。
  この一揆は6代将軍義教の代始めにおこったのだが，これは，支配者の交代によって所有や賃借関係などが見直されるという社会観念が中世に存在したことを意味する。

> ◆正長の徳政一揆
>
> 正長元年九月 日，一天下の土民蜂起す。徳政と号し，酒屋，土倉，寺院等を破却せしめ，雑物等恣にこれを取り，借銭等悉くこれを破る。管領これを成敗す。凡そ亡国の基，これに過ぐべからず。日本開白以来，土民蜂起是れ初めなり。
> （『大乗院日記目録』）

- ◆**播磨の土一揆**…1429年，土一揆が守護赤松氏の勢力に**播磨国からの退去**を迫った。
- ◆**嘉吉の徳政一揆**…1441年，嘉吉の変（▶p.124）をきっかけに，7代

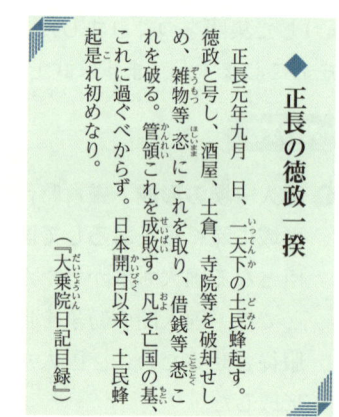

将軍に就いたばかりの義勝に対して、数万の土一揆が「代始めの徳政」を要求。幕府は**徳政令の発布**を余儀なくされた。

5 東アジア世界との交易 ★★★

ここで、当時の外交についてみてみましょう。さっそく問題です。

> **注意問題** 日本側が勘合(渡航証明書)を持参することを義務づけられた日明貿易は、足利義教が一時中断したが、義政のときに復活した。

日明貿易(**勘合貿易**)についての問いですね。内容を正確に理解するために、当時の状況からお話しましょう。

中世における東アジア、とりわけ大陸との関係は、日元貿易→**倭寇**活発化(南北朝期)→日明貿易→倭寇活発化(戦国期)、という展開をみせました。次の点に注意しながら、全体観をつかんでください。

NOTE

① **日元貿易**：蒙古の襲来にもかかわらず、日元間の**私的な交易はきわめて活発**だった。

② **倭寇**：日本の混乱期に、日本人を含む海賊集団(=倭寇)の動きが激しくなった。

③ **日本商人**：中世をつうじて、堺や博多などの**日本商人の渡航が拡大・本格化**していった。

こうした流れのなかで、**日明貿易**は、東アジアの伝統的な国際秩序にもとづき、**日本が明に朝貢する**かたちをとっておこなわれました。受験のときに、日明貿易だけやたら詳しく学習するのは、ここだけ多くの史料が残されているからです。

問題文にあるとおり、日明貿易は日本側が明から交付された勘合をもって船を出す必要がありました。別称の**勘合貿易**は、そこからきています。

06 武士の社会はどのように変化していったか

次のまとめをよく確認してください。

NOTE

- 社 ❶ **明の成立**：1368年，モンゴル民族の支配した元が打倒され，漢民族による統一王朝の**明**が成立した。
- 外 ❷ **明の外交政策**：明は，周辺諸国の国王と冊封関係（中国皇帝が朝貢してきた周辺諸国の国王に称号などを授与する関係，▶p.20）を結び，国王の派遣する使節が朝貢してきた場合にのみ貿易を許し，一方で，**一般の中国人の海外渡航や海上貿易を禁止した**（**海禁政策**）。

　このような明を中心とする国際秩序のなかで展開された代表的事例が日明貿易で，そこでは**勘合**（明の皇帝から日本国王に与えられた渡航証明書）を持参した遣明船による朝貢形式の貿易がおこなわれ，勘合の照合作業は遣明船の寄港地と定められた寧波でおこなわれた。

- 外 ❸ **日明貿易の開始**：15世紀初頭，足利義満が明から「**日本国王**」の承認をうけ，勘合貿易を開始した。
- 外 ❹ **日明貿易の中断と再開**：4代将軍**足利義持**が朝貢形式に不満をもち，貿易を一時中断（1411年）したが，6代将軍**義教**のときに再開（32年）。
- 政外 ❺ **日明貿易の混乱**：応仁の乱（1467～77年）後，**細川氏**（堺商人と提携）と**大内氏**（博多商人と提携）が日明貿易の実権を掌握し，1523年には両者の衝突事件が発生した（**寧波の乱**）。以後，貿易は大内氏の独占するところとなったが，51年，大内氏が滅亡すると（▶p.129），この勘合貿易も断絶した。

　日明貿易は，足利義持のときに中断され，義教のときに再開されます。よって，問題の「義教」も「義政」も誤りとなります。
　一方，朝鮮半島では，1392年に李成桂によって高麗にかわって**朝鮮**（李朝）が生まれ，日本に倭寇の禁圧と通交を求めてきます。

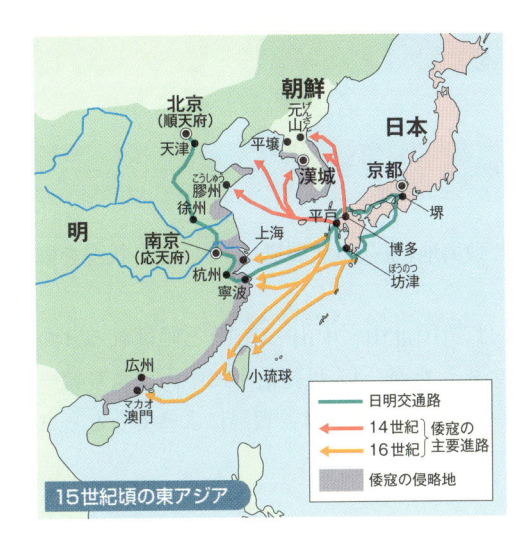

NOTE

外❶ 日朝貿易の特徴：日朝貿易には，幕府・守護大名・商人などが参加した。日本からの渡航者が増えると，朝鮮（李朝）は，対馬の**宗氏**をとおして統制を強めた。

輸入品の代表は**木綿**で，それは人々の生活様式に大きな影響を与えることになる。

- **木綿**…木綿という言葉は，綿花・綿糸・綿織物いずれの略称としても使用される。日朝貿易により本格的に日本にもたらされた木綿は，肌ざわりがよくて暖かく，丈夫で染色しやすいといった特徴をもち，軍衣・船舶の帆などの軍需品として利用され，まもなく庶民にも普及。こうして日常衣料が麻から木綿へと転換していった（衣料革命）。

外❷ 日朝貿易の推移：対馬の宗氏による日朝貿易の独占が進行した。
- **応永の外寇**…1419年，朝鮮が対馬を倭寇の根拠地とみなして攻撃。日朝貿易は一時中断した。
- **三浦の乱**…1510年，朝鮮が日朝貿易のために開いていた貿易港（3カ所あったため三浦という）で日本人の暴動が発生。以後，しだいに

06 武士の社会はどのように変化していったか

日朝貿易は衰微した。

6 琉球と蝦夷地 ★★

　さらに，琉球(現在の沖縄)と蝦夷地(現在の北海道)についても状況を確認しておきましょう。
　まず，琉球です。14世紀には三山(北山・中山・南山)と呼ばれる3つの地方勢力が成立して争っていましたが，15世紀前半に中山により統一されて**琉球王国**が誕生します。琉球王国の繁栄は，貿易によってもたらされました。

NOTE

① **琉球王国**：1429年，中山王の**尚巴志**が王国を建国。
② **中継貿易**：琉球船の活動範囲は，明・日本・朝鮮から東南アジア地域にまで拡大した(中継貿易)。しかし16世紀後半以降，ポルトガル人の進出により，**日本・朝鮮・東南アジア諸国を結んで中国に朝貢する中継貿易**を成立させてきた琉球船の活動は，交易ルートを奪われて衰退していくことになった。

　次は，蝦夷地についてです。ここで問題をみてみましょう。

> 【注意問題】15世紀後半，北海道で和人が勢力をのばし始めると，アイヌは，大首長のシャクシャインに率いられて蜂起した。

　琉球と関係を結んだ本州の社会は，アイヌの居住する**蝦夷地**(蝦夷ヶ島，現在の北海道)とも本格的な関係をもつようになります。**和人**の蝦夷地への進出は，アイヌの社会を大きく揺さぶり，争いがおこるようになります。

NOTE

外 ❶ 14世紀以降の蝦夷地：畿内 ↔ 津軽の十三湊 ↔ 蝦夷地，という**日本海交易が発展**。本州からわたった人々は，津軽の豪族安藤（安東）氏の支配下で勢力を拡大し（**道南十二館**），和人と呼ばれた。

社 ❷ 大蜂起の発生：室町時代の後半にあたる1457年，和人の圧迫に対し，アイヌの大首長コシャマインを中心とする蜂起が発生（**コシャマインの戦い**）。和人側は苦戦したが，**蠣崎氏**（のち1599年に松前氏と改姓）が鎮圧に成功した。

道南十二館と周辺要図
◆ 道南十二館（青字は推定）

勝山館／花沢館／茂別館／箱館／志苔館／比石館／原口館／中野館／脇本館／禰保田館／穏内館／佐井／大館／覃部館／宇曽利／小泊／三厩／蠣崎／十三湊／相内／鰺ヶ沢／津軽／糠部

もう，問題の誤りに気づきましたね。「シャクシャイン」は，江戸時代に登場するアイヌの首長（▶ p.172）。ここは，コシャマインです。

COLUMN　十三湊

中世における遺跡調査の分野では，城館や城下町の発掘が精力的に進められている。日本の北方の境界地域に位置しながら西の博多と並ぶ国際的な港湾都市として繁栄し，幻の中世都市と形容される十三湊も，その代表例のひとつである。「十三」という地名は，「湖のほとり」という意味のアイヌ語「トー・サム」に由来するものだと考えられている。

06 武士の社会はどのように変化していったか

政 社 ７ 下剋上の世へ ★★

　足利義満の時代に頂点を築いた室町幕府も，６代将軍義教の頃から混迷を深めていきました。なかでも衝撃的な事件が**嘉吉の変**です。

> 注意問題　嘉吉の徳政一揆の混乱に乗じて，有力な守護大名赤松満祐は将軍足利義教を殺害した。

　嘉吉の徳政一揆については，④ 国人一揆と土一揆で触れたとおりです（▶p.118）。そこをしっかりと読んでいれば，もう解けたも同然ですね。６代将軍義教とこの将軍にかかわる乱についてみておきましょう。

NOTE

- 政❶ **足利義教**：６代将軍。くじ引きで将軍に選ばれたこと，日明貿易を再開（▶p.120）したこと，**永享の乱**（1438年）で足利持氏を討滅するなど専制政治をめざしたこと，**嘉吉の変**（41年）で赤松満祐に殺害されたこと，を確認しておきたい。

- 政❷ **永享の乱**：1438年発生。６代将軍義教が**関東管領**上杉憲実と結び，**鎌倉公方**足利持氏を討伐した東国の内乱。背景には，将軍権力の強化をねらう幕府と，**東国を独自に支配する傾向を強めた鎌倉府**との対立があった。

    - ◆**鎌倉府**…室町幕府が東国支配のためにおいた機関。鎌倉府の長官を鎌倉公方（初代は尊氏の子の足利基氏），その補佐役を関東管領（初代は高師冬）といった。

- 政❸ **嘉吉の変**：６代将軍義教の守護抑圧策が強化されるなかで，不安感を強めた有力守護**赤松満祐**が，1441年，京都の赤松邸での祝宴に義教を招いて暗殺。将軍の死は当時，「自業自得」「此の如き犬死，古来例を聞かざる事なり」と評された。また，**嘉吉の変直後**に，「代始めの徳政」を要求する嘉吉の徳政一揆が発生した（▶p.118）。

ということで，問題は因果関係が逆になっていました。嘉吉の徳政一揆は，嘉吉の変をきっかけに発生するのです。

こうして幕府政治はますます混乱していき，下の者が上の者を追い落とす<u>下剋上</u>の時代に突入します。

関東では，永享の乱ののち，持氏の遺児を担いだ結城氏が鎮圧される1440年の結城合戦，1454年に鎌倉公方足利成氏（持氏の子）が関東管領上杉憲忠（憲実の子）を殺害したことによって，20年以上争いが続くことになった享徳の乱など，あいついで戦乱がおこります。

そして，いよいよ京都でも1467年に戦国時代の到来を告げる**応仁の乱**が始まりました。

NOTE

政❶ **複雑な対立**：応仁の乱は，将軍家の家督相続争い（8代将軍**義政**の弟義視と義政の妻日野富子の生んだ義尚），管領家畠山・斯波両氏の内紛に，幕府の実権掌握をねらう細川勝元と山名持豊（宗全）の対立がからんだものである。それは，**11年におよぶ京都を主戦場とする争乱**（1467〜1477年）へと発展していった。

社❷ **乱の結果**：京都が荒廃し，幕府の衰亡・荘園制の衰退が決定的になった。また，全体として下剋上の風潮が強まり，戦国大名の成長がうながされた。

8 室町時代の農業と商業 ★★★ 〔経〕〔社〕

ここで，室町時代の農業と商業について触れておきましょう。キーワードは「進歩」です。農業は品種改良が進み，商業においては貨幣経済が発達して，座の数が急増しました。

次の文章は，中世の座として知られ，石清水八幡宮を本所とした**大山崎の油座**に関するものです。

06 武士の社会はどのように変化していったか

> **注意問題** 大山崎の油座は，油の原料である菜種の購入と油の販売を独占的におこなうことで繁栄した。

商業の問題でもありますが，農業の知識もないと解けない問題です。まずは，この時代の農業と商業の整理をしておきましょう。

NOTE

❶ 農業：集約化・多角化が進展した。
- ◆ **肥料**…刈敷・草木灰・人糞尿を肥料にした下肥が広く普及し，収穫が安定していった。
- ◆ **田の有効利用**…二毛作（▶p.107）に加え，畿内では米・麦・そばの三毛作も実施された。
- ◆ **品種改良**…稲の生育速度が異なる早稲・中稲・晩稲といった品種が登場した。

❷ 商業：さまざまな商品の生産や販売が広範におこなわれるようになった。
- ◆ **貨幣経済**…貨幣は，宋銭に加えて永楽通宝などの明銭が使用された。ただし，粗悪な私鋳銭（びた銭）も流通したため，撰銭（悪銭を嫌って精銭を選ぶ行為，精銭とは良質な銭のこと）が一般化し，しばしば経済活動の障害になった。

  戦国大名などは，悪銭と精銭の使用割合などを規定した撰銭令をしばしば発して，領国内などでの円滑な貨幣流通を図っている。
- ◆ **商業活動**…(a)商工業者たちの同業者組合である座の数が急増し，また(b)金融業者である酒屋・土倉，(c)海や川を往来する廻船，(d)問丸から発展した問屋，(e)運送業者である馬借・車借，なども増加した。さらに，(f)割符（一定金額の支払いを約した証書）を利用した遠隔地取引が活発化するなかで，(g)定期市では六斎市も始まり，(h)都市部では見世棚が一般化していった。

大原女	連雀商人	振売	桂女
京都郊外の大原に住み、京の町に行商に来る女性。炭や薪を頭上にのせて売り歩いた。	室町・戦国期に遠距離の交易で活躍した行商人。連雀と呼ばれる木製の背負道具を使用していたため、この名がついた。城下町には連雀町が設けられる所もあった。	天秤棒を担いで呼び売りをした行商人。近世では、棒手振ともいわれた。	京都郊外の桂に住む鵜飼の女性で、桂川でとれた鮎などを売り歩いた。白布を頭に巻いた桂包が特徴である。

　さて、問題の答えです。中世の油の原料は、荏胡麻（▶p.107）。「菜種」や綿実は近世の油の原料です。はっきり区別しておきましょう。

9 戦国大名の登場 ★★

　国内の覇権争いに話を戻しましょう。応仁の乱後のキーワードは、「**下剋上**」と「**戦国大名**」です。

> 注意問題　多くの分国法に規定された喧嘩両成敗法とは、争いを自力で解決してよいという意味である。

　分国法や喧嘩両成敗法など、これらの用語は、戦国大名を理解するうえで外せない用語です。応仁の乱のあとの社会をていねいに解説していきましょう。

06 武士の社会はどのように変化していったか

応仁の乱後に広がった下剋上の風潮は，ある特定地域の自治支配に成功する一揆が展開されるなど，社会の構造に大きな変革をもたらしました。その象徴として，①山城の国一揆と②加賀の一向一揆があげられます。

> **NOTE**
>
> 社 ❶ **山城の国一揆**：1485年，南山城の国人らが畠山氏の軍を国外退去させることに成功した。独自の国掟を定めた国人たちは，南山城を8年間にわたって自治的に支配した(〜1493年)。
>
> 社 ❷ **加賀の一向一揆**：1488年，加賀の浄土真宗(▶p.136)本願寺派の勢力によって結成された一揆(一向一揆)が，守護富樫政親を打倒した。以後約1世紀にわたり，一揆は，本願寺領国として加賀を自治的に支配し，「百姓ノ持タル国」(『実悟記拾遺』)と形容された。
>
> ◆ **加賀の一向一揆**
> 泰高ヲ守護トシテヨリ，百姓トリ立テ富樫ニテ候アヒダ，百姓等ノウチツヨク成テ，近年ハ百姓ノ持タル国ノヤウニナリ行キ候。(『実悟記拾遺』)
>
> ◆ **蓮如の布教**…加賀の一向一揆の背景には，本願寺の蓮如による布教があった。蓮如は，**平易な文章で教えを説いた御文を用い，講を組織して惣村を直接つかむ**ことで，北陸・東海・近畿地方に本願寺の勢力を拡大していった。

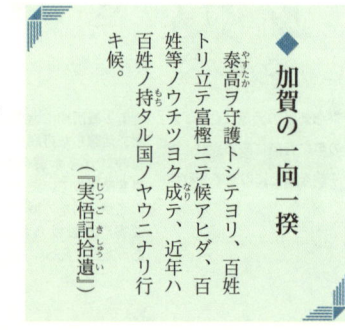

このように，下剋上の世の中は，地域に根をおろした実力ある支配者の台頭をうながしていきました。争乱の過程で，守護大名・守護代・国人などさまざまな階層の武士たちのなかから，頭角をあらわす者が登場してきます。

みずからの実力で領国(分国)をつくりあげ，**独自の一元的な領域支配を実現**した者を戦国大名と呼んでいます。

> **NOTE**
>
> 社 ❶ **各地の戦国大名**：

- ◆**関東地方**…関東は応仁の乱以前から戦国時代に突入していた。享徳の乱(▶p.125)により、鎌倉公方は古河公方と堀越公方に分裂していたが、**北条早雲**が堀越公方を滅ぼして台頭。小田原を本拠とした北条氏(後北条氏)は、子の氏綱・孫の氏康の頃には関東の大半を支配する大名へと成長した。
- ◆**中部地方**…16世紀半ばには、越後・越中の**上杉謙信**と甲斐から信濃へと領国を拡大した**武田信玄**が激しく対立した。
- ◆**中国地方**…1551年、守護大名として力をもっていた周防・長門の**大内義隆**が家臣の**陶晴賢**によって滅ぼされ、さらにその陶氏を安芸の国人**毛利元就**が打倒。毛利氏は、中国地方へと勢力を拡大した。

社 ❷ **戦国大名の領国支配**：
- ◆**指出検地**…土地の面積・収入額・耕作者などを記した土地台帳を、家臣などに提出させる**自己申告方式の検地**。これにより、戦国大名は農民と土地に対する直接支配の方向を強化していった。
- ◆**貫高制**…領国内の土地・地代などを銭に換算した数値を**貫高**といい、領国の直接支配をめざす戦国大名は、この貫高を農民への年貢賦課と家臣への軍役賦課の基準とした。ただし貫高制は、自己申告方式の検地(**指出検地**)を前提としていること、自立性の強い家臣の所領を検地できなかった例もあることなど、なお**不徹底で過渡的**な性格が強かった。
- ◆**寄親・寄子制**…戦国大名は、家臣らの城下町集住政策を進めると同時に、家臣団にくみいれた多数の**地侍**(村落指導者であると同時に大名などと主従関係を結んで侍身分を獲得した者)を有力家臣に預けるかたちで組織化した。これを**寄親・寄子制**といい、この制度を機能させることで、鉄砲や長槍など新しい武器を使った集団戦の遂行を図っていった。
- ◆**富国策**…戦国大名は、城下町の建設、大河川の治水・灌漑、商工業者の結集、交通制度の整備、商業取引の円滑化(関所廃止・市場開設など)、鉱山の開発(→この過程で金銀の生産量が激増した)などを積極的に推進した。

第2章 中世

06 武士の社会はどのように変化していったか

　戦国大名のなかには，領国支配の基本法である**分国法**(家法)を制定する者もあらわれます。ここで，もう一度問題を確認しましょう。

> **注意問題** 多くの分国法に規定された喧嘩両成敗法とは，争いを自力で解決してよいという意味である。

　喧嘩両成敗法とは，私的に武力を行使した者を，理由を問わずに双方とも処罰することをいいます。中世の社会には，喧嘩(私闘や決闘)を「自力で解決してよい」という，**自力救済の観念**が流れていましたが，喧嘩両成敗法はそれを否定する性格をもっていました。

　よって，問題は後半部分が誤りです。分国法の制定は，国人一揆などの**私戦を禁止**し，**大名の裁判による解決を強制**することで，領国の平和を実現する意図がありました。

　この姿勢は，**豊臣秀吉**が打ち出した**惣無事令**(▶p.152)にもうけつがれていきます。

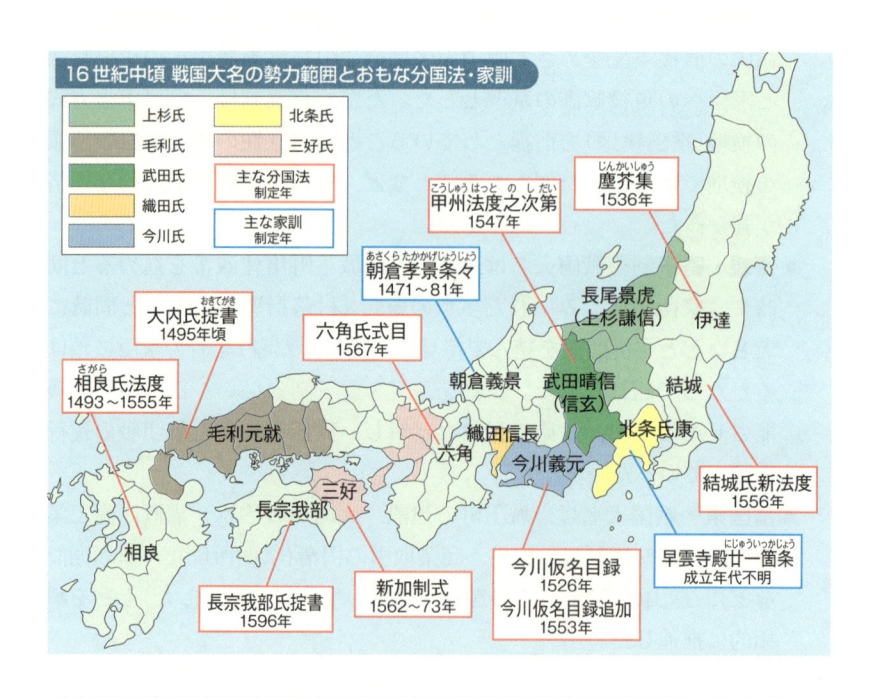

16世紀中頃 戦国大名の勢力範囲とおもな分国法・家訓

- 上杉氏
- 毛利氏
- 武田氏
- 織田氏
- 今川氏
- 北条氏
- 三好氏
- 主な分国法制定年
- 主な家訓制定年

- 塵芥集 1536年
- 甲州法度之次第 1547年
- 朝倉孝景条々 1471〜81年
- 大内氏掟書 1495年頃
- 六角氏式目 1567年
- 相良氏法度 1493〜1555年
- 結城氏新法度 1556年
- 早雲寺殿廿一箇条 成立年代不明
- 今川仮名目録 1526年
- 今川仮名目録追加 1553年
- 新加制式 1562〜73年
- 長宗我部氏掟書 1596年

大名：長尾景虎(上杉謙信)，伊達，朝倉義景，武田晴信(信玄)，結城，北条氏康，織田信長，今川義元，六角，三好，長宗我部，相良，毛利元就

10 都市の発展 ★★★

戦国時代は，商業活動の発展の結果，各地で都市の建設が進んでおおいに繁栄しました。ここで，都市についての問題をみてみましょう。

> **注意問題** 信濃善光寺の長野のように，参詣者が多数往来する寺社を中心に発展した都市のことを寺内町という。

これは，単純な用語のひっかけ問題ですね。次のまとめから答えを導き出してください。

NOTE

① 都市の種類：

- **城下町**…戦国大名の居城を中心にして形成された。家臣のほかに商工業者の集住もうながされ，領国の中心として発展した（朝倉氏の一乗谷，大内氏の山口など）。城下町では，しばしば**商工業者に営業の自由などを認める楽市令**が発せられ，経済の活性化が図られた。
- **門前町**…参詣者が多数往来する寺社の門前に形成された。
- **寺内町**…浄土真宗（一向宗）の寺院，すなわち**本願寺を中核として形成された都市**。商工業者・農民など門徒が群集して経済的に繁栄した。都市周辺部には濠や土塁が築かれ，**自由な商業取引を原則とする楽市**として存在するものも多かった。代表的な寺内町には，山城国山科（1479年〜1532年，本願寺がおかれた），摂津国石山（1532年に山科から本願寺移転）などがある。

② 自由都市（堺・博多・京都）：

- **堺**…遣明船の発着港となり，大陸との貿易港として発展。36人の**会合衆**と呼ばれる豪商らの合議によって町政が運営された。
- **博多**…大内氏による遣明船派遣の拠点（▶p.120）。博多商人たちも朝鮮・明・琉球・東南アジアとの貿易に従事した。12人の**年行司**が町政を運営。

◆**京都**…町衆(富裕な商工業者)を中心とした自治的団体である**町**が成立した。それぞれの町は**町法**を定め，生活や営業の防衛活動をおこない，さらに町政全体は，町衆から選ばれた**月行事**によって自治的に運営された。

社 ③ **天文法華の乱**：1536年の**天文法華の乱**とは，京都町衆を中心とする日蓮宗（▶p.136）の信者と，延暦寺を中心とする荘園領主勢力とが衝突し，日蓮宗側が敗北して一時京都から追われた戦いをいう。

この時期，京都の町衆社会では，6代将軍足利義教の頃に戦闘的な布教活動を展開した**日親**の力もあって，「題目の巷」と呼ばれるほど日蓮宗が大きな影響力をもっていた。彼ら町衆は**法華一揆**を形成し，1532年には一向一揆と対決して京都の自衛・自治を進めていたが，この天文法華の乱での敗北によって，法華一揆には終止符が打たれた。

> ◆**自由都市堺について**
> **──ガスパル＝ヴィレラ書簡**
>
> 堺の町は甚だ広大にして，大なる商人多数あり，此の町はベニス市の如く執政官に依りて治めらる。
> （一五六一年書簡）
>
> 日本全国，当堺の町より安全なる所なく，他の諸国において動乱あるも，此の町にはかつてなく，敗者も勝者も，此の町に来住すれば皆平和に生活し，諸人相和し，他人に害を加ふる者なし。……町は甚だ堅固にして，西方は海を以てかこまれ，又他の側は深き堀を以てかこまれ，常に水充満せり。
> （一五六二年書簡　耶蘇会士日本通信）

問題の答えはもうわかりましたね。問題文の寺社を中心に発展した都市は，「寺内町」ではなく，門前町です。

つづく第7講では中世の文化についてお話します。第7講に入る前に，ここまでの流れをおさらいしておきましょう。

第06講 確認テスト

- ☐ 65　1336年に足利尊氏が発表した，17カ条からなる当面の政治方針のことを何というか。　　建武式目

- ☐ 66　足利尊氏の孫で，1392年に南北朝の合体を実現した室町幕府の3代将軍は誰か。　　足利義満

- ☐ 67　田地をめぐる紛争の際，自分の所有権を主張して稲を一方的に刈りとる実力行使のことを何というか。　　刈田狼藉

- ☐ 68　足利一門の最有力守護である細川・斯波・畠山三氏から選任され，おもに将軍の補佐などにあたった室町幕府の職名を何というか。　　管領（「四職」は侍所の「所司」に任じられる4家の総称）

- ☐ 69　1391年に発生した反乱で，「六分の一衆」と呼ばれた山名氏一族の勢力が大幅に削減されることになった戦いを何というか。　　明徳の乱

- ☐ 70　1429年に三山を統一して琉球王国を樹立した中山王は誰か。　　尚巴志

- ☐ 71　1438年に発生し，鎌倉公方の足利持氏が討伐された戦いを何というか。　　永享の乱

- ☐ 72　1441年の嘉吉の変の際，有力守護赤松満祐に謀殺された室町幕府の6代将軍は誰か。　　足利義教

- ☐ 73　石清水八幡宮を本所とし，油販売などを独占した商人の同業者組織を何というか。　　大山崎（の）油座

- ☐ 74　「百姓ノ持タル国」（『実悟記拾遺』）と形容され，一揆が実質的に支配する本願寺領国となった地域はどこか。　　加賀（加賀国）

- ☐ 75　おもに戦国大名によって実行された，自己申告にもとづく検地のことを何というか。　　指出検地

- ☐ 76　戦国時代，浄土真宗寺院を中核として形成された自治的都市のことを何というか。　　寺内町

- ☐ 77　戦国時代の自由都市堺で，市政運営を担当した上層町衆の指導者を何というか。　　会合衆

- ☐ 78　1536年に発生した，京都町衆の法華宗徒が延暦寺（山門）との衝突により京都から一時追放された戦いを何というか。　　天文法華の乱

第2章　中世

第07講 中世の文化にはどのような特徴があるか

11世紀後半～16世紀：武士や庶民による新しい文化の登場

1 院政期の文化（11世紀後半～12世紀）★★★

院政期の文化は，貴族社会にかわって，戦乱を経るたびに武士が成長してくる時代の文化です。このため，従来の貴族文化に**地方文化・庶民文化の要素が加わる**ことになりました。

NOTE

❶ **浄土教の地方普及**：民間の布教者である**聖**や**上人**などと呼ばれた人たちが寺院に属さず全国をまわったため，浄土教は地方へ普及した。こうして，奥州藤原氏（▶p.64）による平泉の**中尊寺金色堂**など，地方でも阿弥陀堂の建築がさかんになった。

❷ **今様と田楽・猿楽**：**今様**とは「現代風」という意味で，同時代に流行した歌謡を指す。『**梁塵秘抄**』は今様などを集めた歌謡集だが，これを編んだ後白河法皇は，若い頃から今様に打ちこんで昼夜を問わず歌いつづけたため，3度も声帯をつぶした，と伝えられている。

後白河法皇の今様（？）

また，**田楽・猿楽**などの庶民芸能が，貴族のあいだでも流行した。

❸ **物語と絵巻物**：戦の様子を記録した軍記物語が登場。前九年合戦を描いた『**陸奥話記**』などが記された。歴史物語では『**大鏡**』など仮名によるすぐれた歴史叙述が生まれた。インド・中国・日本の説話を集めた『**今昔物語集**』が成立したのも，院政期のことである。

また、絵と詞書をおりまぜた絵巻物が発展し、『源氏物語絵巻』や応天門の変（▶ p.55）を描いた『伴大納言絵巻』などの傑作が遺されている。

源氏物語絵巻

②　鎌倉文化（12世紀後半～14世紀初頭）★★★

次は鎌倉時代の文化についてです。キーワードは、「仏教」と「武士・庶民」。さっそく、仏教に関する問題からみてみましょう。

> **注意問題**　浄土宗・浄土真宗・時宗などの宗派は、題目を唱えれば極楽浄土に往生できると説いた。

鎌倉文化の最大の特徴は、仏教が民衆の宗教として確立した点です。そのため、多くの新しい宗派が登場しました。①浄土宗・浄土真宗（一向宗）・時宗、②日蓮宗（法華宗）、③臨済宗・曹洞宗、です。果たして、これらの鎌倉新仏教はどのような教えをもっていたのでしょうか？　問題にあるとおり、浄土宗・浄土真宗・時宗は、題目を唱えれば極楽浄土に往生できると説いていたのでしょうか？

鎌倉新仏教は、多くの修行のなかから**比較的容易な修行法をただ1つ選択し**（念仏・題目・禅）、それにひたすら打ちこむことを説くという共通点をもっていました。多くの修行のなかからただ1つを選びとることを選択、それだけに打ちこむ、あるいは、すがることを専修といいます。

一方で、鎌倉新仏教の各宗派はそれぞれ相違点をもっていました。あわせて、旧仏教と神道についても次のまとめで確かめましょう。

07 中世の文化にはどのような特徴があるか

NOTE

新仏教の宗派一覧

※一遍は死の直前、著書・経典を焼き捨てた

系統	宗派	開祖	主要著書	中心寺院
念仏系	浄土宗	法然	選択本願念仏集	知恩院（京都）
念仏系	浄土真宗（一向宗）	親鸞	教行信証	本願寺（京都）
念仏系	時宗	一遍	一遍上人語録※	清浄光寺（神奈川）
題目系	日蓮宗（法華宗）	日蓮	立正安国論	久遠寺（山梨）
禅宗系	臨済宗	栄西	興禅護国論	建仁寺（京都）
禅宗系	曹洞宗	道元	正法眼蔵	永平寺（福井）

❶ **念仏系**：念仏（南無阿弥陀仏）を唱えれば**極楽浄土に往生できる**と説いた。
  ◆ **浄土宗**…**法然**が開祖。念仏以外の方法を一切まじえることなく、ただひたすら「南無阿弥陀仏」と念仏を唱えれば、死後は平等に極楽浄土に往生できるとする**専修念仏**の教えを説く。
  ◆ **浄土真宗（一向宗）**…法然の弟子**親鸞**が開祖。人はみな等しく「悪人」（煩悩をもつあらゆる人々）であり、その自覚のない「善人」（自力で修行する仏のような人）でさえ救われるのだから、「悪人」であることを自覚した者の往生は疑いない、とする**悪人正機**の教えを説く。親鸞の説く「悪人」は、特定の社会階層や法律上の犯罪者などを指しているのではないことに注意しておきたい。
  ◆ **時宗**…**一遍**が開祖。全国を遊行し、**踊念仏**によって布教を進めた。
❷ **題目系**：題目（南無妙法蓮華経）を唱えることで**仏になることができる**と説いた。
  ◆ **日蓮宗（法華宗）**…**日蓮**が開祖。国難の到来を予言して正しい仏法の必要性を説くなど、現世での救済が重んじられた。
❸ **禅宗系**：12世紀末頃、宋から伝来。坐禅によって**自力で悟りの境地に達する**ことがめざされた。

- ◆ **臨済宗**…**栄西**が開祖。師との問答(**公案問答**・公案解決)を中心とする坐禅が重視された。臨済宗は，幕府の保護下で宋から蘭渓道隆・無学祖元ら禅僧を迎え，室町時代には隆盛期を築いた。
- ◆ **曹洞宗**…**道元**が開祖。ただひたすら坐禅に徹すること(**只管打坐**)を重視した。

❹ **旧仏教の動きと神道**：こうした鎌倉新仏教に刺激された旧仏教側も，新たな動きをみせた。法相宗の**貞慶**(解脱)や華厳宗の**明恵**(高弁)は南都仏教の再興を図り，また律宗の**叡尊**(思円)と**忍性**(良観)らは慈善事業・社会事業にも尽力した。

一方，鎌倉時代末期には，伊勢外宮の神官**度会家行**が**伊勢神道**(度会神道)と呼ばれる独自の神道理論(従来の**本地垂迹説**と反対の立場に立つ反本地垂迹説＝**神本仏迹説**)を形成した。

- ◆ **本地垂迹説**…天照大神は大日如来の化身であるというように，本地である仏が衆生を救済するために仮にかたちを変えて姿をあらわした(垂迹した)のが日本固有の神々であるという考え方(権現思想)。平安中期以降に一般化した。
- ◆ **反本地垂迹説(神本仏迹説)**…神こそが本地であり仏が垂迹であるという考え方。鎌倉末期以降，強調されるようになった。

第2章 中世

問題の答えはもうわかりましたね。浄土宗・浄土真宗・時宗は，題目ではなく念仏を唱えて極楽浄土へ往生できると説きました。題目を唱えるのは日蓮宗です。

中世の争乱は，多くの破壊と混乱をもたらしながらも，その再生の過程で新しい文化を生み出すことになりました。ここで，次の問題をみてみましょう。

> **注意問題** 源平の争乱によって焼失した東大寺の再建にあたって，重源は，禅宗様と呼ばれる建築様式を用いた。

文学のみならず，芸術においても鎌倉時代は新しい文化が誕生しました。なかでも，建築様式は入試頻出項目です。重源が用いた建築様式が禅宗様

07 中世の文化にはどのような特徴があるか

だったのかどうか，問題の内容を確認しながら，文学と芸術についてのまとめをみてください。

NOTE

文 ❶ **文学と学問**：和歌では，『山家集』（西行），後鳥羽上皇の命で編纂された『新古今和歌集』（編者は藤原定家・家隆ら），随筆では，『方丈記』（鴨長明），『徒然草』（兼好法師）などが知られている。

　また，軍記物語では，平氏の興亡を主題とした『平家物語』（琵琶法師により平曲として民衆にも普及）など，動乱の時代を反映した作品が生まれた。さらに，「道理」と呼ばれる基準に従って歴史の推移を読みとろうとした『愚管抄』（慈円），鎌倉幕府の歴史を編年体（▶p.71）で記した『吾妻鏡』など，重要な意義をもつ歴史書もまとめられた。

◆ **有職故実**…有職故実とは古典や朝廷の儀式・先例などのことをいい，貴族のあいだでは有職故実の学がさかんになった。

◆ **金沢文庫**…武蔵国に設けられた私設図書館。和漢の書物が大量に収集された。

◆ **宋学の伝来**…鎌倉時代末期には，儒学のひとつの宋学（朱子学＝中国の朱子〔朱熹，朱子は尊称〕が体系化した儒学）が日本に伝えられた。

文 ❷ **芸術**：鎌倉時代には，芸術の諸分野でも武士のもつ気風が新しい傾向をつくり出していった。

◆ **建築様式と彫刻**…源平の争乱によって焼失した東大寺の再建にあたって，重源は，豪放な力強さをもつ大仏様と呼ばれる建築様式を用いた。東大寺南大門が現在でも当時の姿を残している。一方，円覚寺舎利殿には，整然とした美しさをもつ禅宗様（唐様）が用いられている。

　また，重源によって運慶・快慶ら豪快な作風をもつ奈良仏師が起

円覚寺舎利殿

用され，多くのすぐれた仏像や肖像彫刻がつくられた。

- ◆ **絵画**…絵画では写実的な傾向が強くなり，**似絵**（個人の肖像を写実的に描いた絵画）や**頂相**（師僧などの肖像画で禅僧に与えられた）が発達した。また，**『一遍上人絵伝』**や**『蒙古襲来絵巻』**などにみられるように，絵巻物（▶p.135）が全盛期を迎えた。

東大寺南大門金剛力士像

- ◆ **書道**…平安時代以来の和様に宋の書風をとりいれた**青蓮院流**が創始された。
- ◆ **陶器生産**…宋・元の影響をうけて，各地で瀬戸焼（尾張）などの陶器生産が発展し，それらは日本社会に広く流通した。

よって，問題にある重源が東大寺の再建にあたって用いた様式は，整然とした美しさをもつ「禅宗様」（→円覚寺舎利殿）ではなく，豪放な力強さをもつ大仏様（→東大寺南大門）でした。違いを再確認しておいてください。

③ 南北朝文化（14世紀）★★

　南北朝時代から室町時代にかけての文化を**室町文化**といい，時代に沿って南北朝文化，北山文化（▶p.140），東山文化（▶p.142）と呼ばれています。まずは，南北朝文化からみていきましょう。

　南北朝時代は，戦いが日常化していた時代です。その緊張感のなかから，歴史書や軍記物語が誕生し，動乱の時代を反映した文化現象が生まれたのです。

07 中世の文化にはどのような特徴があるか

> **NOTE**
>
> 文❶ **歴史書・軍記物語**：『**神皇正統記**』は、**北畠親房**が南朝の正統性を主張するために著した歴史書。伊勢神道（▶p.137）の影響が大きい。
>
> 　また、後鳥羽天皇の誕生(1180年)から後醍醐天皇の京都還幸(1333年)までの約150年間の出来事を公家の目をとおして描いた歴史書で、いわゆる四鏡（「鏡」の名をもつ『大鏡』『今鏡』『水鏡』『増鏡』）最後の作品にあたる『**増鏡**』も、14世紀後半に成立したと考えられている。
>
> 　さらに、承久の乱から室町幕府の成立までの過程を武家の立場から記録した歴史書『**梅松論**』や、南北朝の動乱全体を描いた軍記物語『**太平記**』がつくられた。
>
> 社❷ **「バサラ」の登場**：「**バサラ**」とは、華美でぜいたくな装いや破天荒なふるまいのことを指し、南北朝時代には、そうした「バサラ」の風潮が社会をおおった。
>
> 文❸ **庶民文化**：庶民文化にかかわる面では、複数の人間で和歌の上句と下句をつなげていく**連歌**や茶の味を飲み分けて勝負する**闘茶**が流行した。
>
> 　連歌は、「二条河原落書」（▶p.112）では「一座ソロハヌエセ連歌在々所々ノ歌連歌」と皮肉られていたが、**二条良基**らによって、連歌集として『**菟玖波集**』、**連歌の規則書**として『**応安新式**』がつくられ、その形式と地位を確立していった。

文 ④ 北山文化（14世紀末〜15世紀前半、3代将軍義満の時代前後）★★

北山文化は足利義満の頃の文化ですが、何よりも**鹿苑寺金閣**に注目しておくことが大切です。

> ☠ **注意問題** 京都の北山に足利義満が造営した金閣には、禅宗様の建築様式が統一的に用いられている。

鹿苑寺金閣は、果たして禅宗様の建築様式を「統一的」に用いた建物

だったでしょうか？ 先に答えてしまいますが、そうではなく、寝殿造風の建築の上に禅宗様の仏殿があるという、**公家文化と中国文化を折衷**したものになっています。この時代、武士は文化の担い手へと成長していきますが、まだ**独自性を示すにはいたらなかった**といえるでしょう。

鹿苑寺金閣

仏教文化の面では、**幕府に保護された臨済宗が発展**したことで、中国文化の影響を強くうけることになります。

NOTE

- ❶ **五山・十刹の制**：臨済宗寺院の寺格・序列を示す制度。京都の**南禅寺**を別格とし、京都と鎌倉にそれぞれ**五山**が設定された。五山につぐ寺院のことを**十刹**という。
- ❷ **禅僧の活動**：とくに五山・十刹を拠点とした禅僧のことを五山僧という。
  - ◆ **夢窓疎石**…後醍醐天皇や足利尊氏の厚い帰依をうけた臨済僧で、天龍寺の開山※。京都の西芳寺などすぐれた庭園を残す。多数の優秀な弟子を育成して臨済宗を隆盛へと導いた。　※寺の創始者のこと
  - ◆ **水墨画**…明兆・如拙・周文ら五山僧によって、禅の精神を具体化した水墨画の基礎が築かれた。
  - ◆ **五山文学**…五山僧たちは、宋学（▶p.138）の研究や漢詩文の創作（**五山文学**）・出版（**五山版**）などをさかんにおこなった。なかには、**幕府の政治・外交顧問**になる者もいた（絶海中津・義堂周信ら）。

また、芸能に関する人物として、義満に寵愛された**観阿弥・世阿弥**を忘れるわけにはいきません。観阿弥・世阿弥は、伝統的な芸能として演じられてきた能を芸術の域へと高め、**猿楽能を大成**することになりました。世阿弥の残した理論書『**風姿花伝**』（花伝書）は、演劇論をテーマとした最古

の書物としても知られています。

　さらに室町時代には，笑いの世界や社会風刺を扱った庶民劇である**狂言**や，絵入りの平易な短編物語である**御伽草子**などに親しむ人々も増えていきました。

5 東山文化（15世紀後半，応仁の乱前後）★★

　応仁の乱後，足利義政が京都の東山に山荘（**慈照寺銀閣**はその遺構）を営んだことから，15世紀後半の文化を東山文化と呼んでいます。

　慈照寺銀閣の上層は禅宗様（▶p.139）ですが，下層は**書院造**という新しい建築様式でつくられた建物です。この書院造に示されるように，東山文化の時代には，**簡素・幽玄・枯淡の美が重視**されました。武家はついに，みずからの文化的独自性を創出するにいたったのです。

　さて，書院造と並んでもう１つ東山文化を代表するものがありますが，ここで問題です。

書院造（慈照寺東求堂同仁斎）
土壁
襖
違い棚
明障子
付書院
畳（四畳半）

> **注意問題** 15世紀後半，水墨画の分野では，雪舟によって枯山水と呼ばれる日本的な様式が創造された。

　これは，単純な用語の問題ですね。雪舟は日本的な水墨画の様式を生み出しましたが，「枯山水」は，水墨画にかかわるものではありません。日本特有の作庭様式のことです。重要事項を確かめておきましょう。

NOTE

文 ❶ 書院造と枯山水：**書院造**は，慈照寺銀閣の下層・**東求堂同仁斎**などにみられる建築様式。棚・付書院などをもち，**近代和風住宅の原型**になった。
　また**枯山水**は，岩石と砂利で自然を象徴的に表現する，日本特有の作庭様式をいう。龍安寺・大徳寺大仙院などの庭園が有名。

慈照寺銀閣

大徳寺大仙院庭園

文 ❷ 水墨画と茶道：水墨画では，**雪舟**が日本的様式を創造し，茶道では，闘茶などの流行を経て，**村田珠光**が禅の思想に立つ**侘茶**を創出した（▶p.210）。

文 ❸ 一条兼良：室町時代を代表する学者。代表的著作に，『公事根源』（朝廷の年中行事を詳説した有職故実の書），『樵談治要』（9代将軍足利義尚への政治意見書）などがある。

文 ❹ 吉田兼俱：反本地垂迹説（▶p.137）にもとづく**唯一神道**を完成させ，神道を中心に儒学・仏教を統合しようと試みた。

文 ❺ 大和絵：応仁の乱後，土佐光信によって**土佐派**（▶p.215）の基礎がかためられ，また狩野正信・元信父子により，新しい画風をもつ**狩野派**（▶p.209）が生まれた。

文 ❻ 連歌：南北朝時代に二条良基が連歌の規則（▶p.140）などをまとめたのち，東山文化の時代には，**宗祇**が『新撰菟玖波集』などを編纂して**正風連歌**を確立した。

6 戦国期の文化（15世紀末〜16世紀） ★★★

応仁の乱以後，戦国時代の頃の文化です。さっそく問題を出しますよ。

> **注意問題** 戦国時代，桂庵玄樹は土佐で朱子学を講じ，南学の祖となった。

戦国期には，多くの文化人が集まった城下町山口（大内氏）に代表されるように，**文化の地方普及**が顕著になりました。この問題は，文中の「桂庵玄樹（けいあんげんじゅ）」を南村梅軒（みなみむらばいけん）にすれば，正しい文章になります。文化の地方普及の具体例を整理しておきましょう。

NOTE

1. **仏教**：浄土真宗（一向宗）は北陸・東海・近畿地方に影響力を拡大し（▶p.128），日蓮宗（法華宗）は京都で一時大きな勢力を築いた（▶p.132）。
2. **朱子学**：**桂庵玄樹**が薩摩などで朱子学（▶p.138）をはじめとする中国の新思潮を紹介し，**南村梅軒**は土佐で朱子学を講じて南学（なんがく）の祖になった。
3. **足利学校**：室町時代中期に，関東管領上杉憲実が下野（しもつけ）の**足利学校**を再興した。多数の書籍をそろえ，戦国期には禅僧や武士が全国から集まった。最盛期の生徒数は約3000人。
4. **教育の充実**：戦国期になると，地方の武士の子弟を寺院に預けて教育をうけさせる習慣が形成され，『**庭訓往来**（ていきんおうらい）』（12カ月にわたる往復の手紙文形式で，生活に密着した知識を網羅的に紹介した往来物（おうらいもの））や，『御成敗式目』などが教科書として用いられていた。また，商人や農民もしだいに読み書きの能力を高めていった。

第07講 確認テスト

- [ ] 79　中尊寺金色堂などが造立された，奥州藤原氏の拠点はどこか。 : 平泉
- [ ] 80　民間の流行歌謡である今様などを学び，『梁塵秘抄』を編んだ人物は誰か。 : 後白河法皇
- [ ] 81　専修念仏の教えを説き，のちに浄土宗の開祖と仰がれた人物は誰か。 : 法然
- [ ] 82　「道理」による歴史解釈を試みた，九条兼実の弟である慈円の著書を何というか。 : 愚管抄
- [ ] 83　鎌倉時代初期に，源平の争乱によって焼失した東大寺の再建を指揮した僧侶は誰か。 : 重源
- [ ] 84　宋から伝えられ，円覚寺舎利殿などに用いられた建築様式のことを何というか。 : 禅宗様（唐様）
（円覚寺舎利殿→禅宗様。東大寺南大門→大仏様）
- [ ] 85　北畠親房の手による，南朝の正統性を説いた歴史書を何というか。 : 神皇正統記
- [ ] 86　二条良基が集大成した，連歌作法の規則書を何というか。 : 応安新式
- [ ] 87　後醍醐天皇・足利尊氏らが帰依し，天龍寺の開山となった臨済僧は誰か。 : 夢窓疎石
- [ ] 88　『風姿花伝』（花伝書）などの理論書を残した，室町時代の能役者・能作者は誰か。 : 世阿弥
- [ ] 89　銀閣の下層や東求堂同仁斎などにみられ，近代和風住宅の原型となった建築様式のことを何というか。 : 書院造
- [ ] 90　龍安寺や大徳寺大仙院などに残されている庭園様式のことを何というか。 : 枯山水
- [ ] 91　『公事根源』（有職故実書），『樵談治要』（政治意見書）など多数の書を著して「天下無双の才人」と評された，室町時代を代表する学者は誰か。 : 一条兼良

第3章

近世

1543年～1851年

第08講：幕藩体制の確立はどのように進展したか
第09講：幕藩体制はどのような展開をみせたか
第10講：幕藩体制はどのように動揺・衰退していったか
第11講：近世の文化にはどのような特徴があるか

第08講 幕藩体制の確立はどのように進展したか

1543〜1688年：江戸幕府の成立と「鎖国」政策の展開

① 西欧の衝撃 ★★★

さて，時代はいよいよ16世紀後半に入ります。西欧との接触によってもたらされた**鉄砲**は，その後の戦国期の日本に大きな影響を与えました。

> **注意問題** 日本は，なかなか国産化することができなかった鉄砲を，海外から大量に輸入した。

鉄砲伝来後の生産体制についての問題ですね。果たして，日本はなかなか鉄砲を国産化することができず，海外から大量に輸入したのでしょうか？　当時のヨーロッパの状況からみていきましょう。

ルネサンス・宗教改革を経て近代への道を歩み始めたヨーロッパは，15世紀末以降，貿易の拡大，キリスト教の布教，領土の獲得をめざして積極的な海外進出に乗り出しました（**大航海時代**）。そのなかでも，インド航路を確保した**ポルトガル**はアジアに到達し，東方貿易の拠点を築くことになります。

1543年，**中国人倭寇の船に乗って**種子島に漂着したポルトガル人によって伝えられた鉄砲は，すぐに和泉の堺，紀伊の根来・雑賀，近江の国友などで大量生産されるようになります。

よって，「なかなか国産化することができなかった」わけではありません。鉄砲の急速な普及は，戦法（→足軽鉄砲隊の登場）や築城法（→強固な防御施設の需要拡大）を変化させ，**戦国時代の終結を早める**ことになりました。

1575年，**織田信長**が足軽鉄砲隊の一斉射撃で武田勝頼の率いる騎馬隊に圧勝した**長篠合戦**は，その実態についての議論もいくつかありますが，鉄砲の果たした役割を象徴的に物語るものだといってよいでしょう。

2 南蛮貿易とキリスト教 ★★★

当時、日本ではポルトガル人やスペイン人のことを南蛮人と呼んでいました。問題は、その南蛮人についてです。

> **注意問題** 来日した宣教師フランシスコ＝ザビエルは、ローマへの少年使節の派遣に力を尽くし、活字印刷機を日本にもたらした。

ローマへの少年使節の派遣などをおこなったのはフランシスコ＝ザビエルだったのでしょうか？　南蛮人について、もう少し詳しくみていきましょう。

この頃、東アジアでは明が海禁政策（▶p.120）をとっていたため、一般の中国人は海外渡航や海上貿易が禁止されていました。そこで、中国人にかわり東アジア地域の貿易で活躍したのが南蛮人です。とくに日本との交易では、中国のマカオに拠点を築いたポルトガル商人が明で生糸（白糸）を入手し、それを日本にもちこんで日本産の銀を獲得する中継貿易を軌道に乗せ、大きな利益をあげるようになっていきます（南蛮貿易）。

また、南蛮貿易はキリスト教宣教師の布教活動と表裏一体の関係にありました。次のまとめを読んで、彼らの具体的な行動を確認しておきましょう。

NOTE

① **フランシスコ＝ザビエル**：1549年、**イエズス会宣教師**として鹿児島に到着。日本における伝道活動のパイオニアとして、日明貿易を独占していた大内義隆（▶p.120）ら大名の保護をうけ、布教につとめた。

② **ヴァリニャーニ**：イエズス会の巡察使（宣教師を指導する使者）として来日。コレジオ（宣教師の養成学校）・セミナリオ（語学や基礎的学力の習得をめざす神学校）などの教育機関を設立し、天正遣欧使節の派遣、活字印刷機の導入（▶p.210）などを実行した。

③ **天正遣欧使節**：ヴァリニャーニのすすめにより、**キリシタン大名**（大友義鎮［宗麟］・有馬晴信・大村純忠）が、伊東マンショら4少年をロー

第3章 近世

マ教皇のもとへ派遣。1582年に出発し90年に帰国した。

　もう，問題の答えはわかりましたね。文中の「フランシスコ＝ザビエル」を，ヴァリニャーニとすれば正解となります。

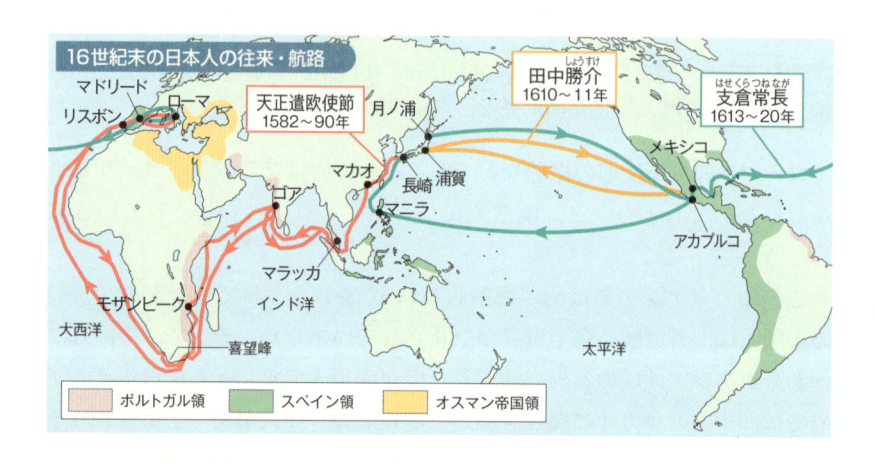

16世紀末の日本人の往来・航路

マドリード／リスボン／ローマ／天正遣欧使節 1582～90年／月ノ浦／田中勝介 1610～11年／支倉常長 1613～20年／マカオ／長崎／浦賀／メキシコ／ゴア／マニラ／アカプルコ／マラッカ／インド洋／モザンビーク／喜望峰／大西洋／太平洋

ポルトガル領　スペイン領　オスマン帝国領

③ 天下統一 ★★★

　16世紀後半，国内では天下統一に向けた動きが本格化していきます。
　ほぼ1世紀にわたる戦国の争乱を終わらせ全国を統一したのは，京都に近い肥沃な濃尾平野を基盤に，いち早く畿内に進出した織田信長と，その後継者となった豊臣秀吉でした。この新しい武家政権のことを，2人の名前をとって「織豊政権」と呼んでいます。次の問題は，信長のキリスト教政策についてです。

> **注意問題** 織田信長は，統一事業を推進する過程で，キリスト教に対してもきびしい弾圧を加えた。

　どこが誤りなのか，次のまとめで確認をしましょう。信長の統一事業については，①支配の拡大，②宗教勢力との対決，この2側面から特徴を把

握しておいてください。

> **NOTE**
>
> 政社 ❶ **支配の拡大**：1560年に今川義元を桶狭間の戦いで破ったのち，天下統一への道を歩み始めた織田信長は，68年，足利義昭を奉じて上洛※し（→義昭はここで15代将軍に就任），まもなく畿内を制圧した。　※京都へのぼること
>
> 　73年には，15代将軍の義昭を京都から追放して室町幕府を滅ぼし，75年の武田氏との長篠合戦に勝利した翌年には，天下統一事業を見据え近江に**安土城**築城を開始。城下町には，自由な商業活動を保障する**楽市令**が発令された。
>
> 　しかし82年，家臣の明智光秀に攻められて敗死した（**本能寺の変**）。
>
> 政社 ❷ **宗教勢力との対決**：信長にとって統一事業の最大の障害となったのは，1571年の**延暦寺焼打ち**，74年の伊勢長島の一向一揆平定，前後11年におよぶ石山本願寺との戦い（**石山戦争**，1570〜80年）に象徴されるように，**中世的な宗教勢力**だった。信長は**キリスト教に寛容だった**が，これは，鉄砲などの外来の技術が手に入ることに加えて，こうした旧来の宗教勢力との対決を迫られたという事情もあったと考えられている。

　問題の正解は言うまでもありませんね。信長はキリスト教を保護する姿勢を示しています。「きびしい弾圧を加えた」という事実はありません。

　さて，1582年の本能寺の変後，豊臣秀吉は短期間のうちに信長の後継者としての地位をかため，翌83年には，石山本願寺跡に壮麗な**大坂城**の築城を開始します。

　豊臣秀吉の統一事業は，強大な軍事力を背景に，朝廷の権威を最大限に利用し，**惣無事**を強制するという特徴をもっていました。

> **NOTE**
>
> 政 ❶ **朝廷権威の利用**：1585年，秀吉は**関白**に就任し，翌年には太政大臣に

任じられ**豊臣**姓を賜った。さらに88年，京都の聚楽第に後陽成天皇を迎え，諸大名に天皇と秀吉への忠誠を誓わせた。

政社 ❷ **惣無事の強制**：豊臣秀吉は，惣無事という方針を打ち出した。惣無事の「惣」は「総」と同意の漢字で「すべて」ということであり，「無事」は「和平・和睦」を意味している。つまり惣無事とは，完全な和睦・あらゆる私戦(私的武力行使)の禁止を提唱するもので，この方針にもとづいて秀吉は，**紛争の解決をすべて公権力に委ねるよう強制**していった。

秀吉はまず，朝廷の権威(1585年の関白就任など)と巨大な軍事力を背景に，戦国諸大名に対して惣無事を強要し(惣無事令)，この命令に従わなかった大名を征討して全国統一を完成させた。

これによって，領土紛争を武力で解決する戦国時代は終結し，以後，近世の成立とともに，紛争の解決を公権力の裁定に委ねる原則が確立していった。

経 ❸ **経済基盤の充実**：豊臣政権は，莫大な**蔵入地**(直轄領)，直轄化した主要鉱山(→**天正大判**鋳造)・重要都市などを経済基盤とした。

❶ 1560年 桶狭間の戦い
❷ 1568　 足利義昭を奉じて入京
❸ 1570　 姉川の戦い
❹ 1570〜80 石山戦争
❺ 1571　 延暦寺焼打ち
❻ 1573　 室町幕府滅亡
❼ 1575　 長篠合戦
❽ 1576〜79 安土城築城
❾ 1582　 本能寺の変
❿ 1582年 山崎の合戦
⓫ 1583　 賤ヶ岳の戦い
⓬ 1584　 小牧・長久手の戦い
⓭ 1585　 四国平定
⓮ 1587　 九州平定
⓯ 1590　 小田原攻め
⓰ 1590　 奥州平定
⓱ 1592〜93 文禄の役
⓲ 1597〜98 慶長の役

●=信長　●=秀吉

信長・秀吉による統一事業

4 太閤検地 ★★★ 　　　　　　　　　　　　　　　　　　　　政 社

　天下統一を実現した豊臣秀吉が打ち出した政策のなかに検地があります。検地とは土地調査のことで，秀吉が当時太閤※と呼ばれていたことから，これを**太閤検地**といいます。いつの時代も，いかに土地を支配するかが権力者の重要課題だということがよくわかりますね。秀吉は，検地の実施によって**石高制**（こくだかせい）というシステムを確立しました。

※関白を辞してその地位を子に譲った者のこと。秀吉は養子の秀次に関白を譲ったため，太閤と呼ばれた

> ☠ **注意問題**　石高制が成立したため，米の年貢高を基準として，何万石の大名という呼びかたがされるようになった。

　これに似た問題は，しばしばセンター試験で出題されています。どこが誤りなのか気づきにくい問題ですが，しっかりと説明していきますのでついてきてください。

　石高制とは，全国の**土地の生産力を米の量（石盛（こくもり）×面積＝石高）に換算して把握する**システムです。まずは，秀吉が実行した太閤検地について，内容面を整理してみましょう。

NOTE

政 社 **❶ 単位の統一と石盛の設定**：秀吉は，統一基準の設定，検地役人の現地入りなどの政策を採用して徹底的な検地を実施した。

- ◆ **単位**…長さ→ 1 間＝ 6 尺 3 寸（≒ 191㎝）。
  面積→ 1 間四方＝ 1 歩。1 町＝ 10 段＝ 100 畝（せ）＝ 3000 歩。
  容積→ 1 石＝ 10 斗（と）＝ 100 升＝ 1000 合（ごう）（**京枡**（きょうます）に統一，1 升 ≒ 1.8ℓ）。
- ◆ **石盛**…石盛とは，1 段あたりの公定収穫量のこと。たとえば，田地については上田（じょうでん）＝ 1 石 5 斗，以下 2 斗ずつ減とされた。そのうえで，村ごとに田畑・屋敷地を調査し，面積・等級（上・中・下・下々など）を確定した。
- ◆ **検地帳**…村ごとに作成。田畑・屋敷地の面積，等級，石高，耕作者

第 3 章　近世

153

などを記載した。

政 社 ❷ **石高制**：石高＝石盛×面積→土地の生産力を米の量で表示。

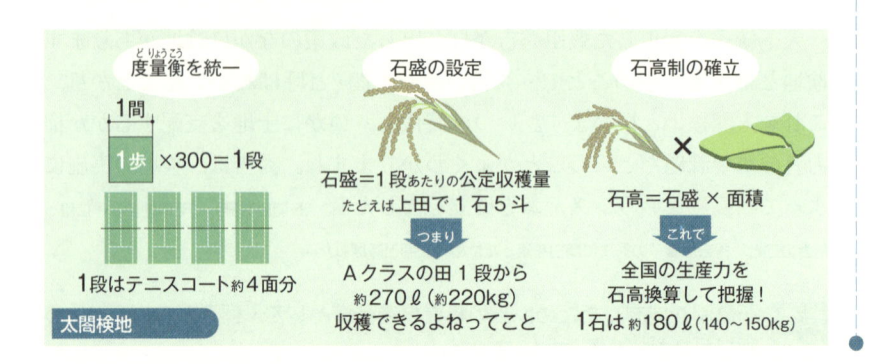

太閤検地

度量衡を統一
1間
1歩 ×300＝1段
1段はテニスコート約4面分

石盛の設定
石盛＝1段あたりの公定収穫量
たとえば上田で1石5斗
つまり
Aクラスの田1段から
約270ℓ（約220kg）
収穫できるよねってこと

石高制の確立
石高＝石盛 × 面積
これで
全国の生産力を
石高換算して把握！
1石は 約180ℓ（140〜150kg）

　太閤検地の基本的内容は理解できたでしょうか。
　秀吉は天下統一を終えた1591年、全国の諸大名に対し、その領国の**検地帳**（御前帳）と**国絵図**の提出を命じています。また、同時期に発せられた**人掃令**（身分統制令）で、武家奉公人（兵）が町人・百姓になること、百姓が商人・職人になることなどが禁じられ、諸身分の確定と朝鮮出兵のための人員確保が図られることになりました。
　太閤検地の意義を、いくつかの角度から確かめておきましょう。

NOTE

社 ❶ **一地一作人の原則**：**一地一作人の原則**とは、1つの土地の耕作権を1人の農民だけに認めることをいう。これにより、中世以来の土地に対する重層的な権利関係（荘園制）が明確に否定され、**刀狩**（農民のもつ武器を没収）や人掃令などの諸政策ともあいまって**兵農分離**が確立された。

社 ❷ **農民**：年貢納入の義務を負い、検地帳に記された土地での耕作を強制される存在になると同時に、田畑の耕作権（事実上の所有権）が法的に認められたため、**安定的な耕作が可能になった**。

政 社 ❸ **石高制**：全国規模で決定された石高は、**年貢量の統一的基準**、**家臣への土地給与**と**軍役**賦課の統一的基準として機能した。こうして石高制

は，秀吉（江戸時代には徳川将軍）を頂点とする，大名・家臣・農民間の関係を整然と一元的に秩序づけ，のちに築かれる**幕藩体制**（▶ p.158）を支える基礎となった。

太閤検地の内容とその意義が理解できたところで，最初にあげた問題について解説しましょう。

「石高制が成立したため，米の年貢高を基準として，何万石の大名という呼びかたがされるようになった」とありますが，「何万石の大名という呼びかた」は，あくまでも石高が基準で，年貢高ではありません。

「年貢高を基準として」ということは，現代のサラリーマンにおきかえると，「"給与から引かれた税金の金額"を基準として」ということになります。なぜなら，「年貢高」は，石高×年貢率（秀吉政権下の年貢率は石高の3分の2を納入する二公一民）を計算して出てくる数字だからです。

一方，くりかえしになりますが，石高は**土地の生産力**を米の量で表示したものでした。俗にいう「加賀百万石」は，土地の生産力が100万石に相当することを表しているのです。

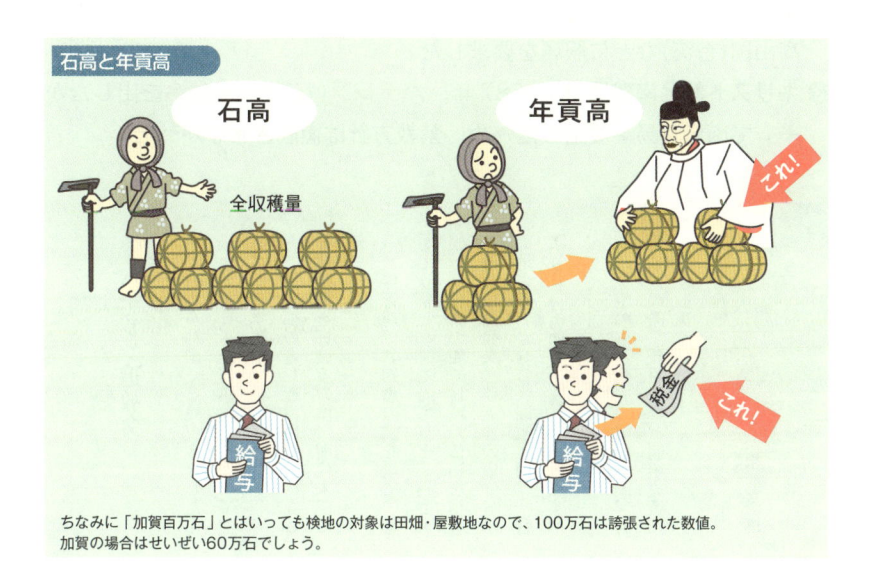

石高と年貢高

ちなみに「加賀百万石」とはいっても検地の対象は田畑・屋敷地なので，100万石は誇張された数値。加賀の場合はせいぜい60万石でしょう。

08 幕藩体制の確立はどのように進展したか

5 秀吉の対外政策 ★★★

　16世紀後半，東アジアでは明の衰退が明らかになっていました。全国を統一した秀吉は，こうした国際情勢のなかで，日本を中心とする東アジア地域の国際秩序を新しくつくりあげようとします。

> **注意問題** 豊臣秀吉は，バテレン追放令を出し，キリスト教と南蛮貿易を禁止する方針を打ち出した。

　さっそく答えてしまいますが，秀吉は南蛮貿易を「禁止」したわけではありません。この影響でキリスト教がどうなったかという点も含めて，秀吉の対外政策を誤解しないようにしてください。

NOTE

- **❶ 海上の平和の実現**：1588年に**海賊取締令**を出し，倭寇などの海賊行為を禁じた。
- **❷ 新しい国際秩序の模索**：ゴアのポルトガル政庁，マニラのスペイン政庁，高山国（台湾）などに服属を要求した。
- **❸ キリスト教と南蛮貿易**：1587年，**バテレン**（宣教師）**追放令**を出したが，一方で南蛮貿易を奨励したため，**禁教方針は徹底されなかった**。

◆ バテレン追放令

　一　日本ハ神国たる処、きりしたん国より邪法を授け候儀、太以て然るべからず候事。
　一　其国郡の者を近付け門徒になし、神社仏閣を打破るの由、前代未聞に候。……
　一　伴天連其知恵の法を以て、心ざし次第に檀那を持ち候と思召され候へハ、右の如く日域の仏法を相破る事曲事に候条、伴天連の儀、日本の地ニハおかせられ間敷候間、今日より廿日の間ニ用意仕り帰国すべく候。……
　一　黒船の儀ハ商売の事に候間、各別に候の条、年月を経、諸事売買いたすべき事。
　　天正十五年六月一九日
　　　　　　　　　（松浦文書）

156

外 ❹ 朝鮮侵略：豊臣秀吉は，明の征服を意図して，2度にわたり朝鮮に出兵した（**文禄の役・慶長の役**，朝鮮側では壬辰・丁酉倭乱と呼ばれる）。

文禄の役（1592〜93／96年）では，**李舜臣**の率いる朝鮮水軍の活躍や朝鮮義兵の抵抗，明の参戦などにより，日本軍は補給路を断たれた。また慶長の役（1597〜98年）では，日本軍は当初から苦戦を余儀なくされ，秀吉の病死を機に撤兵した。以後，豊臣政権は急速に衰亡していくことになる。

文禄の役・慶長の役
文禄の役
　△△△ 文禄の役戦域
　── 小西行長の経路
　── 加藤清正の経路
慶長の役
　△△△ 慶長の役戦域
　── 加藤清正の経路

明　会寧　日本海　平壌　碧蹄館　漢城　開城　朝鮮　慶州　蔚山　釜山　泗川　黄海　名護屋

6 江戸幕府の成立 ★★★　　政

秀吉の死後，台頭したのは**徳川家康**でした。ここでは，家康が開いた江戸幕府の成立過程とその内容について，幕府の職制の問題をとおしてみていきましょう。

> **注意問題**　幕政全体を統括した老中は，親藩の大名によって構成された。

老中とは幕府における常置の最高職のことで，親藩とは徳川氏一門の大名のことを指します。詳しくは **7 大名統制** で説明しますが，江戸幕府では，大名を**親藩・譜代・外様**の3グループに分けていました（▶ p.161）。

なぜ，このように大名をグループ分けしたのか，果たして老中は親藩の大名で構成されていたのか，江戸幕府の成立過程から考えていきましょう。

三河出身の**徳川家康**は1590年，関東に移され，約250万石の領地を

もつ大名として豊臣政権を支えていました。秀吉の死後，家康の存在感が強まり，1600年，関ヶ原にて秀吉の腹心だった石田三成を中心とした西軍を相手に東軍を率いて勝利をおさめます(関ヶ原の戦い)。

　この関ヶ原の戦いが，のちの大名の扱いの分かれ目となり，これ以降に徳川氏に従った大名を外様大名，これ以前から徳川氏の家臣で大名となった者を譜代大名と分けるようになりました。

　1603年，朝廷から征夷大将軍に任じられた家康は，将軍職が徳川氏の世襲であることを示すため，翌々年にはその地位を子の徳川秀忠に譲り，さらに大坂の役(1614〜15年，大坂冬の陣・夏の陣)で，豊臣氏を滅ぼすことに成功します。

　成立した江戸幕府は，圧倒的な軍事力と経済力を背景に，将軍を頂点とする強固な支配体制，すなわち幕藩体制を確立していきます。その軍事力と経済力がどのようなものであったのか，次のまとめをみてください。

NOTE

政 社 ❶ 軍事力：将軍直属の家臣団である旗本・御家人のほかに，諸大名の負担する軍役で成り立っており，圧倒的な力をもっていた。旗本・御家人とは，将軍直属の家臣(直参)で知行高が1万石未満の者をいい，将軍に謁見(お目見え)を許される者が旗本，許されない者が御家人とされた。

経 ❷ 経済基盤：幕府は，400万石(17世紀末)にもおよぶ直轄領(幕領)からあがる年貢のほか，金山・銀山など主要鉱山からの収入を主要な経済基盤とした。

　さらに，江戸・京都・大坂(三都)や，長崎・堺などの重要都市を直轄にして商工業や貿易を管理し，貨幣の鋳造権も掌握した。

領地の割合(江戸時代中期)　計 約 **2643** 万石　禁裏御料 0.5%　寺社領 1.2%

幕府直轄領 15.9%	旗本領 9.9%	大名領 72.5%
幕府領地 25.8%		

幕藩体制は，3代将軍徳川家光にいたる約50年のあいだに，その基礎がかためられていきました。

　ここで，幕藩体制を支える職制についてみてみましょう。

> **NOTE**
>
> 政❶ **重職**：**大老**(非常置の最高職)・**老中**(政務を統轄)・**若年寄**(老中の補佐)など，将軍直属の重職には譜代大名が任じられた。
>
> 政❷ **三奉行**：寺社奉行(寺社統制)・町奉行(江戸支配)・勘定奉行(幕府の財政運営や幕領などの訴訟を担当)の総称。
>
> 政❸ **権力集中の排除**：幕府の要職は**月番交代**(1カ月交代という意味)で，重要事項は**合議制**をとった。たとえば，江戸幕府の最高司法機関である**評定所**は，老中や三奉行などの合議で運営された。

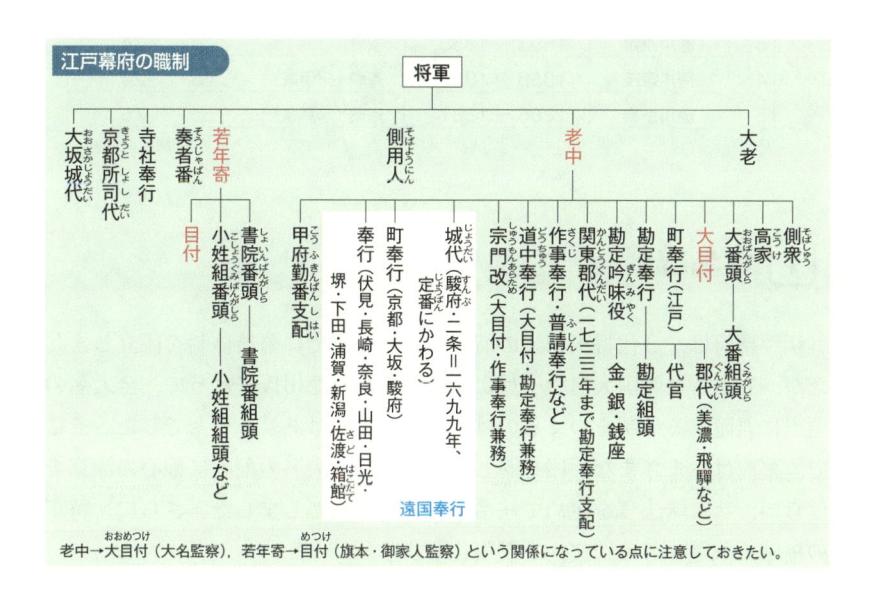

江戸幕府の職制

将軍
- 大老
- 老中
  - 大目付
  - 町奉行(江戸)
  - 勘定奉行
    - 勘定吟味役
    - 関東郡代(一七三三年まで勘定奉行支配)
    - 金・銀・銭座
    - 勘定組頭
    - 代官
    - 郡代(美濃・飛驒など)
  - 作事奉行・普請奉行など
  - 道中奉行(大目付・勘定奉行兼務)
  - 宗門改
  - 城代(駿府・二条＝一六九九年，定番にかわる)
  - 町奉行(京都・大坂・駿府)
  - 奉行(伏見・長崎・奈良・山田・日光・堺・下田・浦賀・新潟・佐渡・箱館) ＝ **遠国奉行**
  - 甲府勤番支配
- 側用人
- 若年寄
  - 目付
  - 書院番頭
  - 小姓組番頭
  - 書院番組頭
  - 小姓組組頭 など
- 奏者番
- 寺社奉行
- 京都所司代
- 大坂城代
- 高家
- 側衆
- 大番頭
  - 大番組頭

老中→大目付(大名監察)，若年寄→目付(旗本・御家人監察)という関係になっている点に注意しておきたい。

　これで，もう問題の答えはわかりましたね。老中など将軍直属の重職に任じられたのは，「親藩の大名」ではなく，譜代大名です。

08 幕藩体制の確立はどのように進展したか

江戸幕府の将軍一覧　※紀伊家(紀伊藩主)と水戸家(水戸藩主)は御三家, 一橋家は御三卿。

代	氏名	在職期間	父	没年齢(満)
1	徳川家康	1603～1605	松平広忠	73
2	徳川秀忠	1605～1623	家康	53
3	徳川家光	1623～1651	秀忠	46
4	徳川家綱	1651～1680	家光	38
5	徳川綱吉	1680～1709	家光	63
6	徳川家宣	1709～1712	綱重(甲府藩主)	50
7	徳川家継	1713～1716	家宣	7
8	徳川吉宗	1716～1745	光貞(紀伊家)※	67
9	徳川家重	1745～1760	吉宗	49
10	徳川家治	1760～1786	家重	49
11	徳川家斉	1787～1837	治済(一橋家)※	67
12	徳川家慶	1837～1853	家斉	60
13	徳川家定	1853～1858	家慶	34
14	徳川家茂	1858～1866	斉順(紀伊家)※	20
15	徳川慶喜	1866～1867	斉昭(水戸家)※	75

政社 7 大名統制 ★★★

　江戸幕府は, 3代将軍家光の時代にいたるまでに幕藩体制を確立しましたが, もともと戦国大名の一員にすぎなかった徳川氏にとって, 全大名の頂点に君臨する体制をつくるのは容易なことではありませんでした。そこで, 幕府はさまざまな手段を講じます。まず, 大名の配置に細心の注意をはらい, **武家諸法度**を定めて法令違反を厳罰に処しました。さらに, 将軍の権威を象徴する**参勤交代**を制度化します。

> 注意問題　江戸幕府は, 大名のもつ軍事力の弱体化をかかげて参勤交代を制度化した。

　参勤交代については, その意図と結果を理解しておくことが大切です。

よく問題文のとおりに誤解している人がいますので，気をつけてください。
　参勤交代も含めて大名について次にまとめましたので，しっかり確認しましょう。

> **NOTE**

社❶ **大名の区分**：将軍と主従関係を結んだ知行高1万石以上の武士を大名といい，大名の領地とその支配機構の総称を藩という。大名は将軍との親疎の関係で親藩・譜代・外様に分けられ，幕府は，親藩・譜代大名を要所に，有力な外様大名をなるべく遠隔地に配置する方針をとった。
- ◆ **親藩**…徳川氏一門の大名。
- ◆ **譜代**…関ヶ原の戦いの前から徳川氏の家臣であった大名。
- ◆ **外様**…関ヶ原の戦いののちに徳川氏に従った大名。

政社❷ **武家諸法度**：大名統制の基本法。将軍の代替りごとに発するのを原則とした。この法度に違反した大名は，改易（領地没収）・減封（領地削減）・転封（国替）などの処罰をうけた。
- ◆ **元和令（1615年）**…家康の命で金地院崇伝が起草し，2代将軍秀忠の名で発布された最初の武家諸法度。
- ◆ **寛永令（1635年）**…3代将軍家光が発布。参勤交代の制，500石積以上の大船建造の禁，などの条文が追加された。

政社❸ **参勤交代**：1635年の武家諸法度（寛永令）で制度化。基本的内容は，**在府・在国1年交代で参勤すること，大名の妻子を江戸に常住させること**。
- ◆ **制度化の意図**…平和な時代にふさわしいかたちで，**諸大名の軍事力を総動員すること**をめざした。
- ◆ **制度化の結果**…江戸や街道沿いの宿駅の繁栄をもたらす一方で，大名にとってはきわめて大きな経済的負担になった。

社❹ **地方知行制から俸禄制度へ**：大名は，初期には領内の有力武士に領地を与える地方知行制をとる場合もあったが，しだいに知行地を与えた武士も城下町に集住させて藩政を分担させ，領内一円支配を進めた。17世紀半ばになると，多くの藩は，地方知行制から俸禄制度（藩の直轄領からの年貢を蔵米として家臣に支給する制度）に移行していった。

第3章　近世

参勤交代制については、「参勤交代が、大名の財政に大きな負担となり、その軍事力を低下させる役割を果たしたこと、反面、都市や交通が発展する一因となったことは、しばしば指摘されるところである。しかし、これは、参勤交代の制度がもたらした結果であって、この制度が設けられた理由とは考えられない。どうして幕府は、この制度を設けたのか」という問題が出題されたことがあります（東大日本史、1983年度）。

　そもそも参勤とは、主君のもとに公式に出向くことをいい、武士社会に古くからみられる風習です。織豊政権下においても、安土城や大坂城への参勤がしばしば強制されています。その意図についての議論がないわけではありませんが、少なくとも、参勤交代は「大名のもつ軍事力の弱体化をかかげて」制度化されたわけではありません。武家諸法度（寛永令）には、「従者の員数近来甚だ多し」「向後(以後)……之を減少すべし」とはっきり記されています。

政 8 朝廷・寺院統制 ★★

　ここまで大名統制についてお話してきましたが、今度は朝廷や寺院に対する施策をみていきましょう。

　江戸幕府は朝廷のもつ伝統的な権威を認める一方で、天皇や公家の行動に明確な統制を加えていきます。それは、最高の権力者であろうとする幕府の決意をよく示すものになっていました。

> 注意問題　江戸幕府は、京都守護職をおいて朝廷の統制と西国大名の監視をおこなった。

　6 **江戸幕府の成立**で扱った江戸幕府の職制を再確認しましょう（▶p.159）。それが頭に入っていればすぐに解ける問題です。

NOTE

- 政 ❶ **京都所司代**：朝廷の統制と西国大名の監視を任務とした。
- 政 ❷ **武家伝奏**：公家から選出。朝廷と幕府とをつなぐ窓口として、朝廷に幕府側の指示を与えた。
- 政 ❸ **禁中並公家諸法度(1615年)**：朝廷統制の基準を明示。天皇・朝廷が権力をもつことや、諸大名が朝廷と直接的に結びつくことを防止しようとした。
- 政 ❹ **紫衣事件(1627〜29年)**：**後水尾天皇**が幕府に無断で紫衣(紫色の法衣)の着用を僧侶に許したことに対し、幕府がその勅許(天皇の許可)の無効を宣言し、抗議した僧沢庵らを処罰した事件。事件後、後水尾天皇は幕府の同意を求めずに譲位した。

　紫衣の勅許は、僧侶の最高の名誉であると同時に、朝廷にとっては重要な収入源にもなっていたが、一方で、**禁中並公家諸法度**は、これに規制を加えていた。**紫衣事件**の際、幕府は、無断で与えられた紫衣を剥奪することで、**勅許よりも法度(幕府の法)が上位に位置する**ことをはっきりと朝廷に示した。

　よって、**京都所司代**が正解ですね。「京都守護職」は幕末に登場する役職です(▶p.235)。

　さらに江戸幕府は、寺院に対して、**寺院法度**と**本末制度**(宗派ごとに本山・本寺の地位を保障して末寺を組織させた制度)による統制を図ると同時に、**寺請制度**を整えていきます。

　寺請制度とは、民衆を各地域の寺院に登録してキリシタンなどではないことを証明する(**宗門改め**)制度をいい、**島原の乱**(1637〜38年)後、幕府は**絵踏**を強化するとともに、この制度を民衆に強要することで禁教政策の徹底を図ったのです(禁教令、▶p.169)。

08 幕藩体制の確立はどのように進展したか

踏絵とその様子

（真鍮踏絵ロザリオの聖母）

（シーボルト『日本』〔福岡県立図書館蔵〕）

キリシタンを摘発するために実施された，キリスト像やマリア像を踏ませる行為のことを絵踏といい，その際に用いられた画像類のことを踏絵という。

社 9 身分秩序と農民・町人 ★★★

次に農民と町人についてお話します。幕藩制社会の根幹を支えたのは，士農工商と呼ばれることもある，世襲的できびしい身分秩序でした。ここでは，そのうちのおよそ80％を占める農民に関する問題をとりあげます。

> 注意問題　幕府や諸藩は，年貢収入の確保を最優先したため，本百姓の没落を促進する政策を実行した。

農民は，財政基盤である年貢の負担者として最も重要視されました。そのため，私生活にまでおよぶ綿密な政策が実行されます。

しかし，問題の内容には大きな誤りがあります。幕府や諸藩による農民統制策の基調は，**本百姓**（検地帳に記載され田畑・屋敷をもつ農民のこと）を維持して小農経営を安定させ，確実に年貢・諸役を徴収する，というも

164

のでした。「本百姓の没落を促進する政策」では，年貢収入の安定を図ることができなくなってしまいます。

農民支配の内容について，もっと詳しくみてみましょう。

> **NOTE**
>
> 社❶ **村請制**：農村支配にあたっても**文書行政を徹底**した幕府や諸藩は，自治的な共同体であり，しかも検地によって石高という基準で統一的に把握された村を行政単位とし，そこから年貢(**本途物成**)・諸役の徴収をおこなった。
>
> 政社❷ **幕府の農民統制策**：本百姓体制を維持し，年貢・諸役の確保を図った。
> - ◆ **田畑永代売買の禁止令(1643年)**…農民の階層分化を防ぐための法令。ただし，実際には質入れのかたちで田畑の実質的売買が進行していった。
> - ◆ **分地制限令(1673年)**…分地とは田畑の分割相続を指す。これを制限して農民の零細化を防ぎ，年貢負担能力を維持しようとした。

一方，近世は多数の都市が形成された時代でもありました。その中心が**城下町**です。

> **NOTE**
>
> 社❶ **城下町**：城下町は，在地領主として農村部に居住していたが兵農分離政策で移住を強制された武士，営業の自由や屋敷地にかけられる年貢である地子免除の特権を得た商人や手工業者(諸職人)が定着して形成された。そこでは，将軍や大名の城郭を核とし，**武家地・寺社地・町人地**など身分ごとに居住する地域がはっきりと区分された。
>
> 社❷ **町人地**：町方とも呼ばれる。全国と領地を結ぶ経済活動の中枢として重要な役割を果たした。
>
> 　町人地を構成するいくつもの町は，**町人**(町屋敷をもつ**家持**の住民)の代表である**名主**(庄屋)・町**年寄**・月**行事**などを中心に**町法**(町掟)にもとづいて運営された。町人は年貢負担を免れたが，上下水道の整備，

第3章 近世

防火・防災など都市機能を維持する役割を、町人足役(夫役の一種)や貨幣によって負担した。

町には、家持以外に、**地借**(宅地を借りて家屋を自分でたてた住民)、**借家**・**店借**(家屋を借りている住民)、さらに商家に住みこむ奉公人など多様な階層が存在した。地借や借家・店借は、地代や店賃を支払うほかに多くの負担はないものの、町の運営に参加することはできなかった。

外 10 家康の外交 ★★★

ここで、幕藩体制確立期の対外政策を考えていきましょう。さっそく問題です。

> 注意問題　家康が明との国交回復交渉に成功したため、日中間の朱印船貿易がさかんになった。

日本と明との関係については、第6講の ⑤ **東アジア世界との交易**で扱いましたね(▶p.119)。大内氏の滅亡によって勘合貿易が断絶したわけですが、果たして家康は明との国交回復交渉に成功し、日中間の貿易はさかんになったのでしょうか？

家康は西洋・アジア各国と平和的につきあう外交政策、いわゆる**善隣外交策**をとり、**朱印船**(家康の与えた海外渡航許可証＝朱印状を携帯した商船)による日本人の海外渡航も積極的に奨励しました。

しかし、明に対しては思うようにいきません。家康はいくつかのルートを使って明との**講和**(互いに協定を結び、平和を回復すること)・国交回復を模索したものの、どのルートからの要請にも明は反応を示さず、すべて失敗に終わってしまったのです。

一方、明以外とは活発におこなわれていた海外貿易も、幕藩体制が確立するにつれて**貿易の管理・独占と禁教方針が明確になっていく**ことに注意しなければいけません。西欧諸国との関係の変化を整理しておきましょう。

NOTE

外経 ❶ ポルトガル：
- ◆1604年…家康，中国産輸入生糸（白糸）を長崎にもちこんで巨利を得ていたポルトガル商人（▶p.149）に対抗して，**糸割符制度**を創設。
  糸割符制度とは，ポルトガル船のもたらした輸入生糸を幕府の指定した特定商人である糸割符仲間に一括購入させる，というもの。従来，国内商人の無制限な競争が白糸購入価格を競りあげていたが，この制度の創設によって，中国産の生糸は固定的価格で一括購入されるようになった。**白糸購入価格の決定権を日本側が事実上掌握したため，ポルトガル商人が巨額の富を獲得している現実に歯止めがかけられた。**

外 ❷ スペイン：
- ◆1610年…家康，商人の田中勝介をスペイン領メキシコ（ノヴィスパン）に派遣するが，通商関係の樹立には失敗。
- ◆1613年…仙台藩主伊達政宗，家臣の支倉常長をスペインに派遣（**慶長遣欧使節**）。しかし，通商関係は築けなかった。

外 ❸ オランダ：
- ◆1600年…オランダ船リーフデ号，豊後に漂着。ヤン＝ヨーステン（耶揚子），家康に登用される。
- ◆1609年…**平戸**に商館を建設（～1641年，以後，長崎**出島**へ）。オランダは，イギリスとの競争に勝ち，対日貿易を独占していった。

外 ❹ イギリス：
- ◆1600年…リーフデ号のウィリアム＝アダムズ（三浦按針），家康に登用される。
- ◆1613年…平戸に商館を建設。
- ◆1623年…オランダとの競争に敗れ，自主的に日本を退去。

08 幕藩体制の確立はどのように進展したか

COLUMN 日本町

　朱印船貿易の発展を背景に，カンボジアのプノンペン，タイのアユタヤ南部，ルソン島のマニラなどに日本人が進出し，東南アジア各地に日本人の居留地が形成された（日本町）。こうした日本町の多くでは自治制がしかれ，治外法権も認められたが，いわゆる「鎖国」政策が推進されたことによって日本人の渡航が途絶え，自然に消滅していった。

主要な朱印船渡航地と日本町

11 いわゆる「鎖国」政策の展開 ★★★

　幕府は，禁教（キリスト教の根絶）と貿易利潤の独占という観点から，外交や貿易を管理する，いわゆる「鎖国」政策をしだいに強化していきます。キーワードとなる奉書船制度について問題をみてみましょう。

> **注意問題**　「鎖国」政策が展開される過程で，従来の朱印状にかわって老中の許可状を必要とする奉書船制度がとられた。

　これは，ひっかかりやすい問題ですね。次の「鎖国」政策における主要な出来事のまとめから答えを導き出しましょう。

NOTE

複 ❶ 「鎖国」：江戸幕府の創出した「鎖国」体制とは，ヨーロッパのアジア進出(布教と貿易)という新しい事態に対応して，自国を中心として周辺諸国・諸地域との安定的・固定的関係を構築しようと，東アジアの小国が形成した外交・貿易・海外情報の管理体制をいう。近年，それは**海禁政策**(▶p.120)**の発動**だったととらえる見方が一般化している。平たく言えば，幕府が権力確立のため，特定の人間以外に海外との接触を禁じた体制である。

なお，「鎖国」という言葉は，19世紀初頭に**志筑忠雄**(長崎の元オランダ通詞)がつくり出した造語で，「鎖国」体制が確立していく時期に，これを「鎖国」と認識した人物はいなかった。「鎖国」によって「国を閉ざす」という字句どおりの体制ができあがった，と誤解しないようにすること。

政 外 ❷ 「鎖国」政策の推移：

1610年代	
1612	幕府，直轄領に**禁教令**を布告(13年，禁教令を全国に拡大)。
1614	宣教師や高山右近(キリシタン大名)ら300名以上をマニラとマカオに追放。
1616	中国船以外の外国船来航を長崎・平戸に限定。

1620年代	
1622	長崎で，宣教師・信徒ら55名を処刑(元和の大殉教)。
1624	スペイン船の来航を禁止。

1630年代

1631	朱印船の渡航を老中の許可制とする(**奉書船**制度開始)。
1633	**寛永十年禁令**…奉書船以外の日本船の海外渡航を禁止。
1635	**寛永十二年禁令**…日本人の海外渡航・帰国を全面的に禁止。これにより朱印船貿易途絶。
1637	島原の乱発生(～38年, キリスト教弾圧に抵抗した農民一揆)。
1639	**寛永十六年禁令**…ポルトガル船の来航を禁止。

1640年代

1641	平戸のオランダ商館を長崎の出島へ移転。この頃から, 海外情報を記した**オランダ風説書**の提出始まる。

外 文 ❸ **オランダ風説書**：いわゆる「鎖国」下に, 日本との貿易を認められたオランダ船が長崎来航にあたって幕府に定期的に提出した, 海外情勢に関する報告書。日本人の海外渡航禁止と禁教を徹底した幕府にとって, オランダ風説書は海外情報を確保するうえで重要な意味をもっていた。

さて, 問題の答えです。上の年表をよくみてください。奉書船制度は,「従来の朱印状にかわって」とられた制度ではありません。従来の朱印状に加えて老中奉書(老中の許可状)を携帯させることにした, 朱印船貿易の統制強化策だったのです。

12 「鎖国」下の対外関係 ★★

「鎖国」下の対外関係について確認しておきましょう。①**通信国**と②**通商国**に分けると理解しやすくなります。

> **NOTE**
>
> ❶ **通信国**：通信国とは幕府との正規の国交がある国をいい，具体的には**朝鮮（李朝）**と**琉球王国**を指す。朝鮮からは**通信使**が来日し，対馬藩の宗氏とのあいだで己酉約条にもとづいて貿易がおこなわれた。琉球は薩摩藩の島津氏に服属して中国と朝貢貿易をおこなう一方，将軍の代替りには**慶賀使**を，国王の代替りには**謝恩使**を幕府のもとに派遣した。
>
> ❷ **通商国**：正規の国交はないが，貿易はおこなっていた国のこと。オランダ船と中国船は日本への来航が許されたが，貿易港は長崎1港に限定された（**長崎貿易**）。

ここで問題です。

> ☠ **注意問題** 3代将軍家光の時代に完成した「鎖国」体制によって，長崎に対する幕府の統制が強まり，そこでの貿易は年々衰えていった。

長崎貿易に関する頻出問題ですね。実際には，「鎖国」体制が確立した結果，長崎貿易が「衰えていった」わけではありません。むしろ中国からの来航船が増えたこともあって，幕府公認の貿易港となった**長崎での取引は，年々増加**しています。

長崎貿易に制限が加えられるようになるのは，17世紀末，5代将軍**徳川綱吉**の時代に入ってからです。金銀の産出量が減少する一方で，輸入増加による金銀の流出が大きな財政問題となったために，輸入額や中国（**清**）船の来航を制限したのです。

長崎における貿易制限策は，1715年，**新井白石**の出した**海舶互市新例**（▶p.182）によって確立することになりますが，逆にこうした制限を加え

なければならなかったところに，活発な長崎貿易の様子が示されているといえるでしょう。

> **NOTE**
>
> 外❶ **長崎出島**：江戸時代，いわゆる「鎖国」期間中に長崎に来航していたオランダ人の居住地にあてられ，オランダ東インド会社の日本商館がおかれていた扇形の人工島。この出島の面積は3969坪（約1万3000㎡）で，長崎の町とのあいだには橋が架けられていた。
>
> 外❷ **唐人屋敷**：江戸時代，長崎におかれた中国（清国）人居留地。貿易統制などのため，1688年に長崎郊外に設営することが決められた。中国（清国）人は原則として唐人屋敷から出ることを禁止され，日本人の出入りも役人や一部の商人などに限定された。

ところで，「鎖国」下の日本について，**「四つの口」**という理解の方法があることを知っていますか。

右の図をみてください。「四つの口」とは，日本の外交上の窓口は4カ所だ，という対外関係にかかわる認識のことで，具体的には，**長崎口**（幕府直轄，オランダ船・中国船が来航），**薩摩口**（薩摩藩が琉球と交易），**対馬口**（対馬藩が朝鮮と交易），**松前口**（松前藩が**アイヌ**と交易）を指しています。

このうち，松前藩（1599年に蠣崎氏が松前氏と改姓，▶p.123）のある**蝦夷地**では，1669年に**シャクシャインの戦い**が発生します。ここで，蝦夷地における松前藩の様子を確認しておくことにしましょう。

日本からみた外交秩序

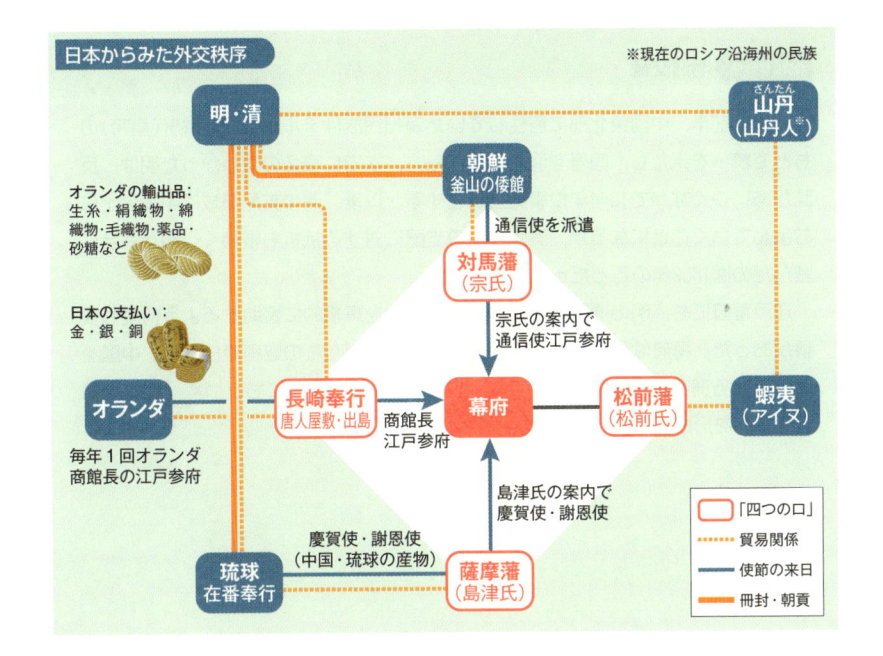

```
明・清 ──────────────── 山丹（山丹人※）
 │                      ※現在のロシア沿海州の民族
 │         朝鮮
 │        釜山の倭館
 │           │
 │        通信使を派遣
 │           │
 │        対馬藩（宗氏）
 │           │
 │        宗氏の案内で
 │        通信使江戸参府
 │           │
オランダの輸出品：
生糸・絹織物・綿
織物・毛織物・薬品・
砂糖など

日本の支払い：
金・銀・銅

オランダ ── 長崎奉行 ── 幕府 ── 松前藩（松前氏） ── 蝦夷（アイヌ）
毎年1回オランダ  唐人屋敷・出島  商館長
商館長の江戸参府              江戸参府
                    │
                島津氏の案内で
                慶賀使・謝恩使
                    │
         慶賀使・謝恩使
         （中国・琉球の産物）
                薩摩藩（島津氏）
琉球
在番奉行
```

凡例：「四つの口」／貿易関係／使節の来日／冊封・朝貢

NOTE

外❶ 商場知行制：江戸時代，和人地を支配していた松前藩の知行形態をいう。1604年，徳川家康からアイヌとの交易独占権を保障されて藩制をしいた松前藩は，家臣に対して**特定地域におけるアイヌとの交易権を知行として与えた**。この交易対象地域のことを，**商場**あるいは**場所**と呼んでいる。

外❷ 場所請負制度：1669年，蝦夷地でシャクシャインの戦いが発生した。この戦いで和人側に敗北したアイヌは，松前藩に全面的に服従することを余儀なくされていった。松前藩は，商場での交易や漁業生産を和人商人に請け負わせ，運上金を上納させるようになる。

このシステムを場所請負制度といい，アイヌは自立した交易相手から，漁場における労働者として酷使される立場へと転落していくことになった。

COLUMN 明清交替

17世紀前半，中国東北部に居住していた満州民族はヌルハチ（清朝初代皇帝）のもとで統一を果たし，国号を清とした。一方，すでに衰えの激しかった明は，反乱があいつぐなかで1644年に事実上滅亡する。以後，清の支配領域は中国全土におよんでいくことになるが，満州民族の支配に対する抵抗も根強く，明が完全に滅んだのは1662年のことだった。

江戸幕府にも，明の遺臣鄭成功ら武将から明を軍事的に援助するよう何度も要請があった。幕府は最終的に出兵を拒否しているが，この過程で日本は，中国を中心とする冊封体制（華夷秩序）から脱して，「四つの口」にもとづく「日本型華夷意識」を形成していったと考えられている。

第08講 確認テスト

№	問題	解答
92	近世初期の日本における，ポルトガル人・スペイン人の呼称を何というか。	南蛮人
93	1570年から80年にかけての前後11年におよぶ，織田信長と一向一揆の戦いを何というか。	石山戦争
94	太閤検地の際，穀物の量を統一的に計るための基準とされた枡を何というか。	京枡
95	太閤検地の際に確定された，1段あたりの公定収穫量（土地の生産力を米の量で表示するための基準）のことを何というか。	石盛
96	「日本ハ（　　　）たる処，きりしたん国より邪法を授け候儀，太以て然るべからず候事」（バテレン追放令）。空欄に適する語句を記せ。	神国
97	江戸時代，原則として将軍の代替りごとに発布された大名統制の基本法を何というか。	武家諸法度
98	老中を補佐し，目付（旗本・御家人監察）などを管轄した江戸幕府の職名を何というか。	若年寄
99	相続による田畑の細分化を防ぐため，江戸幕府が1673年に発布した法令を何というか。	分地制限令
100	1600年，ヤン＝ヨーステンらを乗せて豊後に漂着したオランダ船を何というか。	リーフデ号
101	1604年，ポルトガル商人らによる利益独占を打破するために設けられた，中国産輸入生糸（白糸）の一括購入制度のことを何というか。	糸割符制度 (制度の内容・結果を説明できるようにしておくこと。頻出！)
102	「鎖国」下，オランダが幕府に定期的に提出した海外情勢に関する報告書を何というか。	オランダ風説書
103	江戸時代，幕府からアイヌとの交易独占権を保障されて和人地を支配した藩はどこか。	松前藩

第3章　近世

第09講 幕藩体制はどのような展開をみせたか

1651～1715年：社会秩序の安定と商品流通の発展

複 ① 平和と秩序の確立 ★★★

　家康・秀忠・家光の時代をつうじて幕藩体制が確立すると、社会秩序は安定をみせ始め、平和がつづくようになりました。そのなかで、17世紀後半の4代将軍徳川家綱の頃、全国的に広がりをみせつつあった商品経済に対応する政策が打ち出されます。

> **注意問題** 17世紀後半，京都の豪商角倉了以によって，東廻り海運・西廻り海運が整備された。

　単純な人物のひっかけ問題ですが，センター試験は受験生の知識があやふやなところを突いて出題しますので，きちんと「誰が何をしたのか」をおさえておきましょう。

　問題の解説をおこなう前に，この頃の社会状況についてお話しておきます。

　当時，幕府は，大名の改易（▶p.161）によって主君を失い，流浪しながら戦乱を待ち望む**牢人**の発生や，「**かぶき者**」の横行など，新しい社会問題に直面していました。「かぶき者」とは，私的集団的な武力行使を正統だと考える**中世的な意識**（▶p.130）をもち，異様な風体で市中を歩きまわって自己を誇示した一群のことをいいます。

　家綱が4代将軍となった1651年，兵学者由井（比）正雪らが牢人とともに蜂起を企図した事件（**慶安の変**）が発覚すると，幕府は，それまでの統制色の強い方針に変更を加え，社会不安の除去・秩序の維持に力を注ぐようになりました。それは，57年におこった**明暦の大火**などの災害に対応し，人心の安定を図る点でも重要だったと考えられています。

> **NOTE**

政 ❶ **家綱の治世**：4代将軍家綱の治世の前半は，家光の弟で会津藩主の**保科正之**らが将軍を補佐した。

政社 ❷ **末期養子の禁止の緩和（1651年）**：跡継ぎのいない大名が死の間際に養子を願い出ることを禁じた**末期養子の禁止**は，しばしば大名の改易をもたらし，牢人の増加につながっていた。この緩和措置は，改易の原因を除去して牢人の増加を防止するためにとられたものだが，それは同時に**大名家の安定度を高める**ことになった。

政社 ❸ **殉死の禁止（1663年）**：病死した主君に殉じて家臣が死を選択する**殉死**の流行は，藩政を担う有能な人材を失ってしまうという弊害を生んでいたが，**殉死の禁止**によって，主従関係が個人的なものではなく，**大名家と家臣とのあいだで永続する**ものであることが明示された。

政社 ❹ **諸藩の動向**：17世紀後半を中心とする時期には，諸藩においても，藩主の権力強化や藩財政の安定が試みられた。**池田光政**（岡山）・**保科正之**（会津）・**徳川光圀**（水戸）・**前田綱紀**（加賀）らは，儒学者を登用して藩政の刷新を図ったことで知られる。

こうした政策は政治を安定させ，商品経済の発展をうながしました。海上では大坂から江戸への商品運送がさかんになり，17世紀後半に全国的な海上交通網が整備されます。これを**東廻り・西廻り海運**といい，このルートを完成させたのは江戸の商人**河村瑞賢**でした。

よって，冒頭にあげた問題は，「京都の豪商角倉了以」の部分が誤りになります。角倉了以は河川の整備にあたった同時代の人物です。

また，商品経済の発展に対応する政策として，この東廻り・西廻り海運の整備のほかに，相続による田畑の細分化を防ごうとした**分地制限令**（▶p.165）の発令，幕府財政の安定化をめざした大規模な幕領検地の実施，などをあげることができます。

政 経 ② 元禄時代 ★★★

つづいて，17世紀後半から18世紀初頭にかけての，元禄時代と呼ばれる5代将軍徳川綱吉の治世についてみていきます。この時代には，政治が比較的安定し，経済の発展が顕著にみられる一方で，財政難の進行など幕藩体制のもつ矛盾が表面化してくることになりました。

> **注意問題** 勘定吟味役の荻原重秀は，収入不足を補うために従来よりも品位を上げた小判を発行した。

問題は，財政難の対応策についてです。経済の原理について理解していないと解けない問題ですね。あ，ちなみに「品位」とは，人に対して使う気高さや上品さといった意味ではありません。この場合は，貨幣の「質」，小判の場合は金の含有量を意味します。「上品な小判」って，まるで意味不明ですよね。こういった意味のとりにくい言葉は辞書で調べる習慣をつけると，より問題文への理解が深まりますよ。

さて，まずは当時の政治について説明します。

1680年に将軍に就任した綱吉は，当初，**堀田正俊**を大老とし，代官の更迭・幕領支配の強化などを遂行しました。しかし，正俊が暗殺されると，幕政は，強化された将軍の権威を背景に，側用人**柳沢吉保**らの専権を許す傾向が強まっていきます。

また，学問を好んだ綱吉は，いわゆる文治主義の考えをもち，**儒学の精神を政治に反映させる**ことに意欲を燃やした将軍としても知られています。しかし，こうした綱吉の個性を反映するかたちで発令された**生類憐みの令**は，結果的に人々の生活を圧迫する虐政となりました。

NOTE

政 ❶ **武家諸法度（天和令）**：武家諸法度第一条を改定して，主君に対する忠，父祖に対する孝，礼儀による秩序を重んじるよう求めた。

政 文 ❷ **湯島聖堂**：上野忍ヶ岡の林家の私塾と孔子廟を湯島に移して学問所（**聖**

堂学問所)として整備し、林鳳岡(信篤)を大学頭に任命した。
- [政文] ❸ **天文方**：天文・暦術などを担当する**天文方**をおき、貞享暦を作成した**渋川春海**(**安井算哲**)を登用した（▶ p.217）。
- [政社] ❹ **生類憐みの令**：生類すべての殺生を禁ずる極端な動物愛護令。1685年から20年余りにわたって継続された。綱吉が戌年生まれだったこともあり、犬の保護はとくに厳重をきわめ、なかでも犬の飼育料を科せられた関東の農民や江戸の町人にとってはいい迷惑だった。
  - ◆**意図**…生類すべてを幕府の管理下におこうとする政策の一環だったと考えられている。
  - ◆**影響**…綱吉が「犬公方」と称されたことなどからわかるように、庶民の不満を増大させた。しかし、一方で犬を食うといった行為が目についた「かぶき者」に代表される**戦国の遺風を除去**し、殺生や死を忌み嫌う風潮を高める一因になった。

　次に、問題でとりあげた経済についてです。この時代は、幕府財政が危機を迎えた経済の転換期でもありました。

　財政難の要因を、収入面と支出面から考えてみましょう。まず、収入面では、①佐渡金山などの金銀山の産出減少による**鉱山収入の激減**、②長崎貿易に対する制限（▶ p.171・p.182）などによる**貿易利益の減少**、といった点があげられます。

　一方、支出面では、①明暦の大火後の江戸城と市街の再建に**巨額の費用**がかかったこと、②多くの寺社の修理・造営がおこなわれるなど綱吉が**放漫財政**をつづけたこと、という点が指摘できます。

　全体として、自給自足を建前とする幕藩体制は、急速な経済発展に揺さぶられ始めたのです。そこで、勘定吟味役(のち勘定奉行)の**荻原重秀**が貨幣の改鋳をおこないます。しかし、問題にあったように「従来よりも品位を上げた小判を発行した」わけではありません。品位、すなわち金の含有量を下げた小判を発行することで、収入不足の補完を意図していました。

　では、品位を下げた小判と収入増との関係はどうなっていたのでしょうか。

> **NOTE**

- 経 ❶ **荻原重秀の貨幣改鋳**：質の劣った小判を発行するなど，品位を落とした貨幣改鋳を実行した（**元禄金銀**）。結果として出目という大量の差額収入が生じ，幕府財政は一時うるおった。
- 経社 ❷ **貨幣改鋳の影響**：当時は金銀山の産出が減り，さらに長崎貿易で金銀が流出する状況にあったため，重秀のおこなった貨幣量を増やす政策は，この時代の**経済発展に適合的**な側面をもっていた。

　しかし一方で，この貨幣改鋳のもたらしたインフレは，物価の上昇をうながし，人々の生活を圧迫した。

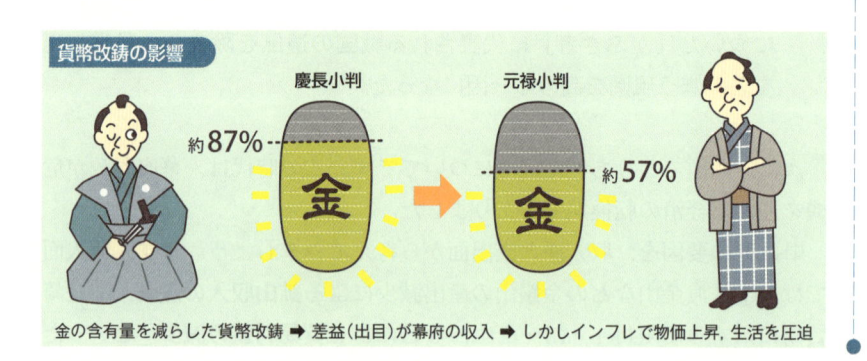

貨幣改鋳の影響

慶長小判 約87% → 元禄小判 約57%

金の含有量を減らした貨幣改鋳 ➡ 差益（出目）が幕府の収入 ➡ しかしインフレで物価上昇，生活を圧迫

政経 ③ 正徳の治 ★★★

　時代をどんどん進めましょう。今度は，6・7代将軍の頃の話です。
　18世紀初期，6代将軍家宣・7代将軍家継のもとで側用人の間部詮房とともに政治をリードしたのは，朱子学者の新井白石でした。ここでは，彼の政策を中心にお話しましょう。

> **注意問題** 新井白石は，林鳳岡を大学頭に任じ，江戸の湯島に聖堂をたてるなどの政策を実行した。

　新井白石は，徳川綱吉の政治を修正しながら，将軍職の地位とその権威を高め，儒学にもとづく理想主義的な政治を展開しようと試みた人物です（正徳の治）。
　その具体例として，①天皇家と結んで将軍の威信を高めるために閑院宮家を創設したこと，②朝鮮の通信使（▶p.171）に対する待遇を簡素化し，さらに，その国書に記された将軍の称号を「日本国大君殿下」から「日本国王」に改めさせたこと，といった政策があげられます。
　すると，ここまでの説明を読んだ人のなかには「何だ，白石が儒学好きならば問題は正解じゃないか」と早とちりする人が出てくるかもしれません。が，②元禄時代を思い出してください（▶p.178）。ちゃんと読んでいる人は一瞬で解けるでしょう。
　そうです，問われている時期が違いますね。時期をずらした文章を作成するのは，センター試験が得意とする出題パターンです。「新井白石」を徳川綱吉に直せば正解になります。
　話を白石の政策に戻します。彼は儒学にもとづいた政治を展開しようとしましたが，こうした諸政策は学者である白石の主観においては重要だったものの，必ずしも，変動する社会の現実に即応した性格をもつものとはいえませんでした。
　なかでも，財政問題に関しては相当まずい対応をしています。次に財政政策の内容をまとめましたので，確認しておきましょう。正徳の治では，慶長小判と同量の金を含有する正徳小判の鋳造や，第8講 12「鎖国」下の対外関係（▶p.171）で触れた海舶互市新例による長崎貿易の制限などが実行されました。

NOTE

経 ❶ 正徳金銀：白石は，慶長小判と同量の金を含有する貨幣を鋳造した。物価騰貴の抑制を意図したが，再度の貨幣改鋳はかえって経済界を混

乱させた。

- ◆**以後の貨幣改鋳**…享保の改革では正徳金銀と同様の貨幣が鋳造されたが、その後しだいに貨幣の重量は減少し、品位も落とされていった。

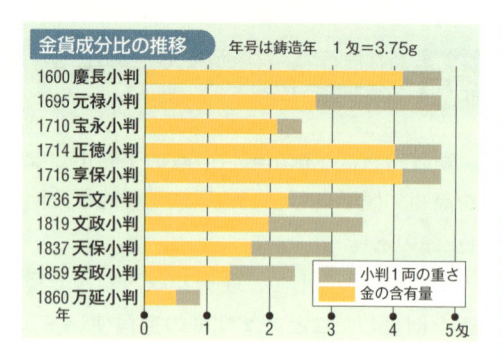

金貨成分比の推移 年号は鋳造年　1匁＝3.75g

1600 慶長小判
1695 元禄小判
1710 宝永小判
1714 正徳小判
1716 享保小判
1736 元文小判
1819 文政小判
1837 天保小判
1859 安政小判
1860 万延小判

小判1両の重さ／金の含有量

[外][経] ❷ **長崎貿易**：17世紀末から貿易制限が本格化した（▶p.171）。

- ◆**1685年（綱吉時代）**…オランダ船・清船（中国船）との年間貿易額の制限を開始した。
- ◆**1688年（綱吉時代）**…清船の来航を年間70隻に限定し、清国人の居住を限定するため、唐人屋敷の建設に着手した。
- ◆**1715年（正徳の治）**…海舶互市新例（長崎新令・正徳新令）を発令。金銀の流出を防止するため、オランダ船・清船との貿易額制限を確立し、銅での支払いを増加させた。

[社] 4 農業生産の飛躍 ★★★

17世紀から18世紀にかけて、日本の農業は小農経営が一般化し、耕地面積の拡大と土地生産力の向上とがかみ合って、急速な進歩を遂げていきます。

> ☠ **注意問題** 江戸時代の農業では、干鰯・〆粕・油粕といった金肥が速効性肥料として普及し、刈敷・草木灰・下肥などの自給肥料は姿を消した。

これはイジワルな問題ですね。確かに、江戸時代は治水・灌漑技術が発達したため、大規模な新田開発が可能となり、農具の改良や金肥（購入肥料）の利用、農書の出現、商品作物の栽培などによって、**高い生産性をも**

つ集約的な農業が定着します。

しかし、自給肥料は「姿を消した」のではありません。江戸時代には、従来の**自給肥料に加えて金肥の使用も本格化した**のです。

次のまとめを熟読しましょう。

商品作物の発達

四木(しぼく)	桑・漆・茶・楮
三草(さんそう)	紅花・藍・麻
その他	木綿・菜種・タバコなど

NOTE

社 ❶ **農具の改良**：農作業の各段階で必要とされる多くの農具が革新された。
- **備中鍬(びっちゅうぐわ)**…田畑の荒おこし・深耕用の鍬。
- **踏車(ふみぐるま)**…揚水(ようすい)・排水に用いる小型の水車。小農経営に適していたため、従来の龍骨車(りゅうこつしゃ)にかわって普及した。
- **千歯扱(せんばこき)**…脱穀用の農具。
- **唐箕(とうみ)**…穀粒と不純物を風力でふるい分ける選別用の農具。
- **千石簁(せんごくどおし)**…穀粒の大小を選別する農具。

農具の発展

風呂鍬 → 備中鍬
龍骨車 → 踏車
扱箸(こきばし) → 千歯扱
箕 → 唐箕
ふるい → 千石簁

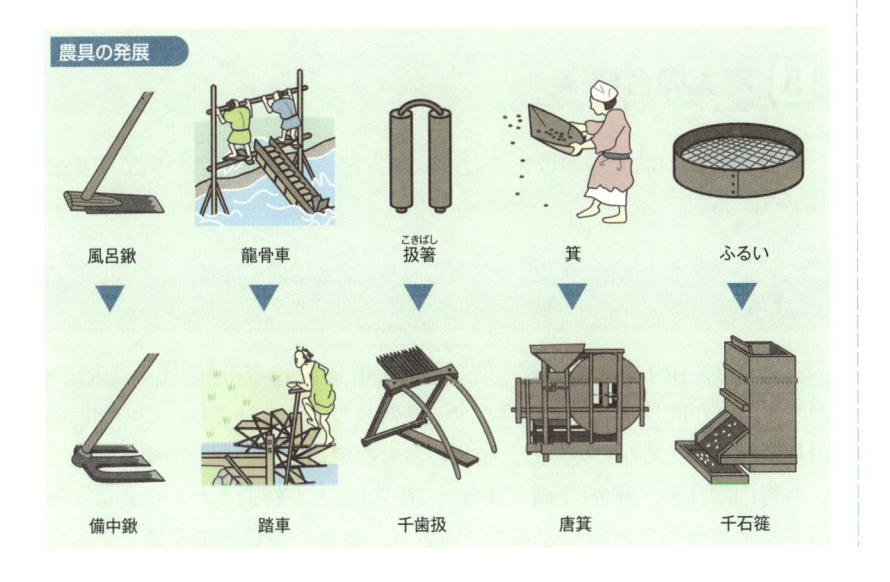

社 ❷ **金肥の利用**：自給肥料に加えて**干鰯・〆粕・油粕・糠**といった金肥も投下されるようになり，田畑の地力を維持・向上させた。

- ◆ 干鰯…鰯を乾燥させた肥料。やがて鰊などでも代用された。商品作物栽培の拡大とともに干鰯の使用が本格化し，**網漁**などが定着した房総半島の九十九里浜（鰯漁）は，その中心的な生産地となった。さらに18世紀末頃から，蝦夷地（鰊漁）でも魚肥製造が開始され，西廻り海運を利用して各地に供給された。
- ◆ 〆粕…鰊をはじめとする魚類などからしぼりとった油の残りを圧縮・乾燥させた肥料。干鰯と同様に製造・売買された。
- ◆ 油粕…油菜や綿の種などから油をしぼった残り。

社 文 ❸ **農書の出現**：農業の発達は，古代・中世には成立しなかった農書という新しい分野の書物を生み出した。農業技術の進歩をうながした農書の普及は，**商品流通が深化**したことや，**識字率が向上**して農書で学ぶ上層農民が登場したことを示している。

　具体例として大切なのは，江戸時代前期の**『農業全書』**（宮崎安貞），後期の**『農具便利論』『広益国産考』**（大蔵永常）。

経 社 ⑤ 町人の台頭 ★★★

社会と経済の話をつづけます。次は，貨幣流通の様子について考えましょう。

☠ **注意問題** 江戸時代，全国に普及した三貨のうち，金貨はおもに西日本で用いられた。

三貨とは，金・銀・銭の統一的な貨幣を指します。江戸時代には**金座・銀座・銭座**が設けられて，三貨が全国に普及しました。では，この問題の誤りがどこにあるかというと，金貨のおもな流通地域の部分です。

小判（1両）・一分金（1両＝4分＝16朱）などが鋳造された金貨は，価格が表示された**計数貨幣**として使用され，**おもに東日本で流通**しました

（江戸の金遣い）。これに対して，丁銀（重量40匁前後＝約150ｇ）・豆板銀（重量5匁前後）が鋳造された銀貨は，重さが不定であるため重量を計って使用する**秤量貨幣**であり，**おもに西日本で流通して**いきます（上方の銀遣い）。

使用法・流通地域の点で性格の異なる貨幣を円滑に流通させるため，江戸幕府は金銀銭（三貨）の交換比率を公定します。しかし，三貨の交換比率の実情は，そのときどきの相場によって変動していったのでした。現代の感覚でたとえるならば，政府が1ドル＝120円の固定相場に決めたけれども，実際は市場の動きに合わせて為替レートが上がったり下がったりする……といったところでしょうか。

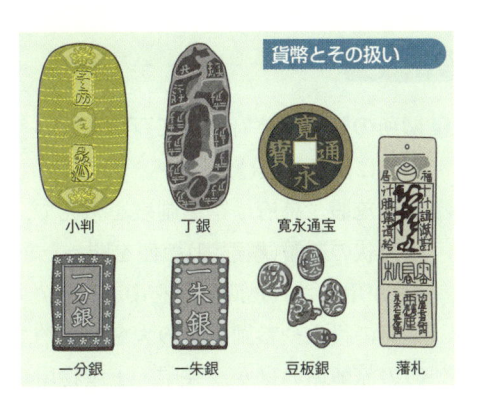

また，こうした特徴をもつ江戸時代の貨幣流通は，三貨の交換や銀貨の計量を商売とする**両替商**によって支えられていくことになります。

江戸時代は，交通面でも特徴のある社会を形成します。陸上交通という点からみると，**五街道**（東海道・中山道・甲州道中・日光道中・奥州道中）とその付属街道は，江戸幕府の直轄下にありました。

NOTE

- 社 ❶ **関所の設置**：幕府は，**江戸防衛**という観点から，本州中央部の主要な街道に**関所**を設けた。
- 社 ❷ **周辺施設**：幕府は**宿駅**制度を整えて，公用の移動（参勤交代など）や公用書状の運搬（**継飛脚**）の便を図った。これにともなって，人馬（人足と馬）が用意された問屋場を中心に新たな**宿場町**が形成され，そこには，幕府の役人や参勤交代の大名が宿泊する**本陣**・**脇本陣**，一般庶民のための旅籠屋のほか，茶屋・土産物屋などが集まった。また，旅行者の里程や運賃決定の目安として機能した**一里塚**なども整備された。
- 社 ❸ **負担**：公用の移動・輸送のために人馬を提供する負担のことを**伝馬役**という。交通量が増大すると，幕府は，宿駅周辺の村々に追加的に人馬の提供を求めるようになった（助郷役）。

ここにまとめたようなことが背景となって，江戸時代には人々の生活水準が向上していきました。多くの産業分野で新技術が開発され，各地で特産品も生まれます。

おもな特産品

織物	絹	西陣織・桐生絹・伊勢崎絹・足利絹・丹後縮緬・上田紬
	木綿	小倉織・久留米絣・有松絞（尾張）・尾張木綿・河内木綿
	麻	奈良晒・越後縮・近江麻（蚊帳など）・薩摩上布
陶磁器		有田焼（伊万里焼）・京焼（清水焼）・九谷焼・瀬戸焼・備前焼
漆器		南部塗・会津塗・輪島塗・春慶塗（飛驒）
製紙	日用紙	美濃・土佐・駿河・石見・伊予
	高級紙	越前の鳥ノ子紙・奉書紙・美濃紙・播磨の杉原紙
醸造	酒	伏見・灘・伊丹・池田（摂津）
	醤油	湯浅（紀伊）・龍野（播磨）・銚子・野田

さらに産業の発達は，地域間の交易を活発にして全国的な商品流通網の形成をうながし，同時に，物資の集荷・販売の中心となる江戸・大坂・京都(＝三都)など，都市の繁栄をもたらしました。よく知られた市場として，大坂では堂島(どうじま)の米市場・雑喉場(ざこば)の魚市場・天満(てんま)の青物市場，江戸では日本橋(にほんばし)の魚市場・神田(かんだ)の青物市場，などがあげられます。

　こうして商業機構(問屋)や金融機関(両替商)，大量の物資輸送に不可欠な海上・河川交通などの整備・充実が急速に進行し，同時にそれは，富を蓄積した町人の力を増大させていくことになりました。

NOTE

経社❶ 江戸前期の商品流通：江戸時代前期における大坂は，古代以来の政治・経済の中心地で，商品作物などを生産する先進的な畿内農村地帯を背後にもち，すぐれた手工業品を生産する京都とも水運路で直結していた。さらに，瀬戸内航路により西国と結ばれていた大坂は，西廻り海運など全国的海運網の整備にともなって**全国の物資が集散する中央市場「天下の台所」としての機能を強化**した。

　この過程で，貨幣や領内で自給できない物資を調達する必要のある諸藩は，大坂に蔵屋敷(くらやしき)をおいて領内の年貢米・特産物(蔵物(くらもの))を集中させ，貨幣や手工業品などの商品を入手するようになっていった。

　また，巨大な消費都市である江戸にとっても，**大坂は物資供給に不可欠な存在**であり，大坂に二十四組問屋(にじゅうしくみといや)(江戸への商品別荷積問屋)，江戸に十組問屋(とくみといや)(商品別荷受問屋)が結成され，大量の商品が南海路に就航した菱垣廻船(ひがきかいせん)・樽廻船(たるかいせん)によって輸送された。

経社❷ 江戸後期の商品流通：江戸時代後期になると，特産品生産や先進技術の伝播によって，商品生産が各地でおこなわれるようになり，納屋物(なやもの)(民間商人が直接売買した米などの商品)の取引も一段と活発化した。このため諸藩では，地方領国間の交易が増大して大坂を経由しない商品流通網が充実していくと同時に，多様な商品生産地帯が背後に形成された江戸も，**中央市場としての機能を強化**した(江戸地廻り経済圏の形成)。

第3章　近世

このため，畿内が保持してきた商品生産における圧倒的優位が動揺し，**大坂の中央市場としての地位は相対的に低下**することになった。

> **COLUMN　近世における金山・銀山・銅山**
>
> 　16世紀，各地に割拠(かっきょ)した戦国大名が領国経営の一環として鉱山開発にとりくんだため，17世紀初頭の日本は，世界でも有数の金銀産出国になった。ただし，日本の鉱山は鉱脈が豊かでないことが多く，17世紀後半になると金銀産出量は急減し，かわって銅山開発が進められていった。
>
> 　しかし，一時的には増加した銅産出量もしだいに停滞・減少へと向かったため，江戸幕府は貨幣素材などとして有用な貴金属の確保・調達に苦しむようになり，また諸藩では，領内で通用する藩札(はんさつ)の発行が拡大した。

第09講 確認テスト

- [ ] 104 主君の病死に際して家臣などがそのあとを追って自殺する，江戸時代初期に流行した風習を何というか。
  殉死

- [ ] 105 東廻り海運・西廻り海運の整備などをおこなった江戸時代の商人は誰か。
  河村瑞賢

- [ ] 106 5代将軍徳川綱吉の時代に発令された，犬などの殺生を禁じた法令を何というか。
  生類憐みの令

- [ ] 107 5代将軍徳川綱吉の時代に幕府財政を担当し，貨幣改鋳などをおこなった人物は誰か。
  荻原重秀

- [ ] 108 18世紀初頭，新井白石の進言で創設された新しい宮家を何というか。
  閑院宮家
  (従来の宮家は伏見宮家・有栖川宮家・桂宮家)

- [ ] 109 1715年，新井白石によって発せられた長崎貿易の制限に関する法令を何というか。
  海舶互市新例

- [ ] 110 干鰯・油粕など，江戸時代に普及した購入肥料のことを総称して何というか。
  金肥

- [ ] 111 江戸時代前期に農学者の宮崎安貞が著した体系的な農書を何というか。
  農業全書

- [ ] 112 小判・一分金などの計数貨幣に対し，丁銀・豆板銀など，取引のたびに計量を必要とした貨幣のことを何というか。
  秤量貨幣

- [ ] 113 江戸時代，金貨の単位は「両・分・朱」であったが，金1両は何朱に相当したか。
  16朱
  (1両＝4分＝16朱)

- [ ] 114 東海道・中山道・甲州道中・日光道中・奥州道中のことを，総称して何というか。
  五街道

- [ ] 115 江戸時代，「天下の台所」と形容され，米取引を一手に扱う堂島の米市場などを擁していた都市を何というか。
  大坂
  (明治維新以降「大阪」)

- [ ] 116 江戸時代，年貢米などを販売するため，諸藩が物資の集散地に開設した倉庫兼取引所のことを何というか。
  蔵屋敷

- [ ] 117 南海路を流通する荷物を扱った，江戸における問屋組織の連合体を何というか。
  十組問屋

第3章 近世

第10講 幕藩体制はどのように動揺・衰退していったか

1716〜1851年：幕政改革と国外情勢の緊迫化

① 享保の改革 ★★★

　1716年に7代将軍家継がわずか8歳でこの世を去り，家康以来の宗家（本家）が途絶えたため，紀伊藩主であった**徳川吉宗**が8代将軍に就任します。彼がおこなった幕政改革を**享保の改革**（1716〜45年）と呼びます。

> **注意問題** 享保の改革の過程で定免法が採用されると，農民は剰余を手もとに残すことがますます困難となり，農村の疲弊・崩壊が進行した。

　問題でとりあげたのは，吉宗が実施した政策のなかのひとつ，**定免法**です。果たして，これによって農村の疲弊・崩壊が進行したのか，詳しくみていきましょう。

　当時，農村の構造には大きな変化が生じていました。土地を質入れして没落する農民が多数生じる一方で，質にとった田畑を小作人に貸して高率の小作料をとる**地主**があらわれ，小農経営を基本とする**本百姓体制**が危機を迎えることになったのです。

　変化は農村だけにとどまりませんでした。17世紀後半以降，商品経済の発展にともなう急速な経済成長は「**米価安の諸色高**（物価高のこと）」と呼ばれる状況を生み出し，大量の米納年貢を換金せざるをえない幕府・諸藩・武士は，**収入の停滞と支出の増大**という事態に直面するのです。

　これまでみてきたとおり，幕府や諸藩の収入の大部分は年貢，すなわち米ですから，何かを買う場合には当然換金する必要があります。しかし，米の値段が安い一方で必要な物資の値段は高いため，財政難が恒常化し，俸禄制度（▶p.162）で触れたように，給料のほとんどが米であった武士の生活も困窮の度合いを深めていきました。

幕領の総石高と年貢収納高

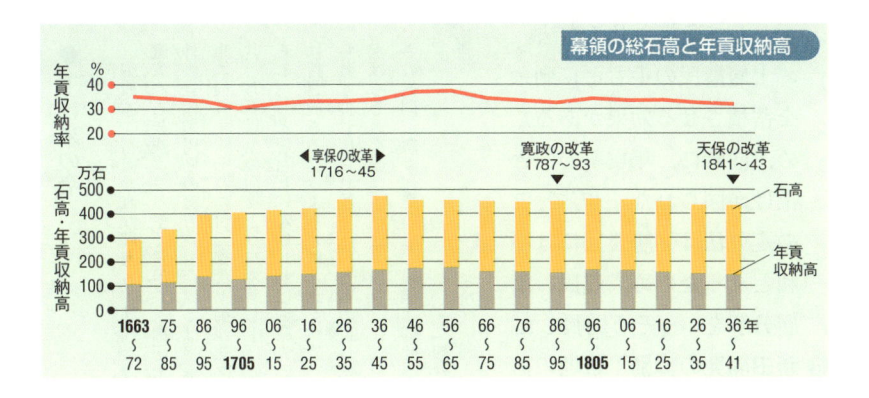

（グラフ：享保の改革 1716〜45、寛政の改革 1787〜93、天保の改革 1841〜43）

こうした状況を打開しようとしたのが享保の改革でした。

吉宗は，支配秩序の再建や財政難の克服をめざす政策を本格的に実施します。具体的には，①**目安箱**の設置（→貧民のための医療施設である**小石川養生所**の新設などを実現）や，**公事方御定書**（基本法令・判例集）の編纂などの幕政・法制の整備，②金公事（金銀貸借関係の訴訟）を当事者間で解決するよう命じた**相対済し令**や，**上げ米**などの本格的かつ全面的な財政再建策の実施，などがあげられます。次に改革の内容をまとめましたので，よく確認しましょう。

> **NOTE**
>
> ❶ **上げ米（制）の実施**：全国の諸大名に対し，石高1万石につき100石ずつ米穀を臨時に上納するよう命じた緊急の財政対策。上げ米の実施期間中（1722〜30年）は，大名の負担を軽減するため，参勤交代の在府（江戸滞在）期間が半減された。
>
> ❷ **足高の制の設定**：旗本が就任する役職に一定の石高を定め，この基準に達しない者を就任させる場合は，**在職期間中のみ差額を支給**する制度。これによって，人材の登用を容易にしながら幕府の財政負担を抑制しようとした。
>
> ❸ **定免法の採用**：享保改革期に幕領で実施された。**定免法**とは，過去数年間の収穫量の平均を基礎として，豊凶にかかわらず一定の割合を年

貢として負担させる方法。
　上層農民の手もとに剰余を蓄積させる効果があるため，同時に，年貢率の引き上げが図られた。一方で，この定免法は下層農民には不利となったため，農民の階層分解をいっそう助長した。

> ◆上げ米の令
> 御旗本ニ召置かれ候御家人，御代々段々相増候。蔵入高も先規よりハ多く候得共，御切米御扶持方，其外表立候御用筋の渡方ニ引合候ては，畢竟年々不足の事ニ候。……それニ付，御代々御沙汰之無き事ニ候得共，万石以上の面々より八木差し上げ候様ニ仰せ付けらるべしと思召し，左候ハねば御家人の内数百人，御扶持召放さるべき外は之無く候故，御恥辱を顧みられず仰せ出され候。……之に依り，高壱万石ニ付八木百石積り差し上げらるべく候。在江戸半年充御免成され候間，緩々休息いたし候様ニ仰せ出され候。
> 　（『御触書寛保集成』）

- 政 経 **④ 新田開発の奨励**：耕地の拡大をねらって，富裕な町人などに新田開発を呼びかける高札が江戸日本橋にかかげられた（→**町人請負新田**）。
- 政 経 **⑤ 堂島米市場の公認**：元禄期に成立した大坂堂島の米市場を公認し，米需要を高める政策を展開することで，**米価の上昇・維持を図った**。
- 政 経 **⑥ 株仲間の公認**：幕府は，**市場を統制して物価を引き下げる**ことをおもな目的として，米・木綿などを扱う江戸の諸商人に対し，品目ごとに**株仲間**（幕府などの公認により独占的営業を認められた商工業者の同業組織）の結成を命じた。
- 政 文 **⑦ 実学の奨励**：甘藷やさとうきびの栽培など，新しい産業が奨励され，**漢訳洋書の輸入制限を緩める**措置もとられた（▶p.217）。

　吉宗の改革は，幕府の年貢収納量が近世をつうじて最高になるなど，かなりの成果をあげました。問題でとりあげた定免法についても，上層農民の手もとに剰余を残す効果がありました。したがって，問題文の「農民は剰余を手もとに残すことがますます困難となり」の部分は誤りです。
　しかし一方で，これらの改革は商品経済の発展をいっそう刺激するものでもありました。そのため，貧富の差が拡大し，**百姓一揆**などの頻発を招いていくことになります。

2 田沼時代 ★★★

吉宗ののち，9代将軍徳川家重につづいて将軍となった徳川家治の時代になると，政治の実権は**田沼意次**がにぎることとなりました（**田沼時代**，1767〜86年）。次にあげる問題は，貨幣制度についてです。

> **注意問題** 金貨と銀貨の性格の違いを明確にするために，田沼時代には南鐐弐朱銀が鋳造された。

なぜ**南鐐弐朱銀**が鋳造されるようになったのか，当時の様子をみながらお話しましょう。

18世紀に入ると，各地の農村では，享保の改革による年貢の**増徴**や貨幣経済の浸透による貧富の差の拡大に，凶作や飢饉（1732年の**享保の飢饉**など）が重なったため，貧農層の増加が顕著になっていきます。

百姓一揆も激化し，従来の代表越訴型一揆だけでなく，広範で大規模な蜂起を特徴とする**惣百姓一揆**などが多発するようになります（▶p.200）。

一方，都市では**打ちこわし**が激しさを増していきます。享保の改革による**年貢増徴政策が限界**に達したなかで，どのようにして財政難を解決するかが，当時の幕政の課題になっていました。このようななか，側用人から老中となった意次は，発展しつつある商品経済に依拠しながら積極的な経済政策を展開して，**破綻**しつつあった幕府財政を再建しようとします。

NOTE

❶ 専売制の拡張：銅・鉄・真鍮・朝鮮人参の座を設置するなど，幕府の**専売制**を拡張した。

❷ 株仲間の大量認可：株仲間（▶p.192）を大量に公認して**運上**・**冥加**（営業税）の増収をめざした。

❸ 南鐐弐朱銀の鋳造・発行：金貨の単位で通用価値が表示された**計数銀貨**（金貨の単位「朱」の表示をもつ計数貨幣化された銀貨）を流通させようとした。

外 経 ④ **長崎貿易の拡大**：銅・俵物での支払いを奨励し、鉱山の産出減少や貿易による流出で不足していた金銀の輸入を促進しようとした。

経 社 ⑤ **新田開発**：町人の出資により下総の**印旛沼・手賀沼**の干拓を企図したが、いずれも失敗に終わった。

外 ⑥ **蝦夷地開発・対露交易の追求**：工藤平助の『**赤蝦夷風説考**』の提言（▶p.217）に注目し、1785年に**最上徳内**らを千島列島に派遣した。

北方探査の様子
- 最上徳内 1786年
- 最上徳内・近藤重蔵 1798〜99年
- 伊能忠敬 1800年
- 近藤重蔵 1807年
- 間宮林蔵 1808年
- 間宮林蔵 1808〜09年
- ◆ 運上屋（和人商人の施設）・会所

冒頭でとりあげた南鐐弐朱銀に関する問題ですが、もうどこが誤りなのかはわかりましたね。そうです、「金貨と銀貨の性格の違いを明確にするため」という部分です。ただ、上のまとめだけでは、いまいち理解しづらいかもしれません。南鐐弐朱銀の役割について、もう少し詳しくみていきましょう。

江戸時代の金貨と銀貨には、すでに触れたように計算方法・流通地域の点で大きな違いがありました（▶p.184）。この状況を打開するために鋳造されたのが南鐐弐朱銀です。

この貨幣の新しさは、秤量貨幣である銀貨を、計数貨幣である金貨の単位「朱」で表示した点にあります（**定量計数銀貨**）。南鐐弐朱銀1枚は金2朱と等価であるとされ、2枚で1分金と、8枚で小判（1

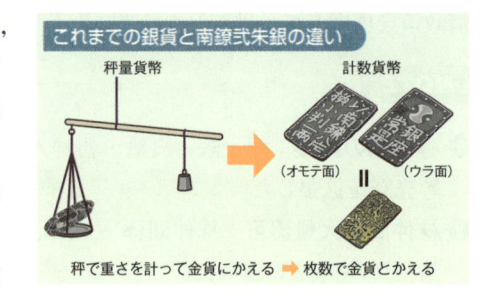

両)と交換できるようにしたのです（1両＝4分＝16朱）。

すなわち，南鐐弐朱銀の鋳造・発行の目的は，銀貨を計数貨幣化することで**貨幣使用の二元的状態の一元化**(金貨を軸とする統一的貨幣制度の確立)**を意図した**ものだったのです。

現実には，長期にわたる銀貨使用の伝統を短期間のうちに変更するのは容易なことではありませんでしたが，南鐐弐朱銀鋳造を契機として，金貨に対する銀貨の補助貨幣化が徐々に本格化していくことになります。

③ 寛政の改革 ★★★

田沼意次の実利を重視した政治は，商品経済の発展という現実に適合的な側面をもっていましたが，結果として賄賂の横行を生み，そこに天災や飢饉(**天明の飢饉**，1782～87年)の深刻な影響も加わって，人々から激しい非難を浴びることになりました。

意次が失脚すると，11代将軍徳川家斉のもとで，吉宗の孫の**松平定信**が老中首座となって**寛政の改革**をおこないます(1787～93年)。彼は，田沼政治を排して思想・学問・風俗を統制し，農村復興や貧民・旗本救済のための政策などを展開していきます。

次にあげる問題は，改革のなかのひとつ，**寛政異学の禁**についてです。

> 注意問題　寛政異学の禁によって，儒学が重んじられる一方で，国学者や蘭学者の処罰があいついだ。

これは，誤解している人が多いところですね。確かに定信は，民間に対してはきびしい出版統制令を出して弾圧をおこないましたが，それと混同してはいけません。**寛政異学の禁**は，「国学者や蘭学者」を処罰の対象とした政策ではありません。国学や蘭学について，詳しくは第11講をみてください(▶ p.216)。

では，寛政異学の禁はどのようなものだったのか，その詳細も含めて，寛政の改革にかかわる重要事項を確認しておきましょう。

NOTE

政経 ❶ 旗本・御家人救済対策：棄捐令により，旗本・御家人の債務を札差に破棄・軽減させた。
- ◆札差…幕府の米蔵付近（浅草）に店舗をかまえ，旗本・御家人の蔵米（扶持米）の受取・売却と蔵米を担保とした金融をおこなった商人。蔵宿ともいう。

政経 ❷ 農村復興・飢饉対策：百姓の出稼ぎを防いで荒れた耕地を復活させようと，全国で公金貸付を実施し，諸藩には飢饉に備えて米を蓄える囲米を命じた。
- ◆公金貸付…総額約15万両の資金を，諸国の代官をつうじて豪農層に貸し付け，その利子収入で，耕地の復旧や農村人口の増加のための政策を実施した。

政経 ❸ 江戸における下層民対策：打ちこわしの防止が大きな課題となった。
- ◆人足寄場…無宿人などを強制収容し，社会復帰のための職業指導をおこなう施設。隅田川河口の石川島に設置された。
- ◆旧里帰農令…江戸への流入民に対し，旅費・農具代を支給して帰村をうながした。
- ◆七分積金…江戸町入用の節約分の7割を積み立てさせ，この資金を町会所で運用し，日常的には低利金融をおこなうとともに，飢饉などの際には貧民救済のために活用した。

政文 ❹ 学問・風俗統制：湯島の聖堂学問所（▶p.178）に対して寛政異学の禁を発し，朱子学以外の儒学（異学）の講義・研究を禁止した。また洒落本作家の山東京伝，黄表紙の恋川春町らを弾圧した（▶p.218）。

　寛政の改革後の1797年，聖堂学問所は幕府直営（官立）の教育機関とされ，旗本の子弟の教育をおもな目的とする学校として昌平坂学問所（昌平黌）と称されることになった。

政外 ❺ 海防問題の発生：1792年，林子平が説いた海岸防備（→『三国通覧図説』『海国兵談』）を幕政批判とみなして処罰。数カ月後，ラクスマンが大黒屋光太夫をともない根室に来航した（▶p.231）。

こうした政策のうち最も大切なのは、❸の「江戸における下層民対策」です。

松平定信の頭のなかには、改革開始直前に発生した大規模な打ちこわし（1787年の**天明の打ちこわし**）の強烈な印象が焼きついていました。この年、江戸市中でも米屋や富商が次々に襲撃されて打ちこわしが頂点に達し、一時、**幕府権力の中心地である江戸は無政府状態**におちいったのです。

❸の「江戸における下層民対策」には、**人足寄場**を設置して打ちこわし予備軍を隔離し、**旧里帰農令**を発して下層民の江戸市中流入に歯止めをかけ、**七分積金**によって非常時の下層民蜂起を未然にくい止める、という関係があることを理解しておいてください。

またこの時期には、諸藩でも財政難を克服して藩権力の復興をめざす藩政改革が広くおこなわれました。そこでは、農村復興策の展開や特産物生産の奨励・藩専売制の強化がめざされ、**藩校**（藩学）での有能な人材の育成などに力が注がれていきます。

全体として、定信の政治は統制色の強いきびしいものでした。それが人々の不満を高め、寛政の改革は6年ほどで挫折を余儀なくされます。しかし定信自身は、以後も学芸に親しみ、**『宇下人言』**と題された自叙伝を残しました。

４ 国外情勢の緊迫 ★★★

ここで、国外の動きについて触れておきましょう。18世紀後半、日本の近海では欧米列強の活動がしだいに活発化していきます。

> **注意問題** アメリカの商船フェートン号は、異国船打払令にもとづいて撃退された。

これは単純な用語のひっかけ問題ですね。江戸時代後期に入ると、多くの外国船が日本にやってくるようになります。「いつ」、「誰が・何が」、「どこから・どこに来たか」、そのために「どのような政策が幕府から出され

10 幕藩体制はどのように動揺・衰退していったか

列強接近の様子
●数字は年代順

- ❶ 1792年 ラクスマン来航（露）／根室
- ❷ 1804年 レザノフ来航（露）
- ❸ 1808年 フェートン号事件（英）
- ❹ 1811年 ゴローウニン事件（露）／国後島
- ❺ 1824年 英船員常陸大津浜に上陸／大津浜
- ❻ 1824年 英船員薩摩宝島に上陸／宝島
- ❼ 1837年 モリソン号事件（米）
- ❽ 1844年 オランダ国王開国勧告
- ❾ 1846年 ビッドル来航（米）／浦賀
- ❿ 1853年 ペリー来航（米）
- ⓫ 1853年 プチャーチン来航（露）／長崎

その他地名：江戸、水戸、下田、山川

たか」を整理しておきましょう。

　日本に対する欧米列強の活動は、まずシベリア経営を進めるロシアが接近してきたことに端を発します。19世紀に入ると、さらにイギリスやアメリカの捕鯨船も近海に出没するようになりました。

　ここでは、「鎖国」方針を堅持しようとする幕府が、通商要求を強める欧米列強にどう対応したのかという観点から、事態の推移を整理してみましょう（▶ p.231）。

　一部、まだ政治面からはお話していない時代の政策もありますが、一連の流れとしておさえておいてください。

NOTE

政 外 ❶ **文化の撫恤令（薪水給与令，1806年）**：1804年にレザノフが長崎に来航したことなどを背景に，幕府は，外国船への必要品の給与を許し，「なるだけ穏やかに帰帆いたし候よう，取計らうべく候」という方針をとった。この後，レザノフが日本北方を威嚇・攻撃したという報が入ると，北方の警備が増強された。

◆ **異国船打払令**

……一体いきりすニ限らず、南蛮・西洋の儀は、御制禁邪教の国ニ候間、以来何れの浦方ニおゐても、異国船乗寄せ候を見受け候ハバ其処ニ有合せ候人夫を以て、有無に及ばず、一図ニ打払ひ、逃延び候ハバ、追船等差出し及ばず、其分ニ差置き、若し押して上陸致し候ハバ、搦捕り、又は打留め候ても苦しからず候。……二念無く打払ひを心掛け、図を失わざる様取計ひ候処、専要の事に候条、油断無く申し付けらるべく候。
（『御触書天保集成』）

政 外 ❷ **異国船打払令（無二念打払令，1825年）**：**フェートン号事件**（1808年，イギリス軍艦が長崎に乱入），**ゴローウニン事件**（1811～13年，日本側がロシア軍人ゴローウニンを，ロシア側が高田屋嘉兵衛を抑留，嘉兵衛の尽力により双方釈放で決着）など，列強との紛争が多発したことを背景に，25年，幕府は「有無に及ばず，一図ニ打払ひ」という，**外国船の追放を命じた強硬策を発令**した。

このため，37年には浦賀沖に接近したアメリカ商船が撃退される事件（**モリソン号事件**）が発生し，国内では39年，こうした幕府の態度を批判した蘭学者渡辺崋山・高野長英らが処罰された（**蛮社の獄**）。

政 外 ❸ **天保の薪水給与令（1842年）**：**アヘン戦争**（1840～42年）における清の敗北に衝撃をうけた幕府（老中**水野忠邦**）は，対外政策を再び転換。異国船打払令の緩和，文化の撫恤令への復帰を明確にした。

冒頭の問題の答えですが，もうわかりましたね。「フェートン号」はイギリスの軍艦。異国船打払令にもとづいて撃退されたアメリカ商船は，モ

リソン号です。

5 社会不安の増大 ★★

　寛政の改革後の18世紀末（寛政の改革失敗，1793年）から19世紀前半（**天保の改革**開始，1841年）にかけての，約50年にわたる11代将軍**徳川家斉**の治世を**大御所時代**と呼びます。

　ここでは，社会不安の増大に対して幕府がとった政策について考えてみましょう。

> **注意問題** 越後柏崎では，「大塩平八郎門弟」と称して国学者の平田篤胤が代官所を襲撃した。

　問題は，1837年に大坂でおこった**大塩の乱**をうけて発生した事件についてです。問題文のどこが誤りなのか，なぜ江戸時代後期にこのような事件がおこったのか，そうしたことをお話するために，江戸時代の民衆の動向についてまとめておきましょう。

　江戸時代は，通常の訴願から直訴にいたるまで，**訴えるという行為が広く認められた社会**でした。百姓一揆に代表される，この時代の百姓たちの運動は，通常，次のような展開をみせたといわれています。

NOTE

❶ **初期（17世紀後半）**：農民の要求・利害を代表した村役人などが，年貢増徴の廃止や代官の交代などを求めて領主などに直訴する代表越訴型一揆が中心だった。指導者は，義民として伝説化することもあった。ただし，この形態の一揆の多くは史料が残されていないため，史実を疑う見解もある。

❷ **中期（17世紀末以降）**：年貢増徴や新税の廃止，専売制の撤廃などをかかげて村民の大多数が参加する，大規模な惣百姓一揆が頻発した。

❸ **中後期（18世紀後半〜）**：農村の階層分化を反映して，**村役人層の村政**

運営を一般の百姓が追及する**村方騒動**が多発するようになった。農民が村役人の不正を摘発して領主に訴え出るケースが多い。

社❹ **後期（19世紀）**：株仲間の流通独占などに反対し，自由な売買などを求める**国訴**が畿内を中心に広がった。農村で成長した商人である在郷商人の指導によって，農民たちが郡や国単位で連合し，**合法的な訴訟運動を大規模に展開した**。

社❺ **幕末（19世紀中頃）**：幕末期の政治・経済の混乱や民衆への尊王思想の浸透などを背景に，土地の再配分・新税反対などを要求する**世直し一揆**が一般化した。貧農層が中心となって，地主・村役人・特権商人などを攻撃する形態が多い。

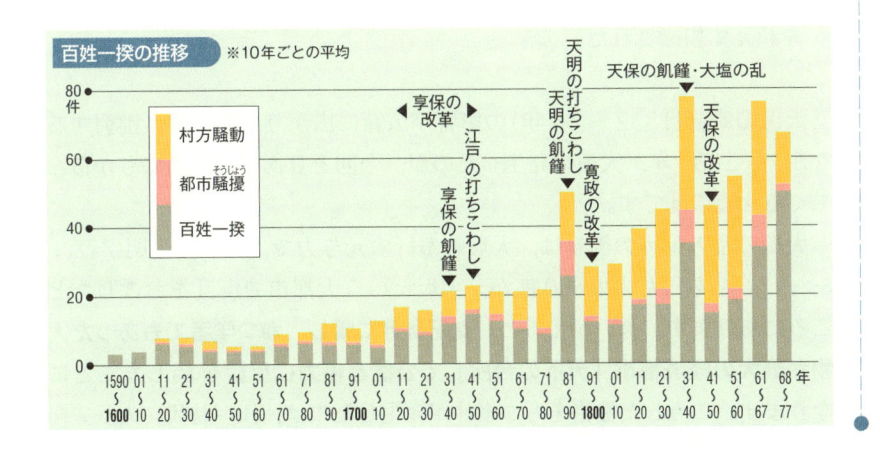

百姓一揆の推移　※10年ごとの平均

このような行動は，力量を高めた民衆による，幕府や諸藩の大名に対する不断の訴えであったととらえることができるでしょう。

18世紀後半以降，とくに関東の農村では，経済発展の波に乗って成長した富農層が登場する一方で，波に飲みこまれて没落する貧農層も大量に生み出されていました。そこに，天明の飢饉（1782～87年）などの災害が重なって，この状況に拍車がかかっていきます。農村人口の減少と荒廃地の増加が顕著になり，**関東の農村は解体の危機に瀕するにいたったのです。**

没落した離村農民たちは，都市に流入したり，江戸周辺の無宿人・博徒

10 幕藩体制はどのように動揺・衰退していったか

として遊民化するなど，社会不安を増大させ，治安を著しくおびやかすようになりました。こうした深刻な情勢への対策として設けられたのが，**関東取締出役**と**寄場組合**です。

> **NOTE**
>
> 社❶ **関東取締出役**：1805 年新設。関東地方(関八州＝武蔵・相模・上野・下野・上総・下総・安房・常陸の 8 カ国)で，**領主の区別なく無宿人や博徒の逮捕や取り締まりをおこなった。**
>
> 社❷ **寄場組合**：1827 年に編成が命じられた，治安や風俗の取り締まり，農村の秩序維持などを担う関東取締出役の下部組織。従来の共同体的な村落連合をとりこみ，幕領や私領・寺社領といった支配形態の枠組みを超えて組織された。

天保の飢饉(1832～36 年)の影響が広範に広がり，都市民も困窮するなかで，1837 年，大坂で発生したのが，今回とりあげた問題にもからんでくる**大塩の乱**です。

大塩の乱の最大の衝撃は，大坂町奉行の元与力で，著名な陽明学者(▶p.212)でもあった大塩平八郎が，大坂という大都市で反乱をおこしたところにあります。言いかえると，**支配身分に属し**，**かつ学者でもあった人物が最大の経済都市「天下の台所」で公然と権力に反旗を翻した**ことになります。こうした性格をもつ事件が発生したのは，江戸時代に入って初めてのことでした。

その大塩の乱に呼応した代表的な人物は国学者の**生田万**です。よって，問題は「平田篤胤」の部分を生田万にすれば正解となります。ちなみに，彼は若い頃，平田篤胤に国学を学んでいました。

大塩の乱そのものは，大坂市中で小競り合い程度の市街戦が展開されただけで短期間のうちに鎮圧されました。ただ，ここに示した生田万の乱にみられるように，さまざまな連鎖反応を生み出していったのです。

6 天保の改革 ★★★ 〔政／社〕

ここまでみてきたように、19世紀前半、国内では天保の飢饉のなかで離村農民や下層町人の増大、百姓一揆や打ちこわしの頻発が顕著となる一方、対外面では異国船の出没があいつぐ状況となっていました(▶p.197)。

こうした「**内憂外患**」という社会情勢のなかで、1841年、老中の**水野忠邦**が幕藩体制の再建をめざす改革(天保の改革)に着手します。

> **注意問題** 天保の改革を失敗に追いこんだ上知令は、江戸・大坂周辺の大名・旗本領を禁裏御料に組みこもうとする政策だった。

上知令は、江戸・大坂周辺の大名・旗本領を、「**禁裏御料**」、すなわち天皇領に組みこもうとしたのではなく、幕府の直轄領に組みこもうとしたもので、とても重要な政策です。

天保の改革について、主要事項をみていきましょう。

NOTE

〔政／社〕**① 人返しの法**：出稼ぎ・奉公を抑制し、江戸に流入した離村農民を農村に返すことで、農村の荒廃を回復しようとした。

〔政／経〕**② 株仲間解散令(1841年)**：商取引を自由化し、物価引き下げの実現をめざしたものだったが、商品流通の混乱を招き、かえって物価を高騰させた。

　10年後の1851年、**株仲間解散令**が事実上無視されるなかで、幕府は、商品流通の阻害を避けるという名目で、株仲間の再興を許した。

〔政／文〕**③ 綱紀の粛正**：『春色梅児誉美』(**人情本**)の作者為永春水が処罰され、柳亭種彦の『偐紫田舎源氏』(合巻)も発禁処分となった(▶p.218)。

〔政／外〕**④ 天保の薪水給与令(1842年)**：日本に来航する外国船に対する政策を転換して、文化の撫恤令に復帰した(▶p.199)。

〔政／社〕**⑤ 上知令(1843年)**：上知令とは、**大名・旗本領が錯綜して存在する江戸・大坂周辺の土地を整理して幕府の直轄領に編入しようとする政策**をいう。

10 幕藩体制はどのように動揺・衰退していったか

　政治的には，大名・旗本に替地(代地)を用意し，知行替えの強行によって幕府権威の再確認をねらった。また，生産力の高い地域を幕領化することで，幕府財政の強化を図り，あわせてアヘン戦争での清の敗北(▶p.199)に対応して江戸・大坂周辺の防備・治安体制を整えようとした。

　しかし，経済的に不利となる大名・旗本の反発だけでなく，年貢の無効を恐れる江戸・大坂周辺の農民や，大名・旗本の抱える借金を踏み倒されたくない商人の猛反対によって，この法令は撤回を余儀なくされ，直後に水野忠邦も失脚。天保の改革は挫折していくことになった。

経 ⑦ 新時代への動き ★★★

　体制の危機がいっそう深刻化した19世紀は，別の見方をすれば，新しい動きが生み出されていった時代だと形容することもできます。経済の分野では，**マニュファクチュア**経営の出現が重要です。

> 注意問題　マニュファクチュアとは，問屋商人が農民などに原料や器具を前貸し，加工賃を払って生産物をひきとる経営形態をいう。

　マニュファクチュアはよく聞く用語ですね。文中の「問屋商人が農民などに原料や器具を前貸し，加工賃を払って生産物をひきとる経営形態」は，**問屋制家内工業**の説明です。マニュファクチュア経営との違いに注意してください。問屋については，第9講 ⑤ **町人の台頭**を振り返っておきましょう(▶p.187)。

> **NOTE**

経社 ❶ **マニュファクチュアの意味**：工場制手工業と訳される。資本家（地主や問屋商人）の設置した**同一作業場（家内工場）内**において，生産工程を単純な工程に分け，**賃労働者が分業にもとづく協業**をおこなう点に，問屋制家内工業との相違がある。農業から離れた奉公人などが賃労働者として雇われた。ただし，機械ではなく道具を使用した工業形態であるため，その生産力にはもともと限界があった。

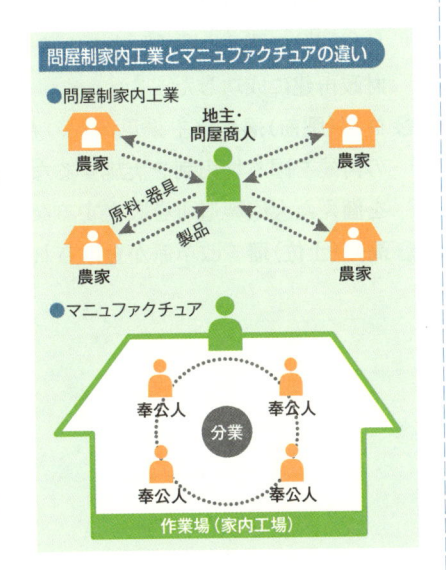

（図：問屋制家内工業とマニュファクチュアの違い）

経社 ❷ **資本主義の胎動**：酒造業につづいて，19世紀には，**綿織物業**（大坂周辺や尾張），**絹織物業**（桐生・足利など北関東）などでもマニュファクチュアが出現し，さらに幕末期には，幕府や藩直営の洋式機械工場も設立された。

　新しい動きは，経済面だけにとどまりませんでした。天保の改革前後の時期には，諸藩においても危機を克服するための藩政改革が展開されます。
　とくに，薩長土肥などの諸藩は，有能な藩士の登用，巨額の借財の整理，軍事力の増強などによって藩権力の強化を果たし，まもなく幕末の政局を大きく左右していくことになります。

> **NOTE**

政経 ❶ **鹿児島（薩摩）藩**：下級武士から登用された**調所広郷**が，奄美諸島の特産品である黒砂糖の専売強化，琉球貿易の拡大などで藩財政を再建した。また，藩主の島津斉彬は大砲製造のための溶鉱炉である**反射炉**の

第3章 近世

10 幕藩体制はどのように動揺・衰退していったか

築造などをおこない，軍事力の強化も図った。

政 経 ❷ **萩（長州）藩**：村田清風が藩政を改革。大坂などに本来運ばれるべき商品（越荷）の購入・委託販売などをおこなう越荷方を設置して利益をあげ，財政再建に成功した。

政 ❸ **佐賀（肥前）藩**：藩主**鍋島直正**のもとで，農地を再配分して本百姓体制の再建を図る均田制を実施するなどの改革がおこなわれ，また，反射炉を備えた大砲製造所を設立するなど洋式軍事工業の導入も進められた。

政 経 ❹ **高知（土佐）藩**：改革派が登用され，緊縮を旨とする財政再建につとめた。

第10講 確認テスト

- 118 享保の改革期に一時的に実施された，米の献上を諸大名に求める制度を何というか。
  上げ米(制)

- 119 享保の改革期に年貢増徴策の一環として採用された，一定期間，豊凶にかかわらず一定量の年貢を徴収する方法を何というか。
  定免法

- 120 定量計数銀貨である南鐐弐朱銀は，計算上，何枚で金1両と等しくなるか。
  8枚
  (金1両＝4分＝16朱，南鐐弐朱銀×8枚＝16朱)

- 121 田沼意次に『赤蝦夷風説考』(蝦夷地開発と対露交易を主張)を献上した人物は誰か。
  工藤平助

- 122 寛政の改革期に江戸に設けられた無宿人の収容施設(職業指導も実施)を何というか。
  人足寄場

- 123 寛政の改革期に発令された，旗本・御家人の債務を札差に放棄・軽減させる法令を何というか。
  棄捐令

- 124 1804年，長崎に来航して幕府に通商を要求したロシア人使節は誰か。
  レザノフ
  (ラクスマンは根室に来航)

- 125 1813年にロシアから送還され，ゴローウニン事件の解決に尽力した商人は誰か。
  高田屋嘉兵衛

- 126 「一体いきりす二限らず，南蛮・西洋の儀は，御制禁邪教の国二候間，以来何れの浦方ニおゐても，(　　　)乗寄せ候を見受け候ハバ……一図二打払ひ……」。これは1825年に発せられた法令の一部である。空欄に適する語句を記せ。
  異国船

- 127 1837年，浦賀沖に接近して撃退されたアメリカ商船を何というか。
  モリソン号

- 128 1805年，関東一円(関八州)の治安を維持するために新設された職を何というか。
  関東取締出役
  (関東取締出役の下部組織→寄場組合)

- 129 1837年，貧民救済を唱えて武装蜂起した大坂町奉行所の元与力は誰か。
  大塩平八郎

- 130 1843年に用意された，江戸・大坂周辺の私領を幕領化しようとした法令を何というか。
  上知令
  (政策の意図・内容・結果を必ず整理しておくこと)

第3章 近世

第11講 近世の文化には どのような特徴があるか

16世紀後半〜19世紀前半：泰平の世に隆盛した町人文化

文 ① 桃山文化（16世紀後半〜17世紀初頭）★★★

　織豊政権から江戸時代初頭にかけての文化を**桃山文化**といい，豊臣秀吉晩年の居城であった**伏見城**の地名に由来します。伏見城跡に多くの桃が植えられたことから，のちに桃山と呼ばれるようになったのです。

　では，さっそく問題をみてみましょう。

> **注意問題**　城郭の内部を飾る絵画として，金箔に極彩色を用いた色絵と呼ばれる様式の障壁画が発達した。

　桃山文化は一言で表すと「豪華」。その代表は，何といっても城郭建築です。桃山文化の特徴として，①新興の大名と大きな経済力をもつ豪商たちの生活を反映して豪華で自由な傾向が強いこと，②仏教色が後退する一方で現実的な生活文化の色彩が強まったこと，③南蛮文化の影響が浸透したこと，などがあげられます。

姫路城
白鷺城ともいう。豊臣秀吉が天守などを築かせた，日本の城を代表する遺構。

　さて，桃山文化では，障壁画と呼ばれる，襖や屏風，壁，障子に描かれた絵が発達しました。青や緑などで彩色し，余白に金箔を貼った豪華絢爛な障壁画が登場しますが，果たして，これは問題にあるように，「色絵」と呼ばれたのでしょうか？　次のまとめで確認してみましょう。

NOTE

社文 ❶ 城の文化：城はもともと軍事的な建造物だったが，桃山文化の時代に

つくられた安土城・大坂城・伏見城などは，平和と繁栄の象徴として**権力を誇示する役割を果たす**ことになった。

◆ 濃絵（だみえ）…大画面の障壁画に多用された，金箔に極彩色を用いる手法のことを濃絵という。濃絵の手法で描かれ，城の内部を飾った障壁画は，下剋上に勝利した**大名の権威を視覚的に高める**効果を発揮した。代表的な画家に，狩野永徳・狩野山楽（**狩野派**，▶p.143）らがいる。

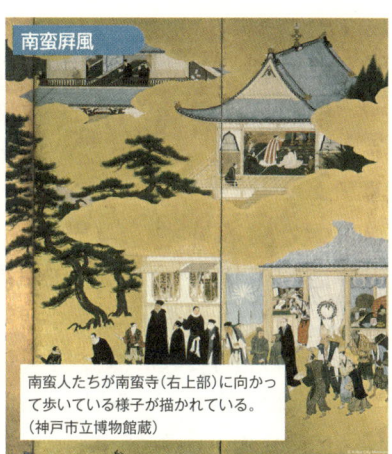

唐獅子図屏風
狩野永徳筆。濃絵の手法を用い，堂々とした獅子が描かれている。

南蛮屏風
南蛮人たちが南蛮寺（右上部）に向かって歩いている様子が描かれている。（神戸市立博物館蔵）

◆ 欄間彫刻（らんま）…欄間とは，天井と障子などとのあいだに設けられた開口部のこと。ここには，豪華な透（すか）し彫（ぼり）の彫刻が施された。

❷ 水墨画：桃山文化は豪快さだけを誇示していたのではなく，反面で，静寂枯淡（せいじゃく）の美を求める精神も健在だった。きらびやかな装飾画の一方で単色の水墨画も好まれた。海北友松（かいほうゆうしょう）や長谷川等伯（はせがわとうはく）らは，双方に傑作を残している。

ということで，問題の正解は「色絵」ではなく，濃絵でした。色絵については，このあとの ③ **元禄文化**でお話します（▶p.215）。

また，平和の到来は民衆のもつエネルギーを解放する効果を発揮し，朝鮮侵略や南蛮貿易の影響は文化面にもおよびました。

11 近世の文化にはどのような特徴があるか

> **NOTE**

文 ① 町衆の生活と庶民文化：
- ◆ 茶道…堺の町人**千利休**が侘茶(▶p.143)を大成させた。茶の湯にみられる極小の茶室や簡素な茶器は，閑寂さを深く追求した利休独特の美意識の結晶であると同時に，派手好きだけではない桃山文化の一面を象徴的に示している。
- ◆ かぶき踊り…かぶき踊りとは，異様な姿をした者(「かぶき者」，▶p.176)の踊りのこと。17世紀初めに出雲阿国が京都でかぶき踊りを始めて人気を集めた(**阿国歌舞伎**)。
- ◆ 人形浄瑠璃…三味線を伴奏楽器とする語り物(浄瑠璃)に操り人形が結合した**人形浄瑠璃**が成立し，流行した(▶p.214)。

外文 ② 外来文化の影響：
- ◆ 活字印刷術…朝鮮侵略の際に朝鮮から活字印刷術が伝えられた。また，ヴァリニャーニが活字印刷機を伝え(▶p.149)，ローマ字による書籍も刊行された(**キリシタン版・天草版**)。ただし，いずれも「鎖国」の影響で江戸時代には廃れていく。
- ◆ 南蛮文化…宣教師たちによって天文学・医学・地理学など実用的な学問が伝えられ，西洋画の影響をうけた**南蛮屏風**も日本人の手によって描かれた。

② 寛永期の文化（17世紀前半）★★★

　幕藩体制の確立期にあたる寛永期の文化は，基本的には桃山文化の継承という特徴をもちながらも，新たな展開をみせ始めた文化です。学問，建築，代表的文化人に分けてみていきましょう。

NOTE

❶ **学問**：学問の分野では，上下の秩序を重んじる**朱子学**（▶p.138）が政治や生活上の倫理になっていった。**藤原惺窩**（京都相国寺の禅僧）の門人**林羅山**（道春）は家康に登用され，その子孫（**林家**）は代々儒者として幕府に仕えた（▶p.178）。

❷ **建築**：きわめて華麗な装飾彫刻を施した**日光東照宮**（**権現造**）と，回遊式の庭園内に草庵風の茶室などを配した**桂離宮**（**数寄屋造**）に，寛永期の文化の2側面がよく反映されている。

❸ **代表的文化人**：この時期の代表的文化人には，(a)『**風神雷神図屏風**』などを描いた絵師**俵屋宗達**，(b)工芸・書道などの分野で多芸ぶりを発揮した才人**本阿弥光悦**，(c)**赤絵**と呼ばれる陶磁器の着彩技法（上絵付法）を完成させた有田の陶工**酒井田柿右衛門**らがいる。

風神雷神図屏風

11 近世の文化にはどのような特徴があるか

文 ③ 元禄文化（17世紀後半～18世紀前半）★★

　元禄文化は，平和と安定が経済活動の活発化をもたらすなかで，町人勢力などの台頭が顕著になってくる時期の文化です。全体として，現実を率直にみつめる傾向が強まり，儒学だけでなく天文学などを含む**諸学問が発展をみせ，現世肯定的な町人文化が開花する**ことになりました。
　まず，儒学について考えてみましょう。

> **注意問題** 5代将軍徳川綱吉は，林家の私塾を学問所として整備し，林羅山を大学頭に任じた。

　綱吉が誰を大学頭に任じたかについては，第9講 ③ **正徳の治**の問題でとりあげましたね。それを覚えていればすぐに解けるでしょう。
　江戸時代の儒学は，第7講 ② **鎌倉文化**（▶p.138）で触れたように宋学として伝来した学問を出発点にしていますが，とりわけ中国の朱子が体系化した朱子学は，体制の維持を図るのに役立ちました。幕藩体制が安定し始めた頃から，幕府は積極的に儒学の奨励に乗り出します。
　5代将軍綱吉が，林羅山によって上野忍ヶ岡に設けられた孔子廟と林家の私塾を湯島に移し，羅山の孫林信篤（鳳岡）を大学頭に任じたことは，すでに第9講 ② **元禄時代**と ③ **正徳の治**でお話したとおりです。よって，上の文章は「林羅山」が誤りです。
　朱子学以外の儒学についても，しっかりと覚えていきましょう。

NOTE

文 ❶ **朱子学**：林家の系統以外に，南村梅軒を祖とする南学（▶p.144）から**山崎闇斎**・**野中兼山**らが出て活躍。闇斎は，神道を儒教流に解釈して垂加神道を創始した。

文 ❷ **陽明学**：明の王陽明が創始し，**中江藤樹**（日本陽明学の祖）やその門人**熊沢蕃山**らによって受容された。**陽明学**は，その中心思想である「**知行合一**」（認識と実践は不可分）の主張にみられるように，現実を批判し

て矛盾を改めようとする革新性をもっていた。藩校(藩学)花畠教場や郷校(郷学)閑谷学校を設けたことで知られる岡山藩主池田光政に登用された蕃山も、主著『大学或問』で幕政を批判したとして処罰されている。

文❸ **古学**：朱子学や陽明学といった、中国の宋代・明代における儒学解釈をしりぞけ、孔子・孟子の教えへの復帰を主張した人々を、総称して**古学**派といい、彼らは**日本独自の儒学をつくり出していった**。

- ◆ 山鹿素行…朱子学を批判した『聖教要録』を刊行(**聖学**)。
- ◆ 伊藤仁斎・東涯…京都堀川に私塾古義堂を開設。古学を唱え、門弟3000人余りを数える一大勢力を形成した(**堀川学派＝古義学派**)。
- ◆ 荻生徂徠…江戸に私塾蘐園塾を開設。徂徠は、柳沢吉保や徳川吉宗に用いられるなど政治とのかかわりも深く、吉宗の諮問に応じて『**政談**』(武士土着論などを展開)を著した。この学派のことを、**古文辞学派**あるいは**蘐園学派**という。
- ◆ 太宰春台…江戸時代中期の儒学者。荻生徂徠のもとで古文辞学を学び、徂徠の後継者とみなされるようになった。主著に、商品経済の発展に即応した藩専売制を採用して富国強兵を積極的に図るべきだと説いた『**経済録**』などがある。

儒学は合理的思考を重視する学問です。元禄文化の時代には、歴史や古典の研究、さらに**本草学**(博物学)・農学・数学・天文学など自然科学の探究が進展しますが、**合理を重んじる儒学の隆盛はそうした諸学問の発展をうながす原動力になった**、と考えられます。

NOTE

文❶ **歴史**：新井白石が、摂関政治の開始から江戸幕府の成立までの政治史を論じた『**読史余論**』を著し、**独自の時代区分論**を展開した。

文❷ **自然科学**：経済の発展を背景に、日々の生活に有用な学問である実学が求められるようになった。**貝原益軒**『大和本草』(本草学)、宮崎安貞『農業全書』(農書)など多数の書物が出版され、また、日本独自の数学

第3章 近世

11 近世の文化にはどのような特徴があるか

である和算を大成した**関孝和**，日本独自の暦である**貞享暦**を作成した渋川春海(安井算哲，▶p.179)など，多様な分野で活躍する人物があらわれた。

文❸ **古典研究**：『万葉集』を精緻に分析した**契沖**，『源氏物語』などを研究した**北村季吟**など，日本の古典を研究する国学も本格化した。

町人文化にも目を向けておきましょう。代表的な作家として，①浮世草子と呼ばれる小説を創始・発展させた**井原西鶴**，②俳諧を言葉の遊びから詩的世界へと高めた**松尾芭蕉**，③人形浄瑠璃や歌舞伎の脚本に多数の名作を残した**近松門左衛門**，の3人があげられます。

細かな作品名に，こだわりすぎる必要はありません。それよりも，元禄期の町人文化の特徴として，①上方(大坂・京都)を中心に，経済力をもつ町人層に支えられながら豊かさを増したこと，②人間的な欲望を肯定し，現実を直視しようとする傾向が強いこと，という2点を十分に確認しておいてください。

NOTE

文❶ **人形浄瑠璃**：人形浄瑠璃(▶p.210)は，元禄時代，大坂に**竹本義太夫**が登場して，**義太夫節**と呼ばれる独特の語り方を確立した。

文❷ **歌舞伎**：歌舞伎(▶p.210・p.218)も，江戸・上方に常設の芝居小屋がおかれ，**荒事**(超人的な強さを表現するための勇壮な演技)や**和事**(恋愛描写を中心にした優美な演技)，**女形**などを得意とする名優が登場した。

歌舞伎の名優

荒事：市川団十郎　和事：坂田藤十郎　女形：芳沢あやめ

美術面でも、洗練された作品が生み出されました。絵画や陶器・染物に注目しておいてください。

NOTE

文❶ **絵画**：朝廷絵師の**土佐光起**(土佐派、▶p.143)や幕府の御用絵師になった**住吉如慶・具慶**が活躍した。また、京都では**尾形光琳**が見事な装飾画を大成して琳派をおこし、江戸では**菱川師宣**によって**浮世絵**版画(▶p.220)が始められた。

文❷ **陶器**：**野々村仁清**によって華やかな**色絵**が完成した。

文❸ **染物**：**宮崎友禅**が考案したとされる**友禅染**によって、色鮮やかで自由な図柄をもつ布地が生み出された。

見返り美人図

11 近世の文化にはどのような特徴があるか

文 ④ 宝暦・天明期の文化と化政文化（18世紀後半～19世紀前半）★★★

　田沼時代前後の時期（18世紀後半）の文化を**宝暦・天明期**の文化，11代将軍徳川家斉の治世である**文化・文政期**（19世紀前半）を中心とした文化を化政文化といいます。いずれも，江戸の繁栄や幕藩体制の動揺などを背景に成立した点で共通しているので，まとめて流れをつかんでおきましょう。

　ここでは，学問や教育，文芸，美術，芸能・娯楽などについてとりあげていきます。さっそく問題をみていきましょう。

> 注意問題　平田篤胤は儒教や仏教をきびしく批判して唯一神道を唱えたが，この考え方は豪農層のあいだにも浸透していった。

　国学に関する問題ですね。平田篤胤は，第10講 ⑤ **社会不安の増大**で少し名前が出たので，覚えている人も多いかと思います。唯一神道（吉田神道）は，第7講 ⑤ **東山文化**でお話したとおり，吉田兼倶が完成させた神道でしたね（▶p.143）。よって，「唯一神道」の部分が誤りになります。

　この頃，学問・思想の分野では，体制の危機に直面して新しい批判的精神が高揚していきました。平田篤胤がどのような神道を唱えたのか，また，それぞれの学問・思想が社会にどのような影響を与えたかといった観点から，次の整理を熟読してください。

NOTE

社 文 ❶ **国学の発達**：国学は漢学に対する呼称で，日本古典の研究から始まった（▶p.214）。日本古来の精神文化を追究しようとする国学は，元禄期の僧契沖を先駆とし，**荷田春満**・**賀茂真淵**・**本居宣長**・**平田篤胤**らによって代表され，しだいに純粋な日本古来の道＝**古道**を絶対化する傾向を強めていった。

　平田篤胤が唱えた排外的な色彩の強い**復古神道**は，**幕末・維新期の倒幕・神道国教化運動**の思想的原動力になったことで知られている。

ただし，国学の特徴はこれだけではなく，**史学・国文学の研究を大きく前進させた側面もあった**。たとえば，賀茂真淵に学んだ盲目の学者**塙保己一**は，幕府から和学講談所の設立を許され，そこで『群書類従』など膨大な古典史料の編纂・刊行をおこなった。

社文 ❷ **蘭学から洋学へ**：オランダ語を媒介とした**蘭学**が浸透し，西洋学術全般を研究する**洋学**へと展開した。蛮社の獄(▶ p.199)などの弾圧もあったが，**幕府・民間の双方で次代を支える人材が育成された**。

幕府側では，すでに18世紀前半，新井白石が『**西洋紀聞**』(イタリア人のイエズス会宣教師シドッチを訊問してまとめられた西洋研究書)などを著していた。また，天文方の設置(▶ p.179)，漢訳洋書輸入の禁緩和(▶ p.192)などの措置を経て，文化・文政期には，(a)全国の沿岸を実測して作成された『**大日本沿海輿地全図**』(**伊能忠敬**)の完成，(b)洋書の翻訳にあたる**蛮書和解御用**の設置などの動きがみられた。

一方，民間でも，西洋医学の解剖書を訳述した『**解体新書**』(**前野良沢**・杉田玄白ら)，蘭学入門書として多数の読者を得た『**蘭学階梯**』(大槻玄沢)，蘭日辞書である『**ハルマ和解**』(稲村三伯)など，ヨーロッパの学問・文化が**実用的で有益な技術・科学を中心に選択的に摂取された**。また，摩擦発電器(エレキテル)の実験などで知られる**平賀源内**が登場したのも，宝暦・天明期のことである。

さらに，オランダ商館医のドイツ人シーボルトが長崎郊外に開いた**鳴滝塾**，緒方洪庵が大坂に開いた**適々斎塾**(適塾)などの蘭学塾からは多くの人材が輩出された。

社文 ❸ **経世論の高揚**：危機の深化にともない，社会の抱える矛盾への批判やそれを打開しようとする議論が活発になった。

具体的には，(a)**身分制を否定**した陸奥八戸の医師**安藤昌益**(主著『自然真営道』)や，(b)田沼意次の政策に大きな影響を与えた**工藤平助**(▶ p.194)，(c)藩営専売などによる藩財政の再建を主張した**海保青陵**，(d)西洋諸国との交易による富国策を説いた**本多利明**，(e)産業の国営化などによる体系的な危機打開策を展開した**佐藤信淵**らが登場した。

社文 ❹ **尊王論と幕政批判**：**尊王論**とは，一般的に君主(天皇)を尊ぶ思想をい

うが，江戸時代後期になると，**宝暦事件**(竹内式部が京都で公家たちに尊王論を説いて追放刑になった事件，1758年)や**明和事件**(江戸で兵学を講じていた山県大弐が尊王論を説いて幕政を批判したため死罪になった事件，1767年)にみられるように，尊王論の立場から幕府を批判する言論が目立つようになった。

社文❺ **教育の普及**：生活水準の向上を背景に，教育機関もめざましく充実した。藩士子弟の教育をおもな目的とする藩校(藩学)や郷校(郷学)，庶民の生活教育の場である**寺子屋**などが多数設立された。

　また，大坂町人の出資で設立された**懐徳堂**は，**富永仲基**や**山片蟠桃**ら異色の町人学者を生んだことで知られる。

社文❻ **心学の登場**：**心学**とは，18世紀前半に京都の**石田梅岩**が創始した庶民教化の思想をいう。梅岩の思想は，儒学・神道・仏教などの影響をうけながら，実践的な生活倫理をわかりやすく説き，**商業の正当性や存在理由などを強調した**ため，京都やその周辺の富裕な町人層に支持された。その後，心学は梅岩の弟子たちの活躍によって全国に広められていった。

　さて，町人文化の面では，全国市場へと成長した江戸が中心となって文化の大衆化・通俗化が進行します。たとえば，小説では**滑稽本**や**読本**などの俗文学が人気を博し，詩歌でも**川柳**や**狂歌**がさかんになるなど，庶民の多くが文芸に親しむようになりました。また演劇では，歌舞伎(▶p.214)の興行が最盛期を迎えます。

NOTE

文❶ **洒落本**：遊客と遊女の行動や会話を描いた小説。**山東京伝**の『**仕懸文庫**』などが代表作だが，寛政の改革で弾圧されて衰えた(▶p.196)。

文❷ **黄表紙**：世相を題材にして風刺した絵入り小説。『**金々先生栄花夢**』(**恋川春町**)が有名だが，寛政の改革できびしく取り締まられた。

文❸ **滑稽本**：『**東海道中膝栗毛**』(**十返舎一九**)，『**浮世風呂**』(**式亭三馬**)など，庶民の生活を軽妙に叙述した小説。

文 ❹ **人情本**：江戸の町人社会を背景にして描かれた恋愛小説。その代表作である『春色梅児誉美』を世に出した**為永春水**は，天保の改革で処罰された（▶p.203）。

文 ❺ **読本**：勧善懲悪・因果応報の思想にもとづき，歴史や伝説を題材にした文章主体の小説。代表作には，『雨月物語』(**上田秋成**)，『南総里見八犬伝』(**曲亭馬琴**)などがある。

文 ❻ **俳諧・川柳・狂歌**：俳諧では，絵画的描写を特徴とする**蕪村**，俗語などを駆使して日々の生活感情を平明に表現した**小林一茶**らが知られる。

また，17文字を自在に操る庶民文芸である川柳や，和歌形式を用いて機知や滑稽を表現した狂歌もさかんにつくられた。

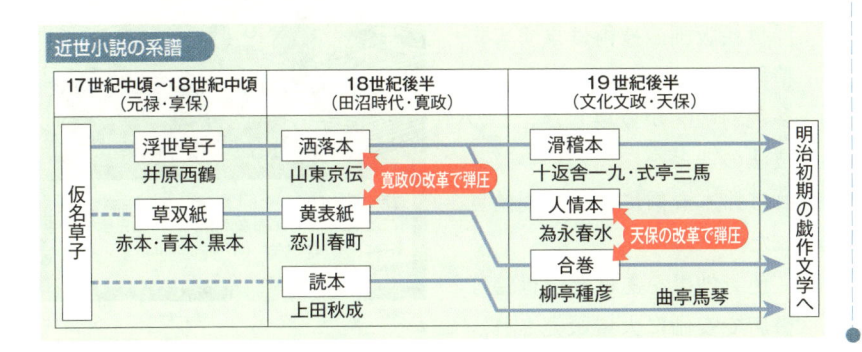

近世小説の系譜

	17世紀中頃～18世紀中頃 （元禄・享保）	18世紀後半 （田沼時代・寛政）	19世紀後半 （文化文政・天保）	
仮名草子	浮世草子 井原西鶴	洒落本 山東京伝（寛政の改革で弾圧）	滑稽本 十返舎一九・式亭三馬	明治初期の戯作文学へ
	草双紙 赤本・青本・黒本	黄表紙 恋川春町	人情本 為永春水（天保の改革で弾圧）	
		読本 上田秋成	合巻 柳亭種彦　曲亭馬琴	

美術面では，浮世絵の黄金時代がやってきます。また，明・清の影響をうけた**文人画**や，**円山応挙・呉春**（松村月溪）らによる**写生画**（実物や実景の写生を重んじた日本画）も多数描かれています。

☠ **注意問題** 喜多川歌麿によって錦絵の技法が創始されたため，浮世絵は華やかなものとなり，町人たちに愛好された。

浮世絵版画の技術である「錦絵」は，**鈴木春信**が創始しました。大切な点をまとめておきます。

11 近世の文化にはどのような特徴があるか

NOTE

文 ❶ 浮世絵版画の技術：庶民的風俗画である浮世絵は、17世紀末に菱川師宣のつくり出した画風によって成立するが、その最大の特色は、大量に印刷される版画（当初は墨一色刷）として廉価で売り出され、庶民がたやすく入手できるようになったところにある。以後、浮世絵版画の技術はますます精緻となり、ついに**極彩色の多色刷版画**が登場した。この技法のことを**錦絵**といい、それは鈴木春信によって創始された。

葛飾北斎『耕書堂』

江戸の出版社（版元）として知られる蔦屋の店舗を題材にした葛飾北斎の作品。製本中の店員や店先をのぞく客など、江戸時代後半における活発な出版業の様子が描かれている。

　色彩効果をあげた浮世絵は書店で安価に大量販売され、題材面でも美人画や役者絵・相撲絵、風景画などが登場し、一般町人に親しまれた。

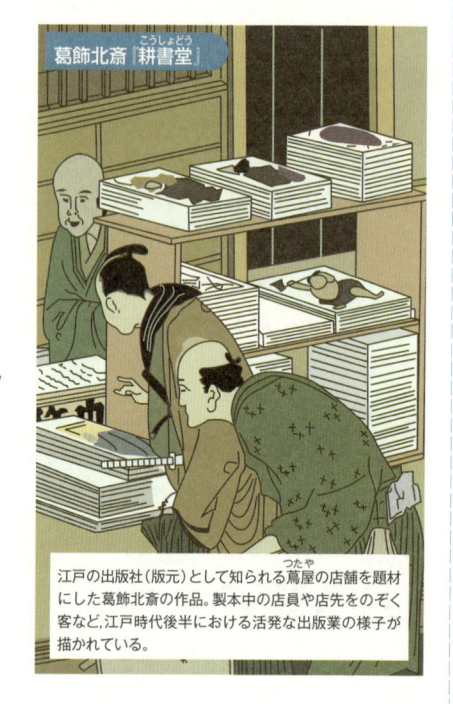

文 ❷ 代表的浮世絵師：美人画の**喜多川歌麿**、役者絵・相撲絵の**東洲斎写楽**らがすぐれた作品を描き、また風景画では**葛飾北斎・歌川広重**らの浮世絵が民衆の**旅への関心**と結びついて歓迎された。

文 ❸ 文人画：専門の画家でない文人・学者が描いた絵のことをいう。池大雅と蕪村の合作『十便十宜図』などが代表作。

葛飾北斎『富嶽三十六景』

　この時代，生活水準の格差が激しかったのは事実ですが，庶民の楽しみは一段と多様なものになっていきました。近世文化史の最後に，芸能・娯楽・旅という観点から庶民生活の様子をながめておきます。

NOTE

❶ **大衆芸能**：都市では，芝居小屋・見世物小屋や寄席などでの大衆芸能がさかんになった。

❷ **娯楽の場**：寺社の境内は盛り場としても機能し，そこでは**縁日・開帳**（秘仏の公開）・**富突**（富くじ）などが催され，多くの参詣客が集まった。農村でも，除災招福を願う講が組織され，**日待**（日の出を待って拝む行事）・**月待**（月を拝んで夜を明かす行事）・**庚申講**（庚申の夜を眠らずに過ごす行事）などの集まりがあり，娯楽の場になった。

❸ **旅の日常化**：多数の民衆が爆発的に伊勢神宮を参詣した**御蔭参り**に示されるように，湯治・物見遊山を兼ねた**寺社参詣**や**巡礼**もさかんにおこなわれた。

第3章　近世

11 近世の文化にはどのような特徴があるか

> **COLUMN** 寺子屋
>
> 庶民に初等教育をおこなう機関。人々の生活の必要から自然発生的に開業され，そこでは，「読み・書き・そろばん」を中心に，日常生活や社会生活に必要な知識・技術・道徳の習得がめざされた。一般に幕府や諸藩は非干渉だった。庶民生活における識字能力の重要度が増すにつれ，設立数は激増し，女子の参加数ものび，幕末期には全国に数万の寺子屋が存在したと考えられている。
>
> 都市では町人・浪人などが，農山漁村では僧侶・神官などが教師（師匠と呼ばれた）になったが，多くの師匠は，机に向かう子供たちの正面に座って文字の書き方を効率的に教えるため，文字を逆さまに書く（倒書）技術を身につけていたという。そこでの師匠と子供たちとの関係はあくまでも家族的・自発的なもので，支配者の意思にもとづいて設立された藩校や近代の学校とは性格が大きく異なっていた。

第11講 確認テスト

131. 桃山文化の時代などに城の内部を飾る障壁画に多用された，金箔に極彩色を用いる手法のことを何というか。 — 濃絵

132. 酒井田柿右衛門が開発・完成させた，陶磁器の上絵付法のことを何というか。 — 赤絵

133. 『大学或問』を著し，幕政を批判したとして処罰された陽明学者は誰か。 — 熊沢蕃山

134. 8代将軍徳川吉宗の諮問に応じて作成された幕政改革案『政談』(武士土着論などを主張)などを著したことで知られる儒学者は誰か。 — 荻生徂徠

135. 新井白石の著書で，独自の時代区分論が展開されている歴史書を何というか。 — 読史余論

136. 渋川春海(安井算哲)が従来の暦を修正して完成させた，日本独自の暦を何というか。 — 貞享暦

137. 復古神道を唱えて幕末の尊攘運動に影響を与えた，江戸時代後期の国学者は誰か。 — 平田篤胤

138. 蘭学者の稲村三伯らによって編纂された，日本で最初の蘭日辞書を何というか。 — ハルマ和解
(オランダ人ハルマの出版した『蘭仏辞典』を翻訳)

139. 19世紀前半，大坂に適々斎塾(適塾)を開いて多くの人材を育成した人物は誰か。 — 緒方洪庵

140. 大坂町人の出資で設立され，富永仲基・山片蟠桃ら異色の学者を生んだ塾を何というか。 — 懐徳堂
(懐徳堂出身の学者→富永仲基・山片蟠桃)

141. 近世小説の一様式で，山東京伝『仕懸文庫』などに代表される短編遊里小説のことを何というか。 — 洒落本

142. 鈴木春信らが中心となって完成させた，多色刷浮世絵版画(の技法)のことを何というか。 — 錦絵

第3章 近世

第4章

近代

1844年〜1945年

第12講：日本は近代の圧力にどのように対応したか
第13講：近代国家日本はどのように行動したか
第14講：成長した日本にはどのような限界があったか
第15講：近代日本の挫折はどのように進行したか
第16講：近代の文化にはどのような特徴があるか

第12講 日本は近代の圧力にどのように対応したか

1844〜1878年：幕末の動乱から明治新政府樹立へ

政 外 ① 開国 ★★★

さあ、時代はいよいよ幕末から明治時代へと動いていきます。当時おこったダイナミックな歴史の転換に、単なる受験勉強を超えて魅了される人も多いのではないでしょうか。

ここでは、開国までの流れをとりあげます。下記の問題は、開国要求の際に要職にあった人物についてです。

> **注意問題** ペリー来航の頃、諸大名に対応を諮問するなど、老中として幕政を主導した人物は、井伊直弼である。

果たして、ペリー来航時に「老中として幕政を主導」していたのは**井伊直弼**だったでしょうか？　まず、当時の欧米列強の様子からペリー来航にいたる経緯をみていきましょう。

19世紀になると、産業革命を進展させた欧米列強は、原料と市場を求めてアジア進出を本格化させました（▶p.197）。とくに、**新しいフロンティアを求めた**アメリカは、中国との貿易や捕鯨業のための寄港地として、日本の開国が必要だと考えるようになります。

しかし、「鎖国」方針を堅持しようとする幕府は、オランダ国王の開国勧告（1844年）やアメリカ海軍軍人**ビッドル**の通商要求（46年）に、簡単には応じようとしませんでした。

そこで、53年にフィルモア米大統領の国書を携えた海軍軍人**ペリー**が軍艦4隻を率いて来航します。アメリカの本格的な開国要求に直面した幕府は、翌年再来したペリーの強硬な態度に押されて、ついに**日米和親条約**を結びました。

このとき誰が幕政の主導者だったかというと、老中首座の**阿部正弘**です。

列強によるアジア進出

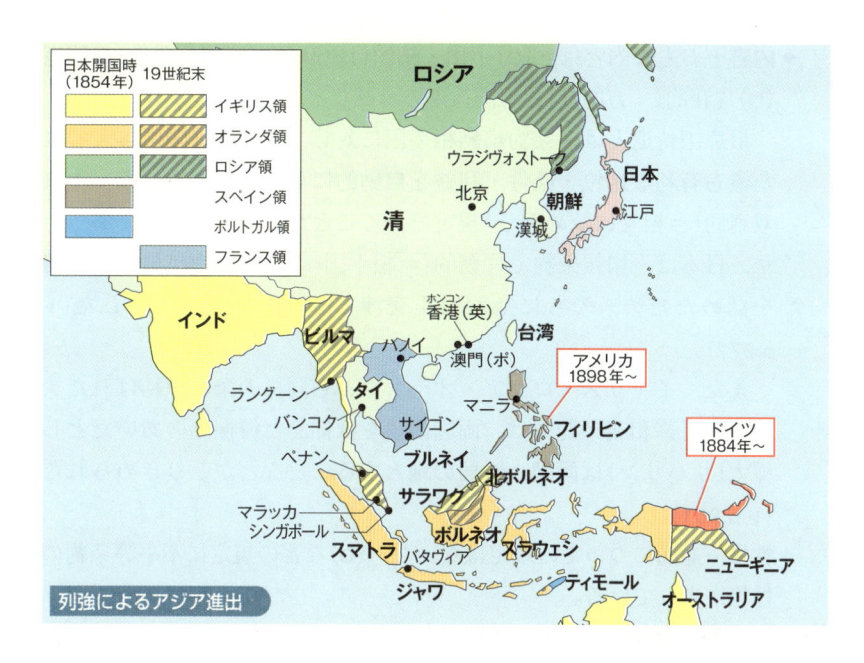

彼は，①朝廷に事態を報告し，諸大名や幕臣にも意見を求める，②優秀な人材を登用する，③江戸湾防備のために台場(砲台)を築く，④大船建造の禁を解く，などの改革を実行しました(**安政の改革**)。

問題文中の「井伊直弼」は，1858年，幕府が一連の**修好通商条約**に調印したときの大老であり，もう少しあとの人物です。和親は阿部，修好通商は井伊。間違えないようにしましょう。

日米和親条約を結んだ幕府は，ついでイギリス・ロシア・オランダ各国とも同様の条約を締結します。

ここで，和親条約と修好通商条約の基本的内容を確かめておきましょう。

NOTE

外 ❶ **日米和親条約(神奈川条約，1854年調印)**：江戸幕府は，軍艦7隻を率いて前年につづき再度来航したペリーの態度に押されて，日米和親条約を締結した。

- ◆**内容**…おもな内容は，(a)**下田・箱館**(1869年に函館と改称)の開港，(b)**片務的(一方的な)最恵国待遇**の承認など。

  最恵国待遇とは，条約締結相手国に対し，**ある第3国に与えられた最も有利な地位・条件・利益を自動的に与える**ことをいう。本来，双務的(＝相互に認め合う)規定であることが通商上の原則であったが，日本は，和親条約で片務的(＝相手国への一方的な)最恵国待遇を認めたため，のちに条約改正交渉でその双務化を追求した(▶p.272)。

  また，イギリス・ロシア・オランダとも同様の条約が結ばれた。とくに日露和親条約では，**両国国境を択捉島と得撫島のあいだ**とし，**樺太(サハリン)は両国人雑居の地**とすることなどがとりきめられた(▶p.251)。

- ◆**性格**…通商についての規定はないが，(b)などの規定に不平等条約の性格が表れている。

政 外 ❷ 日米修好通商条約(1858年調印)：1856年に来日したアメリカ総領事**ハリス**は，アロー戦争(1856～60年)での清の敗北と，それにともなうイギリス，フランスの脅威を利用して通商条約の締結を強く要求した。

- ◆**幕府の対応**…58年，老中首座**堀田正睦**は勅許(天皇の許可)の獲得に失敗。つづいて大老井伊直弼が勅許を得ずに調印を断行した(＝**違勅調印**)。
- ◆**内容**…**日米修好通商条約**は自由貿易を規定したものの，(a)**関税自主権**をもたず(＝協定関税制の採用)，(b)領事裁判権と居留地の設定(＝**治外法権**)を承認した不平等条約だった。

  協定関税制とは輸出入品に対して課される税率を両国の相談のもとに決める方法，領事裁判権とは領事が駐在国の自国民に対して本国法に従って裁判をおこなう権利，居留地とは外国人の自由な居住・営業が法的に認められた土地のことをいう。日本では，横浜・長崎・神戸などに居留地が設けられた。
- ◆**総称**…オランダ・ロシア・イギリス・フランスとも同様の条約が結

ばれ、**安政の五カ国条約**と総称される。

◆ **改税約書**…66年調印。イギリスを中心とする列国の軍事的圧力をうけた幕府が調印した、協定関税率の改定に関するとりきめ。これによって、修好通商条約で定められた関税率は日本にとっていっそう不利なものとなり、**列国の日本への商品輸出がさらにうながされることとなった。**

> **COLUMN** 協定関税制の影響
>
> 輸出入品に対して課される税である関税は、国家財政上の重要財源になるだけでなく、ある特定の輸入品に高率の関税を課すことによって輸入を抑制し、その分野の国内産業を保護することができるという性格をもっていた。したがって協定関税制の採用（＝関税自主権の欠如）は、**税収上マイナスであるだけでなく、戦略的な国内の産業育成が困難になることをも意味していた。**

② 貿易の開始と経済変動 ★★

1858年に一連の修好通商条約が結ばれると、翌59年から横浜・長崎・箱館で貿易が始まります。貿易は、居留地内という事実上日本の主権から独立した場所で、外国商人と日本商人が取引するかたちをとりました（**居留地貿易**）。

> **注意問題** 通商条約の締結により横浜などが開港されると、アメリカが最大の貿易相手国になった。

ここまでの流れを考えると、当然のように思える文章ですね。しかし「アメリカ」は当時、自国で大規模な内戦（南北戦争、1861～65年）に突入したため、**日本から後退**していきます。

かわって台頭した国はイギリスでした。**対日貿易の主導権をにぎったイ**

12 日本は近代の圧力にどのように対応したか

ギリスは，以後，国内政治にも大きな影響力をおよぼしていきます。

さて，ここで貿易の影響をもう少し考えておきましょう。次のまとめで経済が大きく揺さぶられた様子をつかんでください。

NOTE

経❶ **生糸の大量輸出**：養蚕業（繭生産）・製糸業（生糸生産）が活況を呈する一方で，絹織物業は生糸不足により打撃をうけた。

また，在郷商人が商品を開港地に直送したため，**新しい流通ルートが形成される**一方で，株仲間の独占する江戸中心の特権的な流通機構は大きく機能を低下させた。

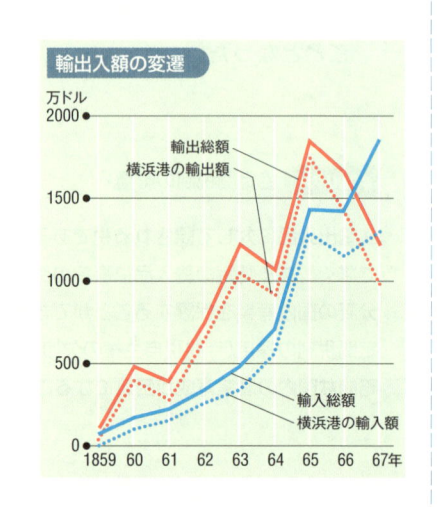

◆**五品江戸廻送令（1860年）**
…雑穀・水油・蠟・呉服・生糸の商品を，江戸の問屋に回送してから横浜に送るよう命じた法令。しかし，在郷商人や列国の反対で効果はあがらなかった。

輸出入額の変遷（万ドル）：輸出総額，横浜港の輸出額，輸入総額，横浜港の輸入額　1859〜67年

経❷ **綿製品の大量輸入**：イギリスなどから産業革命を経た安価で高品質な綿製品が大量に輸入された。このため，各地に普及していた綿織物業は大きく圧迫されていった。

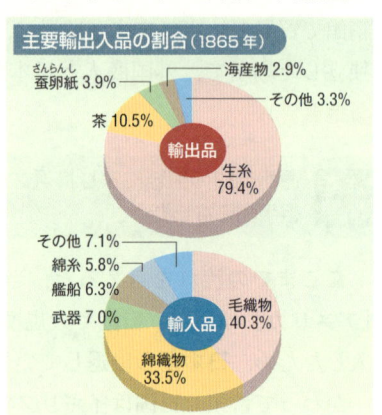

主要輸出入品の割合（1865年）
輸出品：生糸79.4%，茶10.5%，蚕卵紙3.9%，海産物2.9%，その他3.3%
輸入品：毛織物40.3%，綿織物33.5%，武器7.0%，艦船6.3%，綿糸5.8%，その他7.1%

経❸ **金銀比価の相違**：日本と外国との金銀比価（日本では金1：銀5，外国では金1：銀15）が異なっていたため，外国商人が大量の銀を日本にもちこんで金貨と交換する事態が生じ，**大量の金貨**

が国外に流出した。幕府は，1860年に従来の小判を大幅に小型化した万延小判を鋳造（**万延貨幣改鋳**，▶p.182）して金貨の流出を防止した。しかし，貨幣価値の低下により通貨量が増大したため，**物価の上昇が顕著**になっていった。

外圧の激化

ロシア	1792年	ラクスマンが漂流民をともない根室に来航（▶p.196）。同年，海岸防備を説いた林子平（『三国通覧図説』『海国兵談』）が処罰されたが，ラクスマンの来航はその数カ月後のことだった。幕府は蝦夷地政策を本格化させ，1798年には近藤重蔵・最上徳内らに択捉島を探査させた。
	1804年	レザノフが長崎に来航（▶p.198）。レザノフの来航などを背景に，幕府は外国船への必要品の給与を許す方針をとった（文化の撫恤令＝薪水給与令，1806年，▶p.199）。また，この後レザノフが日本北方を威嚇・攻撃したという報が入ると，①松前奉行による松前藩・蝦夷地の直轄化（1807〜21年），②間宮林蔵による樺太探査（1808年）などが実施され，北方の警備が増強された。
	1811〜13年	ゴローウニン事件発生（▶p.198）。日本側がロシア軍人ゴローウニンを，ロシア側が淡路の商人高田屋嘉兵衛を抑留，嘉兵衛の尽力により双方釈放で決着した。
アメリカ	1837年	モリソン号事件発生（▶p.198）。異国船打払令のもとでアメリカ商船モリソン号を撃退。国内では1839年，こうした幕府の態度を批判した蘭学者渡辺崋山（『慎機論』）・高野長英（『戊戌夢物語』）らが処罰された（蛮社の獄）。
	1842年	天保の薪水給与令発令（▶p.199）。アヘン戦争（1840〜42年）での清の敗北に衝撃をうけた幕府（老中水野忠邦）は，対外政策を再び転換。異国船打払令の緩和，文化の撫恤令への復帰を明確にした。
	1844年	オランダ国王の開国勧告（→幕府はこれを拒否）。
	1846年	アメリカ海軍軍人ビッドルの通商要求（→幕府はこの要求を認めず）。
	1853年	アメリカ大統領の国書を携えた海軍軍人ペリーが軍艦4隻を率いて来航（ロシアのプチャーチンもペリー来航直後に長崎に来航）。アメリカの本格的な開国要求に直面した幕府は，翌1854年に再来したペリーの強硬な態度に押されて，ついに日米和親条約を結び，ついで英・露・蘭各国とも同様の条約を締結した。
	1856年	アメリカの初代駐日総領事ハリスは，アロー戦争（1856〜60年）での清の敗北などを利用して通商条約の締結を強く要求。これに対して幕府は，老中首座堀田正睦が勅許（天皇の許可）の獲得に失敗したのち，1858年，大老井伊直弼の決断で，勅許を得ずに日米修好通商条約（蘭・露・英・仏とも同様の条約が結ばれ，安政の五カ国条約と総称）の調印に応じた（違勅調印問題発生，▶p.228）。
イギリス	1808年	フェートン号事件発生（▶p.198）。ナポレオン戦争の余波でイギリス軍艦が長崎に乱入した。フェートン号事件・ゴローウニン事件など列国との紛争が多発したことを背景に，イギリス捕鯨船による上陸事件などがあいつぐと，1825年，幕府は外国船の撃退を命じた強硬策を発令した（異国船打払令＝無二念打払令，▶p.199）。アメリカは，自国で大規模な内戦（南北戦争，1861〜65年）に突入し，その影響で日本から後退。アメリカにかわって対日貿易の主導権をにぎったイギリスは，以後，国内政治にも大きな影響力をおよぼしていった。

3 攘夷から倒幕へ ★★★

　開国をうけて、国内の政治はどのように変化していったのでしょうか？幕末期の政治の動向は権力の転換があったため、かなり複雑です。
　そこで、最も大きな権力の転換——徳川幕府から天皇を中心とした新政府へと権力が移るところに焦点をあてて、整理しながらお話していきましょう。

> **注意問題** 1867年、王政復古の大号令が発せられたのち、新政府による最初の会合で、徳川慶喜に改めて将軍職を辞退するよう命じる決定がなされた。

　注意問題としてとりあげたのは、権力の転換にあたって、当時15代将軍だった**徳川慶喜**が将軍職の辞退を「改めて」命じられたかどうかというものです。問題の解説をする前に、ここにいたるまでの大まかな動きを追ってみましょう。
　幕政の転換は、開国を前後して始まります。1858年、修好通商条約の違勅調印を断行した大老井伊直弼は、**将軍継嗣問題**でも強引に徳川慶福を継嗣と決め（→14代**家茂**）、反対派を多数弾圧する措置をとりました（**安政の大獄**）。しかし、この強引な動きは**桜田門外の変**（60年）をひきおこすなど、反幕運動を高める結果をもたらします。
　以後の政局は、朝廷（公）と幕府（武）の協力体制を理想とする**公武合体**運動と、外国勢力を排して天皇中心の政治をめざす**尊王攘夷**（尊攘）運動の対立・抗争が基調になると考えてよいでしょう。
　公武合体運動は、老中安藤信正の手から薩摩藩の主導する幕政改革（**文久の改革**）へと展開します。一方、尊攘運動は長州藩を中心に高揚をみせるのですが、**四国艦隊下関砲撃事件**（64年）などによって挫折を余儀なくされました。
　土佐藩出身の**坂本龍馬**らの仲介で**薩長連合**（**同盟**）が成立したのは、66年。攘夷の不可能が明白になるなかで、薩長連合は**開国・倒幕路線**へと急速に傾いていきました。

朝廷を抱きこんだ薩長連合は幕府勢力を追いつめていきます。形勢不利となった幕府は、土佐藩の献策に従って武力対決を避けようと、67年10月14日に**大政奉還**をおこないます。大政奉還には、15代将軍**徳川慶喜**による**徳川氏を中心とした連合政権樹立の意図**がありました。しかし、すでに武力倒幕を決意していた薩長両藩にとって、とうてい納得できる内容ではありませんでした。

そして、武力倒幕を画策した倒幕派によって、12月9日に**王政復古の大号令**が発せられ、天皇を中心とする新政府の樹立が宣言されました。

◆ **王政復古の大号令**

徳川内府、従前御委任ノ大政返上、将軍職辞退ノ両条、今般断然聞シメサレ候、抑癸丑以来未曾有ノ国難、先帝頻年宸襟ヲ悩マセラレ候御次第、衆庶ノ知ル所ニ候、之ニ依リ、叡慮ヲ決セラレ、王政復古、国威挽回ノ御基立テサセラレ候間、自今摂関、幕府等廃絶、即今先ズ仮ニ総裁、議定、参与ノ三職ヲ置カレ、万機行ハセラルベク、諸事神武創業ノ始ニ原ツキ、縉紳武弁、堂上地下ノ別無ク、至当ノ公議ヲ竭シ、天下ト休戚ヲ同ジク遊バサルベキ叡念ニ付キ、各勉励、旧来驕惰ノ汚習ヲ洗ヒ、尽忠報国ノ誠ヲ以テ、奉公致スベク候事、……

《明治天皇紀》

ここで、注意問題の解説をしましょう。

問題は「1867年、王政復古の大号令が発せられたのち、新政府による最初の会合で、徳川慶喜に改めて将軍職を辞退するよう命じる決定がなされた」というものでした。よく勉強している人なら、「新政府による最初の会合」＝新政府樹立当夜の**小御所会議**で決定された辞官納地を思い浮かべ、注意問題の内容は正解だと考えるかもしれません。

ですが、辞官納地とは慶喜に対する**内大臣の辞退と領地の一部返上**を命じたもので、「将軍職」の辞退を改めて命じたものではありません。慶喜は先に述べた大政奉還によってすでに「将軍職」を辞退しています。なぜならば、**大政奉還とは朝廷への政権返上を意味する**からです。混乱しないようにしましょう。

こうして薩長連合を中心とする新政府は、**旧幕府勢力を挑発**することで**戊辰戦争**に突入していきます。

ざっとお話してきましたが，内容が盛りだくさんでしたね。ここまでの動きを整理しておきましょう。

まず幕府の動向についてですが，これは①**幕府主導期**，②**幕政混乱期**，③**幕府再生期**の3つの時期に分けて考えることができます。

NOTE

政 ① 幕府主導期（1853～62年）：

◆ **1854年頃…【安政の改革】**

ペリー来航時の老中首座阿部正弘は，(a)朝廷に事態を報告し諸大名や幕臣にも意見を求める，(b)優秀な人材を登用する，(c)江戸湾防備のために台場（砲台）を築く，(d)大船建造の禁を解く，などの改革を実行した。

◆ **1856年頃…【幕府内部での対立と将軍継嗣問題】**

アメリカ総領事ハリスが通商条約の締結を強く要求するなかで，1857年，阿部正弘が急死すると，幕府内部では通商条約問題と将軍継嗣問題をめぐる対立が激化していった。58年，老中首座堀田正睦が条約の勅許を試みたものの，**孝明天皇**（こうめい）がこれを許さず失敗した。

対立の背景には，生来病弱な13代将軍の徳川家定に子がなく，内外の難局に対処できる後継者の決定を求めて2派が争っていたことがあげられる。譜代大名を中心とする幕府の主流（南紀派）は伝統的立場から，「血筋」の点からまだ幼少の紀伊藩主徳川慶福（のち家茂）を推し，安政の改革の過程で発言権を強化した越前藩主松平慶永（よしなが）（春嶽（がく））・薩摩藩主島津斉彬ら（一橋派）は，「英明（えいめい）・年長」である一橋（徳川）慶喜を擁立した。

◆ **1858～60年…【桜田門外の変】**

井伊直弼が大老に就任。彼は，通商条約の違勅調印を断行すると同時に，将軍継嗣問題でも反対を押し切って徳川慶福を継嗣と決定し（→14代将軍徳川家茂），さらに反対派を多数弾圧する措置をとった（安政の大獄）。しかし，こうした強硬策は，60年の桜田門外の変で大老井伊が暗殺されるなど，反幕運動を高める結果をもたらした。

◆ 1860〜62年…【公武合体】
　　桜田門外の変後，老中の安藤信正は安政の大獄のような強硬路線を否定して幕府主導の公武合体策を模索した。具体的には，61年に孝明天皇の妹和宮を14代将軍家茂の夫人とした。しかし，こうした穏健路線も，62年に発生した坂下門外の変により，安藤自身が失脚に追いこまれて挫折した。

政❷ **幕政混乱期（1862〜66年）**：この時期，1862年に薩摩藩主導の幕政改革が実行されたり，長州藩の要求に押されて63年5月10日が攘夷決行期日とされたりするなど，**幕府の政治的指導力は急速に低下**していった。

政❸ **幕府再生期（1867年頃）**：1866年，第2次長州征討の最中に14代将軍家茂が世を去ると，今度は，将軍継嗣問題の際にも擁立された徳川慶喜が征夷大将軍・内大臣の座に就くことになった。慶喜は，15代将軍として幕政の刷新に全力をあげ，軍備を充実し，またフランス公使ロッシュの助言を採用するなど，大胆な改革を進めた。それは，**幕府の求心力を回復するのに相当の効果をあげた**と考えられている。

　つづいて，薩長両藩などの動きをみていきましょう。

NOTE

政外❶ **薩摩藩の動向**：幕政が混乱へと向かうなかで，薩摩藩は**独自の公武合体策**を模索した。

　◆ **内政面**…坂下門外の変（安藤信正失脚）後の1862年，薩摩藩主の父**島津久光**は，公武合体の立場から朝廷と結んで薩摩藩主導の幕政改革を要求した（文久の改革）。松平慶永が**政事総裁職**，徳川慶喜が**将軍後見職**，松平容保が**京都守護職**になり，あわせて参勤交代制の緩和（在府在国一年交代→三年一勤）・西洋式軍制の採用などの改革も実行されたが，この改革は必ずしも成功したとはいえなかった。
　　以後，しだいに藩内では**倒幕論が台頭**していく。

- ◆ **対外面**…当初は，薩摩藩内においても**攘夷の気運がきわめて高かった**。しかし63年，前年に発生した**生麦事件**（島津久光の行列に遭遇したイギリス人が殺傷された事件）の報復をうけて**薩英戦争**が勃発。敗北を喫すると，藩内には無謀な攘夷を反省する気運が生まれ，**開国路線が明確**になっていった。また，この薩英戦争はイギリス側が薩摩藩の実力を評価する契機にもなり，以後，**薩英関係が急速に緊密化**していった。

② **長州藩の動向**：長州藩を中心とする尊王攘夷派（尊攘派）は，幕府に1863年5月10日を期した攘夷決行を約束させるなど，60年代初頭に運動を高揚させることに成功した。

- ◆ **内政面**…尊攘運動が高揚をみせた63年に発生した**八月十八日の政変**で，尊攘派（長州藩勢力や急進派公家**三条実美**ら）は京都から追放された。64年，長州藩は**池田屋事件**をきっかけにして京都に攻めのぼったものの，再び**禁門の変**（**蛤御門の変**）で薩摩・会津などの藩兵に敗北。つづいて幕府による**第1次長州征討**にさらされて大敗した。

  これによって大打撃をうけ，屈服を余儀なくされた長州藩では，一時，保守（恭順）派が主流を占めることになった。しかし65年になると，身分制にとらわれない混成部隊**奇兵隊**を組織していた**高杉晋作**ら倒幕派が，藩内の権力を掌握することに成功する。

- ◆ **対外面**…63年5月10日を期した攘夷決行に対する報復として，64年にイギリス・フランス・アメリカ・オランダによる四国艦隊下関砲撃事件が発生した。これに大敗した長州藩は，**観念的な攘夷論を転換せざるをえなくなった**。

③ **大政奉還**：幕末の一時期を中心に，**雄藩連合政権**をめざす動きが活発化した。土佐藩の唱える連合政権構想をうけいれた幕府は大政奉還をおこなって発言権の確保をねらったが，一方で，1866年に成立した薩長連合（同盟）は開国・倒幕路線を選択し，幕府と対決する姿勢をかためていった。

- ◆ **雄藩連合政権構想**…幕末期，土佐藩などが唱えた諸藩の合議による連合政権をつくろうという国家構想（公議政体論）。土佐藩の山内豊

信(容堂)らによる構想には，(a)ヨーロッパの議会に関する知識が影響していること，(b)現実には徳川氏を中心とする列藩会議を想定することで旧権力を温存しようとする性格をもっていたこと，といった特徴がみられる。

　67年10月14日，この構想を15代将軍徳川慶喜がうけいれたため，政権を朝廷にいったん返上したのち諸侯会議の開催をめざす大政奉還が実行された。

◆**新政府の樹立**…一方，大政奉還前年の66年には，土佐藩出身の坂本龍馬・**中岡慎太郎**らの仲介によって薩長連合(薩長同盟)が誕生していた。まもなく武力倒幕を決意した薩長連合は，67年12月9日，公議政体論にもとづく大政奉還路線が現実的な影響力をもつ前にクーデターを敢行し，徳川氏を排除した新政府の樹立を宣言した(王政復古の大号令)。さらに同日夜，新政府は三職による小御所会議を開催して徳川慶喜に内大臣の辞退と領地の一部返上(辞官納地)を命じることを決定し，旧幕府側を半ば挑発するかたちで軍事対決路線を鮮明にした。

　以上の出来事を，年表にまとめました。幕末は事件や覚えるべき事柄が多いので，流れをしっかり把握しておきましょう。

幕末の政局―①

年	出来事
1858	日米修好通商条約調印。徳川慶福を将軍継嗣に決定(14代家茂) ⇒1858～59年　安政の大獄
1860	桜田門外の変おこる(井伊直弼暗殺) 五品江戸廻送令出される
1861	安藤信正，孝明天皇の妹和宮を14代将軍家茂の夫人とする ⇒1862年　坂下門外の変おこる(信正失脚)
1862	薩摩藩の島津久光，公武合体の立場から文久の改革を実行。その帰途に生麦事件おこる ⇒1863年　薩英戦争おこる(敗北した薩摩藩，開国・倒幕路線へ)

次ページにつづく➡

12 日本は近代の圧力にどのように対応したか

幕末の政局—②	
1863	幕府、朝廷や長州藩の要求に押され、5月10日を攘夷決行期日とする 長州藩、5月10日に下関海峡を通過する外国船を砲撃 ⇒1864年 四国艦隊下関砲撃事件おこる（長州藩、大敗） 　八月十八日の政変で、長州藩などの尊攘派を京都から追放
1864	池田屋事件をきっかけに禁門の変（蛤御門の変）おこる ⇒1864年　幕府、第1次長州征討を実行（長州藩、恭順の意を表明）
1865	長州藩で倒幕論台頭 ⇔ 幕府、長州再征を宣言 条約の勅許実現
1866	坂本龍馬らの仲介により薩長連合成立 改税約書調印 第2次長州征討失敗・中止
1867	「ええじゃないか」広がる 徳川慶喜、大政奉還を実行 ⇔ 薩長両藩、討幕の密勅をうける ⇒王政復古の大号令により新政府成立。小御所会議で辞官納地決定（新政府と旧幕府、対決へ）

政 ④ 明治新政府の成立 ★★

　衝突を回避しようとした大政奉還のもくろみが外れた慶喜は、1867年末の小御所会議で出された辞官納地に反発し、京都から大坂城にひきあげてしまいます。

　こうして旧幕府と新政府の軍事的対立が決定的となり、68年1月から翌年5月まで新政府と旧幕府による内乱がつづきました。この内乱の総称を戊辰戦争と呼んでいます。**鳥羽・伏見の戦い**、江戸城の無血開城、**奥羽越列藩同盟**の瓦解、**五稜郭の戦い**を経て、勝利したのは新政府でした。

　さて、ここで問題です。

> 注意問題　戊辰戦争が終結して平和が回復すると、新政府は、五箇条の誓文を公布した。

五箇条の誓文がいつ出されたかという問いです。学校などで習った人も多いかと思いますが，五箇条の誓文は新政府が出した基本方針のことでしたね。

さっそく答えてしまいますが，「戊辰戦争が終結して」から公布したのではありません。新政府は，**戦争中に国家の基礎をかためる政策を次々に示しています**。なぜなら，欧米列強の圧力が常に存在していたため，新政府には内乱だけに集中するような時間的余裕がなかったんです。

具体的には，開明的な政治理念を宣言した五箇条の誓文を発する一方で，旧幕府の伝統的な庶民統治策を継承した**五榜の掲示**を民衆に示しています。さらに，新政府

◆ 五箇条の誓文

一 広ク会議ヲ興シ万機公論ニ決スベシ
一 上下心ヲ一ニシテ盛ニ経綸ヲ行フベシ
一 官武一途庶民ニ至ル迄各其志ヲ遂ゲ人心ヲシテ倦ザラシメン事ヲ要ス
一 旧来ノ陋習ヲ破リ天地ノ公道ニ基クベシ
一 智識ヲ世界ニ求メ大ニ皇基ヲ振起スベシ

（『明治天皇紀』）

の政治組織を定めた**政体書**(アメリカをモデルとした形式上の**三権分立制**を採用)を発布し，また**明治改元**，東京への事実上の遷都を実行しました。

ただし，旧幕府に勝利したからといって，すぐに新政府が全国政権になったわけではありません。まだ，全国には大名を領主とする藩体制が残っています。

そこで新政府は，戊辰戦争が終結すると，まず**版籍奉還**をおこないます。さらに**廃藩置県**を断行して藩体制の解体を実現していきます。両者の違いに注意しましょう。

NOTE

政 ❶ 版籍奉還：戊辰戦争に勝利した明治新政府にとって，中央集権体制の確立＝藩制の解体が大きな課題となった。

版籍奉還は，薩長土肥4藩主の上表をうけて，戊辰戦争終了直後の

第4章 近代

12 日本は近代の圧力にどのように対応したか

1869年6月に実行された。版籍奉還とは藩主が領地(版)・領民(籍)を朝廷に返上することをいうが、旧大名をそのまま**知藩事**(＝地方長官)として藩政にあたらせるなど、この改革は、**旧来の藩制が温存された形式的改革にとどまった**。

政❷ **廃藩置県**：1871年、薩長土3藩から献兵された御親兵の武力を背景に、半ばクーデター的手法をとって廃藩置県が断行された(直後に**岩倉使節団**が米欧へと出発、▶p.272)。

明治新政府は、知藩事である旧大名に東京居住を命じ、かわりに**府知事・県令**を新たに任命して藩制を解体し、**国内の政治的統一を達成**した。全国は1使(**開拓使**)・3府(東京・大阪・京都)・302県となり、以後、整理・統廃合が進められて、88年には1道3府43県になった。

政❸ **官制改革**：廃藩置県と同時に政府組織の集権化も進められ、三院制(正院・左院・右院)をしく太政官の要職に薩長土肥4藩出身の実力者が就いた。

◆**左院**…1871年、廃藩置県直後の太政官制改革(三院制)で創設された立法諮問機関。**民撰議院設立の建白書**が提出されたことで知られる。75年の大阪会議の結果、廃止されて元老院になった。

◆**太政官(制)**…近代における太政官制は、内閣制度創設以前(1868～85年)の中央政府機構を指す。政体書で復活し(七官制)、版籍奉還(69年)直後の二官六省制を経て、廃藩置県(71年)直後には正院・左院・右院の三院制とされた。

官制改革

政体書（1868年閏4月）

太政官
- 司法：刑法官
- 行政：行政官
  - 神祇官
  - 軍務官
  - 会計官
  - 外国官
  - 民部官 1869.4
- 立法：議政官
  - 上局（議定・参与）
  - 下局（貢士）

廃藩置県後（1871年7月）

太政官
- 左院
- 正院
  - 参議
  - 右大臣
  - 左大臣
  - 太政大臣
- 右院

- 元老院 1875.4
- 宮内省
- 司法省
- 工部省 1870.閏10
- 開拓使 1882.2廃止
- 文部省
- 外務省
- 兵部省
  - 陸軍省 1872.2
  - 海軍省 1872.2
- 大蔵省
- 神祇省 1871.8
  - 教部省 1872.3～1877.1

- 大審院 1875.4
- 参事院 1881.10
- 農商務省 1881.4
- 内務省 1873.11

内閣制度（1885年12月）
- 宮内省
- 内大臣府
- 枢密院 1888.4
- 法制局
- 帝国議会 1890.2
- 大審院
- 司法省
- 逓信省
- 農商務省
- 文部省
- 外務省
- 内務省
- 海軍省
- 陸軍省
- 大蔵省

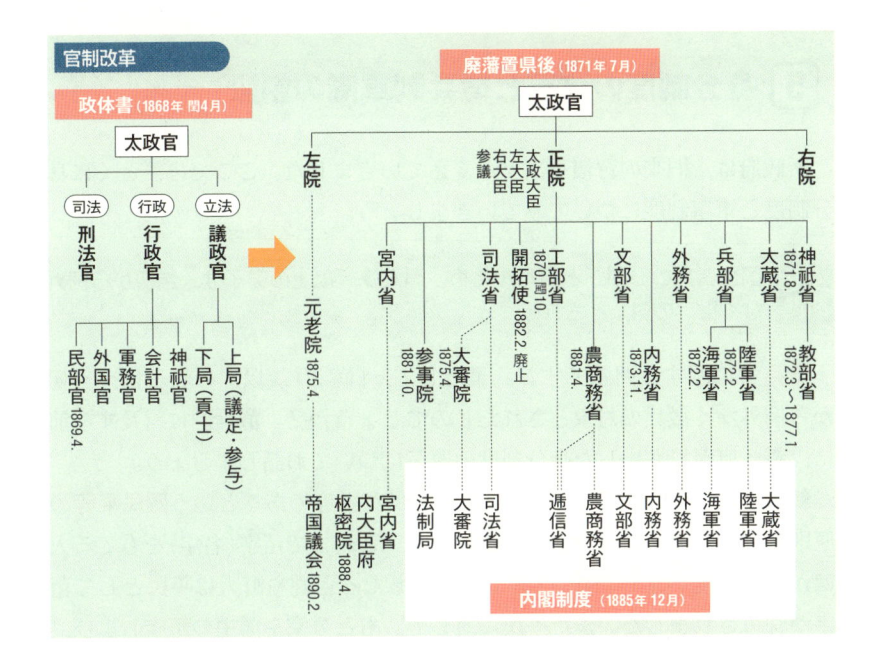

以下に，鳥羽・伏見の戦いから版籍奉還までの流れをまとめました。もう一度おさらいしておきましょう。

戊辰戦争中の出来事

年月	出来事
1868.1	鳥羽・伏見の戦い（戊辰戦争開始）
1868.3	五箇条の誓文　公議世論の尊重・開国和親など，開明的な政治理念を宣言
	五榜の掲示　旧幕府の政策を継承した，新政府の民政方針
1868.4	新政府軍，江戸城接収
1868.7	江戸を東京と改称
1868.9	明治改元，一世一元の制を定める
	会津藩降伏（奥羽越列藩同盟瓦解）
1869.1	薩長土肥4藩主，版籍奉還を朝廷に上表
1869.3	東京に事実上遷都
1869.5	箱館五稜郭の榎本武揚ら降伏（戊辰戦争終了）
1869.6	版籍奉還

第4章　近代

5 身分制度の改革と徴兵制軍隊の創設 ★★★

　新政府は、旧来の習慣を次々と変えていきました。ここでは、とくに身分制度と軍事制度についてみていきましょう。

> **注意問題** 国民皆兵の原則がとられたため、満20歳以上の男子は、当初から例外なく徴兵の対象とされた。

　徴兵令に関する問題ですね。果たして、「満20歳以上の男子は、当初から例外なく徴兵の対象とされた」のでしょうか？　徴兵制に言及する前に、新政府が打ち出した身分制度の改革についてお話しましょう。

　新政府は、「士農工商」のいわゆる四民が平等であるという**四民平等**の原則に立って旧来の身分秩序を改めます。これまで苗字(名字)をもてる人はかぎられていましたが、「農工商」にあたる百姓や町人は**平民**として苗字が許可されました。また平民に対して、もと公家や藩主の**華族**および、旧幕臣や旧藩士の**士族**との通婚や、移転・職業の自由などを認めます。

　さらに1871年、「**えた・非人**」の解放令も布告されますが、被差別部落民に対する差別は、この後も長くつづくことになりました。

　一方、欧米列強をモデルとした近代国家をめざす新政府にとって、軍事力の強化も重要な課題でした。江戸時代のように武士が軍事力を独占するのではなく、**徴兵制軍隊**を創設することで、**国家の防衛を四民平等の義務とする改革**が進められていきます。

　江戸時代にはなかったシステムを導入するにあたって、新政府は、当初の徴兵令に兵役免除の規定をかなり入れていました。よって、注意問題の満20歳以上の男子が「当初から例外なく徴兵の対象とされた」のは誤りです。国民皆兵の原則が実現するには少し時間がかかります。

> **NOTE**

政 ❶ **徴兵令**：徴兵・徴税・教育などあらゆる行政の基礎台帳となる戸籍の作成が進められるなかで，1872年に**徴兵告諭**が布告された。翌73年には徴兵令が公布され，近代的軍隊（徴兵制軍隊）の建設が図られた。日本の徴兵制軍隊は，**長州藩の大村益次郎**が構想し，**山県有朋**らが実現していくことになる。

また，徴兵は国民皆兵を原則としたが，当初の徴兵令には，戸主・嗣子・養子・官吏・学生・代人料270円納入者など，多くの免役条項が存在した。

社 ❷ **徴兵に対する社会の反発**：徴兵制軍隊の創設は，労働力を奪われることを恐れた農民たちの反発を招いた（**血税一揆**）。さらに，旧来の特権を奪われることになる士族の不満を強める一因にもなった。

6 財政改革の進展 ★★★   政 経

ここで，新政府の財政についても考えていきましょう。多方面にわたる近代化政策を次々に実行していくには，何よりもそれを支える財源が必要です。国は，財源確保のための**地租改正**と，財政を圧迫していた華族・士族のための支出の撤廃（**秩禄処分**）にとりくみます。

次にあげるのは，その秩禄処分に関する問題です。

☠ | 注意問題 | 金禄公債という多額の資金を入手した士族の多くは，新しい事業を成功させて産業の発展を支えていった。

正しい知識がないと解けない問題ですね。「そもそも**金禄公債**って何？」と思考がフリーズしてしまう人もいるかもしれません。でも，大丈夫。新政府の打ち出した財源確保と支出削減のとりくみをていねいに解説していきますので，安心して読み進めていってください。

まずは，財源確保のために実施された地租改正についてです。これは，

12 日本は近代の圧力にどのように対応したか

一体どのような改革だったのでしょうか。

NOTE

政経 ❶ **地租改正事業**：江戸時代前期に打ち出された，たばこや木綿，菜種などの商品作物を自由につくることを禁じた田畑勝手作りの禁を1871年に廃止して，**田畑勝手作り**を認めた。翌年には田畑永代売買の禁止令（▶p.165）を解くなどの措置をとり，73年に**地租改正条例**を公布。以後，70年代をつうじて改正事業が進められた。

経 ❷ **地租改正の内容**：基本的な内容は，次の4点である。
- ◆ **課税の基準**…収穫高（石高）ではなく地価（土地の価格）とした。
- ◆ **納税者**…耕作者ではなく土地所有者（**地券**所有者）を納税者とした。従来の耕作者（年貢負担者）である農民を土地所有者とし，土地の所有権を認めた。

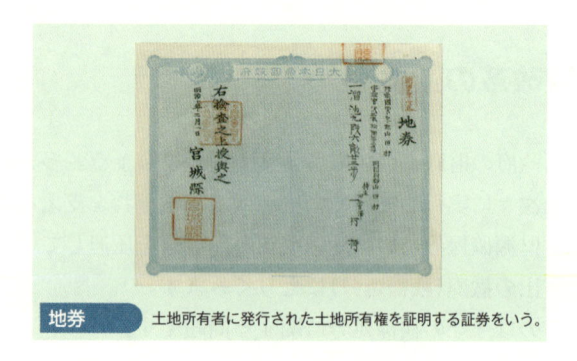

地券 土地所有者に発行された土地所有権を証明する証券をいう。

- ◆ **地租**…物納を改めて定額金納とした。つまり，支払う税を米穀からお金に変更したのである。地価の3％の税率を統一的に徴収した。
- ◆ **入会地の解消**…従来の慣習を否定し，所有権を立証できない入会地（▶p.118）を官有地に編入した。

経 ❸ **地租改正の意味**：地租改正は，**近代的な土地所有権を明確にし，資本主義社会における富（資本）の所有者を公平に納税義務者にしていく**ための改革の一環だった。また一方で，豊作・凶作や米価の変動に影響

されて不安定だった年貢徴収システム(石高制)が一新されたため、新政府は**安定した財政基盤を確保**できた。

経社 ❹ **地租負担の軽減**：地租改正事業がピークを迎えた1876年、茨城県や三重県などで地租改正反対一揆が激化すると、翌77年1月、地租は地価の3％から2.5％とされ、農民の負担が大幅に軽減された(個別の負担で考えると約17％の引き下げ、0.5％÷3％≒17％)。**西南戦争**が発生したのは、その直後のことだった(▶p.253)。

　地租改正の内容は理解できたでしょうか？　国は地租改正によって、安定的な税収の確保が可能となったのです。

　しかし、国家財政を圧迫するある問題が残っていました。それが、廃藩置県後も華族・士族などに支給されていた家禄・賞典禄(=**秩禄**)の問題です。華族・士族のための支出が歳出の約30％を占めていたのです。これでは、いくら地租を集めても足りません。

　新政府は、その整理に着手し、まず、1873年に希望者に対して、秩禄の支給を停止するかわりに一時金を支給する秩禄奉還の法を出します。

　ついで76年、すべての秩禄受給者に対して**金禄公債証書**の給付をおこない、秩禄の全廃を実現します。これを**秩禄処分**といいます。

　金禄公債証書とは一体何かというと、それぞれの禄高の数年分に相当する金額に利子をつけた公債のことです。つまり、秩禄のかわりに数年分の収入を保証したものですね。

　この金禄公債は、5年間すえおかれ、6年目から毎年抽選により30年かけて現金化(償却)されることになっていました。ただし、1人あたり平均をみると、華族の場合は6万4000円ほどになったものの、士族は500円程度でした。

　さて、冒頭の注意問題ですが、もう一度みてみることにしましょう。

> 注意問題　金禄公債という多額の資金を入手した士族の多くは、新しい事業を成功させて産業の発展を支えていった。

　もう誤りに気づきましたね。全体的に不正確な文章です。

確かに、**華族は**平均的に6万4000円ももらえましたから、**多額の資産をもつことになった**といってよいでしょう。当時の物価を現在のものと比較すると、だいたい3800倍ほど。それに従って計算すると、6万4000円は現在の2億円ぐらいになります。かなりもらえたんですね。こうした資金は、新企業の発生や発展を助長していきました。

しかし、先に述べたとおり、士族の金禄公債は平均500円程度。現在の感覚でいうと200万円弱ぐらいでしょうか。今後の生活をまかなうのに、十分なものとはいえませんね。このため、下級士族のなかには、慣れない商売に手を出して失敗したり（**士族の商法**）、生活苦から金禄公債がすぐに担保になって流れてしまい、結果、没落したりする者が少なくなかったのです。

経社 7 近代産業の育成と金融改革 ★★★

次に産業についてお話しましょう。西洋文明の放つ衝撃のなかで成立した明治新政府にとって、強力な近代国家をつくることは何よりも重大な課題でした。ここでは、産業の育成と金融制度改革についてみていきます。

今回とりあげる注意問題は、金融制度改革で新政府がチャレンジした**金本位制**の確立に関するものです。

> **注意問題** 明治初期、金本位制の実現をめざす国立銀行が中央銀行として設立された。

国立銀行が中央銀行かどうか、がポイントですね。明治初期の金融制度改革は、受験日本史のなかでもわかりにくい部分なので、何度も読み返してくださいね。

では、問題を解く前に、まず産業の育成についてお話しましょう。新政府は、**富国強兵**をめざして**殖産興業**にも力を注いでいきます。

NOTE

社 ❶ 殖産興業：明治新政府は，**お雇い外国人**の技術指導などをうけながら，**工部省**(1870年設置)や**内務省**(73年設置)を中心として富国強兵の基礎となる殖産興業政策を積極的に推進した。具体的には，旧幕府・諸藩の事業の官営化，**富岡製糸場**のような**官営模範工場**(近代工業の移植・育成のために政府が直営した工場)設立による輸出産業の育成など，広範な勧業政策が展開された。

また，農業・牧畜の分野でも技術改良に力が注がれ，とくに北海道では，開拓使のもとで**屯田兵制度**や札幌農学校が設けられ，その開発が進められた。

◆ **富岡製糸場**…72年，群馬県富岡に開設された官営模範工場。フランス人技師とフランス式機械にもとづくもので，器械製糸業の普及に貢献したが，93年，三井に払い下げられた。

富岡製糸場

◆ **屯田兵**…明治期に北海道の開拓と警備にあたった農兵。当初は，**士族授産**(生活の基盤を失った士族に対する就業奨励策)の影響もあり，移住者総数は約4万人におよんだ。

社❷ **通信・交通**：殖産興業に必要な諸制度も整備された。1871年には**前島密**の建議により**郵便制度**が開始され，また，**電信線**の架設が進められて，海底電線をつうじて海外とも接続された。さらに鉄道も敷設され，70年代初頭には**開港場と大都市が大量輸送を可能とする陸路で結ばれる**ことになった。

　◆鉄道…日本における鉄道建設は，イギリスの鉄道技師モレルの指導のもとで工部省を中心にして進められた。まず72年に新橋・横浜間，つづいて神戸・大阪・京都間に鉄道が敷設された。

　一方で，新政府は貨幣・金融制度の改革にも精力的にとりくみます。
　最初に，近現代の経済史を学習していくうえで欠かすことのできない，貨幣・金融制度に関する基本用語をまとめておきましょう。

NOTE

経❶ **金本位制**：各国の中央銀行が，自国通貨(紙幣)の価値を一定量の金(**正貨**)で表示し，この基準での金(正貨)と自国通貨(紙幣)の交換や，金(正貨)の輸出入(国際取引の際に金で支払うこと)を自由に認める制度。自国通貨の価値を銀で表示した場合は，銀本位制。

経❷ **正貨準備**：中央銀行が，その発行紙幣の交換(兌換)のために保有する金(銀本位制の場合は銀)のこと。

経❸ **兌換**：兌換とは正貨とひきかえるという意味。正貨との交換が可能な紙幣のことを**兌換紙幣**といい，兌換義務を負わない紙幣のことを**不換紙幣**という。

　ここで注意問題の答えです。1870年代に設立された国立銀行は，「中央銀行」ではなく民間銀行。「国立」というと政府がつくったように思いがちですが，国法にもとづいてつくられたという意味で，国営という意味ではありません。センター試験ではこういうところも突いてくるので，気をつけましょう。
　この時期の重要政策は，①**新貨条例**と②**国立銀行条例**。次のまとめをよ

く読んで，どちらも意図どおりの結果が出せなかったことを理解しておいてください。

> **NOTE**
>
> 政経 ❶ **新貨条例**：1871年に制定された。
> - ◆**内容と目的**…**円・銭・厘**(十進法)を単位とする新貨幣体系を採用し，1円金貨(1円＝金1.5 g)を中心とする金本位制をめざした。
> - ◆**結果**…この条例により，紙幣の整理・統一は進行した。しかし，**新貨幣である金貨が不足した**ため，貿易取引用に銀貨(貿易銀)が鋳造され，さらに国内では政府紙幣(新紙幣などと呼称，紙幣の性格は不換紙幣)が発行された。
>
> 政経 ❷ **国立銀行条例**：**渋沢栄一**らにより，アメリカの制度(National Bank Act)をモデルとして1872年に制定された。
> - ◆**内容と目的**…この条例は，国立銀行(紙幣発行権をもつ民間銀行)の発行する国立銀行券に正貨(金)兌換を義務づけるもので，そこには，**民間の経済力を活用する方策をとることで兌換制度の確立と近代的銀行制度の導入をめざす**意図があった。
> - ◆**結果**…**国立銀行券は信用されず**，兌換請求があいついだため，兌換制度の確立に失敗した(当初設立された国立銀行は第一国立銀行など4行のみ)。
> - ◆**条例改正**…1876年，政府は国立銀行券の兌換義務をとりのぞいた。この措置により，国立銀行は設立ブームを迎えたが，一方で，不換紙幣化した大量の国立銀行券はインフレ(＝通貨供給量の増大)を助長する一因となった(▶p.259)。

第4章 近代

8 明治初期の対外関係 ★★

次は外交についてです。日本が近代国家の体裁を整えるためには，東アジアの伝統的な国際秩序から脱して領土や国境を明確にしていくことも必要でした。

> **注意問題** 明治初期に結ばれた樺太・千島交換条約で，得撫島以北の千島列島はロシア領とされることになった。

北の国境画定(かくてい)に関する問題ですね。ロシアとどのような内容の条約を結んだのか，それを確かめる前に，明治初期の近隣諸国との関係が江戸時代からどのように変化したのかをみていきましょう。

NOTE

- ❶ **清との関係**：1871年，**日清修好条規**(じょうき)締結（日本にとって最初の対等条約）。領事裁判権と協定関税制を相互に認め合う変則的な対等条約だった。
- ❷ **朝鮮（李朝）との関係**：日本は朝鮮（李朝）に開国を迫った（▶p.252）。
    - ◆ 1873年…**明治六年の政変**（▶p.252）。
    - ◆ 1875年…**江華島事件**(こうかとう)が発生。日本の軍艦が朝鮮側を威嚇し，漢城(かんじょう)（現，ソウル）近くの江華島砲台を砲撃した事件。日本政府は，この事件を契機に日朝修好条規の締結を朝鮮政府に迫った。
    - ◆ 1876年…**日朝修好条規**を締結。日本が朝鮮に押しつけた不平等条約。第1条「朝鮮国ハ自主ノ邦」の規定を利用して，日本は**清の主張する宗主権**(そうしゅけん)**を朝鮮に否定させようとした**。
- ❸ **琉球との関係**：日本は日清両属(りょうぞく)状態の琉球（▶p.171）を領土化するため，**琉球処分**をおこなった。
    - ◆ 1872年…**琉球藩**設置。琉球国王**尚泰**(しょうたい)を藩王に。
    - ◆ 1874年…**台湾出兵**。台湾での琉球漂流民殺害事件をめぐる日清間の対立を背景とした，明治政府初の海外派兵。イギリスの調停により，清が日本の出兵を義挙(ぎきょ)（正当な行動）と認めるかたちで解決。こ

れを機に，琉球処分の施策が本格化した。
- ◆ 1879年…沖縄県設置。軍隊を派遣して琉球藩の廃藩置県を強行。一方，琉球に対する宗主権を主張する清は，これに強く抗議した。
- ◆ 1895年…琉球帰属をめぐる日清間の対立は，**日清戦争における日本の勝利（1895年）**によって**最終的に決着**した。

このような近隣諸国との関係のなかで，国境の画定も急ピッチで進みます。南北両方面における国境の画定は以下のような推移をみせました。

NOTE

外❶ 樺太・千島交換条約：1854年の日露和親条約では，両国人雑居の地とされた樺太（サハリン）の帰属があいまいなままだったが，75年の樺太・千島交換条約により，(a) 樺太全島→ロシア領，(b) 得撫島以北の千島列島→日本領，となった。

外❷ 小笠原諸島の領有：1876年，日本は**小笠原諸島**領有を各国に通告。アメリカ・イギリスが異議を唱えなかったため，小笠原諸島は内務省の管轄下におかれた。

当時の日本の領土
- 日露和親条約（1854年）以前の日本領土
- 日露和親条約による日露雑居地
- 1875年 樺太・千島交換条約の国境
- 日露和親条約の国境

ロシア／樺太／得撫島／択捉島／国後島／清／朝鮮／日本／沖縄諸島（琉球）／伊豆諸島／台湾 1895年／澎湖諸島 1895年／1872年 琉球藩／1879年 沖縄県／小笠原諸島 1876年 領有宣言／南鳥島 1896年 発見 1898年 編入／硫黄島 1891年 編入

ここで，冒頭の注意問題を振り返りましょう。「得撫島以北の千島列島はロシア領」ではありませんね。上のまとめにあるとおり，「得撫島以北の千島列島」は，幕末の日露和親条約（▶p.228）ではロシア領とされましたが，**樺太・千島交換条約**で日本領となりました。

外 社　⑨ 反政府運動の高まり ★★

　国内の政治情勢に話を戻します。当時，士族のなかには新政府に対して不満を抱いている者が少なくありませんでした。そして，ついに不平士族から反乱をおこす者も出てきます。それが1874年におこった佐賀の乱でした。

> **注意問題**　佐賀の乱以降，不平士族の反乱は全国各地で発生し，その範囲は東北地方にまでおよんだ。

　不平士族の反乱は，果たして全国各地で発生していったのでしょうか？ そもそも，なぜ士族のなかに新政府へ不満を抱く者が出てきたのか，詳しくみていきましょう。

　すでに ⑧ **明治初期の対外関係** でお話したとおり，明治新政府は朝鮮（李朝）に国交樹立を求めました。しかし，「鎖国」政策をとる朝鮮は日本の交渉態度を不満とし，開国に応じようとしません。

　73年8月，新政府（西郷留守政府）は，**西郷隆盛**（さいごうたかもり）を朝鮮に派遣して開国交渉にあたらせ，拒否されれば武力行使を辞さないとする強硬方針（**征韓論**（せいかんろん））を打ち出します。しかし，そこには，**士族層が感じている政府への不満を海外に向けさせる**意図がありました。

　そこへ，71年から米欧に派遣されていた**岩倉使節団**のメンバーが帰国します。西洋諸国の発展ぶりを学んできた**大久保利通**（おおくぼとしみち）・**木戸孝允**（きどたかよし）らが国内改革の優先を主張して征韓論に強く反対したため，政府内の対立は頂点に達します。

　73年10月，強硬方針を否定された征韓派の5参議（さんぎ）（西郷隆盛・**板垣退助**（いたがきたいすけ）・**後藤象二郎**（ごとうしょうじろう）・**江藤新平**（えとうしんぺい）・**副島種臣**（そえじまたねおみ））はいっせいに下野（げや）（辞職し民間に下る）するという行動に出ました（**明治六年の政変**）。新政府は，大きな分裂を経験することになったのです。

　この政変がきっかけとなって，いくつかの士族反乱が発生し，また一方で**自由民権運動**（じゆうみんけんうんどう）が始まります。

民権運動の出発点になったのは，**民撰議院設立の建白書**です。74 年に板垣退助・後藤象二郎らが**愛国公党**（日本初の政党）を結成してこの建白書を左院に提出すると，民撰議院の設立時期などをめぐり，知識人のあいだで論争が展開されるようになりました。

同じ 74 年には，江藤新平が出身地である佐賀で士族反乱をおこします。これが注意問題にあった**佐賀の乱**です。

しかし，士族反乱は「全国各地で発生」したのではありません。範囲は，**西南地方（薩摩藩など幕末に倒幕運動を展開した諸地域）**にほぼかぎられていますが，そうなったのには理由がありました。

◆民撰議院設立の建白

臣等伏シテ方今政権ノ帰スル所ヲ察スルニ，上帝室ニ在ラズ，下人民ニ在ラズ，而シテ独リ有司ニ帰ス。……而シテ政令百端朝出暮改，政情実ニ成リ，賞罰愛憎ニ出ヅ，言路壅蔽困苦告ルナシ。……臣等愛国ノ情自ラ已ムル能ハズ，乃チ之レヲ振救スルノ道ヲ講求スルニ，唯天下ノ公議ヲ張ルニ在ルノミ。天下ノ公議ヲ張ルハ民撰議院ヲ立ルニ在ルノミ。即チ有司ノ権限ル所アツテ，而シテ上下其安全幸福ヲ受ル者アラン。請フ遂ニ之ヲ陳ゼン。

（『日新真事誌』）

政府の進める諸改革には，秩禄処分など士族の特権を次々に奪うという性格があったことを思い出してください。新政府の樹立に功績をあげた西南地方の士族にとって，自分たちを敗北者のような立場に追いこむ改革はどうしても納得のいかないものだったのです。

NOTE

① **佐賀の乱**：1874 年，江藤新平が郷里佐賀の不平士族に迎えられて発生。佐賀の不平士族は政府軍に敗北し，民撰議院設立建白書の署名者の 1 人でもある江藤は刑死した。

② **中小士族反乱の発生**：1876 年，**廃刀令**・秩禄処分（▶ p.243）を契機に，**神風連の乱**（熊本の敬神党が熊本鎮台を襲撃）・**秋月の乱**（福岡県で発生）・**萩の乱**（前参議前原一誠らが山口県で挙兵）など，士族反乱が連続して発生。いずれも鎮圧された。

③ **西南戦争とその影響**：1877 年 2 月，鹿児島県私学校の生徒を中心とす

る不平士族が西郷隆盛を擁して挙兵し，最大規模の士族反乱へと発展した。政府は，1877年9月にようやく反乱を鎮圧。

政府軍の勝利により，新しい徴兵制軍隊（▶p.242）の威力が明らかになり，士族反乱は終結へと向かっていった。しかし一方で，政府を主導してきた大久保利通が1878年に暗殺され（**紀尾井坂の変**），また，西南戦争直前の地租軽減（▶p.245）に，戦争遂行のための戦費支出などにともなうインフレが重なったため，1870年代後半には**政府の財政難が深刻化**した（▶p.259）。

明治前期の農民騒擾発生件数

（1868年：戊辰戦争／69年：版籍奉還／73年：学制・徴兵令・地租改正／77年：地租軽減・西南戦争／81年：松方財政開始／84年：秩父事件）

第12講　確認テスト

- [ ] 143　1846年, 浦賀に来航したアメリカ東インド艦隊司令長官は誰か。　　　ビッドル
- [ ] 144　ペリー来航の衝撃のなかで, いわゆる安政の改革を推進した老中首座は誰か。　　　阿部正弘
- [ ] 145　1859年からの外国との貿易で, 日本の輸出品の約8割を占めた商品を何というか。　　　生糸
- [ ] 146　江戸経由で特定の商品を流通させるよう命じた, 1860年の法令を何というか。　　　五品江戸廻送令
- [ ] 147　1862年の文久の改革の際, 松平容保が任命された職を何というか。　　　京都守護職
- [ ] 148　1862年に発生して翌年の薩英戦争の原因となった, イギリス人殺傷事件を何というか。　　　生麦事件
- [ ] 149　1867年, 大政奉還の上表が提出された時期に, 朝廷から薩長両藩に手渡された文書を何というか。　　　討幕の密勅
（歴史名辞なので「倒幕」は不可）
- [ ] 150　版籍奉還の際, 旧大名をそのまま任じた地方官の職名を何というか。　　　知藩事
- [ ] 151　廃藩置県の際, 明治政府のもとに集められた直属軍事力を何というか。　　　御親兵
（薩摩・長州・土佐3藩から募集）
- [ ] 152　1873年から74年にかけて, 徴兵令に反発する農民のおこした出来事を何というか。　　　血税一揆
- [ ] 153　1876年に華・士族の禄制が全廃されたが, その代償として与えられた証書を何というか。　　　金禄公債証書
- [ ] 154　殖産興業政策の一環として建設された富岡製糸場は, 現在の何県にあったか。　　　群馬県
（北関東地方には養蚕地帯あり）
- [ ] 155　1872年に制定され, 76年に改正された条例によって設立された, 紙幣発行権をもつ民間銀行のことを何というか。　　　国立銀行
（アメリカのNational Bankをモデルにした）
- [ ] 156　1872年に日本が琉球藩を設置した際, 藩王とされた人物は誰か。　　　尚泰

第13講 近代国家日本はどのように行動したか

1874〜1912年：大日本帝国憲法制定・帝国議会開設と日清・日露戦争

政社 ① 民権運動の高揚 ★★

　ここまで，開国してから不平士族の反乱にいたる過程をみてきましたね。士族反乱の一方で始まったのが自由民権運動だったことを思い出してください（▶p.252）。ここでは，その民権運動についてお話します。さっそく問題をみてみましょう。

> **注意問題** 国会期成同盟が結成されると，政府は保安条例を制定して民権派の言論・集会・結社にきびしい規制を加えた。

　民権運動の盛り上がりに対して，政府は一体どのような規制を加えたのでしょうか？ センター試験にかぎらず，大学入試では「いつ」「誰が」「何をしたか」がよく問われます。ここでは，民権運動の高揚とそれに対する政府の施策がポイントです。しっかりと読みこんでいきましょう。

　1874年，民撰議院設立の建白書提出後，板垣退助は郷里の土佐で**立志社**をおこし，翌75年には立志社を含めた民権派結社（政社）の代表を集めて，大阪で**愛国社**を結成します。

　こうした民権派の動きに対して，政府はすぐさま反応します。75年，大久保利通は板垣並びに木戸孝允と会談して妥協策を探ろうとします（**大阪会議**）。板垣とともに呼ばれた木戸は，73年まで大久保とともに征韓論に反対する立場でしたが，74年の台湾出兵に反対して下野していたため，反政府側に立っていたのです。

　大久保は，板垣・木戸に3つの条件を提示し，彼らをいったん参議に復帰させることに成功します。3つの条件とは，①**漸次立憲政体樹立の詔**を発布する，②元老院（左院を廃して設置された立法諮問機関）・大審院（司法の最高機関）を設置する，③府知事・県令による**地方官会議**を設置する，

という内容でした。結局，板垣は大阪会議のあとすぐに再び下野し，木戸も病気を理由に翌年参議を辞職してしまうのですが……。

　こうした動きを経て，77年の西南戦争後，民権運動は高揚期を迎えます。言論による政府批判が高まるなかで，政府内部でも国会開設に関する議論が活発化し，その**時期と内容をめぐる対立が深刻化**しました。

大久保・板垣・木戸の人間関係

政府　　　　　　　　　　　　　　　　　　　　　　**民権派**

大久保利通
政府側。73年征韓論反対，75年大阪会議，78年暗殺される。

木戸孝允
その時々で立場が変わる。73年征韓論反対，74年台湾出兵反対→下野，75年大阪会議で参議復帰，76年再び下野，77年西南戦争中に病死。

板垣退助
民権派。73年征韓論支持→下野，74年立志社結成，75年愛国社結成，大阪会議で参議復帰，再び下野。

NOTE

社 ❶ 民権運動の動き（1877〜80年）：
- 1877年…**立志社建白**。当時，民権運動の中心的存在だった立志社による，西南戦争中の政府批判。国会開設を要求したが政府に却下された。
- 1878年…**地方三新法**(さんしんぽう)制定。地方制度にかかわる，郡区町村編制法・府県会規則・地方税規則の三法をいう。
　　また，解散状態だった**愛国社**が大阪で**再興大会**を開催。
- 1878年…府県会開設。府県会（公選制・制限選挙の地方議会）は**豪農・地主などの政治的関心を増大させる契機**になった。
- 1880年…**国会期成同盟**(こっかいきせいどうめい)結成。愛国社を母体とし，全国的規模で国会開設の請願(せいがん)などを試みた。

政 ❷ 政府内部の対立：
- **伊藤博文**(ひろぶみ)ら…**漸進**(ぜんしん)※的な国会開設とドイツ流の君主権の強い立憲制

導入を主張。ほかに岩倉具視・井上毅ら。「漸進派」と呼ばれる。
※順を追って徐々に進むこと
- ◆**大隈重信**…国会の即時開設とイギリス流の議院内閣制(政党政治)を主張。漸進派に対し、「急進派」と称される。

❸ **明治十四年の政変**：
- ◆**開拓使官有物払下げ事件**…政府内部の対立に加えて、民権派が批判を繰り広げるなかで発生。開拓長官黒田清隆(薩摩出身)が、北海道の官営事業を安値で政商の五代友厚(薩摩出身)に売り渡そうとしたため、さらに民権派の政府攻撃を強めることとなった。
- ◆**政変の発生**…1881(明治14)年、伊藤や岩倉ら漸進派は、民権派の動きに関与しているという理由で大隈を罷免※。**国会開設の勅諭**により、90年に国会を開設すると公約した一方で、開拓使官有物払下げを中止した。これを**明治十四年の政変**という。　※職務をやめさせること。

大隈罷免の真の意図は、ドイツ流憲法制定を望む漸進派がイギリス流の憲法構想を抱く大隈を追放したがったところにある

　国会開設の勅諭が出されたことによって、民権運動は政党結成の方向に進みます。この時期の政党については、次の3つをおさえましょう。

> **NOTE**
>
> ❶ **自由党**：1881年、板垣退助らを中心にして結成された。しかし、**激化事件**(▶p.262)と板垣らの外遊をめぐって党内抗争が激しくなり、84年に解党した。
> ❷ **立憲改進党**：1882年、大隈重信らを中心にして結成された。資金面で三菱、人材面で福沢諭吉らに支援されたが、自由党との激しい抗争のなかで弱体化し、84年に事実上活動を停止した。
> ❸ **立憲帝政党**：1882年、福地源一郎らにより結成された政府系の政党。民権運動に対抗しようとしたが、党勢不振により、83年に解党した。

　また、政党結成とともに、数多くの私擬憲法(民権派・政府関係者が作

成した憲法私案の総称)がつくられました。たとえば，福沢諭吉系の交詢社が発表した「私擬憲法案」，土佐出身の民権活動家植木枝盛の「東洋大日本国国憲按」，東京郊外に住む地方民権家千葉卓三郎らが起草した五日市憲法草案などです。

民権運動の高揚に対して，政府は妥協したり要求を認めたりする姿勢をみせる一方で弾圧法規を用意し，運動に規制を加えます。

さて，ここで冒頭の注意問題の解説をしましょう。

1880年の国会期成同盟の結成直後に制定された規制は「保安条例」ではありません。混乱しやすいのですが，保安条例は87年に発せられた法令です（▶p.263）。

この時期の弾圧法規は2つ。①愛国社結成などに対抗して制定された75年の讒謗律・新聞紙条例，②国会期成同盟結成などに対抗して制定された80年の集会条例，です。問題は，80年の国会期成同盟結成直後に定められた規制についてですから，答えは集会条例になりますね。

② 松方財政と民権運動の激化 ★★★

さて，次は経済に目を向けてみましょう。ここでは，1870年代後半から80年代の国家財政とその施策が民権運動にどのような影響を与えたかみていきます。

まず，70年代後半の経済状況はどうだったのでしょうか？ 77年の西南戦争による戦費支出に，76年の国立銀行券の兌換義務撤廃によっておこった国立銀行設立ブーム（▶p.249）が重なったため，70年代後半にはインフレが急速に進みます。

ここで問題です。

> **注意問題** 定額の地租は，インフレの進行に対して政府の財政難を抑制する効果をもっていた。

ちょっと難しいですね。慌てず問題文の内容をよくかみくだいてみま

しょう。

　定額の地租とは，地租改正のところでお話しましたね(▶p.244)。当初，税率が地価の3.0％だった地租は，西南戦争直前に2.5％に引き下げられました。

　次にインフレについてです。インフレとは通貨供給量の増大をいい，物価騰貴※などをともないます。　　※物の値段が急激に高くなること

　つまり，「物の値段が急に高くなってお金が今までよりも必要になった政府は財政難におちいりそうになっていたが，地租が2.5％の定額だったおかげで助かった」かどうか，ということです。

　こうやって文章をていねいにひも解いていくと，おかしな部分に気がつきましたね。そうです，歳入(＝地租)が増えなければ，歳出が増えた分は補えないんです。物価・人件費などの上昇(＝歳出増)に直面する政府にとって，定額の地租は，「財政難を抑制する効果」をもつものではありません。歳出増にもかかわらず歳入が変わらないのですから，それは，**実質的に減収効果をもたらすことになります**。

　そこで，80年代に国家財政を担当した**松方正義**（まつかたまさよし）は，インフレの克服により財政を再建し，銀本位制を確立することを目的とした経済政策を実行しました(**松方財政**)。

NOTE

経❶ 松方財政の推移：増税による歳入の増加と緊縮財政の徹底(デフレ政策)により，不換紙幣の整理と正貨(銀)の蓄積を進行させた。ただし，朝鮮半島情勢が緊迫するなかで(▶p.274)，**軍事費だけは例外的に増強**された。

- ◆1881年…松方正義，大蔵卿に就任。
- ◆1882年…中央銀行として**日本銀行**を設立。
- ◆1884年…**工場払下げ概則**（がいそく）(1880年制定)廃止。これによってきびしい払下げ※条件がなくなり，軍事工場・鉄道などを除く官営事業の払下げが進行した。　※公的機関が不要になったものを民間に売り渡すこと。開拓使官有物払下げ事件を思い出そう

- ◆ 1885年…日本銀行，銀兌換銀行券発行。松方正義，大蔵大臣（第1次伊藤博文内閣）に就任。
- ◆ 1886年…政府紙幣の銀兌換開始。これは**銀本位制**（▶p.248）の確立を意味する。

「此券引かえに銀貨一円相渡し申すべく候也」（縦書き，右から左へ読む）という趣旨の文章が記されている。

最初の日本銀行兌換銀券

[経][社] ❷ **松方財政の影響**：長期の深刻な不況が農民層の分解を促進した。地主への土地集積が進行して**寄生地主制**が確立する一方で，土地を失った農民は都市へ流入し，低賃金労働者になった。

その後，1880年代後半になると物価の安定や低賃金労働者層の形成，金利の低下や輸出の拡大を背景に，日本は**企業勃興期に突入**した。

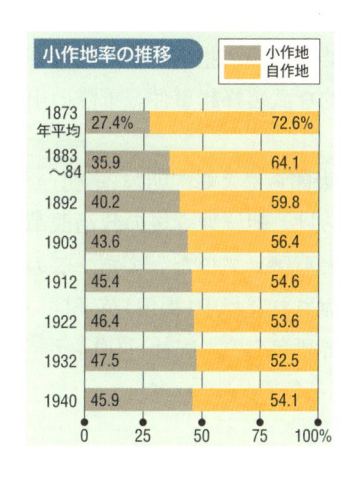

小作地率の推移（小作地／自作地）

年	小作地	自作地
1873年平均	27.4%	72.6%
1883〜84	35.9	64.1
1892	40.2	59.8
1903	43.6	56.4
1912	45.4	54.6
1922	46.4	53.6
1932	47.5	52.5
1940	45.9	54.1

寄生地主制

耕作せず，小作料の収入で生活する寄生地主
←小作料（米） 小作料（米）→
土地の貸付→ ←土地の貸付
不況により農地を手放す農民
小作人に

第4章 近代

このようなデフレ政策(松方財政)は，民権運動にも大きな影響をおよぼします。

1880年代前半の民権運動は，先にも触れたとおり，自由・立憲改進両党の対立激化や国会開設という**統一的目標の喪失**で停滞気味になっていました。そこへ，松方財政にともなう不況が重なったのです。

国家財政のみならず，民間にとっても定額の地租が大きな負担になりました。なぜならば，デフレ政策によって不況が深刻化し，農産物価格などが下落すると米などの売却代金も減りますが，収入が減っても支払う税額は変わらないので，地租は**負担者にとって実質的な増税効果をもたらす**からです。

没落した農民たちは，地方の自由党員と手を組んで次々に蜂起していきました。この一連の過激な動きを総称して激化事件と呼んでいます。

NOTE

社 ❶ **民権運動の激化**：民権運動の急進化とそれに対する弾圧のなかで，運動は分裂・後退していった。

- ◆**福島事件**…1882年，福島県令三島通庸による，住民の意思を無視した道路建設の強行に対し，数千人の農民が蜂起。結果，反対運動を支援した県会議長河野広中ら自由党員も大量に検挙された。
- ◆**秩父事件**…84年，秩父地方の貧農層が自由党員の指導で困民党などを結成して展開した，組織的かつ本格的な武装蜂起事件。軍隊の出動によって鎮圧された。
- ◆**大阪事件**…85年，旧自由党員の大井憲太郎らによる，朝鮮(李朝)の親清派政権打倒計画が発覚した。大井らは，朝鮮独立後の政治改革をバネに日本で立憲政治を樹立しようと意図していた。また，この事件で爆発物の運搬などに協力して投獄された景山(福田)英子は，民権運動が勢いを失うと，幸徳秋水・堺利彦らの平民社(1903年結成)に参加して社会主義運動(▶p.298)に身を投じていった。

自由党による事件要覧

- **群馬事件** 1884年5月
急進派自由党員が農民を結集して、妙義山麓で蜂起。

- **飯田事件** 1884年12月
急進派自由党員による政府転覆未遂事件。

- **板垣退助遭難** 1882年4月
岐阜遊説中の自由党総理板垣退助が暴漢に襲われ負傷。「板垣死すとも自由は死せず」の言葉で有名。

- **大阪事件** 1885年11月
旧自由党員の大井憲太郎らが朝鮮独立党政権樹立をめざしたが、朝鮮渡航直前に逮捕。

- **高田事件** 1883年3月
自由党員赤井景韶ら、政府高官暗殺の嫌疑で逮捕される。

- **名古屋事件** 1884年12月
自由党員による政府転覆未遂事件。

- **福島事件** 1882年11〜12月
三島通庸が計画した会津三方道路の反対運動を契機に会津喜多方で農民数千人が蜂起。

- **加波山事件** 1884年9月
自由党員による三島通庸暗殺未遂を契機に加波山で蜂起。

- **秩父事件** 1884年10〜11月
秩父地方の養蚕農家倒産続出を背景に組織された借金党、困民党を中心に約1万人の農民が蜂起。

- **静岡事件** 1886年6月
最後の激化事件。旧自由党員による政府高官暗殺未遂事件。

社 ❷ **再結集の動き**：1880年代後半には、国会開設に備えて民権派の再結集が図られた。
- ◆ **大同団結運動**…86〜89年にかけて展開された、民権運動諸派による反政府統一運動。民権派を再結集させて議会での多数党形成をめざした。
- ◆ **三大事件建白運動**…87年、外相(外務大臣)**井上馨**の条約改正案の内容(外国人判事の任用などを容認、▶p.272)が明らかになると、民権派は、「地租軽減・言論集会の自由・外交失策の回復(**対等条約の締結**)」の3要求(三大事件)をスローガンとする運動を展開。地方の民権派が三大事件建白書を携えて続々と上京し、政府に圧力をかけた。

政 ❸ **政府の対応**：政府は、民権運動に対して弾圧策と懐柔策をとった。
- ◆ **1880年代前半**…1882年、政府は、集会条例を改正する一方で、自由党の板垣退助・後藤象二郎をヨーロッパに外遊させた。その資金は三井が提供したものではないかと立憲改進党が攻撃すると、自由党も大隈重信と三菱の関係をとらえて反撃し、両党の対立は泥仕合の様相を呈した。
- ◆ **1880年代後半**…政府は、三大事件建白運動が高揚した87年に**保**

第4章 近代

13 近代国家日本はどのように行動したか

安条例を発し，中江兆民・片岡健吉・尾崎行雄ら民権派を東京から追放。一方で80年代末，大隈重信（外相）と後藤象二郎（逓信相）を入閣させた。

３ 憲法の制定 ★★

　ここまで，自由民権運動を中心にみていきました。今度は，政府の動きを確かめていきましょう。明治十四年の政変（▶p.258）以降，政府は，憲法制定・議会開設に向けた準備を着々と進めていきます。次にとりあげる問題は，大臣に関する内容です。

> 注意問題　憲法制定をめぐる過程で新設された内大臣とは，宮内省の長官のことである。

　パッとみてわかるでしょうか？　内大臣という言葉をみて，内相（内務大臣）を連想した人もいるかもしれませんが，内大臣と内務大臣は違いますよ。早とちりしないでくださいね。

　さっそく答えてしまいますが，宮内省の長官は宮内大臣です。のちに政治的な存在感を強めていくことになる「内大臣」は，宮内省の長官ではありませんが天皇に関係する立場としてはよく似ています。詳しくは，次のまとめをみてください。このように，よく似た用語はしっかり区別しておきましょう。

NOTE

❶ 憲法草案の準備：
- ◆1882年…伊藤博文ら渡欧。法学者のグナイストやシュタインらにドイツ流憲法理論を学ぶ。
- ◆1886年…伊藤，ドイツ人顧問ロエスレルの助言を得て井上毅・伊東巳代治・金子堅太郎らとともに憲法草案の起草を開始。
- ◆1888年…天皇の諮問機関である枢密院を設置し，憲法草案を最終

審議。
- ◆ 1889年…**大日本帝国憲法**(明治憲法)・衆議院議員選挙法などを発布。皇室典範制定。

② 議会開設に向けた体制の整備：
- ◆ 華族令…1884年制定。旧大名・上層公家に加えて維新の功臣にも爵位を授与。将来の**上院(貴族院)の選出母体を明確**にした。
- ◆ 内閣制度…85年に太政官制を廃して創設。これにより成立した第1次伊藤博文内閣は、閣僚10名中、旧薩摩藩・旧長州藩出身者がともに4名ずつを占める藩閥内閣となった。
- ◆ 宮中・府中の別…内閣制度の創設にともない、宮中を政治から切り離すため、(a)宮内省(長官→宮内大臣)の閣外化、(b)内大臣(**天皇の常時補佐役**)の新設が実施され、制度的には**宮中・府中(行政府)の別**が明らかにされた。
- ◆ 地方制度…地方制度の再編成は、ドイツ人顧問モッセの助言を得て内相**山県有朋**を中心に進められた。88年、**市制・町村制**公布、90年、**府県制・郡制**公布。

③ 諸法典の編纂：
- ◆ 衆議院議員選挙法…直接国税(地租・所得税)15円以上を納入する満25歳以上の男性を有権者とした制限選挙を採用。第1回総選挙(1890年)の際の有権者数は、全人口の約1.1%にすぎなかった。
- ◆ 皇室典範…皇室制度に関する基本法。明治憲法と同時に制定されたが、「臣民の敢て干渉する所に非ざるなり」、つまり「国民に広く知らしめる必要はない」という理由で公布されなかった。
- ◆ 民法典論争…90年代には主要な諸法典が公布され、近代的な法治国

おもな法典制定一覧 ※青字＝六法

法典名	公布年	施行年
刑法	1880	1882
治罪法	1880	1882
大日本帝国憲法	1889	1890
皇室典範	—	(1889)
刑事訴訟法	1890	1890
民事訴訟法	1890	1891
民法	1890	延期
商法	1890	1893
(修正)民法	1896・98	1898
(修正)商法	1899	1899

家としての体制が整えられたが，フランスをモデルとした自由主義的な内容をもつ民法(ボアソナード民法)については，その賛否をめぐって激しい論争が展開された(民法典論争)。このため民法の施行は延期され，戸主と長男の権限の強い伝統的な家制度を存続させた修正民法(明治民法)が公布された。

④ 明治憲法体制 ★★

大日本帝国憲法(明治憲法)のつくり出す体制には，どのような特徴があったのでしょうか？　ここでは，憲法の内容を詳しくみていきましょう。キーワードは，**天皇大権**です。

> **注意問題** 明治憲法には，軍のもつ重要な権限として統帥権の独立が明記されている。

この問題も，天皇大権と密接な関係をもっています。そもそも，天皇大権とはどのようなものなのでしょうか？

◆**大日本帝国憲法**

第一条　大日本帝国ハ万世一系ノ天皇之ヲ統治ス
第三条　天皇ハ神聖ニシテ侵スベカラズ
第四条　天皇ハ国ノ元首ニシテ統治権ヲ総攬シ此ノ憲法ノ条規ニ依リ之ヲ行フ
第八条　天皇ハ公共ノ安全ヲ保持シ又ハ其ノ災厄ヲ避クル為緊急ノ必要ニ由リ帝国議会閉会ノ場合ニ於テ法律ニ代ルベキ勅令ヲ発ス……
第一一条　天皇ハ陸海軍ヲ統帥ス
第一二条　天皇ハ陸海軍ノ編制及常備兵額ヲ定ム
第二九条　日本臣民ハ法律ノ範囲内ニ於テ言論著作印行集会及結社ノ自由ヲ有ス
第三三条　帝国議会ハ貴族院衆議院ノ両院ヲ以テ成立ス
第五五条　国務各大臣ハ天皇ヲ輔弼シ其ノ責ニ任ス
第七〇条　公共ノ安全ヲ保持スル為緊急ノ需用アル場合ニ於テ，内外ノ情形ニ因リ政府ハ帝国議会ヲ召集スルコト能ハザルトキハ勅令ニ依リ財政上必要ノ処分ヲ為スコトヲ得……

明治憲法は，法律の制定，文武官(ぶんぶかん)の任免，軍隊の統帥(とうすい)，宣戦・講和など**国家レベルの権限をすべて天皇に集中**させていました。これらを総称して**天皇大権**といいます。

このため天皇のもとには，それぞれ役割を分担した多くの国家機関が併置されました。代表的な国家機関とその役割は，次のようになります。

NOTE

政 ❶ **衆議院・貴族院で構成される帝国議会**：法律・予算を審議。
政 ❷ **内閣**：行政一般を担当。
政 ❸ **枢密院**：条約・勅令などを審議。
政 ❹ **参謀(さんぼう)本部・海軍軍令部**：軍令事項(軍の作戦・用兵など)を担当。

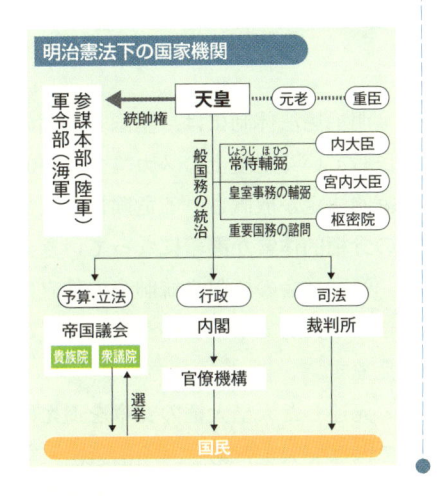

明治憲法下の国家機関

天皇 — 元老・重臣
- 統帥権 → 参謀本部(陸軍)・軍令部(海軍)
- 一般国務の統治
  - 常侍輔弼 — 内大臣
  - 皇室事務の輔弼 — 宮内大臣
  - 重要国務の諮詢 — 枢密院

予算・立法：帝国議会（貴族院・衆議院）
行政：内閣 → 官僚機構
司法：裁判所

国民 ←選挙→

天皇大権は表面的には万能のようにみえますが，実態はそれほど単純ではありません。先に述べたように，明治憲法のもとでは宮中・府中の別が明確にされていました。天皇大権を保持している天皇は，宮中にいながらにして政治の最高責任者(＝府中)という立場におかれました。そこで原則的に，**みずからの政治的意思を日常の政治運営の場にもちこまない存在**とされたのです。

この結果，明治憲法体制下における日本の国家的決定は，すべて天皇の名でなされるものの，その**実質的な決定権は，諸国家機関がそれぞれの役割に応じて掌握**する，という状態になりました。ここに，明治憲法体制の抱える問題点が潜んでいたといってよいでしょう。

第4章 近代

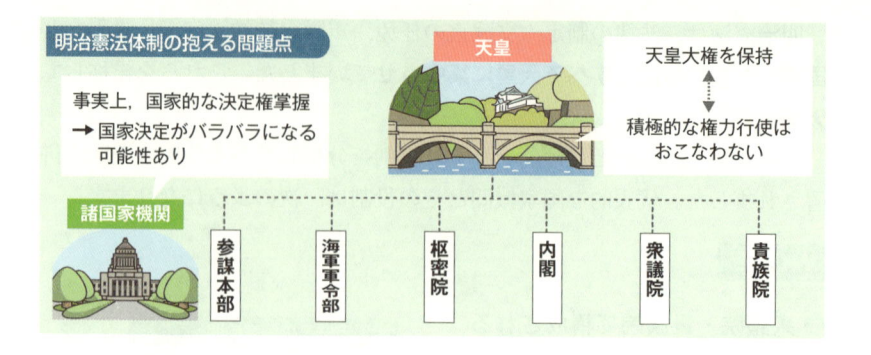

13 近代国家日本はどのように行動したか

明治憲法体制の抱える問題点

事実上，国家的な決定権掌握
→国家決定がバラバラになる可能性あり

天皇

天皇大権を保持
↕
積極的な権力行使はおこなわない

諸国家機関：参謀本部／海軍軍令部／枢密院／内閣／衆議院／貴族院

　明治憲法体制には，諸国家機関のあいだで生じた矛盾や対立を調整・解決していく制度上のメカニズムがありません。最悪の場合，バラバラの国家的決定が放置される危険性さえありました。実際に1920年代以降，この**分権的体質が顕著**になっていきます。

　帝国議会の権限や統帥権の独立についても，この観点から理解しておくことが大切です。ということで，ここで軍の統帥権に関する注意問題の答えです。

　先述した天皇大権の文章を追えば，自然と答えは出ますね。統帥権は軍ではなく天皇にあり，明治憲法に軍のもつ重要な権限として明記されていたわけではありません。次のまとめを熟読してください。

NOTE

政❶ **帝国議会の権限**：1890年に明治憲法とその付属諸法令にもとづいて発足した帝国議会（衆議院・貴族院）の主要権限は，法律案・予算案に対する審議・議定権だった。最終決定権は天皇の大権事項だったが，実際には，議会の決定を天皇が否認したケースは一度もなく，議会は，**実質的に法律・予算の決定権を掌握**することになった。

政❷ **統帥権の独立**：統帥権とは，軍の作戦・用兵などを指揮する権限をいう。明治憲法のもとでの統帥権は，「天皇ハ陸海軍ヲ統帥ス」（第11条）と規定され，天皇の大権事項のひとつとして，天皇と陸海軍を直結させていた（統帥権の独立）。

一方で、明治憲法体制下の天皇は、その政治的権限を先頭に立って行使しないことを原則としていたため、結果として、この統帥権の独立は統帥事項(軍の作戦・用兵など＝軍令事項)を統轄した**参謀本部・海軍軍令部が内閣や議会の関与を許さずに行動するための根拠**になっていった。

5 初期議会 ★★

1881年の国会開設の勅諭を経て、90年にいよいよ**帝国議会**が始まりました。ここから、94年の日清戦争開始までの合計6回の議会のことを、**初期議会**と呼んでいます。

> 注意問題　第二議会で衆議院を解散した松方内閣は、激しい選挙干渉をおこなって政府支持派を当選させ、第三議会を優位に進めることに成功した。

初期議会は、最初を第一議会と称し、6回目が第六議会と呼ばれています。問題は、藩閥政府と民党の対立がピークを迎える第二・三議会についてです。

当初の議会(第一～四議会)では、**超然主義**をかかげる藩閥政府と経費節減・民力休養を主張する**民党**とが、日清戦争を前提とした軍拡予算をめぐって激しく対立しました。

このなかで、注意問題でとりあげた衆議院解散と総選挙がおこなわれます。第二議会で民党と衝突した第1次松方正義内閣は、衆議院を解散して選挙干渉をおこない、政府支持派の当選につとめました。ここまでは問題文のとおりですね。

しかし、結果が異なります。激しい選挙干渉をおこなっても、民党の優勢をくつがえすことはできませんでした。事態を収拾する見込みを失った松方内閣は、第三議会終了後に総辞職します。

激しく対立した藩閥政府と民党ですが、第四議会で提出された天皇の詔書(「**和衷協同の詔書**」〔建艦詔書〕)を機に、その対立構造は一変します。

第2次伊藤博文内閣と民党側の第一党だった自由党が実質的に手を組む一方で，民党を構成していた立憲改進党と吏党と呼ばれていた国民協会などが強硬外交を主張して連合したのです。

そして，第五・第六議会における争点は，条約改正問題へと移行します。次のまとめでは，ここで登場した言葉の意味と，和衷協同の詔書の内容を確かめておきましょう。

NOTE

政 ❶ **超然主義**：政権から政党をできるかぎり排除し，特定政党の影響をうけずに政治を運営していこうとする立場・考え方。帝国議会開設当初，政府は超然主義の方針をとり，実際に以後も山県閥系の内閣は超然主義的立場に立とうとする傾向が強かった（超然内閣）。しかし政党勢力の成長につれ，しだいにそうした政治運営は困難になっていった。

政 ❷ **民党**：初期議会において反藩閥政府的な立場をとった諸政党をいい，具体的には，旧民権派の流れをくむ自由党（第一議会時のみ立憲自由党）と立憲改進党を指す。これに対して，初期議会における政府支持派の諸政党は吏党と呼ばれた。

政 ❸ **和衷協同の詔書（建艦詔書）**：第四議会において1893年に天皇が発した文書。宮廷費を節約し官吏の給与を一部削って軍艦製造費を補うので，議会も内閣に協力せよという内容。

> **COLUMN** 初期議会の具体的経過

議会	出来事
第一議会 1890.11〜91.2	民党が軍拡予算を争点として第1次山県有朋内閣を攻撃。山県内閣は、立憲自由党土佐派の一部を買収して予算を成立させたが、議会終了後に総辞職を余儀なくされた。
第二議会 1891.11〜12 第三議会 1892.5〜6	第1次松方正義内閣と民党が再び軍拡予算で衝突（第二議会）。松方内閣は衆議院を解散し、内相品川弥二郎を先頭に激しい選挙干渉をおこなって政府支持派の当選につとめたが、民党の優勢をくつがえすことに失敗。事態を収拾する見込みを失った松方内閣は第三議会終了後に総辞職した。
第四議会 1892.11〜93.2	第四議会でも、第2次伊藤博文内閣（元勲内閣）と民党は軍拡予算で対立したが、和衷協同の詔書により予算が成立。以後、伊藤内閣と自由党との実質的な提携が進行していった。
第五議会 1893.11〜12 第六議会 1894.5〜6	民党を構成していた立憲改進党と吏党と呼ばれていた国民協会などが連合して、第2次伊藤内閣を条約改正問題などで攻撃。この政治勢力のことを、強硬外交を意味する対外硬の主張をかかげたところから、対外硬派（連合）という。

6 条約改正 ★★

ここで、明治期における最大の外交課題である条約改正交渉についてお話しましょう。

注意問題も、もちろん条約改正交渉についてです。

> **注意問題** 井上馨のあとに外務大臣となった大隈重信の条約改正交渉は、大津事件の発生で失敗した。

ポイントは，「大津事件の発生」によって「大隈重信の条約改正交渉」がどうなったかですね。一発でわかった人も多いと思いますが，何のことかサッパリな人もいるでしょう。次にわかりやすくまとめましたので，しっかりついてきてください。

　第12講で触れたとおり，幕末に結ばれた条約は不平等な内容をもつものでした（▶p.228）。条約改正交渉がどのような課題を抱えていたのか，確認しておきましょう。

NOTE

- 外❶ **最恵国待遇**：片務的（一方的な）最恵国待遇を双務的（相互に認め合う）最恵国待遇に改める。
- 外❷ **税権回復**：協定関税制を廃し，**関税自主権**を**回復**する。
- 外❸ **法権回復**：**領事裁判権**を**撤廃**し，居留地を廃する。

　明治初期から始まった交渉は，長いあいだ失敗をくりかえします。そのなかで，1891年，ロシア皇太子ニコライが滋賀県大津で巡査に襲われて負傷するという大事件がおこります。当時の外相が責任をとって辞任することになったこの事件を，大津事件と呼びます。このときに辞任した外相は，青木周蔵。よって，注意問題の「大隈重信」のところを青木周蔵に変えれば正解となります。

　結局，日本が対外的な独立を完全に達成するのは，1911年。開国からおよそ50年の歳月を経て，ようやく不平等条約が撤廃されたのでした。

NOTE

- 外❶ **岩倉使節団（1871年）**：おもに法権回復をめざしてアメリカと交渉したが，失敗。
- 外❷ **寺島外交（1878年）**：外務卿の寺島宗則による外交。税権回復問題でアメリカの同意を得たが，イギリス・ドイツの反対により失敗。
- 外❸ **井上外交（1882～87年）**：外務卿（のち外務大臣）の井上馨による外交。列国との共同討議方式を採用。

- ◆ **内容**…外国人への内地開放(内地雑居)，外国人判事の任用などを条件に，領事裁判権を撤廃しようとした。
- ◆ **失敗**…1886年には**ノルマントン号事件**(イギリス貨物船が暴風雨で沈没した際に，イギリス領事による審判で日本人を見殺しにした船長の過失が問われなかった事件)が発生し，不平等条約に対する世論の反感が強まった。しかし，交渉促進のためにとられた極端な**欧化**政策(**鹿鳴館**外交)への反発に加え，政府内部から**外国人判事の任用は主権侵害にあたる**と批判され，失敗。民権派は，三大事件建白運動(▶ p.263)で井上外交を攻撃した。

外 ❹ 大隈外交(1888〜89年)：個別交渉方式を採用。
- ◆ **内容**…井上案とほぼ同様。大審院(▶ p.256)への外国人判事任用を認めていた。
- ◆ **失敗**…改正案の内容がイギリスの新聞に暴露されると，政府内外で反対論が高まり，玄洋社(九州の国家主義的政治団体)のメンバーによる爆弾テロが発生。大隈重信は重傷を負い，黒田清隆内閣も総辞職を余儀なくされた。

外 ❺ 青木外交(1891年)：ロシアのシベリア鉄道着工の頃から，イギリスが日本に好意的になったが，大津事件発生により外相**青木周蔵**が引責辞職。
- ◆ **シベリア鉄道**…ロシアが建設した，ヨーロッパとアジアを結ぶ鉄道。1891年着工，1904年全通。この鉄道は，植民地と海軍力を基礎に築かれてきた，**イギリスを中心とする国際秩序への脅威**になった。ロシアの南下に対抗するため，イギリスは極東における日本の存在を重視するようになる。
- ◆ **大津事件**…1891年，ロシア皇太子ニコライが滋賀県大津で巡査の**津田三蔵**に襲われて負傷した事件。ロシアの報復を恐れた日本政府は，**大逆罪**(天皇・皇后・皇太子などに危害を加えることを指す罪)を適用して犯人を死刑にする意向だったが，大審院長児島惟謙はこれを拒否して無期徒刑とし，司法権の独立を守ったとされる。

外 ❻ 陸奥外交(1894年)：日清戦争直前の1894年，外相**陸奥宗光**は，最

恵国待遇の双務化・関税自主権の一部回復・法権回復をおもな内容とする**日英通商航海条約**に調印。改正条約は 99 年に施行された。

外 ❼ **小村外交（1911 年）**：外相**小村寿太郎**により，残された関税自主権の回復に成功。日本は対外的な**完全独立を達成**した。

外 社 ７ 日清戦争 ★★★

ここで日本とアジアの関係にも注意をはらっておきましょう。注意問題は，朝鮮半島における日本の影響についてです。

> ☠ **注意問題** 壬午軍乱・甲申事変の過程で，日本は朝鮮半島における影響力を着々と拡大していった。

壬午軍乱・**甲申事変**とは，1880 年代に朝鮮国内でおきたクーデターのことで，日本とも深くかかわっていました。しかし，その過程で日本は朝鮮半島において影響力を拡大していったのでしょうか？ 詳しくみていきましょう。

明治期に朝鮮問題がクローズアップされた背景には，日本の国防体制が密接に関係していました。

日本の国防体制は，**主権線**（国境ライン）の安全を維持するため，その外側に**利益線**（日本の権益などがある**勢力範囲**）を確保することが必要だ，という考え方に支えられていました。この利益線とされた地域が，当時，欧米列強の圧力に本格的にはさらされていなかった朝鮮半島だったのです。

一方，当時の朝鮮(李朝)は，伝統的な東アジアの国際秩序(冊封体制)のなかにあり，清国とのあいだに形式的な君臣関係を築いていたため，清国は朝鮮に対して宗主権を主張します。

NOTE

外 ❶ **大陸政策の開始（1870年代）**：日本は朝鮮（李朝）に開国を迫り，1875年の江華島事件を機に日朝修好条規の締結を強要した（76年，▶p.250）。

社 ❷ **壬午軍乱（1882年）**：開国路線をとる**閔妃**（ミンビ）（朝鮮国王の王妃）政権の転覆と日本の影響力排除をねらった反乱。軍乱の結果，清国も朝鮮に対する内政干渉と経済進出を図り，朝鮮に対する**清の宗主権が強化**された。

外社 ❸ **甲申事変（1884年）**：明治維新をモデルに朝鮮の近代化を図ろうとした改革勢力（**金玉均**（キムオッキュン）ら独立党）によるクーデター。日本公使館は独立党を援助したが，清軍の介入でクーデターは失敗した。日本は**朝鮮半島での影響力を後退**させ，日清関係も悪化した。

外 ❹ **天津条約（1885年）**：伊藤博文と**李鴻章**とのあいだで，甲申事変の事後処理のために結ばれた。（a）日清両軍が朝鮮から撤兵すること，（b）事後の出兵の際には事前に通告すること，などが規定された。

　もう注意問題の答えはわかりましたね。壬午軍乱・甲申事変は，朝鮮半島における日本の影響力の「拡大」をもたらしたものではありません。むしろ，影響力の後退が顕著です。

COLUMN　「脱亜論」

　福沢諭吉が1885年3月16日の『時事新報』に発表した議論。福沢は，清・朝鮮という「亜細亜東方の悪友」と手を切り，「西洋の文明国と進退を共に」せよ，と主張した。明治時代を代表する知識人によってなされた，きわめて明瞭な主張だっただけに，近代日本の対外行動を正当化した侵略的思想とみなす考え方から，当時の国際環境を見据えた冷静な議論というとらえ方まで，今日もなお多様な論争を喚起しつづけている。

日本の影響力が後退したことによって，朝鮮半島をめぐる日清両国の対立はいっそう激しさを増します。

　1894年，朝鮮半島で東学の信徒を中心とする大規模な農民の反乱（**甲午農民戦争**）が発生，清国が出兵すると日本も対抗して直ちに軍隊を派遣します。陸奥宗光の**条約改正交渉が成功した直後**の同年8月，日本の宣戦布告によって**日清戦争**が始まりました。

　日本軍は，朝鮮半島が主要な戦場となった日清戦争において，軍隊の訓練・規律，兵器の質などの点で優位に立ち，圧倒的な勝利をおさめます。

　センター試験では戦争の細かな経過を気にする必要はありませんが，この対外戦争が生み出した結果には細心の注意が必要です。

> **NOTE**
>
> 外❶ **下関条約**：1895年4月調印。日本全権は伊藤博文・陸奥宗光，清国全権は李鴻章。おもな内容は次のとおり。
> - ◆**朝鮮独立の承認**…清国は朝鮮の独立を承認する（＝清の宗主権否定）。
> - ◆**領土の割譲**…清国は遼東半島，台湾・澎湖諸島を日本に譲り渡す。
> - ◆**賠償金**…清国は日本に賠償金2億両（＝約3億1000万円）を支払う。
> - ◆**開港**…長江流域の沙市・重慶・蘇州・杭州の4港を新たに開港する。
>
> 外❷ **三国干渉**：1895年，満州（中国東北地方）への南下をめざすロシアが，フランス・ドイツとともに，遼東半島の返還を日本に要求したもの。対抗する力をもたない日本は，この勧告に屈する一方で，「**臥薪嘗胆**」

のスローガンに代表される**反露感情**を背景に，軍備の拡張に全力をあげた。
- 外❸ **台湾・澎湖諸島**：1895年，台湾総督に**樺山資紀**(かばやますけのり)が就任し，島民の抵抗を武力で鎮圧しながら統治を進めた。

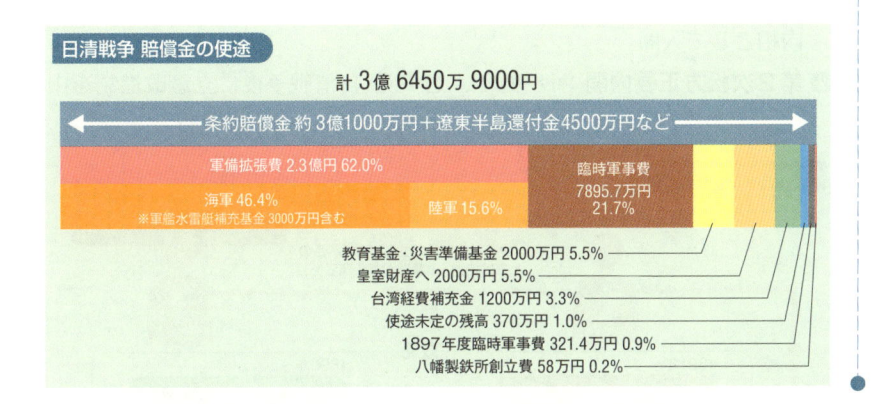

```
日清戦争 賠償金の使途
                  計 3億 6450万 9000円
  ←──── 条約賠償金 約3億1000万円＋遼東半島還付金4500万円など ────→
  軍備拡張費 2.3億円 62.0%              臨時軍事費
                                      7895.7万円
  海軍 46.4%          陸軍 15.6%         21.7%
  ※軍艦水雷艇補充基金 3000万円含む
  
  教育基金・災害準備基金 2000万円 5.5%
  皇室財産へ 2000万円 5.5%
  台湾経費補充金 1200万円 3.3%
  使途未定の残高 370万円 1.0%
  1897年度臨時軍事費 321.4万円 0.9%
  八幡製鉄所創立費 58万円 0.2%
```

8 日清戦争後の政治 ★★

　内政に戻りましょう。いつの時代も政界は勢力争いに事欠きませんが，ここで説明するのはまさにそんなお話です。キーワードは**地租増徴問題**と**政党内閣**，そして**山県有朋**です。

> **注意問題** 最初の政党内閣にかわって内閣を組織した山県有朋は，政党との協力を一切排除して地租増徴を実現した。

　それでは注意問題の内容を，順を追って解説していきましょう。
　日清戦争後，政界では2つの政治的選択肢が模索されます。1つめは藩閥政府の一部（伊藤博文）と政党とが提携する路線，2つめは政党どうしが連携して藩閥政府と対決する路線。一方で政党に対する警戒感を強めた非政党勢力は，山県有朋のもとに結集して，いわゆる**山県閥**を形成していきます。

13 近代国家日本はどのように行動したか

地租増徴問題を主軸に，さまざまな思惑が交錯する1898年の第1次大隈重信内閣までの流れを次にまとめましたので確認してください。

NOTE

政❶ **第2次伊藤博文内閣**：日清戦争後，自由党と正式に提携。板垣退助が内相として入閣。

政❷ **第2次松方正義内閣**：1896年，進歩党（日清戦争後に立憲改進党を中

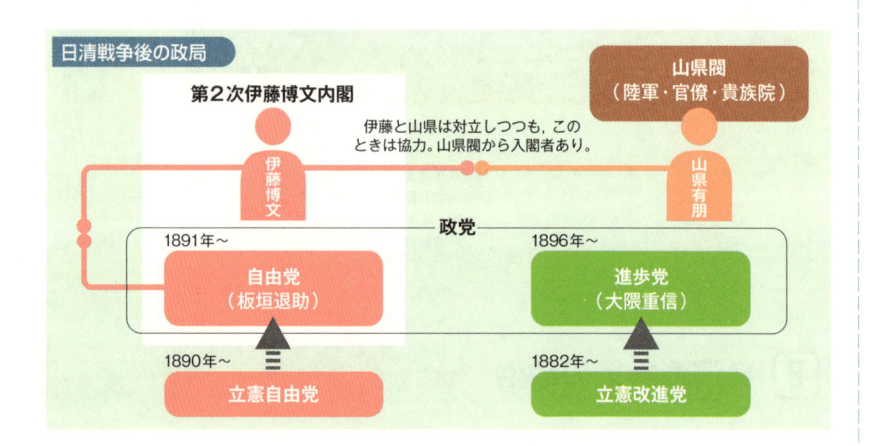

日清戦争後の政局

- 第2次伊藤博文内閣
- 伊藤博文 ― 山県有朋（山県閥：陸軍・官僚・貴族院）
- 伊藤と山県は対立しつつも，このときは協力。山県閥から入閣者あり。
- 政党
  - 1891年～ 自由党（板垣退助） ← 1890年～ 立憲自由党
  - 1896年～ 進歩党（大隈重信） ← 1882年～ 立憲改進党

心として結成，党首大隈重信）と提携して成立。97年，貨幣法を制定して金本位制を確立した（▶ p.292）が，軍拡予算確保のために地租増徴方針を採用すると，進歩党との提携が崩れて総辞職した。

政❸ **第3次伊藤博文内閣**：1898年，政党との提携に失敗したまま成立。軍拡予算確保のための地租増徴案を議会に提出したが，議会運営の見通しを失って総辞職した。

政❹ **憲政党の結成**：1898年，第3次伊藤博文内閣が提出した地租増徴案に反対する過程で，**自由党と進歩党が接近**して結成された。この年の総選挙で絶対多数を獲得し，第1次大隈重信内閣を成立させた。

政❺ **第1次大隈重信内閣**：1898年に誕生した最初の政党内閣。しかし当初から，旧自由・旧進歩両党間の内部対立に悩まされた。

尾崎行雄が共和演説事件の責任をとって文相（文部大臣）を辞任すると，後任をめぐって内部対立は頂点に達し，憲政党は，憲政党（旧自由党系）と憲政本党（旧進歩党系）に分裂。第1次大隈重信内閣も4カ月で瓦解した。

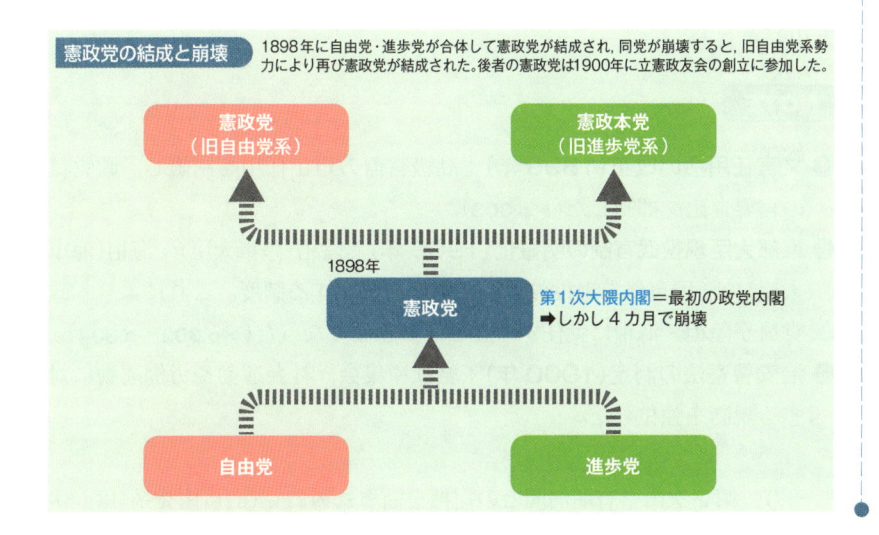

憲政党の結成と崩壊 1898年に自由党・進歩党が合体して憲政党が結成され，同党が崩壊すると，旧自由党系勢力により再び憲政党が結成された。後者の憲政党は1900年に立憲政友会の創立に参加した。

```
憲政党              憲政本党
（旧自由党系）      （旧進歩党系）
        ↑            ↑
         ─── 1898年 ───
              憲政党           第1次大隈内閣＝最初の政党内閣
              ↑                 ➡ しかし4カ月で崩壊
         ───────────
        ↑            ↑
      自由党         進歩党
```

COLUMN 共和演説事件

文相尾崎行雄の演説が問題化し，第1次大隈重信内閣瓦解の発端となった事件。1898年8月，尾崎文相が帝国教育会における演説で，当時の金権万能主義の風潮を批判し，もし日本で共和政治が実現すれば三井・三菱が大統領候補となるであろうと発言。共和制に言及した部分が大きな政治問題になった。10月，尾崎は辞任したが，この後任をめぐって憲政党内の対立はさらに深刻化し，妥協点を見出すことができないまま，憲政党分裂・内閣崩壊へといたった。

こうした政党の勢力伸張を警戒した人物が，陸軍や官僚組織・貴族院に影響力をもつ山県有朋です。しかし，いくら政党嫌いな彼も，注意問題に

あるように「政党との協力を一切排除して」地租の増徴を実現するのは困難でした。

　日清戦争後の政局の混乱を経て成立した第2次山県有朋内閣は，地租増徴案を成立させるために，憲政党（旧自由党系）と一時的に提携します。しかし，のちに憲政党と断絶して**政党勢力や労働運動を抑制する諸政策**を打ち出しました。

NOTE

政 ❶ **文官任用令の改正（1899年）**：高級官僚の自由任用を制限し，政党員の官界進出を抑制した（▶p.303）。

政 ❷ **軍部大臣現役武官制の明確化（1900年）**：陸相（陸軍大臣）・海相（海軍大臣）の任用資格を現役の大将・中将に限定する制度。これにより，政党員が陸相・海相に就任することができなくなった（▶p.302・p.304）。

政 ❸ **治安警察法の制定（1900年）**：結社や集会，社会運動や労働運動に対する規制を強化した。

　一方，第2次山県有朋内閣との提携を断った憲政党（旧自由党系）は，伊藤博文にターゲットをしぼります。この時期，伊藤は安定した議会運営のために政党結成をめざしていました。

　冒頭で，日清戦争後の政界では2つの政治的選択肢が模索されたと述べましたが，最終的には，1つめの，藩閥政府の一部（伊藤博文）と政党とが提携する路線が現実となります。1900年，解党した憲政党とともに，伊藤は初代総裁として**立憲政友会**を結成しました。

　この直後に成立した第4次伊藤博文内閣（最初の立憲政友会内閣）は，貴族院のコントロールに失敗して短命に終わりますが，日清戦争後の政治過程は，**陸軍・官僚・貴族院を中心とする山県閥と衆議院を基盤とする立憲政友会**，という2大勢力の形成をうながしていくことになりました。

歴代内閣（1885〜1901年）

組閣年月	首相	出身あるいは支持勢力	主要事項
1885.12	伊藤博文Ⅰ	長州	**内閣制度**創設
1888.4	黒田清隆	薩摩	**明治憲法**発布
1889.12	山県有朋Ⅰ	長州	**初期議会**開始
1891.5	松方正義Ⅰ	薩摩	**大津事件**発生
1892.8	伊藤博文Ⅱ	長州	**日清戦争**遂行
1896.9	松方正義Ⅱ	薩摩	**金本位制**確立
1898.1	伊藤博文Ⅲ	長州	**憲政党**結成
1898.6	大隈重信Ⅰ	憲政党	初の政党内閣成立
1898.11	山県有朋Ⅱ	長州	**治安警察法**制定
1900.10	伊藤博文Ⅳ	立憲政友会	初の政友会内閣成立

9 桂園時代 ★★

さらに時代を進めましょう。20世紀初頭，**桂太郎**（陸軍出身→山県閥）が3回，**西園寺公望**（立憲政友会総裁）が2回，交互に内閣を組織した時代のことを，両者の名前をとって**桂園時代**（1901〜12年）と呼んでいます。ここでは，当時の内政に関する重要な問題をとりあげてみましょう。

> **注意問題** 桂園時代には，民営鉄道の建設が進展し，営業キロ数で民営が官営を上まわった。

このときの鉄道の状況には，桂園時代に成立したとある法律が大きな影響を与えています。桂園時代の重要な施策を紹介する前に，まずは当時の概要をお話しましょう。

桂太郎と西園寺公望が交互に組閣する，いわば政権のキャッチボール状

態が生まれたのは，**政界を2分した山県閥と立憲政友会のあいだで妥協が成立**したからです。さらに外交面でも，とくに日露戦争後，**イギリス・ロシアとの提携が進展**したため，比較的安定した国際関係が構築されました（▶ p.288）。

ただし，経済面では貿易収支の赤字に加えて巨額の外債（がいさい）を抱えることになったため，**国家財政の危機がしだいに深刻化**していくことに注意しておきましょう（▶ p.288）。

ところで，従来，首相などを歴任してきた藩閥のメンバーはどうしたのでしょうか。彼らは，政治の表舞台には姿をみせなくなったものの，そのまま引退してしまったのではありません。この頃から，元老という言葉が定着していきます。

NOTE

政 ❶ **元老とは**：桂園時代，伊藤博文・黒田清隆・山県有朋・松方正義・井上馨らは元老と呼ばれるようになり，政界の最上層に位置して国政に影響力を行使した。

政 ❷ **元老の仕事**：元老は，おもに(a)国政の重要事項についての判断，(b)後継首相の選定，という2つの仕事に従事した。

政 ❸ **以後の元老**：やがて西園寺公望らも元老に列せられたが，大正末期にあたる1920年代中頃までに主要な元老があいついで没すると（22年に山県死去），元老は西園寺ただ1人になった。「維新の功臣」でもなく薩長出身者でもない西園寺に元老の仕事(a)を果たすだけの政治的な存在感はなく，西園寺は，もっぱら元老の仕事(b)のみをおこなった。

政 ❹ **元老制度の消滅**：西園寺はしだいに元老の仕事(b)を果たすことも困難となり，1940年に最後の元老西園寺が没すると，元老の制度は完全に消滅。後継首相の選定は，内大臣が重臣（首相経験者などを指す）と協議して決める方法へと移行した。

元老の話はこの程度にしておいて，注意問題の解説に移りましょう。鉄道の営業キロ数の問題ですが，「民営が官営を上まわった」のは，

1889 年です（▶ p.295）。桂園時代，1906 年に成立した鉄道国有法により，営業キロ数では官営が民営を圧倒することになりました。

> **NOTE**
>
> 政❶ **鉄道国有法**：1906 年に成立（第 1 次西園寺公望内閣）。主要幹線の民営鉄道 17 社が買収・国有化された（▶ p.296）。
>
> 政❷ **地方改良運動**：日露戦争後の 1908 年（第 2 次桂太郎内閣），節約と勤勉による国力増強の重要性を説いた戊申詔書が発布され，また翌年に，内務省は地方改良運動を推進し，拡大する税負担を担える地方体制をかためようとした。
>
> 政❸ **工場法**：1911 年公布（第 2 次桂太郎内閣）。最初の労働者保護立法だが，内容は不十分なものだった。加えて，紡績資本家などの反対により，施行も 5 年後の 16 年とされた。

10 日清戦争後の国際関係 ★★

20 世紀初頭の桂園時代についてお話してきましたが，このなかで欠かせない重要な出来事が 1904 年に勃発した日露戦争です。ここからは，日露戦争にいたるまでの国際関係についてみていきましょう。そのためには，1894 年の日清戦争から 10 年弱の東アジア情勢についての理解が欠かせません。

> ☠ **注意問題** 三国干渉後，ロシアが満州を占領したことに刺激されて，中国では北清事変が発生した。

三国干渉は 7 日清戦争でやりましたね。1895 年にロシアの主導で，日本が遼東半島返還をおこなったものです。ロシアをはじめとした欧州列強は，日清戦争における敗北で弱体ぶりをさらけ出した清国にあいついで進出しようと画策し，借款（国家間における資金の長期貸借）の代償として自分たちの勢力範囲を設定しました（中国分割）。

13 近代国家日本はどのように行動したか

NOTE

- 社❶ **ドイツ**：1898年に山東半島の膠州湾を租借※。　　※ある国が他国の領土を特別に一定の期間をかぎって借りること
- 社❷ **ロシア**：1898年に遼東半島の旅順・大連港を租借。
- 社❸ **イギリス**：1898年に九龍半島・威海衛を租借。
- 社❹ **フランス**：1899年に広州湾を租借。

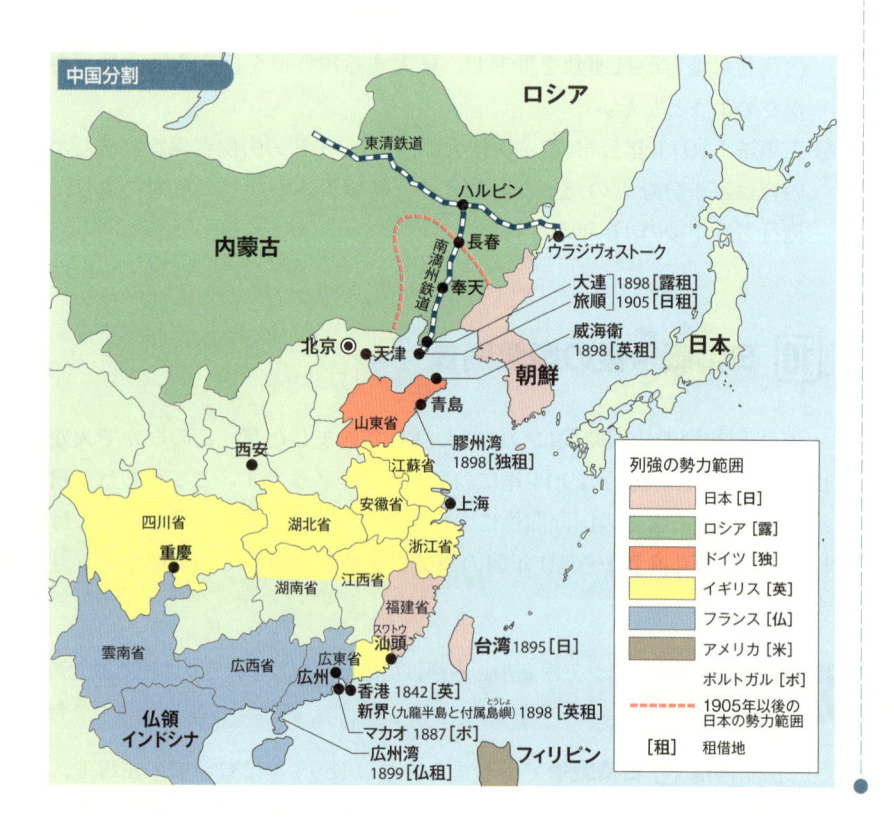

中国分割

列強の勢力範囲
日本 [日]
ロシア [露]
ドイツ [独]
イギリス [英]
フランス [仏]
アメリカ [米]
ポルトガル [ポ]
----- 1905年以後の日本の勢力範囲
[租] 租借地

地図内注記：
- 東清鉄道／ハルビン／長春／ウラジヴォストーク
- 南満州鉄道／奉天
- 大連 1898[露租] 1905[日租]／旅順
- 威海衛 1898[英租]
- 北京／天津／青島／山東省
- 膠州湾 1898[独租]
- 西安／江蘇省／安徽省／上海／湖北省／浙江省／四川省／重慶／湖南省／江西省／福建省
- 台湾 1895[日]
- 雲南省／広東省／広西省／広州／スワトウ 汕頭
- 香港 1842[英]／新界(九龍半島と付属島嶼)1898[英租]
- マカオ 1887[ポ]／広州湾 1899[仏租]
- 仏領インドシナ／フィリピン／内蒙古／朝鮮／日本／ロシア

この事態に，ハワイ・フィリピンを領有したものの**中国分割には直接参加しなかった**アメリカが動きます。1899年，アメリカの国務長官**ジョン＝ヘイ**は，中国の門戸開放・機会均等・領土保全を宣言し，列国の勢力範

囲内での通商の自由を要求する姿勢を明確にします。

さらに，中国の北方でロシアの南下が進みますが，それに刺激をうけて中国で北清事変がおこったわけではありません。正確には，1900年の北清事変後，ロシアが満州を占領したのです。ロシアの南下と北清事変の関係は，詳しくは次のようになっています。

> **NOTE**
>
> 社❶ **韓国**：日清戦争後，**朝鮮では親露派政権が成立**。この政権は，日本に対抗する意味もあって，1897年，国号を**大韓帝国**（韓国）に改めた。
>
> 外社❷ **北清事変**：中国分割後，清国内では外国人を排斥する動きが強まり，1900年には「扶清滅洋」を唱える義和団が北京の列国公使館を包囲する事態が生じた（**義和団事件**）。清国政府は義和団に同調して列国に宣戦布告し，英・米・日など8カ国の連合軍相手に敗北。これを北清事変という。
> 　◆北京議定書（1901年）…北清事変後に調印。清国は，(a)巨額賠償金の支払い，(b)列国による公使館守備隊の駐留，などを承認させられた。
>
> 外社❸ **満州**：清朝初代皇帝ヌルハチが自己の民族名を満州と改名したため，中国北方地域は満州と呼ばれるようになった。ロシアは北清事変後，**事実上満州を占領**した。
> 　のちポーツマス条約（1905年）で南満州を勢力範囲とした日本は，満州事変後，同地に傀儡国家**満州国**を建国していく。なお現在では，満州という地名は廃されて「中国東北」と呼称・表記される。

11 日露戦争 ★★★

東アジアでロシアが南下を成功させると，朝鮮半島を利益線として確保したい日本と，大陸に多くの権益をもつイギリスが，ロシアに対抗するために急速に接近します。そして，1904年，日本とロシアが互いに宣戦布

13 近代国家日本はどのように行動したか

告して日露戦争が始まりました。

> **注意問題** 日露戦争において，イギリスと同盟関係にあった日本に対抗して，ロシアはアメリカと提携した。

果たして日露戦争ではロシアはアメリカと提携したのでしょうか？ 戦争にいたるまでの経緯を詳しくみていきましょう。

当時，日本国内には，2つの主張がありました。1つはロシアの満州（中国東北地方）での自由行動を認めるかわりに韓国での日本の優越権を認めさせようという主張で，満州と韓国を交換する「満韓交換」をめざした**日露協商**論です。しかし，もう1つの主張である**イギリスと同盟してロシアの南下をおさえる**外交路線が優位を占め，ついに02年，**日英同盟協約**（第1次）が結ばれます。

この日英同盟は，02年から23年まで3次にわたって継続した，軍事規定をもつ国際的とりきめで，20世紀初頭から約20年間，**日本外交の最大の基軸**として機能しました。

04年2月，日本とロシアが戦闘状態に突入し，日露戦争が勃発します。ただし，日本がイギリスを味方につけたのに対し，ロシアがアメリカと提携したかというと，そういった事実はありません。中国の門戸開放を主張するアメリカにとって，満州を占領するロシアは「提携」相手にはならないのです。日本は，ロシアの行動を警戒する**イギリス・アメリカの支持を背景**に，戦局を優位に展開させていきました。

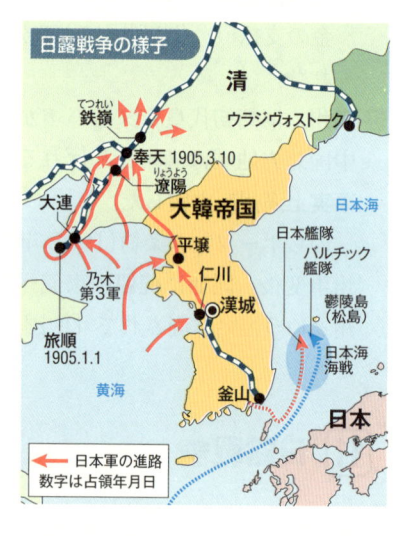

05年，日本はロシアの軍事拠点である旅順で勝利します。つづいて日本海海戦では，日本の連合艦隊がロシアのバルチック艦隊に壊滅的な打撃

を与えました。これによって，日本の軍事的な勝利は決定的なものになったといってよいでしょう。

NOTE

❶ ポーツマス条約（1905年9月調印）：アメリカ大統領**セオドア゠ローズヴェルト**が仲介。日本全権は小村寿太郎，ロシア全権はウィッテ。
　おもな内容は，(a)ロシアは韓国に対する日本の指導・監督権を認める，(b)ロシアは清国領土内の旅順・大連の租借権，**長春**—旅順間の鉄道とその付属の利権を日本に譲渡する，(c)ロシアは北緯50度以南の樺太と付属の諸島（南樺太）を日本に譲渡する。

❷ 日比谷焼打ち事件：ポーツマス条約調印日に発生した騒擾事件。膨大な戦死者を出しながら，増税に耐えて戦争を支えてきた国民は，ポーツマス条約（無賠償の講和）に大きな不満を抱いた。講和条約調印日に講和反対国民大会が開催されると，集まった群衆は政府高官邸や政府系新聞社などへ襲撃・放火をおこなった。

❸ 権益経営：日露戦争の結果，日本は南満州に権益を獲得した。
- ◆**関東都督府**…1906年，旅順に設置され，**遼東半島の南部（関東州）**の軍事・行政を管理した。のち，19年に関東都督府は関東州および満鉄沿線を守備する**関東軍**と，関東州の行政を担当する関東庁とに分離された。
- ◆**南満州鉄道株式会社（満鉄）**…06年に設立された**半官半民の国策会社**。長春—旅順間の旧東清鉄道（南満州鉄道）と沿線の炭鉱などを経営した。

> COLUMN 非常特別税の恒久税化
>
> 戦費17億（日清戦争の戦費の約8.5倍）を費やすことになった日露戦争は，内外での国債募集（外債約7億円・内債約6億円）と増税（非常特別税3億2000万円弱）とによって遂行された。
>
> このうち非常特別税とは，日露戦争中に第1次桂太郎内閣が戦費調達のためにおこなった臨時の増税のことをいい，地租・営業税・所得税・酒税の増徴とその他の各種消費税の増徴・新設などが実施された。具体例を示すと，地租税率→8％（郡村宅地），所得税→税額の70％増徴などである。これらの臨時増税はポーツマス条約が締結された翌年の1906年末に廃止される予定だったが，日本は，日露戦争後も植民地・権益経営などに追われる一方で，貿易面でも輸入超過が慢性化し，債務償還（償還とは返済すること）のために**外債募集を継続**する状態におちいった。深刻な財政難に直面した政府は，非常特別税の恒久税化を図っていった。

12 日露戦争後の国際関係 ★★★

さらに外交の話をつづけます。日露戦争後，日本をめぐる国際環境は大きく変化しました。日露戦争前の様子と比較しながら，その特徴をつかみましょう。

> 注意問題 日露戦争の講和を仲介したアメリカは，日露戦争後も，日本に対して好意的態度をとった。

日露戦争後の日本と各国との関係は，東アジアに対する日本の動きを支持するか否かで大きく変わります。まず，日本に外交面での安定をもたらした側面から確認しましょう。

戦後の日本は，**イギリスとの良好な関係を維持**すると同時に，**ロシアとの協調関係を築くことにも成功**していきます。

一方，注意問題でとりあげたアメリカはどうだったでしょうか？　日露戦争の際には日本に好意的でしたが，戦後も「日本に対して好意的態度を

とった」わけではなく，両国関係は**緊張をはらむものへ**と変化していきます。大陸における日本の行動をみれば，そうした変化が生じた理由を理解するのは難しいことではないはずです。

> **NOTE**

- 外❶ **日英同盟協約（第２次）**：1905年，ポーツマス条約成立直前に改定。イギリスは日本の韓国保護権を承認した。
- 外❷ **日露協約**：日露戦争後に進展した日露協調のなかで，1907〜16年のあいだに４回にわたって締結された協約。日英同盟とともに，この時期の日本外交の基軸としての役割を果たした。
- 外社❸ **日米関係**：中国の門戸開放を唱えたアメリカは日本による南満州権益の独占に反対し，日露戦争後，両国関係は急速に悪化した。
  - ◆ **満州問題**…日本の南満州権益独占に反対するアメリカは，満鉄買収案を提案したり，満鉄中立化を提唱したりしたが，いずれも成功しなかった。
  - ◆ **日本人移民排斥運動**…日露戦争後，カリフォルニア州などで生活習慣や宗教意識が異なる日本人移民の排斥運動が活発化した。こうしたなかで，サンフランシスコでは日本人の学童が公立学校への通学を一時禁止される事件も発生（日本人学童入学拒否事件，1906年）。
- 社❹ **中国**：1911年，中国同盟会（のち**中国国民党**）を指導する**孫文**を中心とした革命が進展。翌12年には，**中華民国**が成立し，清朝は滅亡した（**辛亥革命**）。しかしまもなく，孫文はしりぞけられて**袁世凱**（清朝の軍人）が実権をにぎり，中国国民党を弾圧。孫文は日本への亡命を余儀なくされた。以後，中国は各地に**軍閥が割拠する状態**に突入していく。

13 韓国併合 ★★★

　日露戦争後の日本外交は，イギリス・ロシアとの提携が進展したため，比較的安定した状態になりました。韓国の植民地化を進める国際的条件が整ったといってよいでしょう。

> **注意問題** 日露戦争後，日本はまず韓国の内政権を奪い，韓国保護国化を実現した。

　韓国の植民地化はいくつかのステップを経て進行していったため，その順序などを判断させる問題が多数出題されています。次のまとめで経緯を確認してください。

NOTE

❶ 第1次日韓協約（1904年）：
- ◆背景…日露戦争における日本の戦勝。
- ◆内容…日本政府の推薦する財政・外交顧問の派遣。

❷ 第2次日韓協約（1905年）：
- ◆背景…桂・タフト協定（アメリカのフィリピン支配，日本の韓国指導権を相互に承認），第2次日英同盟協約，ポーツマス条約による列国の承認。
- ◆内容…日本は**韓国の外交権を獲得**（保護国化）。漢城（現，ソウル）に**韓国統監府**を設置した（初代統監**伊藤博文**）。

❸ 第3次日韓協約（1907年）：
- ◆背景…ハーグで開催された第2回万国平和会議に韓国皇帝が密使を送り，日本の支配に抗議する事件が発生（**ハーグ密使事件**）。
- ◆内容…日本は**韓国の内政権獲得**。韓国軍を解散する措置もとられた。韓国軍の元兵士たちの参加もあって，この時期から**義兵運動**（反日武装運動）が本格化するようになった。

外 ❹ **韓国併合条約（1910年）**：
- ◆ **背景**…1909年，ハルビン駅頭で韓国の民族運動家**安重根**（アンジュングン）が伊藤博文を暗殺。
- ◆ **内容**…10年に韓国植民地化（**韓国併合**）を強行した日本は，韓国の国号を廃して日本領朝鮮とし，**朝鮮総督府**を設置した（初代総督**寺内正毅**）。

複 ❺ **朝鮮支配の開始**：朝鮮半島では，韓国併合以来，朝鮮総督府のもとでの強圧的な統治が展開された（▶ p.311）。
- ◆ **土地調査事業**…朝鮮総督府は，地税の整理と日本人地主の土地所有拡大をめざして土地調査事業（土地所有権を明確にして統治のための財源を確保する事業）を推進し，多くの朝鮮人から土地をとりあげた。また，おもな産業も日本人の手に渡っていった。
- ◆ **東洋拓殖株式会社（東拓）**…1908年に日韓両国政府によって朝鮮に設立された国策会社。東拓は朝鮮総督府の権力を背景として，土地調査事業によって朝鮮の農民から土地を奪い，朝鮮最大の巨大地主へと成長した。

要約すると，外交権を奪う→内政権を獲得→韓国併合，となります。よって，注意問題の文章は，「内政権」を外交権に訂正すれば正解です。混乱しないようにしましょうね。

14 産業革命——金融と軽工業分野 ★★★　経 社

内政，外交につづいて，次は経済の様子をみていきましょう。日清・日露戦争前後の時期は，国際関係と同様，日本経済にも大きな変化が生じます。とりわけ，金融システムの整備と日本の主要産業を理解することが肝要です。

> **注意問題** 日本の産業革命の主役となった紡績業は，国産の繭を原料として輸出産業へと成長していった。

2 松方財政と民権運動の激化で触れましたが，1880年代後半になると日本は企業勃興期に入り，機械技術を本格的に導入する産業革命が始まりました。上の文章では，日本の産業革命の主役であり輸出産業へと成長したのは，国産の繭を原料とした「紡績業」とありますが，本当にそうだったのか確認していきましょう。

はじめに，松方財政(▶p.260)以降の金融政策についてです。**8 日清戦争後の政治**で触れたとおり，日清戦争後，日本は念願の**金本位制**確立に成功しました。

NOTE

- 経 ❶ **金本位制確立**：1897年，第2次松方正義内閣時に，**貨幣法**を制定して金本位制を確立した(▶p.278)。
- 経 ❷ **正貨準備**：日清戦争で得た巨額の賠償金をポンドで受領し，正貨準備(▶p.248)とした。
- 経 ❸ **平価**（へいか）：平価とは，金本位制国(あるいは銀本位制国)の発行する銀行券と金(あるいは銀)との交換の基準のこと。日本は，貨幣法で金本位制下の平価を **100円＝金75g**（≒49.85ドル）とした。

こうした金融システムの整備は，円の国際的信用を高めると同時に，日本に貿易の安定化をもたらすことになりました。では，どのようなものが輸出産業へと成長していったのでしょうか？

注意問題では，「紡績業」とありましたね。確かに，**紡績業は日本の産業革命の中心**でした。しかし，国産の繭を原料としたのは，紡績業ではなく**製糸業**。紡績業と製糸業はどちらも繊維産業ですが，糸にする原料が異なります。ややこしいですが，だからこそ，その違いをしっかり区別しておかなくてはいけません。

品目別輸出入の割合の変遷

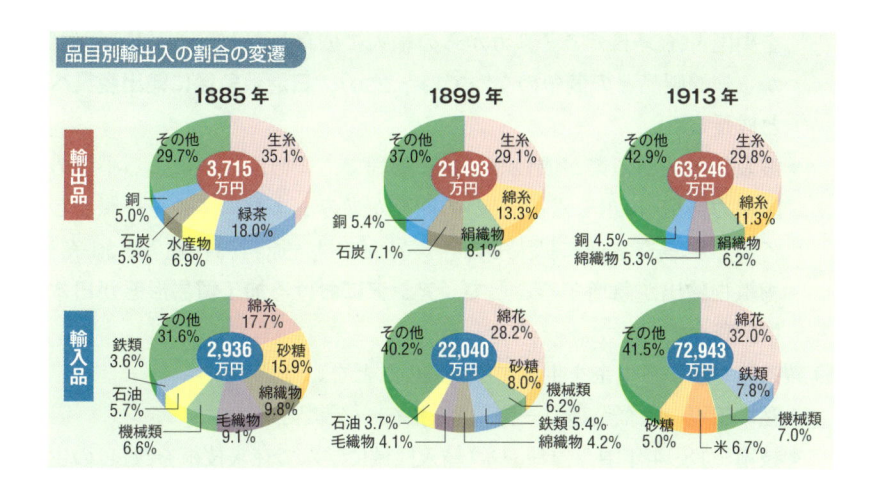

1885年 輸出品 3,715万円
- 生糸 35.1%
- 緑茶 18.0%
- 水産物 6.9%
- 石炭 5.3%
- 銅 5.0%
- その他 29.7%

1899年 輸出品 21,493万円
- 生糸 29.1%
- 綿糸 13.3%
- 絹織物 8.1%
- 石炭 7.1%
- 銅 5.4%
- その他 37.0%

1913年 輸出品 63,246万円
- 生糸 29.8%
- 綿糸 11.3%
- 絹織物 6.2%
- 綿織物 5.3%
- 銅 4.5%
- その他 42.9%

1885年 輸入品 2,936万円
- 綿糸 17.7%
- 砂糖 15.9%
- 綿織物 9.8%
- 毛織物 9.1%
- 機械類 6.6%
- 石油 5.7%
- 鉄類 3.6%
- その他 31.6%

1899年 輸入品 22,040万円
- 綿花 28.2%
- 砂糖 8.0%
- 機械類 6.2%
- 鉄類 5.4%
- 綿織物 4.2%
- 毛織物 4.1%
- 石油 3.7%
- その他 40.2%

1913年 輸入品 72,943万円
- 綿花 32.0%
- 鉄類 7.8%
- 機械類 7.0%
- 米 6.7%
- 絹織物 6.2%
- 砂糖 5.0%
- その他 41.5%

NOTE

経社 ❶ 紡績業：綿花を紡いで綿糸を生産する産業のことをいう。

◆ **基本工程**…綿作（綿花）→紡績業（綿糸）→綿織物業。

◆ **機械制生産の開始**…1883年，**大阪紡績会社**開業。同社は，輸入紡績機械・蒸気機関の使用，電灯の設置による昼夜2交代フル操業で，1万錘※規模の大規模経営に成功。

※「錘」とは糸を紡ぐ機械＝スピンドルの数をいう

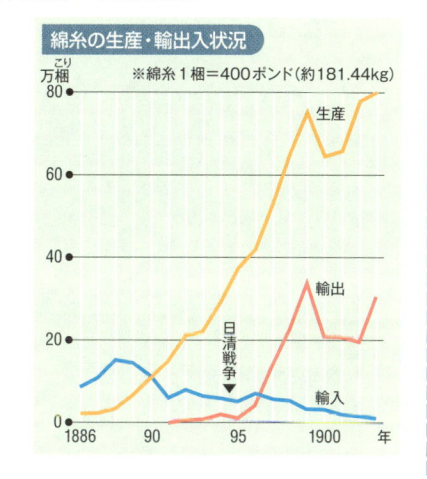

以後，機械制生産が急増し，手紡（従来からの技術）・ガラ紡（臥雲辰致が発明した簡単な紡績機械，77年の第1回内国勧業博覧会で受賞）による綿糸の生産量を圧倒していった。

◆ **輸出産業化**…日本の紡績業は，国内の綿花栽培が衰退して原料綿

綿糸の生産・輸出入状況
※綿糸1梱＝400ポンド（約181.44kg）

（グラフ：1886年〜1900年頃の生産・輸出・輸入の推移、日清戦争の時点表示あり）

第4章 近代

を中国・インド・アメリカからの輸入に依存したが，イギリスなどからの綿製品との競争のなかで(▶p.230)，**日清戦争後に輸出産業へと成長した。**
- ◆**波及効果**…紡績業が成長していく過程で，**豊田佐吉**らによる小型の国産力織機(綿布を織る機械)の開発が進み，またエネルギー源としての石炭業も急速に拡大した。貿易面では，原料綿花輸入と綿糸・綿織物輸出が急増することで，**アジアにおける加工貿易形態が日本に定着していった。**

経 社 ❷ **製糸業**：繭から生糸を生産する産業のことをいう。
- ◆**基本工程**…養蚕業(繭)→製糸業(生糸)→絹織物業。
- ◆**技術**…1894年頃，**器械製糸**(輸入機械に学んで在来技術を改良)の生産量が，**座繰製糸**(幕末以来の技術)の生産量を上まわった。
- ◆**性格**…**国産の繭を原料とする最大の外貨獲得産業**。幕末以来，欧米向けの輸出産業として急速に発達し(▶p.230)，養蚕地帯のある長野・山梨県などに中小工場が次々に建設された。日露戦争後，**アメリカ向けの生糸輸出がさらに伸長**し，1909年，輸出規模は世界最大になった。

⑮ 産業革命——鉄道業・重工業分野と財閥 ★★★

経 社

繊維産業以外の分野でも，顕著な動きがみられます。鉄道業や重工業，財閥（ざいばつ）の形成についてみていきましょう。

注意問題 八幡製鉄所は，政商から財閥へと成長した三菱によって設立された。

上の文章は，重工業と財閥がからんだ問題ですね。**八幡製鉄所**（やはたせいてつじょ）は，筑豊（ちくほう）炭田にほど近い北九州（福岡県）につくられた工場です。これが「三菱によって設立された」のか，そうではなかったのか，それを説明する前に，当時の重要事業だった鉄道業についてサクッと触れておきましょう。鉄道業は輸送部門の中心に位置していました。

NOTE

経 社 ❶ **民営鉄道**：1881 年に華族を主体として設立された**日本鉄道会社**が成功すると，民営鉄道会社設立ブームに突入。87 年に営業距離で一時わず

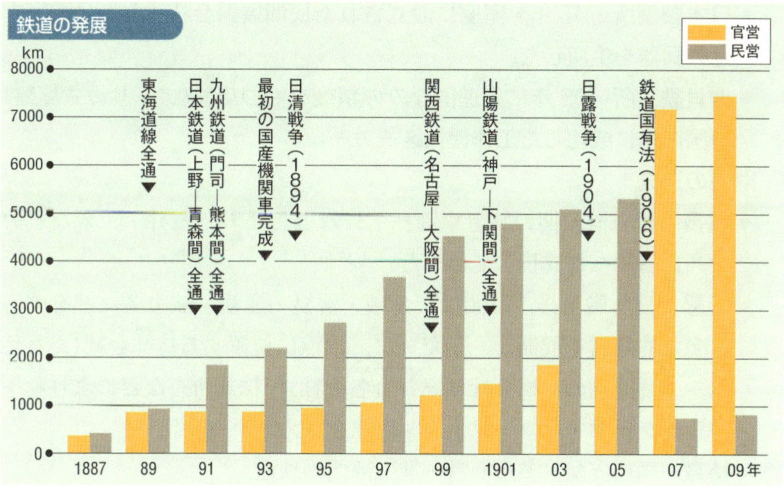

鉄道の発展
官営
民営
km
8000
7000
6000
5000
4000
3000
2000
1000
0
東海道線全通
九州鉄道（門司—熊本間）全通
日本鉄道（上野—青森間）全通
最初の国産機関車完成
日清戦争（1894）
関西鉄道（名古屋—大阪間）全通
山陽鉄道（神戸—下関間）全通
日露戦争（1904）
鉄道国有法（1906）
1887
89
91
93
95
97
99
1901
03
05
07
09年

かに民営が官営を上まわったあと，89年より1905年まで民営が官営を上まわりつづけた。

[経][社] ❷ **鉄道国有法**：**(a)** 統一的な軍事輸送の実現（陸軍），**(b)** 鉄道整備を利用した支持基盤の拡大（立憲政友会），**(c)** 赤字経営からの脱却（民営鉄道経営者），といった理由が重なって，1906年に鉄道国有法が成立（▶p.283）。同法により，主要幹線の民営鉄道17社が買収・国有化され，官営鉄道のシェアは営業距離で90％を突破した。

つづいて重工業分野です。注意問題でとりあげた八幡製鉄所は，「三菱」によって設立された民間工場ではありません。
官営八幡製鉄所に代表される重工業の展開と，三井・三菱に代表される財閥の形成について，基本事項を整理しておきましょう。

NOTE

[経][社] ❶ **重工業の展開**：
- ◆**官営八幡製鉄所**…1901年，大冶鉄山（中国の長江流域に位置する鉱山）の鉄鉱石を原料とし，筑豊炭田の石炭を用いて操業開始。何度かの失敗を経て，日露戦争頃から生産を軌道に乗せた。
- ◆**日本製鋼所**…07年，室蘭に設立された民間製鋼会社。おもに海軍向けの兵器を生産した。
- ◆**池貝鉄工所**…05年に先進国なみの精度をもつ旋盤（アメリカ式旋盤）の国産化に成功した工作機械メーカー。

[経][社] ❷ **財閥の形成**：
- ◆**成長**…松方財政期の官営事業払下げなどにより，三井・三菱などの政商は財閥へと成長していった。
- ◆**形態**…日露戦争後，財閥は，金融・貿易・運輸・鉱山業などを中心に多角的経営を展開し，しだいに，頂点に位置する持株会社（たとえば，三井財閥の持株会社は三井合名会社）が株式所有などにより傘下の企業を統括するコンツェルン形態を整えていった。
- ◆**特徴**…同族支配・多角経営・進出部門の独占。

四大財閥の特徴

財閥	特徴
三井	1673年，江戸で開いた越後屋呉服店が起源。戊辰戦争時，新政府に協力して政商としての立場を確保。日露戦争後には，三井合名会社を持株会社とし，三井銀行・三井物産・三池炭鉱（1888年払下げ）などを擁するコンツェルン形態を整えた。
三菱	岩崎弥太郎の創始した三菱会社から発展した財閥。明治時代前期に海運業で蓄財し，第一次世界大戦期にコンツェルン体制を構築した。三菱合資会社が持株会社。傘下の事業や企業には，長崎造船所（1887年払下げ），佐渡金山・生野銀山（ともに1896年払下げ），三菱商事，三菱銀行，三菱重工業，麒麟麦酒（キリンビール）などがある。
住友	17世紀末に開発された別子銅山を基礎に豪商から財閥へと成長した。明治時代に事業の多角化を成功させ，第一次世界大戦後，コンツェルン形態を整備していった。持株会社は住友合資会社。
安田	安田善次郎が築いた金融中心の財閥。1880年に安田銀行（第二次世界大戦後に富士銀行と改称，現在は経営統合によりみずほ銀行）を設立。安田保善社を持株会社とした。

16 社会運動の勃興 ★★★

　こうして企業が次々とつくられ，資本主義が発達すると，必然的にそこで働く賃金労働者が増加します。それと同時に，日清戦争前後の時期から工場労働者による**ストライキ**が発生するようになりました。また，工場の設立により公害問題も出てきます。

> **注意問題** 足尾銅山の鉱毒問題の解決にとりくんだ幸徳秋水は，ついに明治天皇への直訴を試みた。

　今回の注意問題は，**足尾鉱毒事件**に関する内容です。有名な公害問題なので，よく知っている人も多いかと思います。答えは比較的簡単に出せますが，センター試験やその先に待ちうけている各大学の個別入試を想定して，日本での社会運動の勃興からおもな運動の内容や事件について思考を深めていきましょう。

全国で40件余りの工場労働者のストライキがおこった1897年，アメリカの労働運動の影響をうけた**高野房太郎**・**片山潜**らは，**労働組合期成会**（機関紙『労働世界』）を結成します。この労働組合期成会の指導によっていくつかの労働組合がつくられ，熟練工を中心に労働者が団結して資本家に抵抗する動きが表面化しました。

　また，1880年代に大鉱脈が発見された栃木県足尾銅山の下流（渡良瀬川流域）で，洪水などの際に鉱毒による被害が発生し，しだいに大きな社会問題となります。この足尾鉱毒問題で，1901年に明治天皇への直訴を試みたのが**田中正造**でした。田中正造の直訴は成功しませんでしたが，足尾の鉱毒被害の深刻さは社会に大きな衝撃を与えました。

　実は田中正造が用意した直訴状は，日本で**社会主義**思想（資本主義体制を否定して労働者を中核とした体制を築こうという考え方）にもとづく活動を展開したことで知られる**幸徳秋水**が原案を作成していたのです。

　注意問題の文章は「幸徳秋水」の部分が誤りとなりますが，つながりがまったくないかというとそういうわけでもないんですよ。

　ここで，明治時代における社会主義運動の流れをみておきましょう。

NOTE

政 社 ❶ **社会主義政党の結成**：労働運動の展開とともに，その指導理論として社会主義思想が注目されるようになった。

- ◆ 1898年…社会主義研究会結成。
- ◆ 1901年…社会民主党結成。最初の社会主義政党。中心メンバーは，片山潜・幸徳秋水ら。**治安警察法**（▶p.280）により直ちに結社禁止とされた。
- ◆ 1903年…幸徳秋水・**堺利彦**ら，**平民社**をおこして『平民新聞』を発行し，日露戦争に対する反戦論を展開。
- ◆ 1906年…最初の合法的社会主義政党である**日本社会党**結成（第1次西園寺公望内閣が当面その存続を容認）。しかし内部で，議会政策派（片山潜ら穏健派）と直接行動派（幸徳秋水ら急進派）との対立が激しくなり，直接行動派が優位を占めると，翌年には結社禁止とされた。

政社 ❷ **大逆事件**：1910年，天皇暗殺を企てたとして，幸徳秋水ら26名の無政府主義者・社会主義者が逮捕・起訴された。翌年，全員が有罪とされ，幸徳秋水を含む12名が死刑に処せられた。

　また，この事件の翌年には，警視庁（首都警察のこと）内に社会主義運動に対処するための**特別高等課**（**特高**）が設置された。事件の結果，国民の多くが社会主義思想を危険視するようになったため，社会主義者の活動は「冬の時代」を迎えることになった。

第13講 確認テスト

- [ ] 157　1878年に制定された，郡区町村編制法・府県会規則・地方税規則を総称して何というか。　　地方三新法

- [ ] 158　大日本帝国憲法制定以前に，民権派などが起草した憲法案のことを総称して何というか。　　私擬憲法

- [ ] 159　第1次伊藤博文内閣の大蔵大臣は誰か。　　松方正義
（1880年代に松方財政を展開）

- [ ] 160　1887年，三大事件建白運動に対処するために公布された法規を何というか。　　保安条例

- [ ] 161　1880年代後半，山県有朋に協力して市制・町村制を起草するなど，日本の地方制度の確立に寄与したドイツ人顧問は誰か。　　モッセ

- [ ] 162　初期議会の時期に，政府支持派の諸政党を指す総称として使われた用語を何というか。　　吏党

- [ ] 163　1889年に大隈重信への爆弾テロを実行した青年が所属していた，国家主義的な団体を何というか。　　玄洋社

- [ ] 164　1885年，甲申事変の事後処理のために日清間で結ばれたとりきめを何というか。　　天津条約

- [ ] 165　日清戦争時の日本の外務大臣は誰か。　　陸奥宗光
（陸奥の条約改正交渉は日清戦争開始直前に成功）

- [ ] 166　1895年に台湾総督に任命された海軍軍人は誰か。　　樺山資紀

- [ ] 167　1900年に定められた，陸海軍大臣の任用資格を現役の大将・中将に限定する制度を何というか。　　軍部大臣現役武官制

- [ ] 168　1900年に結成された立憲政友会の初代総裁は誰か。　　伊藤博文

- [ ] 169　1906年に関東都督府が設置された都市を何というか。　　旅順
（旅順→軍港。大連→商港）

- [ ] 170　日露講和条約で日本が獲得した中国東北部の権益を経営するために，1906年に設立された半官半民の国策会社を何というか。　　南満州鉄道株式会社

- [ ] 171　孫文らの指導によって清朝が打倒された革命を何というか。　　辛亥革命

172	1901年から13年までのあいだ，3度にわたって内閣を組織した政治家は誰か。	桂太郎
173	明治中期以降，政界の最上層に位置して後継首相を選定するなど国政に影響力を行使した政治家たちのことを，総称して何というか。	元老
174	1911年に公布されたが施行は16年に延期された，最初の労働者保護立法を何というか。	工場法
175	第2次松方正義内閣のときに制定された，金本位制確立のための基本法規を何というか。	貨幣法
176	近代における諸産業分野のなかで，原料の繭を国内で調達して外貨を獲得する役割を果たした産業を何というか。	製糸業
177	中国の長江流域に位置し，八幡製鉄所に鉄鉱石を供給した鉄山を何というか。	大冶鉄山
178	足尾鉱毒事件における反対運動の指導者で，1901年には議員を辞職して天皇への直訴を試みた政治家は誰か。	田中正造
179	1901年に結成された（直後に解散命令），日本最初の社会主義政党を何というか。	社会民主党 （日本社会党は1906年結成）

第4章 近代

第14講 成長した日本にはどのような限界があったか

1907〜1931年：恐慌による政界の混乱と社会不安の広がり

政 ① 大正政変 ★★★

ここから大正時代に入ります。まず政治からみていきましょう。前回は，桂園時代までお話しましたね。ここでとりあげる問題は，その桂園時代の終焉と第一次護憲運動に関するものです。

> **注意問題** 1913年，桂太郎が衆議院を解散したため，第一次護憲運動は選挙運動を中心として展開された。

では，問題の解説をしながら，明治から大正に移る時代の政治についてみていきましょう。

日露戦争後の1907年，国防政策の基本方針として**帝国国防方針**が打ち出されます。11年，中国で辛亥革命（▶p.289）がおこると，これに刺激をうけた陸軍は帝国国防方針を背景に，併合後の**朝鮮半島に駐屯させる陸軍部隊**（2個師団，師団＝陸軍編制の最大単位）**の増設を強く要求**します。

一方，当時の日本は深刻な財政難に直面していたため（▶p.288），第2次西園寺公望内閣は行財政整理をかかげ，緊縮財政方針を明確にしていました。

そのようななか，12年7月に明治天皇が崩御し，大正天皇が即位して年号が大正と改められました。同年12月，2個師団の増設が閣議で認められなかったことに抗議して，**上原勇作**陸軍大臣（陸相）が単独で天皇に辞表を提出すると，第2次西園寺公望内閣は総辞職に追いこまれます。

なぜ陸相の辞任が内閣総辞職につながるのでしょうか？　これには軍部大臣現役武官制（▶p.280）がからんでいるため，ちょっと説明が必要ですね。

上原陸相の辞任後，陸軍省は第2次西園寺内閣に対して**後任の陸相を推薦しませんでした**。1900年に定められた軍部大臣現役武官制は，陸相・

海相を現役大将・中将に限定する制度のことでしたね。政党員が陸相・海相になることはできないため，この制度のもとで陸軍省が陸相推薦を拒否すれば，首相は陸相を選任できず，組閣に失敗してしまいます。この軍部大臣現役武官制のもつ倒閣機能によって，第2次西園寺内閣は崩壊したのです。

次に首相となったのは，桂太郎。実に3度目の組閣となります。しかし，彼は内大臣(▶p.265)・侍従長の地位にあったため，「宮中・府中の別」(▶p.265)を乱すと非難されます。これが**第一次護憲運動**の始まりです。

注意問題では，第一次護憲運動は「桂太郎が衆議院を解散した」から「選挙運動」を中心に展開されたとありましたが，そのような事実はありません。**犬養毅**・尾崎行雄らが中心となって開始したこの運動の特徴は，「**閥族打破・憲政擁護**」をスローガンとする**全国的な大衆運動に発展**したところにあります。

第3次桂太郎内閣は，新政党を組織して対抗しようとしますが，運動の過熱をおさえることに失敗し，13年2月，わずか50日余りで退陣を表明することになりました（**大正政変**）。

つづいて，第1次**山本権兵衛**内閣が成立します。大切なところを確認しておきましょう。

NOTE

政 ❶ **第1次山本権兵衛内閣の性格**：首相の山本権兵衛は薩摩出身の海軍大将。立憲政友会を与党とした。

政 ❷ **主要な内政**：第1次山本権兵衛内閣は，第2次山県有朋内閣の実行した諸政策(▶p.280)を修正した。
- ◆ **文官任用令再改正（1913年）**…高級官僚の自由任用・特別任用の範

囲を拡大。政党員の官界進出を可能にした。
- ◆ 軍部大臣現役武官制改正（1913年）…現役規定を削除し，陸相・海相の任用資格を予備役・後備役まで拡大。これによって，同制度のもつ倒閣機能は失われた。

政 外 ❸ **ジーメンス事件**：1914年に発覚した，ドイツ・イギリスからの軍艦・兵器購入をめぐる海軍高官の汚職事件。この事件の影響で，第1次山本内閣は総辞職を余儀なくされた。

COLUMN　帝国国防方針

日露戦争後の1907年に制定された国防対策の基本方針。仮想敵国を明確にし，長期の軍備拡張目標などを設定した。具体的には，陸軍は現有の17個師団を25個師団に，海軍は八・八艦隊（戦艦8隻・装甲巡洋艦8隻）をめざした。しかし，現実には財政難により，このプランは遅々として進まなかった。なお，この帝国国防方針は，国際情勢の変化をうけて，のちに数回改定された。

外 社 ② 第一次世界大戦と日本 ★★

日本で第一次護憲運動がおこった頃，1914年に**第一次世界大戦**が勃発します。この戦争と日本の政治・外交がどのように結びついているのか，みていきましょう。

> 注意問題　第一次世界大戦中，寺内正毅内閣は中国の袁世凱政権に二十一カ条の要求をつきつけた。

果たして，**二十一カ条の要求**をつきつけたのは，寺内正毅内閣だったでしょうか？　まずは，次のまとめで第一次世界大戦の概要をサッと確認してください。

NOTE

- 社 ❶ **背景**：**三国同盟**(ドイツ・イタリア・オーストリア＝ハンガリー)と**三国協商**(イギリス・フランス・ロシア)の対立。
- 社 ❷ **発端**：1914年，ボスニア訪問中のオーストリア帝位継承者夫妻が親露的なセルビア青年に暗殺された事件(**サライェヴォ事件**)を発端に戦争が勃発した。
- 社 ❸ **性格**：ヨーロッパをおもな戦場とし，4年を超える総力戦(total war)へと発展した。

　日本は，第一次世界大戦を大陸進出のための絶好の機会ととらえます。大戦中，中国に対して**二十一カ条の要求など強硬政策を実行したのは，第2次大隈重信内閣**。注意問題にある「寺内正毅内閣」は大戦後半期の内閣で，このとき進めたのは**西原借款**と呼ばれる中国での利権拡大を重視した政策です。
　第一次世界大戦期の対中国政策は，しっかりと覚えておきましょう。

NOTE

- 外 ❶ **日本の参戦**：1914年，日英同盟協約(第3次)を根拠に，ドイツに宣戦布告。(a)中国におけるドイツ側根拠地青島(チンタオ)と山東省のドイツ権益接収，(b)赤道以北のドイツ領南洋諸島の占領，を実行した。
- 外 ❷ **二十一カ条の要求**：1915年，第2次大隈重信内閣(外相**加藤高明**)が中国の袁世凱政権に要求。
  - ◆**内容**…(a)山東省のドイツ権益の継承，(b)旅順・大連・南満州鉄道などの権益租借期限の99カ年延長，(c)漢冶萍公司(大冶鉄山などを経営する中国の製鉄会社)の日中合弁化など。
  - ◆**結果**…日本は最後通牒を発して要求の大部分を認めさせた。中国では，5月9日(二十一カ条の要求を承認した日)が国恥記念日とされるなど，排日感情が高まった。
- 外 ❸ **西原借款**：第2次大隈重信内閣の対中強硬策を軌道修正した寺内内閣

14 成長した日本にはどのような限界があったか

による，中国北方軍閥の**段祺瑞**政権に対する借款。この政治的借款を仲介するため，首相の私設秘書西原亀三が中国に派遣された。総額1億4500万円。

- ◆**借款の意味**…借款とは，おもに国家間における資金の長期貸借をいう。日本は，西原借款で中国大陸での影響力拡大をねらったが，段祺瑞が中国での抗争に敗北したこともあって，そのほとんどは返済されずに終わった。

寺内正毅内閣時代には，中国における日米の利害調整を図った**石井・ランシング協定**(1917年)も締結されます。

NOTE

外❶ **石井・ランシング協定の内容**：(a)中国における日本の特殊権益，(b)中国の門戸開放・機会均等・領土保全，を相互に承認した。

外❷ **利害調整の実態**：この協定をめぐり，中国の特殊権益の承認をとりつけたい日本と，中国の門戸開放をめざすアメリカとで，解釈上の食い違いが生まれた(のち九カ国条約により廃棄，▶p.313)。

第一次世界大戦は，世界を大きく変動させていきました。**ロシア革命**は，その代表といってよいでしょう。

大戦中の1917年，**レーニン**らの率いる**ボリシェヴィキ**(ロシア語で多数派を意味する，のち共産党)の武装蜂起により，ロシアで革命が成功し，史上初の社会主義国家(のち**ソヴィエト連邦**)が誕生したのです。4次にわたる日露協約をつうじて提携関係を強化してきた帝政ロシアの崩壊により，**日本は外交上の基軸のひとつを失う**こととなりました。

社会主義革命の成功に列国は敏感に反応し，翌18年，**シベリア出兵**(ロシアに対する列国の革命干渉戦争)が始まります。日本は，チェコスロヴァキア軍救援を理由にアメリカが日米共同派兵を提唱したことをうけて，大量の軍隊をシベリア・北満州地域に派遣しました。

大戦が終了すると，列国(米・英・仏)はシベリアから撤兵していきます。

しかし，日本だけが22年まで駐兵(ちゅうへい)をつづけたため，日本のシベリア出兵は，列国から領土的野心を疑われて非難されることになりました。

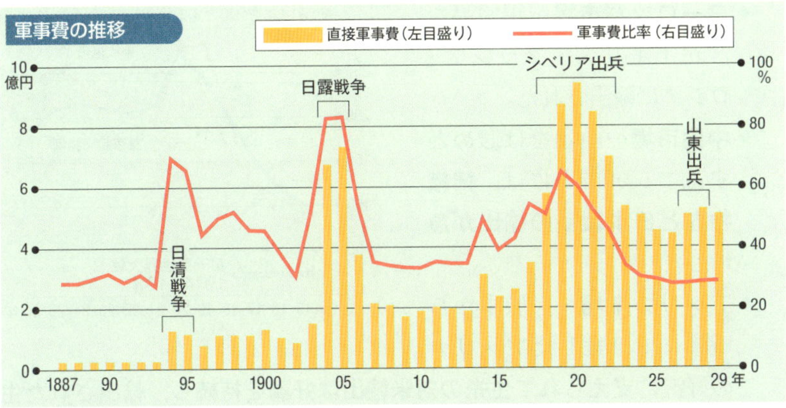
軍事費の推移
直接軍事費（左目盛り）
軍事費比率（右目盛り）
10 億円
8
6
4
2
0
100 %
80
60
40
20
0
日清戦争
日露戦争
シベリア出兵
山東出兵
1887
90
95
1900
05
10
15
20
25
29年

3 大戦景気 ★★★

経 社

政治，外交とみていきましたが，経済はどのような状態だったのでしょうか？　第一次世界大戦前後の日本経済について確認しておきましょう。とりあげるのは，金融面での措置に関する問題です。

注意問題 第一次世界大戦中に金輸出禁止を実行したのは，好景気を謳歌していた日本だけだった。

第一次世界大戦直前の日本経済が，慢性的な輸入超過や債務拡大を背景に深刻な危機に直面していたことはお話ししましたね。そこに第一次世界大戦が勃発したため，軍需品の輸出増加などにより，表面的には長期の好景気となりました。これを**大戦景気**と呼びます。

なぜ好景気になったかというと，戦争景気の高揚およびヨーロッパ諸国の世界市場からの後退によって，輸出が爆発的に拡大していったからです。

14 成長した日本にはどのような限界があったか

NOTE

経 社 ❶ **大戦景気の要因**：
- ◆ **ヨーロッパ市場**…軍需品などがイギリス・フランス・ロシアに輸出された。
- ◆ **中国市場**…中国をはじめとするアジア市場には，綿織物など日本製品の輸出が急増した。
- ◆ **アメリカ市場**…大戦中から戦後まで継続したアメリカの好況に支えられて**生糸の対米輸出は好調を持続**し，輸出された生糸はおもに女性用靴下（ストッキング）に加工された。
- ◆ **船舶不足**…世界的な船舶不足により，海運業・造船業が空前の好況を謳歌した。

大戦以降の物価指数 ※1914年を100とする／賃金／東京米価／東京卸売物価／第一次世界大戦 1914〜18年

経 社 ❷ **重化学工業化の進展**：
- ◆ **海運業・造船業**…日本は世界第3位の海運国へと成長。**船成金**も続出した。
  　成金とは，将棋で「歩」が敵陣に入ると「金」に「成」ることに由来する言葉で，商品投機・株式投機などによって短期間で富の蓄積に成功した人をいう。

成金 　将棋の「歩」が金に成るから「成金」

- ◆ **鉄鋼業**…造船用を中心に鉄鋼需要が拡大して鉄鋼業も活況を呈し，**鞍山製鉄所**の設立（満鉄が経営）や民間における鉄鋼会社の急増といった現象がみられた。ただし輸出余力はなく，生産された鉄鋼の大半は国内に供給された。
- ◆ **化学工業**…ドイツ・イギリスからの輸入途絶を背景に，化学（人造）肥料となる**硫安**（硫酸アンモニウム）など各種の化学工業が大戦中に

勃興期を迎えた。
- ◆**電力業**…猪苗代―東京間の長距離送電に成功するなど水力発電が発達し，大戦景気中に電力消費量は3倍近くに急増した。電灯が地方に普及しただけでなく，1917年には製造業における原動機馬力数で**電動機が蒸気機関を上まわる**など，工業用原動力としての利用も伸展した。

大戦景気は，財政・金融面にも変化をもたらします。

> **NOTE**
>
> 経❶ **財政**：1914年に11億円の債務国(対外的な借入金が対外的な貸出金より多い国)だった日本は，20年には27億円以上の債権国(対外的な貸出金が対外的な借入金より多い国)になった。
>
> 経❷ **金融**：1917年，寺内正毅内閣時に**金輸出禁止**を実施した。

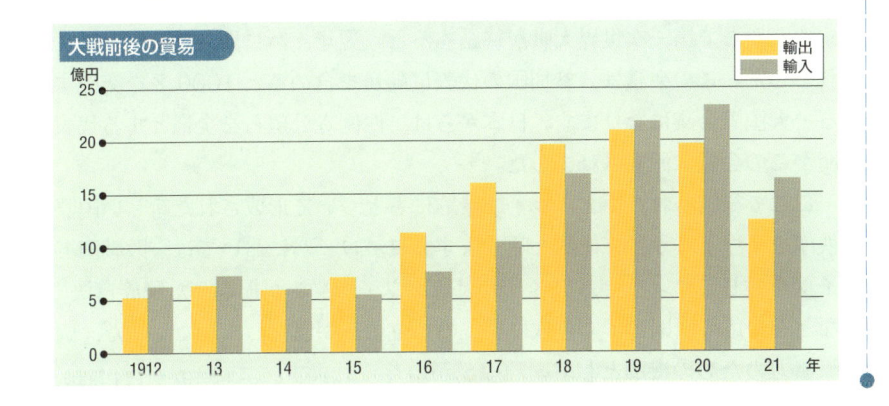

大戦前後の貿易（輸出／輸入）

ここで，注意問題でとりあげた金輸出禁止が出てきましたね。しかし，大戦中に金輸出禁止の措置をとったのは，「日本だけ」ではありません。

金輸出禁止とは，金本位制下における金の自由な輸出を禁止し，**金本位制から実質的に離脱する政策**をいいます。日本がこの措置をとった理由は，第一世界大戦に参加した主要な欧米諸国が金輸出を禁止したからです。

14 成長した日本にはどのような限界があったか

　この金本位制からの実質的離脱は、1920年代の日本経済に大きな影響をおよぼすことになります。

外 社 ④ ヴェルサイユ体制 ★★★

　次に、ヨーロッパとアジアに焦点をしぼって大戦後の国際関係をみていきましょう。今回の注意問題は、アジア情勢に関する内容です。

> **注意問題** 山東省の旧ドイツ権益が返還されなかった中国では、三・一独立運動と呼ばれる抗日運動が広がった。

　問題自体は、単純な用語のひっかけですね。ただ、当時のヨーロッパ情勢を理解していないと、問題文の因果関係がわかりづらいと思います。まずは、ヨーロッパの状況からお話しましょう。
　1918年、アメリカ・イギリス・フランス・日本などの**連合国**側が勝利するかたちで第一次世界大戦が終結すると、翌年、**パリ講和会議**が開催されました。この会議は、参加国の代表に随員を含めると1000名を突破する一大国際会議になります。日本からは、西園寺公望らを全権とする代表団がこの会議に派遣されました。
　ここで締結された**ヴェルサイユ条約**にもとづいて形成された新しい国際秩序を、**ヴェルサイユ体制**と呼びます。ヨーロッパにおいては、敗戦国ドイツを封じこめようと、アメリカ大統領ウィルソンが提唱した民族自決※などを一応の原則として東欧に多くの独立国家が誕生しました。また、国際協力のための機関として**国際連盟**がつくられます。　※民族がそれぞれ政治的に独立して自分たちの政府をつくる権利

NOTE

- 外 ❶ **パリ講和会議における日本の成果**：ヴェルサイユ条約により，(a)山東省の旧ドイツ権益を継承し，(b)赤道以北の旧ドイツ領南洋諸島の委任統治権(国際連盟の監督下で統治をおこなう権利)を獲得した。
- 外 社 ❷ **国際連盟の設立**：1920年，ヴェルサイユ条約にもとづき，国際平和維持機関として発足。日本は常任理事国となった。提案国のアメリカは，ソ連・ドイツの参加を認めず，上院の反対でみずからも加盟しなかった。

日本の領土拡大

ヨーロッパで高まった民族自決の国際世論は，アジアにも波及し，1919年に朝鮮では**三・一独立運動**が展開されます。また，同年，中国では**五・四運動**が発生しました。冒頭の注意問題は「三・一独立運動」を「五・四運動」とすれば正解になりますね。

NOTE

- 外 社 ❶ **三・一独立運動**：第一次世界大戦後の1919年，民族自決の国際世論が盛り上がるなかで，朝鮮では，学生や宗教関係者などを中心に独立を求める動きが高まった。3月1日，独立運動家たちが群衆の前で独立宣言書を読みあげると，これをきっかけに独立運動が朝鮮半島全土に拡大していった。朝鮮総督府は，軍隊まで動員して独立運動を弾圧

14 成長した日本にはどのような限界があったか

した。

三・一独立運動後の19年8月，第3代朝鮮総督となった斎藤実（海軍出身の政治家）は「文化政治」を表明した。具体的には，**(a)朝鮮総督資格者を現役軍人から文官にまで拡大する**，**(b)朝鮮における憲兵警察を廃止する**などの措置がとられ，これにより総督の軍事指揮権はなくなったが，その後も陸海軍人出身者以外の総督が任命されることはなく，植民地支配の現実を転換させるようなものにはならなかった。

社 ❷ **五・四運動**：中国は，1917年に連合国の一員になり，戦勝国としてパリ講和会議を迎えた。19年5月4日，講和会議で山東省の旧ドイツ権益が中国に返還されないことが明らかになると，憤激した多数の一般市民らによる抗議行動が中国各地に波及していった。

このため，中国政府はヴェルサイユ条約の調印を拒否。また五・四運動は**日本商品ボイコット（日貨排斥）運動として拡大**したため，日本の対中国輸出は大きな打撃をうけた。

外 ## 5 ワシントン会議と協調外交 ★★★

第一次世界大戦後，世界最大の国家へと成長したアメリカの呼びかけで，1921年11月から翌年2月にかけて，東アジア・太平洋地域の諸問題を討議するための国際会議が開催されます。これを**ワシントン会議**といいます。日本は，**加藤友三郎**（海相）・徳川家達（貴族院議長）・**幣原喜重郎**（駐米大使）を全権とする代表団を派遣し，この会議に積極的に参加することになりました。

> 注意問題 ワシントン会議において締結された九カ国条約により，日英同盟は廃棄されることになった。

これはよく出る問題なので，しっかり覚えましょう。日英同盟の廃棄を決めたのは，「九カ国条約」ではなく**四カ国条約**です。ワシントン会議でとりきめられた国際条約の基本的内容を混乱しないようにしてください。

> **NOTE**

- 外❶ **四カ国条約（1921 年）**：米・英・日・仏 4 カ国で**太平洋諸島の現状維持**に合意。日英同盟協約の廃棄が明記された。
- 外❷ **九カ国条約（1922 年）**：米・英・日・仏・伊・ベルギー・ポルトガル・オランダ・中国 9 カ国が中国問題について合意。**中国での新しい権益の獲得などを禁止**した（中国の領土と主権の尊重，中国における経済上の門戸開放・機会均等を約束）。また，これにより石井・ランシング協定（▶ p.306）が廃棄された。
- 外❸ **ワシントン海軍軍縮条約（1922 年）**：米・英・日・仏・伊 5 カ国で，主力艦の保有量比率と今後 **10 年間の主力艦建造禁止**に合意。主力艦の保有量比率は，米・英・日・仏・伊の順に 5：5：3：1.67：1.67，と定められた。
- 外❹ **山東省の旧ドイツ権益**：日中間の直接交渉で，山東省の旧ドイツ権益を中国に返還する条約が成立した。

山東省の旧ドイツ権益	
年	内容
1898	ドイツが自国の宣教師殺害事件を理由に青島を占領。翌年には膠州湾一帯を租借し，ドイツは青島をドイツ東洋艦隊の根拠地にしていった。
1914	第一次世界大戦開始直後に対独参戦した日本は，青島を占領して旧ドイツ権益を**接収**した。
1915	二十一カ条の要求により，日本は中国の袁世凱政府に山東省の旧ドイツ権益の継承を**承認**させた。
1919	日本はヴェルサイユ条約で山東省の旧ドイツ権益の**継承**に成功したが，中国ではこれに抗議する五・四運動が発生し，中国政府もヴェルサイユ条約の調印を拒否。山東問題は日中間の重大な争点へと発展した。
1922	ワシントン会議における日中間の直接交渉で，山東省の旧ドイツ権益を中国に**返還**する条約が成立。これによって日本軍は撤退したが，在華紡などの日本企業が集中していた青島は，以後も多数の日本人居留民を抱えていくことになった。

14 成長した日本にはどのような限界があったか

この国際会議での合意によって形成された国際秩序のことを，**ワシントン体制**と呼んでいます。

NOTE

社❶ **ワシントン体制**：アメリカの主導により形成された，ヴェルサイユ体制を補完する東アジア・太平洋地域の新国際秩序。この秩序には，**多国間の協調と現状維持**の原則により**日本の膨張を抑制する**意図があった。

外❷ **協調外交**：ワシントン体制を前提とした日本の外交路線をいう。アメリカ・イギリスと協調しつつ，中国に対しては，**内政不干渉・武力不行使**を原則に，そこでの**経済的利益の拡大**を追求した。この路線を推進した外相の名前をとって，**幣原外交**とも呼ばれる。

◆**幣原喜重郎**…第1次・第2次加藤高明内閣，第1次若槻礼次郎内閣，浜口雄幸内閣，第2次若槻内閣の外相。1920年代から30年代初頭にかけて5内閣の外相を歴任し，協調外交を展開した。

外経❸ **中国への資本輸出**：第一次世界大戦中に巨額の利潤を蓄積した紡績会社は，大戦後，日本国内の賃金コスト上昇により輸出綿糸の競争力が低下すると，上海・青島などにあいついで進出した(**在華紡**)。日本式経営をもちこんで中国資本の紡績会社を圧倒していった在華紡は，しばしば排日運動の標的ともなった。

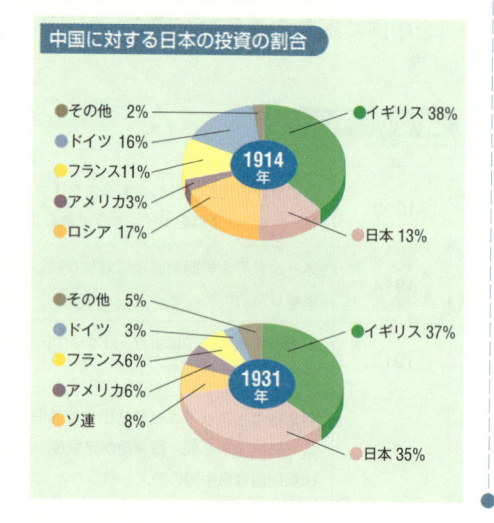

中国に対する日本の投資の割合

1914年
- その他 2%
- ドイツ 16%
- フランス 11%
- アメリカ 3%
- ロシア 17%
- イギリス 38%
- 日本 13%

1931年
- その他 5%
- ドイツ 3%
- フランス 6%
- アメリカ 6%
- ソ連 8%
- イギリス 37%
- 日本 35%

6 1920年代不況 ★★★ 経

　大戦景気に沸いた日本経済ですが，第一次世界大戦終結後，今度は一転して不況に突入します。さまざまな原因から何度も恐慌に襲われ，ついには1927年に**金融恐慌**が発生しました。

> **注意問題** ☠
> 1927年の金融恐慌の際，台湾銀行救済緊急勅令案を枢密院に否決された田中義一内閣は，総辞職を余儀なくされた。

　果たして，金融恐慌は「田中義一内閣」のときにおこったのでしょうか？　そこにいたるまでの経緯をみていきましょう。
　日本は，まず20年に**戦後恐慌**を，つづいて23年に**震災恐慌**を経験します。とくに，**関東大震災**にともなう震災恐慌は，被災地の企業にとって大打撃となりました。
　しかし，政府は長期不況下での恐慌発生に対して，日本銀行の特別融資などで一時しのぎの対応をくりかえします。本来，恐慌によって淘汰されるべき**不良企業の整理などが徹底しない状態がつづいた**のです。
　なかでも問題になったのが，震災手形の処理問題でした。手形とは，期限を決めた支払証書のこと(おもに短期融資に用いる)をいいます。政府は，関東大震災により決済不能となった手形(**震災手形**という)に対し，取立てを猶予すると同時に日本銀行の特別融資をおこないますが，債務者の支払能力は容易には回復せず，その多くは不良債権と化していきました。
　このような状況のなか，発生したのが27年の金融恐慌です。その全体像を次のまとめで確認しましょう。

NOTE

経 ❶ **金融恐慌の契機**：不良債権の蓄積・拡大が銀行の経営を着実に圧迫するなかで，1927年，第1次若槻礼次郎内閣の蔵相が衆議院において，まだ営業中だった東京渡辺銀行のことを「今日昼頃渡辺銀行が破綻しました。誠に遺憾であります」と失言した。

経❷ 金融恐慌の内容：この失言を機に，取付け騒ぎ（銀行の信用低下のため預金者が銀行に殺到する現象）が発生して休業銀行が続出し，つづいて，第一次世界大戦中に急成長した総合商社，鈴木商店の経営が破綻。その巨額の不良債権を抱えた台湾銀行も経営危機におちいった。

政経❸ 政府の対応：金融恐慌は政界を混乱させた。

- ◆**第1次若槻礼次郎内閣の崩壊**…第1次若槻内閣は，台湾銀行救済緊急勅令案を用意して台湾銀行の救済を図ったが，枢密院にこの緊急勅令案を否決され，総辞職を余儀なくされた。

  枢密院が緊急勅令案を否決した背景には，当時の外交政策に対する不満が存在した。この時期，外相幣原喜重郎の進める協調外交は軟弱な外交とみなされるようになっていた。

- ◆**田中義一内閣の成立**…つづいて成立した田中義一内閣は，蔵相に高橋是清（たかはしこれきよ）を起用し，3週間のモラトリアム（支払猶予令）の発令と日本銀行からの巨額の救済融資（非常貸出）を実施。

経社❹ 金融恐慌の結果・影響：蔵相高橋是清の対応により，金融恐慌は一応の終息に向かった。

- ◆**5大銀行の独占**…金融恐慌の過程で，経営基盤の弱い中小銀行は淘汰され，**大銀行に預金が集中**していった。このため，三井・三菱・住友・安田・第一の5大銀行は，金融資本として産業界に対する支配力を一段と強化していった。

- ◆**不健全な体質**…ただし，救済融資の実行が不良企業の整理を不徹底にし，結果として不況を継続させるという，当時の**日本経済が抱えていた不健全な体質は改善されなかった**。

　もう注意問題の解答はわかりましたね。台湾銀行救済緊急勅令案を枢密院に否決された内閣は，「田中義一内閣」ではなく，第1次若槻礼次郎内閣です。よく確認しておきましょう。

> **COLUMN** 関東大震災
>
> 　1923年9月1日に発生した巨大地震。地震とその後の火災のために東京・横浜は廃墟と化し，被害は関東一円におよんだ(死者・行方不明者約10万人余)。
> 　第2次山本権兵衛内閣は<u>戒厳令</u>(戒厳とは非常時に一定地域を軍隊の管轄下におくこと)を公布して事態に対処しようとしたが，朝鮮人・中国人の殺害があいつぎ，亀戸事件(軍隊が亀戸警察署管内で検挙された社会主義者10人を虐殺した事件)や甘粕事件(▶p.334)が発生するなど，日本社会の混乱は頂点に達した。
> 　震災は経済にも大打撃を与え，このときの救済策が金融恐慌の直接的な原因をつくり出した。一方，震災からの復興は，東京などに近代的都市としての景観を整えさせることにもなった(▶p.375)。

7 井上財政 ★★★　　　　経

　日本経済が恐慌で苦しむなか，財界からは**金輸出解禁(金解禁)**の要望が高まります。

> **注意問題** 日本を好況へと一転させるために断行された金解禁は，予想に反して，深刻な恐慌を日本にもたらした。

　なぜ金解禁は実施されたのか，そもそも金解禁とは何かを説明していきましょう。
　金解禁とは，金本位制(▶p.248)への復帰政策を意味します。第一次世界大戦中，日本をはじめ主要国は金輸出禁止の措置をとりましたね(▶p.309)。大戦後，アメリカを先頭に主要国は金解禁を果たしました。しかし，日本は1920年代に継続した不況に苦しんで復帰のチャンスをつかめないまま，結局のところ実質的に金本位制から離脱した状態がつづいていたのです。
　29年，日銀出身の財政家である**井上準之助**が**浜口雄幸**内閣の蔵相に就任します。井上は，31年の第2次若槻礼次郎内閣まで蔵相として金解禁

を柱とする財政政策を展開し、日本経済の再生をめざしました。

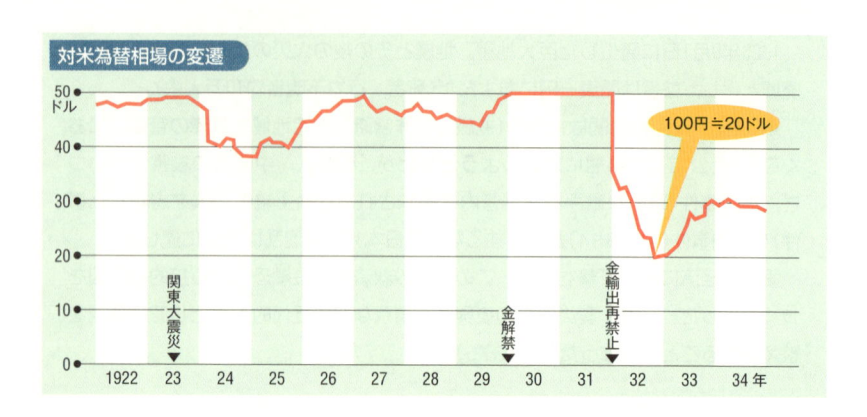

対米為替相場の変遷

(グラフ：1922年〜1934年の対米為替相場の変遷。関東大震災[1923]、金解禁[1930]、金輸出再禁止[1931]、100円≒20ドル[1932頃]の表示あり)

しかし、金解禁政策の目的は「日本を好況へと一転させるため」ではありませんでした。井上財政は、**経済力を復活させるためにまず経済体質をスリムにしよう**、その過程で生じる不況ぐらい覚悟しよう、という性格をもつものでした。この考えを理解することに重点をおいて、以下の整理を精読してください。

NOTE

経❶ 井上の現状認識：井上準之助は、1920年代の経済の現状を次のように分析した。

　金輸出禁止下の日本は、日本銀行の特別融資などによりインフレ傾向が常態化し、経済界の体質改善も進んでいない。このため、不況下にもかかわらず物価高や賃金高に悩み、工業の国際競争力も回復せず、加えて貿易の輸入超過や円為替相場の動揺と下落に苦しんでいる。金本位制からの実質的離脱の継続が、「今日の日本を八方塞がりという危機」に直面させた。

経❷ 井上の構想：井上は日本経済の体質を抜本的に強化しようと試みた。
- ◆ **金（輸出）解禁**…金本位制に復帰し、通貨価値の回復と為替相場の安定を図ること。

- ◆緊縮財政…そのために，**一時的な不況を覚悟して緊縮財政（デフレ政策）を実行し，物価引き下げ，産業合理化の促進をつうじて国際競争力を強化する**。
- 経❸ **金解禁の実施**：1930年1月，金（輸出）解禁（金本位制復帰政策）が旧平価で断行された。
  - ◆旧平価解禁の意味…**旧平価解禁**とは，1897年の金本位制採用時の基準（旧平価，100円＝金75g≒49.85ドル）で金解禁を実施することをいう。当時の円為替相場が100円＝46ドル前後だったため，この旧平価解禁は，実質的な円切上げを意味し，**輸出抑制効果を発揮**した。
- 経❹ **産業合理化**：産業合理化を円滑に進めるために，1931年，**重要産業統制法**が制定され，各種産業における**カルテル**活動を保護する政策がとられた。なお，カルテルとは同一業種の各経営体が独占的利益を得ることを目的に価格・生産・販路（はんろ）などをめぐって連合する形態をいう。
- 経社❺ **昭和恐慌**：1930年から31年にかけて，日本は，予想をはるかに超える未曾有（みぞう）の大恐慌を経験した。
  - ◆原因…緊縮財政と旧平価解禁による強烈なデフレ効果に，29年10月からアメリカで始まった恐慌（**世界恐慌**へと発展）の影響が重なった。
  - ◆主要な様相…輸出の急激な低下，正貨の大量流出，企業の操業短縮や倒産，失業者の増大などに加えて，生糸の対米輸出激減により繭価が暴落し，**農村も深刻な恐慌状態を経験した**（**農業恐慌**）。東北地方などでは，**欠食児童**や女子の身売りがあいつぎ，社会不安が増大していった。

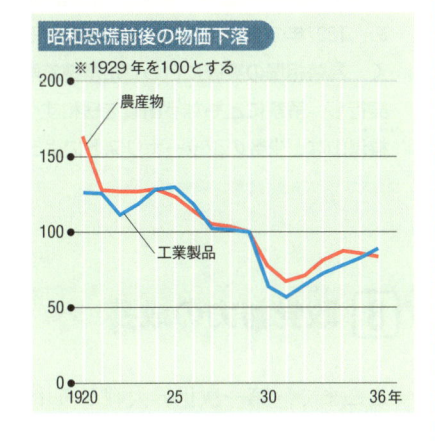

昭和恐慌前後の物価下落
※1929年を100とする

14 成長した日本にはどのような限界があったか

> **COLUMN**
>
> **❶ドル買い問題**
>
> 　世界恐慌の渦中の1931年9月，満州事変（▶p.338）勃発直後にイギリスが金本位制を停止すると，三井など財閥系銀行は，昭和恐慌に苦しむ日本も近いうちに金輸出再禁止をおこなうという観測を強めた。そうなれば円為替相場の暴落が確実なため，財閥は，金本位制が維持されているうちに円を売ってドルを買い，金輸出再禁止後にドルを売って為替差益を手に入れようとした。
> 　実際，3カ月後に金輸出は再禁止され（▶p.346），財閥などは巨額の為替差益を獲得した。しかし一方で，こうした行為は財閥やそれと結びついた政党勢力に対する非難を高める結果を招き，血盟団事件（▶p.342）などのテロの発火点となった。
>
> **❷新平価解禁論**
>
> 　新平価解禁論とは，当時の円為替相場が100円＝44〜46ドル前後であったため，1897年の金本位制採用時の基準（旧平価，100円＝金75ｇ≒49.85ドル）ではなく，為替相場の実態に合わせた基準で解禁（円切下げによる解禁＝新平価解禁）を実行し，解禁にともなう衝撃を緩和すべきだという主張をいう。この議論は，石橋湛山など少数のジャーナリストによって唱えられた。

8 政党勢力の成長 ★★

　ここまで，第一次世界大戦から1930年代初頭にかけての外交と経済の動きを学習してきました。次は，政治の動きと当時の思想・言論についてみていきましょう。

> **注意問題** 吉野作造は，国民主権を徹底するために，デモクラシーの訳語として「民主主義」ではなく「民本主義」の語を採用した。

　議会政治が展開するにつれ，この時期には，政治思想や憲法理論の面か

らも，政党にとって心強い味方が登場します。その代表が，**民本主義**と**天皇機関説**です。

なかでも，**吉野作造**の唱えた民本主義はよく出る問題のひとつですね。どのような内容だったのか，どういう経緯で生まれたものなのかを確認しましょう。

まずは，当時の状況を知るために，下に第一次世界大戦期の内閣による内政をまとめましたので，政党の動きに注意しながら精読してください。

NOTE

- 政❶ **第2次大隈重信内閣**：立憲同志会などを与党として組閣。1915年の総選挙では，大隈の国民的人気を背景に与党勢力が立憲政友会に圧勝。懸案だった2個師団増設（▶p.302）を実現した。
- 政❷ **寺内正毅内閣**：長州出身の陸軍軍人寺内正毅は，超然主義的性格の強い内閣を組織。1917年の総選挙で，**原敬**を総裁とする立憲政友会が再び衆議院の第1党になった。

こうした時期に出てきた考えが，吉野作造の民本主義と**美濃部達吉**の天皇機関説です。

NOTE

- 社❶ **民本主義**：1916年，日本を代表する政治学者吉野作造が，論文「憲政の本義を説いて其有終の美を済すの途を論ず」（『中央公論』）で初めて本格的に主張した。
  - ◆**内容**…デモクラシーの訳語として，**主権在民**を含意する「民主主義」の語では明治憲法に抵触するため，主権の所在を問わない「民本主義」の語を採用。この民本主義を，**明治憲法の枠内で民主主義を徹底する**ための政治理念とし，普通選挙・政党内閣の実現などを提唱した。
  - ◆**効果**…民本主義は当時のジャーナリズムに歓迎され，政党政治の正しさを理念的に補強する効果を発揮した。

社 ❷ 天皇機関説：天皇機関説(国家法人説)とは，**統治権の主体を法人**(法律上の人格を認められた組織)**としての国家に帰属させ，天皇は，国家の最高機関として憲法の条項に従って統治権を行使する**存在であると考える学説をいう。この考え方は，伊藤博文らの立憲政治に対する理解を発展させたもので，従来から憲法学説の主流を占めていた。

- ◆ 美濃部の憲法解釈…明治後半期から天皇機関説の主要な担い手となった憲法学者の美濃部達吉は，明治憲法のもとで政党内閣は必然であるという結論を導き出した。彼の憲法解釈は，**政党内閣の慣行を支える理論的基礎**としての役割を果たすことになる(▶p.333)。

　注意問題のどこが誤りかは，もうわかりましたね。吉野作造の民本主義は，**デモクラシー**をもっと積極的に語るための手段として唱えられたものです。明治憲法はそもそも主権在民の規定をもたないのですから，「国民主権を徹底するため」というのは不可能でした。

政 社 ⑨ 原敬内閣 ★★

　大戦末期の1918年，寺内正毅内閣が総辞職し，立憲政友会総裁の**原敬**が内閣を組織します。

> 注意問題　「平民宰相」と呼ばれた原敬は，男性普通選挙の実現にも積極的にとりくんだ。

　普通選挙は，先ほどの民本主義のところでもチラッと出てきましたが，一定年齢以上のすべての成人が投票・立候補できる選挙制度のことです。当時の選挙は納税額などが選挙権の要件とされる制限選挙でしたから，普通選挙を望む声が高まっていたのです。
　原敬内閣はどのような内閣だったのか，詳しくみていきましょう。内閣が誕生したきっかけは，18年におこった**米騒動**でした。

NOTE

社 ❶ **米騒動**：
- ◆ **契機**…シベリア出兵（▶ p.306）にからんだ米の買占めにともなって，米価が急騰した。
- ◆ **拡大**…富山県の漁村の女性たちが米価急騰を阻止する行動に出ると，米屋などを襲撃する米騒動が一気に全国化し（約70万人が参加），寺内正毅内閣は軍隊を出動させて事態を鎮圧しなければならなかった。

　米騒動への軍隊を用いた対応が批判されたため寺内正毅内閣が倒れ，かわって原敬が首相となったのでした。
　原敬内閣は本格的政党内閣と形容されます。その理由は，①陸相・海相・外相以外の閣僚が立憲政友会員で占められただけでなく，②原敬自身が，藩閥出身者や華族でなく**衆議院に議席をもつ初めての首相**（「**平民宰相**」）だったからです。
　しかし原敬は，立憲政友会にとってプラスにならないと考えられる施策については，基本的に冷淡な姿勢を示します。普通選挙についても，「積極的」な態度はみせません。「平民宰相」と呼ばれたため，国民の立場に立ち，普通選挙の実現にも理解があるように考えてしまいがちですが，間違えないようにしてくださいね。
　ここで，**普選運動**に対する原内閣の対応を確認しましょう。

NOTE

社 ❶ **普選運動の高揚**：第一次世界大戦後，普選運動が高揚した。1920年には，普通選挙の実現を求める数万人によって大デモ行進も展開された。
政 ❷ **原敬内閣の対応**：原敬内閣は，普通選挙を時期尚早として認めなかった。
- ◆ **1919年**…衆議院議員選挙法の改正により，納税資格を直接国税10円以上から3円以上に引き下げ，同時に**小選挙区制**（一選挙区から議員1名を選出する選挙制度）を導入した。
- ◆ **1920年**…衆議院解散。普通選挙に反対した立憲政友会は，鉄道の

拡充，大学・高等学校の増設などの積極政策を公約して，大政党に比較的有利な**小選挙区制下での総選挙に圧勝**した。

　原敬内閣が推進した立憲政友会本位の政治に対して，人々は，しだいに批判を強めていきました。

　1921年11月，現職首相の原敬が，政党政治の腐敗に憤激した青年に刺殺される事件が発生します。後継内閣は，立憲政友会総裁になった高橋是清が組織しましたが，この内閣は短命に終わり，以後，3代にわたって非政党内閣が連続することになります。

歴代内閣（1901～24年）

組閣年月	首相	出身あるいは支持勢力	主要事項
1901.6	桂太郎 I	陸軍	日露戦争遂行
1906.1	西園寺公望 I	立憲政友会	鉄道国有法制定
1908.7	桂太郎 II	陸軍	大逆事件発生
1911.8	西園寺公望 II	立憲政友会	辛亥革命発生
1912.12	桂太郎 III	陸軍	第一次護憲運動発生
1913.2	山本権兵衛 I	海軍	ジーメンス事件で退陣
1914.4	大隈重信 II	立憲同志会	第一次世界大戦勃発
1916.10	寺内正毅	陸軍	米騒動で退陣
1918.9	原　敬	立憲政友会	本格的政党内閣成立
1921.11	高橋是清	立憲政友会	ワシントン会議開催
1922.6	加藤友三郎	海軍	退陣直後に震災発生
1923.9	山本権兵衛 II	海軍	虎の門事件で退陣
1924.1	清浦奎吾	貴族院	第二次護憲運動発生

⑩ 第二次護憲運動と政党内閣期 ★★

　非政党内閣が連続することによって，1924年に**第二次護憲運動**が発生します。

> **注意問題** 第二次護憲運動は、「閥族打破・憲政擁護」をスローガンとして展開された。

　第一次護憲運動（▶p.303）の内容をしっかり覚えていれば、この問題は簡単に解けますね。そうです、スローガンが第一次護憲運動のものです。2度の護憲運動を題材にして混乱を誘う問題は、しばしば出題されますので、その違いに気をつけるのが学習のポイントです。

　では、第二次護憲運動のスローガンは何だったのか、そこにいたるまでの過程をみながら確認していきましょう。

NOTE

政❶ **1920年代前半**：1921年に首相の原敬が暗殺され、翌22年には元老の山県有朋が没した。分権的な特質をもつ明治憲法体制のもとで、日本の政界は2人の有力な政治家を同時期に失い、**権力を統合しうる強力な指導者がいない状態**に突入していった。

- ◆**加藤友三郎内閣**…首相の加藤友三郎は海軍大将。23年8月、関東大震災直前に首相が病死して解散した。
- ◆**第2次山本権兵衛内閣**…山本権兵衛も海軍大将。23年9月、関東大震災直後に組閣したが、12月、**虎の門事件**（無政府主義者が摂政宮裕仁親王を狙撃、▶p.334）が発生して総辞職した。
- ◆**清浦奎吾内閣**…24年、貴族院を基盤とした内閣が登場した。

　この清浦内閣成立を機に始まった運動が、第二次護憲運動です。このときのスローガンは、「**普選断行・貴族院改革**」。政治の状況を反映したスローガンになっています。

NOTE

政❶ **第二次護憲運動の契機**：非政党内閣の連続と貴族院内閣の出現。
政❷ **第二次護憲運動の特徴**：第二次護憲運動は、**護憲三派**による選挙運動が中心だった。

14 成長した日本にはどのような限界があったか

- ◆**護憲三派**…清浦内閣に対し，憲政会(加藤高明)・立憲政友会(高橋是清)・革新俱楽部(犬養毅)は護憲三派を結成。清浦内閣は，**立憲政友会脱党者が組織した政友本党**を味方につけ，衆議院を解散して総選挙をおこなったが，護憲三派が圧勝し，清浦内閣は総辞職を余儀なくされた。

政 ❸ **第二次護憲運動の結果**：1924年，衆議院第1党になった憲政会総裁の加藤高明が護憲三派内閣(3党連立内閣)を組織。以後，8年間にわたって政党内閣が継続した。これを「憲政の常道」という。

- ◆**政党内閣期**…政党内閣期(「憲政の常道」)とは，24年の第1次加藤高明(護憲三派)内閣から，32年の**五・一五事件**で犬養毅内閣が倒れるまでの8年間をいう。この間，26年に大正天皇が崩御し，昭和天皇が即位して年号が昭和と改められた。
- ◆**政党内閣期の特徴**…外交面ではワシントン体制下での協調外交(▶p.314)が基調になったが，経済面では20年代に継続した不況への対応に苦しみ(▶p.315)，8年間で7代の内閣が登場する**政治的に不安定な時代**となった。

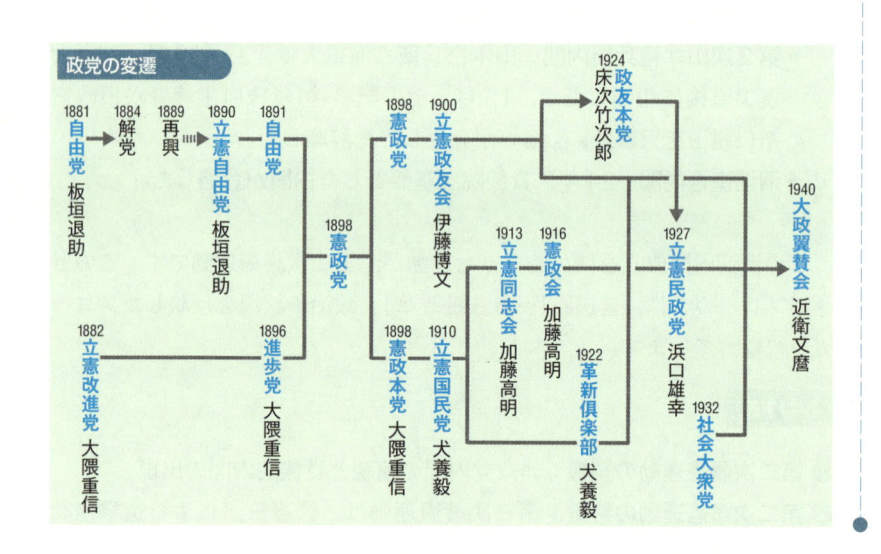

政党の変遷

年	政党	代表
1881	自由党	板垣退助
1884	解党	
1889	再興	
1890	立憲自由党	板垣退助
1891	自由党	
1882	立憲改進党	大隈重信
1896	進歩党	大隈重信
1898	憲政党	
1898	憲政本党	大隈重信
1898	憲政党	
1900	立憲政友会	伊藤博文
1910	立憲国民党	犬養毅
1913	立憲同志会	加藤高明
1916	憲政会	加藤高明
1922	革新俱楽部	犬養毅
1924	政友本党	床次竹二郎
1927	立憲民政党	浜口雄幸
1932	社会大衆党	
1940	大政翼賛会	近衛文麿

加藤高明を首相とする護憲三派内閣が実行した諸政策にも，注目しましょう。とくに**治安維持法**が大切です。

> **NOTE**
>
> 外 ❶ **日ソ基本条約の締結（1925年）**：外相幣原喜重郎のもとで，ソ連との国交を樹立した。
>
> 社 ❷ **男性普通選挙の実現（1925年）**：衆議院議員選挙法の改正により納税資格が撤廃された（→有権者数は4倍に増加）。同時に，小選挙区制は中選挙区制（3人区〜5人区）に改められた。
>
> **主要な選挙法改正の内容**
>
> | 公布年 | 公布時の内閣 | 実施年 | 選挙人 | | | |
> |---|---|---|---|---|---|---|
> | | | | 直接国税 | 性別年齢 | 総数 | 全人口比 |
> | 1889 | 黒田清隆 | 1890 | 15円以上 | 男性25歳以上 | 45万人 | 1.1% |
> | 1925 | 加藤高明 | 1928 | 制限なし | 男性25歳以上 | 1240万人 | 20.8% |
>
> 政 ❸ **治安維持法の制定（1925年）**：(a)日ソ基本条約による社会主義国ソ連の影響力拡大，(b)普選実現による**無産**政党※の議会進出，などへの対応を意図して制定された。※労働者・小作人など「**無産階級**」の利益擁護を目的に結成された合法的社会主義政党の総称
>
> ◆**内容**…治安維持法は，「**国体**」の変革（天皇制打倒という意味）や私有財産制度の否認をめざす社会主義者を，懲役または禁錮10年以下の刑に処すという内容をもつ。
>
> ◆**治安維持法**
>
> 治安維持法（一九二五年）
> 第一条　国体ヲ変革シ又ハ私有財産制度ヲ否認スルコトヲ目的トシテ結社ヲ組織シ又ハ情ヲ知リテ之ニ加入シタル者ハ十年以下ノ懲役又ハ禁錮ニ処ス。……
>
> 改正治安維持法（一九二八年）
> 第一条　国体ヲ変革スルコトヲ目的トシテ結社ヲ組織シタル者、又ハ結社ノ役員其ノ他指導者タル任務ニ従事シタル者ハ死刑又ハ無期若ハ五年以上ノ懲役若ハ禁錮ニ処ス……私有財産制度ヲ否認スルコトヲ目的トシテ結社ヲ組織シタル者、結社ニ加入シタル者又ハ結社ノ目的遂行ノ為ニスル行為ヲ為シタル者ハ、十年以下ノ懲役又ハ禁錮ニ処ス。……（『官報』）

政外 ⑪ 田中義一内閣 ★★★

　それでは，大正末期から昭和初期にかけての政党内閣期の政治を詳しくみてみましょう。この時期の内閣は，**田中義一内閣と浜口雄幸内閣が重要**です。ここでは，田中義一内閣に焦点をあててお話します。

> ☠ 注意問題　田中義一内閣の時代にパリで不戦条約が結ばれたが，日本は調印を拒否した。

　当時の日本の外交路線についての問題ですね。まず，田中義一内閣成立にいたるまでの過程を確認するところから始めましょう。

NOTE

- 政 ❶ **第1次加藤高明(護憲三派)内閣**：1925年，陸軍の長老田中義一(長州出身，陸軍中枢で要職を歴任，帝国在郷軍人会の組織にも尽力)を総裁に迎えた立憲政友会が革新倶楽部を合併したため，護憲三派は分裂状態になった。
- 政 ❷ **第2次加藤高明内閣**：憲政会単独内閣。1926年に首相の加藤高明が病死した。
- 政 ❸ **第1次若槻礼次郎内閣**：憲政会内閣。1927年，金融恐慌発生。これに対処するために台湾銀行救済緊急勅令案を用意したが，枢密院に否決されて総辞職した(▶p.316)。
- 政 ❹ **田中義一内閣の成立**：1927年，田中義一が立憲政友会内閣を組織した。

　成立した田中義一内閣の内政には，どのような特徴があったのでしょうか。

NOTE

- 経 ❶ **金融恐慌への対処**：蔵相に高橋是清を起用し，モラトリアムの発令，非常貸出の実施などにより金融恐慌に対処した(▶p.316)。
- 社 ❷ **第1回普選の実施**：1928年，衆議院が解散され**初の男性普通選挙**が実

施された。この総選挙の結果，労働農民党などの無産政党から8名の当選者が生まれ，また非合法活動を余儀なくされていた**日本共産党**も活動を活発化させた。

政社 ❸ **共産党の弾圧**：こうした政治情勢に対して，政府は，日本共産党員とその同調者の大量検挙をおこない(**三・一五事件**)，治安維持法の改正と特別高等課(特高)の全国への組織拡充により弾圧体制を強化した。

治安維持法改正は，**緊急勅令**(帝国議会閉会中に既定の法律の改廃などを目的として発せられる勅令)の方式でおこなわれ，**最高刑を死刑**または無期刑とするなどの改正が加えられたことにより，運動への威嚇効果は格段に強められることになった。つづいて1929年，政府は残された共産党幹部の一斉検挙を実施した(**四・一六事件**)。

これらの措置をつうじて，戦前の共産党は壊滅的といってよいほどの打撃をうけた。

一方，外交面はどうだったのでしょうか？ 田中義一内閣は，協調外交路線(▶p.314)ではなく，積極外交方針を採用します。しかし，それは従来の英米協調路線まで捨ててしまったのではありません。

1928年，パリで15カ国が参加し調印した**不戦条約**に，日本も調印します。よって，注意問題の「日本は調印を拒否した」という部分が誤りですね。

では，田中義一内閣が展開した積極外交とは何か，次のまとめで正確に理解しましょう。

NOTE

外 ❶ **米英協調路線の維持と積極外交**：1920年代後半，**北伐**(ぼくばつ)(中国国民党の指導者**蔣介石**(しょうかいせき)による祖国統一戦争)が進展すると，日本側の危機感が高まり，田中義一内閣はワシントン体制を前提とした**米英協調路線を維持しつつも，中国に対しては武力行使を辞さない**姿勢をみせた(積極外交・強硬外交)。

◆ ジュネーヴ会議…1927年に開催された，米・英・日3カ国で補助艦

- **不戦条約**…28年調印。国際紛争解決のための戦争をおこなわないこと，国家の政策の手段としての戦争を放棄することを人民の名において宣言した条約。**戦争を違法化**する点で画期的な意義を有していたが，一方で条約違反国への制裁規定がないなど，条約の実効性には当初から限界があった。
- **山東出兵**…27年から28年にかけて，日本人居留民の保護を名目として実施された，山東半島への3次にわたる出兵。第2次山東出兵の際には，中国側との武力衝突も発生した（**済南事件**）。
- **東方会議**…第1次山東出兵直後の27年，積極外交方針を徹底するため，田中内閣が中国関係の外交官・軍人らを集めて開催した会議。**満蒙**（満州と東部内蒙古）の特殊権益が侵されたときには軍事行動をとるなどといった方針が明示された。

外 社 ❷ **張作霖爆殺事件**：1928年，積極外交に満足しなかった**関東軍**の一部は，満州の武力制圧を企図し，北伐軍に敗れて帰還する親日派の軍閥**張作霖**を奉天郊外で爆殺した。当時，この事件は「満州某重大事件」と称され，その真相は国民には明らかにされなかった。
- **事件の結果**…張作霖の後継者**張学良**は国民党に合流し，蔣介石は**中国をほぼ統一**することに成功した。

　さらに29年，この事件の事後処理の過程で，田中義一は昭和天皇の信任を失い，内閣総辞職に追いこまれた。

政 外 ⓬ 浜口雄幸内閣 ★★

　田中義一内閣崩壊後，浜口雄幸が**立憲民政党**を基盤とする内閣を組織します。立憲民政党は，1927年に憲政会と政友本党が合同して結成された政党です。

　彼は，蔵相に井上準之助を起用して**金解禁・緊縮財政政策を推進し**（▶

p.317)、対外面では、外相幣原喜重郎による**協調外交を復活**させました。
ここで問題です。

> 注意問題　浜口雄幸内閣は、協調外交方針にもとづいてロンドン海軍軍縮条約に調印したが、国内で統帥権干犯問題が発生したため、条約の批准には成功しなかった。

1930年に日本が**ロンドン海軍軍縮条約**を調印し、批准（ひじゅん）したかどうかが問われていますね。批准とは、当事国が調印された条約に最終的な同意を加えるという意味です。

軍部の台頭を考えると、すべて正しい気がするかもしれませんが、実は最後の部分が誤りです。浜口雄幸内閣は、国内の激しい攻撃にさらされながらも調印に踏み切り、批准に成功します。

しかし、国内の反発を押し切った浜口雄幸には凄惨な運命が待ちうけていました。

NOTE

外❶ ロンドン海軍軍縮会議：浜口雄幸内閣は、中国との関係改善を図ると同時に、1930年、ロンドン海軍軍縮会議に参加した。
  ◆ **軍縮条約の内容**…この会議で、米・英・日3カ国は、(a)主力艦建造禁止措置を5カ年延長すること、(b)補助艦（主力艦以外の艦艇の総称）の保有量比率を米・英・日の順に10：10：7（ただし大型巡洋艦は対米約6割）とすること、などに合意した。

政❷ 統帥権干犯（かんぱん）問題の発生：ロンドン海軍軍縮条約で**対米7割の要求が完全には満たされなかった**海軍軍令部（▶p.267）やそれに同調した立憲政友会などは、「浜口雄幸内閣が軍令部長の反対を押し切って条約に調印したのは統帥権の侵害である」と主張。

本来、補助艦などの兵力量の決定は明治憲法第12条の編制大権に属する問題で、統帥権の独立（▶p.268）を定めた憲法第11条とは別の規定だったが、軍令部や立憲政友会などは統帥権を拡大解釈し、この11条は12条をも拘束するという考え方を根拠に政府を攻撃した。

これに対して浜口雄幸内閣は、編制大権（兵力量の決定）は内閣の責

14 成長した日本にはどのような限界があったか

任事項であると反論。浜口雄幸の断固とした姿勢にも支えられて条約の批准はどうにか達成された。

政❸ **狙撃**：1930年11月，浜口雄幸は統帥権干犯問題に刺激された右翼の青年に東京駅頭で狙撃されて重傷を負い，31年4月，内閣総辞職。その傷がもととなり，命を落とした。

歴代内閣（1924～32年）

組閣年月	首相	支持勢力	主要事項
1924.6	加藤高明Ⅰ	護憲三派	日ソ基本条約締結。**男性普通選挙法**実現。**治安維持法**制定
1925.8	加藤高明Ⅱ	憲政会	1926年に首相の加藤高明が病死
1926.1	若槻礼次郎Ⅰ	憲政会	金融恐慌発生。台湾銀行救済緊急勅令案を枢密院に否決され，総辞職
1927.4	田中義一	立憲政友会	金融恐慌に対処。第1回普選実施。治安維持法改正。積極外交展開
1929.7	浜口雄幸	立憲民政党	金解禁・緊縮財政政策推進（井上財政）。協調外交復活。統帥権干犯問題発生
1931.4	若槻礼次郎Ⅱ	立憲民政党	満州事変発生
1931.12	犬養　毅	立憲政友会	金輸出再禁止実施（高橋財政）。血盟団事件，五・一五事件発生

社 **13 社会運動の拡大** ★★

最後に，社会運動をとりあげましょう。第一次世界大戦後の一時期は，さまざまな性格をもつ社会集団が次々に誕生した時代としても知られています。

☠ 注意問題　吉野作造らの黎明会は，女性の地位向上にもとりくみ，治安警察法第5条の改正を実現した。

吉野作造は，❽ **政党勢力の成長**の注意問題でもとりあげた人物ですね。民本主義を唱えたこの時代の代表的な政治学者ですが，果たして黎明会を

組織し，女性の地位向上にもとりくんだのでしょうか？
　まずは，社会運動が活発化した背景から考えてみましょう。

> **NOTE**
>
> 社❶ **第一次大戦後の国際社会**：第一次世界大戦は，軍縮・平和の世論の高揚，民族自決の提唱，国際連盟の設立，社会主義革命の成功など，**従来にない理念・原則・機構・国家を生み出した。**
> 社❷ **立憲政治の成果**：国内でも，明治憲法の枠内でデモクラシーの徹底をめざす民本主義が流行し，政党内閣を理論的に支える天皇機関説が憲法解釈の主流となった（▶p.322）。
> 社❸ **米騒動**：1918年に発生した米騒動（▶p.323）は，社会運動家たちに**人々のもつエネルギーを再認識させた。**

　内外の新しい情勢に刺激されながら展開された社会運動のなかには，大きな成果をおさめたものもありました。それが注意問題にある「治安警察法第5条の改正」です。

> **NOTE**
>
> 社❶ **啓蒙運動**：
>   ◆**黎明会**…1918年，民本主義を唱える吉野作造らが組織。
>   ◆**東大新人会**…18年，吉野作造の影響をうけた学生らが組織。急速に社会主義的色彩を強めた。
> 社❷ **労働運動**：労資協調主義から階級闘争主義へと転換していった。
>   ◆**1912年**…鈴木文治らが，労資協調主義をとる**友愛会**を組織。
>   ◆**1919年**…友愛会，大日本労働総同盟友愛会に改称。
>   ◆**1920年**…第1回メーデー（5月1日におこなわれる労働者の祭典）開催。
>   ◆**1921年**…大日本労働総同盟友愛会，**日本労働総同盟**に改称，階級闘争主義へと転換。
> 社❸ **社会主義運動**：1911年の大逆事件によって「冬の時代」にあった社会

主義運動(▶p.298)も，ロシア革命などに刺激されて活動が活発化した。
- ◆ 1920年…日本社会主義同盟結成。日本社会主義同盟は社会主義者の大同団結をめざす組織だったが，**大杉栄**らの無政府主義(アナーキズム)と，ロシア革命路線をとる**共産主義**(ボリシェヴィズム)とが激しく対立し，結成翌年には解体を余儀なくされた。
- ◆ 1922年…**日本共産党**結成。**コミンテルン**(各国共産党を指導する国際的組織，本部モスクワ)の日本支部として，堺利彦・山川均らが結成。弾圧体制(▶p.329)が強化されていくなかで非合法活動を展開した。
- ◆ 1923年…甘粕事件。関東大震災後の混乱のなかで，憲兵大尉甘粕正彦らが大杉栄・伊藤野枝らを虐殺。無政府主義運動は大打撃をうけた。憲兵とは，軍隊内の秩序維持を担う軍事警察官をいう。

　また，同年には虎の門事件が発生。年末，摂政宮裕仁親王の狙撃事件が発生(失敗)。犯人の難波大助(無政府主義者)は死刑に処せられた(▶p.325)。

社 ❹ **農民運動**：1922年，杉山元治郎・賀川豊彦らが**日本農民組合**(日本で最初の小作人組合)を結成。多くの小作争議を指導していった。

労働争議・小作争議の発生件数

- ⑤ **女性解放運動**：
  - ◆ 1911年…**青鞜社**結成。**平塚らいてう**(明)らによる女流文学者団体。雑誌『青鞜』創刊号の巻頭には、「元始，女性は実に太陽であった。真正の人であった。今，女性は月である。……私共は隠されて仕舞った我が太陽を今や取戻さねばならぬ」(平塚らいてう＝平塚明執筆)と記された。
  - ◆ 1920年…**新婦人協会**設立。平塚らいてう・市川房枝らによって組織され，**女性の政治活動を禁じた治安警察法第5条を撤廃する運動**を展開した。
  - ◆ 1922年…治安警察法第5条改正。政党への参加は認められなかったものの，女性の政治集会への参加が可能になった。
- ⑥ **部落解放運動**：1922年，**全国水平社**が結成された。
- ⑦ **国家改造運動**：1919年，北一輝が『国家改造案原理大綱』(のち『日本改造法案大綱』と改題)を執筆し，さらに大川周明らによって猶存社が結成された。彼らの思想は，しだいに陸軍青年将校らに大きな影響をおよぼすようになった。

第4章 近代

第14講 確認テスト

☐ 180	1912年，2個師団の増設が認められなかったことに抗議して，単独で天皇に辞表を提出した陸軍大臣は誰か。	上原勇作
☐ 181	1914年に発覚して第1次山本権兵衛内閣を退陣に追いこんだ汚職事件を何というか。	ジーメンス事件
☐ 182	1917年，中国をめぐる日米間の利害調整を意図して締結されたとりきめを何というか。	石井・ランシング協定 (1922年の九カ国条約にともなって翌23年に廃棄)
☐ 183	1918年に南満州鉄道株式会社(満鉄)が設立した製鉄所を何というか。	鞍山製鉄所
☐ 184	吉野作造が明治憲法の枠内で民主主義の徹底を図るために提唱した，デモクラシーの訳語を何というか。	民本主義
☐ 185	1918年に発生した米騒動によって退陣を余儀なくされた内閣の首相は誰か。	寺内正毅 (陸軍出身，初代朝鮮総督を経て首相に)
☐ 186	「最初の本格的な政党内閣」と形容される原敬内閣を支えた政党を何というか。	立憲政友会
☐ 187	第一次世界大戦後，アメリカ大統領ウィルソンの提唱により設置された，平和維持のための国際機関を何というか。	国際連盟
☐ 188	1919年，北京大学の学生らの抗議行動がきっかけとなって中国各地に波及していった，一連の排日運動を何というか。	五・四運動
☐ 189	ワシントン会議の際にとりきめられた，中国問題に関する条約を何というか。	九カ国条約
☐ 190	1924年の第二次護憲運動の結果，総辞職に追いこまれた内閣を何というか。	清浦奎吾内閣
☐ 191	護憲三派による第二次護憲運動の結果，衆議院第一党となった政党を何というか。	憲政会 (1927年に政友本党と合同して立憲民政党に)
☐ 192	1925年に締結された，日ソ国交樹立などを内容とする国際的とりきめを何というか。	日ソ基本条約

☐ 193	1925年の衆議院議員選挙法改正の結果，有権者数は一挙に何倍に拡大したか。	4倍
☐ 194	1927年の金融恐慌の際，台湾銀行救済緊急勅令案を否決した国家機関を何というか。	枢密院
☐ 195	金融恐慌に対処するため，田中義一内閣が発令した緊急勅令を何というか。	モラトリアム（支払猶予令）
☐ 196	1928年の普選第1回総選挙直後に実施された，共産党員の大検挙事件を何というか。	三・一五事件（四・一六事件は1929年）
☐ 197	1920年代後半，中国における北伐の進展に対抗して実行された，3次にわたる中国への軍事行動のことを総称して何というか。	山東出兵
☐ 198	1928年，関東軍の一部によって奉天郊外で爆殺された人物は誰か。	張作霖
☐ 199	井上準之助が1930年1月に断行した，金本位制復帰のための措置を何というか。	金輸出解禁（金解禁）
☐ 200	1930年に開催された，補助艦保有量を制限するための国際会議のことを何というか。	ロンドン海軍軍縮会議
☐ 201	1912年，鈴木文治らによって組織された，労資協調主義的な労働団体を何というか。	友愛会
☐ 202	1920年，女性の政治活動を禁じた治安警察法第5条の撤廃を求めて，平塚らいてう・市川房枝らによって組織された団体を何というか。	新婦人協会

第4章 近代

第15講 近代日本の挫折はどのように進行したか

1931〜1945年：国際社会からの孤立，対米開戦へ

外 ① 満州事変と孤立への道 ★★★

第14講では，浜口雄幸内閣までお話しましたね。

浜口雄幸内閣は，中国との関係改善を図ると同時にロンドン海軍軍縮会議に参加しますが，統帥権の干犯だと激しい非難が噴出。首相が狙撃され，国内世論は軍や右翼を中心に，協調外交を軟弱だとする方向に傾いていきました。

ここからは，国際的に孤立していく日本の行方をみてみましょう。今回とりあげる問題は，日本がいつの段階で国際連盟からの脱退を決定したかについてです。

> **注意問題** 犬養毅内閣のときに，日本は国際連盟からの脱退を通告した。

受験勉強では，主要な内閣と出来事の関係をおさえることが基本的事項とはいえ，最も混乱しやすいところだと思います。浜口雄幸内閣後の第2次若槻礼次郎内閣以降，何がおこったのか，内閣ごとに国際情勢を中心にみていきましょう。

陸軍の最精鋭部隊である関東軍は，1931年9月18日，奉天郊外の柳条湖で南満州鉄道の線路を爆破，これを中国軍の仕業として

満州事変時の進軍経路

軍事行動に出ます。**第2次若槻礼次郎内閣は不拡大方針の声明**を出しますが，関東軍はこの方針を無視して戦線を拡大し，満州各地を占領していきました。この一連の動きを満州事変と呼び，その発端となった鉄道爆破事件を柳条湖事件といいます。

こうした関東軍の行動には，どのような背景があったのでしょうか。

> **NOTE**
>
> 社 ❶ **ワシントン体制の危機**：ロシア革命後，1922年にソヴィエト連邦が成立。ワシントン体制（▶p.314）がどのようなものだったかおさらいすると，内戦がつづく**ソ連の存在を無視**し，軍閥割拠状態の**中国を現状維持という原則でいわば犠牲**にした国際秩序といえる。しかし，混乱から抜け出したソ連と中国によってワシントン体制の前提が崩れ，東アジア情勢は急激な変化をみせた。
> - ◆ **ソ連の強大化**…20年代末以降，ソ連はロシア革命直後の混乱を脱して**急速に強大化**していった。
> - ◆ **中国の統一**…28年，中国では北伐（▶p.329）が完了し，近代的統一国家の建設をめざし始める。以後，中国では不平等条約撤廃や租界・租借地の回復などを求める**国権回復運動が本格化**した。
>
> 外 社 ❷ **アメリカの後退と関東軍**：ワシントン体制を主導してきたアメリカは，1929年の世界恐慌後，**国際社会を指導する余裕を喪失**していった。
> 　このような状況のなかで，石原莞爾（いしはらかんじ）らを中心とする関東軍（▶p.287）は，「**満蒙の危機**」を打開するため，武力で満蒙地域を中国から切り離し，完全に日本の支配下におこうと計画した。

満州事変後，日本は急速に国際社会から孤立していきます。次のまとめで，この時期の外交の流れをつかみましょう。

15 近代日本の挫折はどのように進行したか

> **NOTE**

政 外 ①第２次若槻礼次郎内閣：
- 1931年9月…柳条湖事件発生(満州事変勃発)。
- 1931年12月…満州事変の収拾に失敗し，第２次若槻礼次郎内閣総辞職。犬養毅内閣成立。

政 外 ②犬養毅内閣：
- 1932年1月…(第１次)上海事変勃発。日本は軍隊を増強して激戦をくりひろげ，列国の注目を満州からそらそうとした。しかし，思惑どおりにはいかなかった。
- 1932年2月…国際連盟，中国側の提訴をうけてリットン調査団を設置。連盟が派遣したリットン調査団は広範囲にわたる調査活動を展開したが，日本は，リットン調査団による報告書が連盟に提出される前に満州国を建国させ，この事態を既成事実として承認していく方策をとる。
- 1932年3月…満州国を建国。清朝最後の皇帝溥儀を執政とした(1934年からは帝政に移行)。
- 1932年5月…五・一五事件発生(▶p.342)。犬養毅暗殺，斎藤実内閣成立。

外 ③斎藤実内閣：
- 1932年9月…日満議定書に調印。日本は，リットン報告書に先行して満州国を承認した。
- 1932年10月…リットン報告書公表。報告書は日本に撤兵を求めていたが，一方で日本に妥協的な性格をもち，**満州の地に日中双方を含んだ自治的政府を設ける**ことを提案していた。
- 1933年2月…国際連盟臨時総会で，リットン報告書にもとづく対日勧告決議案を42対１で可決。これをうけて，松岡洋右ら日本側全権は総会から退場した。
- 1933年3月…日本は**国際連盟からの脱退**を通告(1935年発効)。常任理事国である日本の行動は連盟各国に衝撃を与えた。

- 1933年5月…**塘沽停戦協定**（タンクー）に調印。中国側に日本の要求を認めさせて停戦。満州事変勃発以降の大規模な軍事行動は一応の終息をみせた。

　もう，注意問題の答えはわかりましたね。1933年に国際連盟からの脱退を通告したのは，「犬養毅内閣」ではなく斎藤実内閣のときです。

　そして，2年後には連盟脱退通告が正式に発効，翌36年にはワシントン・ロンドン両海軍軍縮条約も失効するだろうと予測されていました。そうなれば日本の国際社会からの孤立が決定的になります。

　このため軍部は，人々の危機感を高める宣伝を展開します。国際連盟への脱退通告時期に前後して，予測されるこれらの事態を「**一九三五,六年の危機**」とし，マスコミも活用しながら国防の危機・軍備増強の急務などを精力的に訴えていきました。

　このスローガンは，当時，政治を語るときの流行語になります。「一九三五,六年の危機」といっても，その危機の多くは軍部みずから生み出したものでしたが，積極的な宣伝活動は軍の行動への支持を集めるうえで相当な効果をあげたといえるでしょう。

② 政党内閣期の崩壊と「転向」現象 ★★

　ここで，1930年代中頃まで進んだ時間の針を30年代初頭に巻き戻して，今度は内政を中心に確認していきましょう。

> **注意問題** 犬養毅内閣の時期には，血盟団事件によって現職の閣僚が暗殺された。

　2つの事件の内容が混ざってしまっていることに気づきましたか？　先ほども触れたとおり，当時の国内世論は，軍や右翼を中心に政治に対する批判が高まっていました。

　昭和恐慌（▶p.319）下の30年代初頭，統帥権干犯問題や満州事変など

15 近代日本の挫折はどのように進行したか

に刺激されて，国内では軍人や国家主義勢力による**国家改造運動**が急速に**活発**になっていきます。

31年，クーデター未遂事件である**三月事件・十月事件**が政党内閣に脅威をもたらしました。**橋本欣五郎**を指導者とする**桜会**（陸軍青年将校の秘密結社）が，政党内閣を打倒し軍部内閣を樹立しようとしていたことが明らかになったのです。

同年12月，満州事変を収拾する自信を失った第2次若槻礼次郎内閣（立憲民政党）は閣内不一致もあって総辞職し，かわって立憲政友会総裁の犬養毅が内閣を組織しました。この犬養毅内閣下で次の2つの事件が世間に衝撃を与えます。

> **NOTE**
>
> 社 ❶ **血盟団事件**：**井上日召**を指導者とし，「一人一殺」というテロリズムを唱えた血盟団による，政界・財界人の暗殺事件。1932年2月に前蔵相井上準之助，3月には三井合名会社理事長団琢磨が殺された。
>
> 社 ❷ **五・一五事件**：1932年5月15日，海軍青年将校の一団が首相官邸を襲って犬養毅を射殺した。
>
> 政 ❸ **事件の影響**：1930年代初頭に発生した一連の直接行動は，支配層を震撼させた。元老西園寺公望は，穏健派の海軍大将斎藤実を後継首相に選定。これによって，国内の各政治勢力から人材を登用した**挙国一致**内閣（斎藤実内閣・岡田啓介内閣）が成立し，8年間にわたって継続した**政党内閣期に終止符が打たれた。**

よって，注意問題の誤りは「現職の閣僚が暗殺された」部分だとわかりますね。血盟団事件で暗殺されたのは前閣僚，「現職の閣僚が暗殺された」のは五・一五事件です。

満州事変を機に，社会の雰囲気も一変していきました。その最も顕著な例が，いわゆる「**転向**」現象です。ここでいう「転向」とは，1930年代前半の日本で多数の共産主義者・社会主義者がみずからの思想・信条を転換した行為や事態を指しています。

> **NOTE**

社❶ 共産主義者・社会主義者の転向：1933年6月，当時獄中にあった日本共産党の指導者が転向声明を発表し，コミンテルン（▶p.334）の方針を拒否して天皇制と民族主義に立つ一国社会主義の建設を主張した。つづいて500人以上にのぼる大量の集団転向が発生した。

　こうした事態の背景として，**(a)** 治安維持法（▶p.327）など国家が加えた圧力の強大化・凶暴化，**(b)** 満州事変を機に生じた日本国内における**異様な**ナショナリズム**の高揚**，などがあげられる。

社❷ 国家社会主義の台頭：1930年代前半には，共産党員の大量転向と前後して，合法的無産政党も**国家社会主義**の立場を明確にするようになった。

　国家社会主義とは，国家をすべてに優先させる国家主義を基調とし，政治や経済の全面的な統制の実現をめざす（≒社会主義的）思想のことをいう。ナチス（国家社会主義ドイツ労働者党）の立場が典型例とされる。戦前期の日本では，天皇制のもとにマルクス主義的経済学説に立脚した社会主義体制を実現せよ，といった主張がしばしばなされた。

③ 天皇機関説問題と二・二六事件 ★★★

　以後も政界の激震はおさまりません。軍人の一部などは，政党内閣の慣行を支える理論的基礎になっていた美濃部達吉の天皇機関説（▶p.322）を排撃(はいげき)の対象にしていきます。

> ☠ **注意問題** 天皇機関説排撃運動が激化すると，岡田啓介内閣は国体明徴声明を発して，天皇機関説を擁護する姿勢を示した。

　なぜ，天皇機関説が排撃されるようになったのでしょうか？　きっかけは，「国体（天皇制）」に反する思想として，1935年に軍出身の貴族院議員である**菊池武夫**(きくちたけお)が激しく攻撃したことでした。これによって，一部の青年将校や民間の国家主義勢力は，**天皇機関説排撃**運動を全国各地で展開し

ていきます。
　当時，陸軍は大きく２つの派閥に分かれており，運動を展開した青年将校たちは**皇道派**と呼ばれていました。政治的な発言力を増大させていた陸軍ですが，決して一枚岩だったわけではなく，内部で激しい派閥争いをくりひろげていたのです。

NOTE

社❶ **皇道派**：**天皇中心の精神主義的な昭和維新路線**を唱える陸軍内の派閥。急進的な青年将校（隊付将校）に支持されたが，1935年の天皇機関説排撃運動などを経て，36年の**二・二六事件**により陸軍内から一掃された。

社❷ **統制派**：永田鉄山らを中心とする陸軍内のエリート軍人によって形成された。総力戦に備えた**高度国防国家を合法的に建設しようとした**。

　時の**岡田啓介**内閣は，当初，論争には関与しない立場をとっていました。しかし，排撃運動の圧力に屈するかたちで２度にわたる**国体明徴声明**を発します。その内容は，美濃部の憲法解釈を公的に否認するものでした。よって，注意問題の「天皇機関説を擁護する姿勢」と説明しているところが誤りです。
　この結果，**政党内閣の慣行を支える理論的基礎は消失**し，以後，自由主義的な言論・思想に対する統制が一段と強化されました。
　天皇機関説問題に決着がつくと，今度は大規模なクーデターである二・二六事件が発生します。

NOTE

社❶ **二・二六事件の発生**：1936年２月26日，皇道派青年将校らが約1400名の兵を率いて蜂起。首相官邸・警視庁などを襲い，首都の中枢部を４日間にわたって占拠した。

社❷ **二・二六事件の犠牲者**：蔵相高橋是清・内大臣斎藤実・陸軍教育総監渡辺錠太郎らが殺害された。

政社❸ **二・二六事件の影響**：クーデターは統制派により**戒厳令**下で鎮圧され，

皇道派は陸軍内から一掃された。
- ◆ 広田弘毅内閣…陸軍内の主導権をにぎった統制派は，事件後に成立した**広田弘毅**内閣に圧力をかけ，1936年に軍部大臣現役武官制（▶p.280）の復活，日独防共協定（▶p.351）の締結などを成功させた。
- ◆ 軍部大臣現役武官制の復活…復活した軍部大臣現役武官制は，**内閣の死命を制しうる破壊的な権限として機能し**，昭和戦前期の政治史に大きな影響を与えた。

　具体的には，37年，陸軍省が陸相推薦を拒否するかたちで宇垣一成に組閣を断念させ，40年にも，米内光政内閣の陸相辞任後，やはり同様に陸軍が陸相推薦を拒否して同内閣を総辞職に追いこんだ。

歴代内閣（1932～45年）

組閣年月	首相	出身あるいは支持勢力	主要事項
1932.5	斎藤　実	海軍	国際連盟脱退通告
1934.7	岡田啓介	海軍	国体明徴を声明。二・二六事件発生
1936.3	広田弘毅	官僚	軍部大臣現役武官制復活。日独防共協定調印
1937.2	林銑十郎	陸軍	宇垣一成による組閣の失敗後に成立
1937.6	近衛文麿Ⅰ	華族	日中全面戦争に突入。国家総動員法制定
1939.1	平沼騏一郎	官僚	独ソ不可侵条約に対して「複雑怪奇」と声明して総辞職
1939.8	阿部信行	陸軍	第二次世界大戦勃発
1940.1	米内光政	海軍	新体制運動高揚
1940.7	近衛文麿Ⅱ	華族	日独伊三国同盟調印。大政翼賛会発足
1941.7	近衛文麿Ⅲ	華族	「帝国国策遂行要領」決定
1941.10	東条英機	陸軍	太平洋戦争に突入
1944.7	小磯国昭	陸軍	米英ソ，ヤルタ会談開催
1945.4	鈴木貫太郎	海軍	ポツダム宣言受諾

④ 高橋財政 ★★★

ここまで外交・政治と話を進めてきました。今度は経済面から，1930年代当時の様子をみてみましょう。日本は，どのように昭和恐慌から脱していったのでしょうか。

> **注意問題** 金輸出再禁止によって円為替相場が暴騰したため，日本は輸出を拡大することに成功した。

この問題を解くには，「金輸出再禁止」について確認しておく必要がありますね。

第一次世界大戦中に金輸出禁止が実行されたのち，通貨価値の回復と為替相場の安定を図るため 1930 年 1 月に金輸出解禁が実行されます。しかし，第14講 ⑦ **井上財政**のコラム（▶p.320）で簡単に触れたとおり，翌 31 年 12 月，蔵相に高橋是清を起用した犬養毅内閣は，組閣当日に**金輸出再禁止**を断行しました。

さらに，円と一定量の金との交換を保証する兌換制度（▶p.248）が正式に停止され，金融システムは**管理通貨制度**へと**移行**します。管理通貨制度とは一体何かというと，通貨当局（中央銀行，日本では日本銀行）の裁量で最高発行額を管理・調整する制度のことです。

金本位制を採用していた頃は，通貨の発行量に見合う金を準備しておかなければなりませんでした。しかし，金兌換が停止されてこの正貨準備義務も廃止されると，当局が政策的に通貨の発行量を決められるようになったのです。管理通貨制度は，30 年代に世界規模で金本位制が崩壊して以降，各国が採用していくことになります。

この措置を前提に，いわゆる**高橋財政**（31 年 12 月〜 36 年 2 月）が始まります。次のまとめで，高橋財政期に展開された諸政策とその影響についてみていきましょう。

NOTE

経 ❶ 高橋財政期の諸政策：輸出拡大策と財政支出拡大策を展開した。
- ◆ **輸出拡大**…金輸出再禁止による円為替相場の暴落（一時100円＝20ドル前後に）を放置する**意図的な低為替政策**を実行。
- ◆ **積極財政**…軍事費（1931年9月の満州事変勃発により軍需増大）や農村救済費を中心に，財政支出を拡大する**意図的なインフレ政策**を展開。

経 社 ❷ 恐慌からの脱出：日本は列国に先がけて恐慌から脱出した。
- ◆ **輸出の躍進**…1933年に綿布輸出がイギリスを抜いて世界第1位となるなど，日本の商品輸出は急速に拡大。こうした事態に対して，イギリスなどは，**ブロック経済圏**の形成で対抗しつつ，日本の商品輸出を**ソーシャル＝ダンピング**（低賃金などによる不当な安売り）と非難した。
- ◆ **新興財閥の成長**…重化学工業部門で，**日産**コンツェルン（鮎川義介）・**日窒**コンツェルン（野口遵）などの企業集団（**新興財閥**）が急成長をみせた。また鉄鋼業では，製鉄大合同によって**日本製鉄会社**が誕生し，鋼材の自給が達成された。
- ◆ **農業部門の回復**…農村では，公共土木事業を展開して農民に現金収入を得させると同時に，**農山漁村経済更生運動**などの実施により農民の「自力更生」が図られた。こうして農業部門も，30年代中頃には恐慌の打撃から回復していった。

経 ❸ 新たな課題とその挫折：高橋是清は二・二六事件で暗殺された。
- ◆ **軍事費抑制**…高橋財政の後半期はインフレの急進を避けるため，**軍事費抑制による財政の健全化**が新たな課題として浮上した。
- ◆ **統制経済へ**…軍事費の抑制にとりくみつつあった高橋是清が1936年の二・二六事件で暗殺され，以後，軍部が発言権をさらに強化すると，財政の膨張に歯止めをかけることは困難になった。翌37年7月に日中戦争が勃発すると，日本は，統制経済の時代へと突入する（▶p.358）。

15 近代日本の挫折はどのように進行したか

　高橋財政は輸出を拡大させ，昭和恐慌から抜け出すことに成功します。しかし，その要因は注意問題にあるように「円為替相場が暴騰したため」ではありませんね。
　「暴騰」とは急激に上昇すること，つまり"円高が進む"ということを表しています。もし円高が進んだとしたら，たとえば今であれば海外旅行費が以前と比べて安くなったり，国内産のものと比べて外国産が安く手に入ったりしますね。しかし，海外では逆に日本製品が高くなってしまいます。円高の急激な進行は，価格面で輸入促進・輸出抑制効果をもたらすのです。よって，正しい答えは**円為替相場が暴落したため**，となります。金輸出再禁止によって円の国際的価値が下がり，円為替相場は円安となりました。
　注意問題には，「金輸出再禁止によって円為替相場が暴騰」という事実とは異なった記述だけでなく，「円為替相場が暴騰したため，日本は輸出を拡大することに成功」という経済上の矛盾があることを見抜かなければなりません。文章を読んだだけで経済的知識から誤りに気づけるぐらいになれば，試験本番はバッチリですよ。

5 泥沼の日中戦争 ★★★

　ここまで，1930年代の外交・政治・経済について学んできました。次に，満州事変後の日本と中国の関係についてお話しましょう。満州事変後も日中両軍の対立・緊張はつづき，ついに日中戦争へ突入します。

> **注意問題** 奉天郊外の盧溝橋で日中両軍が衝突し，日中戦争が始まった。

　日中戦争のきっかけとなった**盧溝橋事件**は，果たして奉天郊外でおきたのでしょうか？
　満州事変後，傀儡国家満州国を成立させても，日本は立ち止まろうとはしませんでした。1935年以降，日本は中国の華北地域を国民政府の支配

から分離し，そこに親日的政権を樹立しようとします。これを，**華北分離工作**と呼んでいます。

このような日本側の動きのなかで，36年12月，蔣介石を張学良(▶p.330)が監禁するという**西安事件**がおこります。日本軍よりも中国共産党との戦いを重視してきた蔣介石に対し，張学良は「内戦停止・一致抗日」を要求，事件が中国共産党の指導者**周恩来**の調停で解決されると，ここから，国民政府と共産党を中心とした**抗日民族統一戦線**結成の動きが一挙に本格化します。

翌37年7月，**北京**郊外の盧溝橋付近で日中両軍の衝突事件が発生，この盧溝橋事件を機に，日中両国は全面戦争へと突入したのです。次のまとめで日中戦争の様相を追ってみましょう。

> **NOTE**
>
> 複❶ **日中戦争の勃発**：満州事変以降の日本の大陸での行動は，中国側の抗日意識を高めた。
> - 1937年6月…第1次**近衛文麿**内閣成立。
> - 1937年7月…**盧溝橋事件**発生。北京郊外の盧溝橋で日中両軍の突発的な衝突事件が発生。日中戦争が始まった。
> - 1937年9月…**国共合作**（**第2次**）成立。これによって抗日民族統一戦線が結成された。
> - 1937年12月…日本軍，国民政府の首都**南京**を占領（占領時に日本軍は非戦闘員を含む多数の中国人を殺害）。
>   以後，国民政府は，首都を漢口からさらに**奥地の重慶へと移して抗日戦**を展開した。
>
> 外❷ **日中戦争の長期化**：戦争は，中国側の頑強な抵抗に遭遇し，日本の予想をはるかに超える長期全面戦争の様相を呈していった。
> - 1938年1月…第1次近衛声明発表。「**国民政府を対手とせず**」という声明によって，日本は和平の可能性をみずから断ち切ってしまった。
> - 1938年11月…第2次近衛声明（**東亜新秩序**声明）発表。日・満・華3国によって**東アジアに新秩序を建設する**ことを日中戦争の目的

15 近代日本の挫折はどのように進行したか

とした。

- ◆ 1938年12月…第3次近衛声明発表。東亜新秩序の原則を具体化。また、汪兆銘工作が本格化。陸軍は国民政府の要人汪兆銘を重慶から脱出させて親日政権を樹立させ、日中戦争に政治的決着をつけようとした。
- ◆ 1940年3月…汪兆銘政権成立。南京に誕生した日本の傀儡政権である汪政権は弱体で、この政権によって戦争を終結させようとした日本の政略は失敗。日中戦争は、「点（都市）と線（鉄道・道路）」を確保するだけの長期持久戦と化した。

COLUMN 重慶政府

　日中戦争期における国民政府の通称。1937年7月に日中戦争が勃発して日本軍が国民政府の首都南京に迫ると、同年10月に中国国民党の指導者蔣介石は重慶への遷都を決定した。当初、事実上の首都は湖北省の漢口におかれたが、翌38年に漢口は陥落。国民党のおもな勢力が重慶とその周辺に避難したため、重慶は名実ともに国民政府の首都として機能していった。しかし、日中戦争・太平洋戦争期の日本では、蔣介石政権を一地方政府とみなす立場から「重慶政府」という呼称が意識的に使用された。

6 第二次世界大戦の開始と三国同盟 ★★

日中戦争がおこった頃の世界情勢をみていきましょう。ここでは，1939年に勃発した第二次世界大戦に焦点をあててお話していきます。

> **注意問題** 第二次世界大戦勃発直後に日独伊三国同盟が成立し，日本はドイツに全面的に協力する姿勢をとった。

この時期の日本とドイツとの関係が問われていますね。いつ，3国間の同盟が成立したか，果たして日本はドイツに全面的に協力したかが問題です。

それでは，当時の欧米列強の状況から確認しましょう。第一次世界大戦後，多くの国がアメリカへの経済依存度を高めていましたが，29年の世界恐慌でアメリカが転落すると，その影響からヨーロッパ情勢も大きく変わっていきました。

NOTE

❶ **イタリア**：1922年，ファシスト党を率いた**ムッソリーニ**が政権掌握，一党独裁を実現した（**ファシズム**）。

❷ **ドイツ**：1933年，**ナチス**（国家社会主義ドイツ労働者党）を率いた**ヒトラー**がヴェルサイユ体制打破を唱えて政権掌握，全体主義体制を確立した（**ナチズム**）。

❸ **枢軸の形成**：1936年のスペイン内乱の際，ドイツ・イタリアとも右翼的なフランコ将軍派を援助して関係を深め，ベルリン＝ローマ**枢軸**が形成された。

アメリカの転落，枢軸の形成は日本にも大きな影響を与えます。1936年，日本はドイツと**日独防共協定**を結び，ソ連を中心とした国際共産主義運動の拡大を阻止しようとしました。日本はソ連と対立して数回の軍事的衝突をおこし，またアメリカとの関係も悪化の一途をたどります。

しかし日本と反ソ連で協定を結んだはずのドイツは，39年8月，突然

15 近代日本の挫折はどのように進行したか

ソ連と**独ソ不可侵条約**を締結してしまいます。世界中に衝撃が走ったこの条約には，ポーランドなどの東欧を独ソ両国で分割するという密約がありました。これを背景にして，同年9月にドイツがポーランドに宣戦布告をおこなうと，直後にイギリス・フランスがドイツに宣戦を布告。**第二次世界大戦**が始まりました。

第二次世界大戦中のヨーロッパの様子

第二次世界大戦の勃発に対し，日中戦争で体力を消耗していた日本は「欧州戦争不介入」という方針をとり，みずからの国力に自信がもてないまま混迷を深めていきます。

> **NOTE**
>
> ❶ **対米関係の悪化**：1930年代後半になると，日米両国の利害の対立がしだいに深刻なものになっていった。
>   ◆ **1936年11月**…日独防共協定調印。ソ連とコミンテルンに共同で対抗することを意図した。翌年，イタリアが参加。
>   ◆ **1936年12月**…ワシントン・ロンドン両海軍軍縮条約（▶p.313・

p.331）失効。日米間は**無制限の海軍拡張時代に突入**した。
- **1937年7月**…日中戦争開始。
- **1938年7月**…**張鼓峰事件**発生。ソ満国境で日ソ両軍が衝突。
- **1939年5月**…**ノモンハン事件**発生。満蒙国境で日ソ両軍が衝突（〜39年9月）。ソ連軍に関東軍大敗。
- **1939年7月**…アメリカが日本に日米通商航海条約廃棄を通告（40年発効）。これによって、日本は**軍需物資獲得が困難**になった。
- **1939年8月**…独ソ不可侵条約調印。平沼騏一郎内閣、ノモンハン事件の最中での条約成立に衝撃をうけ、総辞職。

外❷ **三国同盟の成立と日本の南進**：1940年、ドイツとの提携関係を深めた日本に対して、アメリカは本格的な経済制裁を打ち出すことで対抗した。
- **1939年9月**…第二次世界大戦開始。阿部信行内閣・米内光政内閣は「欧州戦争不介入」の方針をとった。
- **1940年6月**…ドイツ、電撃作戦の成功によりパリ占領。日本では、対米英戦も覚悟のうえでドイツと提携して南方に進出すべきだという議論が高まった。
- **1940年7月**…第2次近衛文麿内閣成立。
- **1940年9月**…日本、北部仏印（フランス領インドシナ）に進駐。
  また、このとき**日独伊三国同盟**に調印。アメリカの参戦を抑止することを企図して日独伊三国の提携を強化した。
  一方、この間にアメリカは、くず鉄・鉄鋼の対日輸出禁止措置をとり、**日本への経済制裁を本格化**した。

それでは、もう一度注意問題をみてみましょう。

> **注意問題** 第二次世界大戦勃発直後に日独伊三国同盟が成立し、日本はドイツに全面的に協力する姿勢をとった。

日独伊三国同盟が成立したのは、「第二次世界大戦勃発直後」ではなく、それから1年後のことですね。大戦勃発直後の日本は、戦争に関与しない態度をとりました。

7 対米開戦への道 ★★

日中戦争，第二次世界大戦を経て，いよいよ太平洋戦争の開戦が近づいてきました。その太平洋戦争へ突き進むなかで，日本が米ソとどのような関係にあったのか確認していきましょう。

> **注意問題** 独ソ戦争が始まると，日本は日ソ中立条約を結んで北方の安全を確保しようとした。

独ソ戦争と**日ソ中立条約**の関係性が問題を解くカギになりますね。

太平洋戦争開戦直前の時期，日本は対米関係の悪化を力で突破しようと行動（松岡外交）する一方，対米関係を好転させる方策（日米交渉）を模索します。日本が最終的に参戦を決意したのは，松岡外交の破綻が明白になり，さらに日米交渉が完全な暗礁に乗りあげたときでした。

NOTE

① **松岡外交と日米交渉**：1941年前半，日本は危機打開のために2つの外交的方策を模索した。

- **1941年4月**…外相松岡洋右，モスクワで日ソ中立条約調印。
  一方で，駐米大使野村吉三郎とアメリカの国務長官コーデル＝ハルとのあいだで日米関係打開のための交渉が始まる。しかし，11月にハルが提出したアメリカ側の最終提案**ハル＝ノート**によって日米交渉は決裂した。

- **1941年6月**…独ソ戦争勃発により松岡外交破綻。松岡外交とは，独ソ不可侵条約（39年成立）と日独伊三国同盟（40年成立）に，松岡自身が主導して成立させた日ソ中立条約を結びつけて**日独伊ソ4カ国の大陸ブロック**を実現し，米英の圧力に対抗しようとしたものだと考えられている。
  しかし，すでに40年末の段階で，ドイツのヒトラーは戦局打開のための対ソ攻撃を極秘に決定し，準備に入っていた。日ソ中立条約

成立から2カ月後の41年6月，ドイツがソ連への電撃作戦（独ソ戦争）を開始すると，この松岡の構想はまったく水泡に帰し，日米関係の決定的悪化という結果だけが日本にもたらされることになった。

外❷ ハル＝ノートの提示：日本は日米交渉に最後の期待をかけたが，アメリカの強硬姿勢に変化をもたらすことはできなかった。

- ◆ **1941年7月**…第2次近衛文麿内閣総辞職。松岡外相を更迭し，第3次近衛内閣成立。

  日本は北方で**関東軍特種演習**（**関特演**）を実施する一方，南方では**南部仏印進駐**を実行した。

  アメリカ，南部仏印進駐に対し，在米日本人の資産凍結と**対日石油禁輸**措置を実行。**対日経済制裁が決定的に強化**された。

- ◆ **1941年9月**…死活的に大切な石油を止められた日本は，**御前会議**で「**帝国国策遂行要領**」を決定。そこには，期限つきで（10月上旬まで）日米交渉を継続する一方で，交渉不成立の場合には対米開戦を決意すると明記された。

- ◆ **1941年10月**…第3次近衛内閣，対米開戦をためらい総辞職。**東条英機**内閣成立。

- ◆ **1941年11月**…アメリカのハル＝ノート提示により日米交渉決裂。ハル＝ノートの内容は，中国・仏印からの全面的無条件撤退，満州国・汪兆銘政権（新国民政府）の否認，日独伊三国同盟の実質的廃棄など，日本に**満州事変以前の状態への復帰**を求める強硬なものだった。日米交渉は決裂し，12月1日，日本は御前会議で開戦を最終決定した。

- ◆ **1941年12月**…日本海軍の機動部隊，ハワイ**真珠湾**を奇襲攻撃＝**太平洋戦争**開始。

もう注意問題の答えはわかったでしょうか。そうです，「独ソ戦争」と「日ソ中立条約」の順序が逆ですね。アメリカやイギリスに対抗するため，松岡洋右が日ソ中立条約を結んで日独伊ソ4カ国の大陸ブロックを画策したのに，直後にドイツがソ連に宣戦布告してしまったため，アメリカとの関係がさらに悪化するだけの結果となってしまったのです。

15 近代日本の挫折はどのように進行したか

> **COLUMN 御前会議**
>
> 重大な対外政策などを審議するために天皇臨席下で開催された会議をいう。日清・日露戦争に際して開かれたのち，1938年に復活。以後，日中戦争・日独伊三国同盟・対米開戦・ポツダム宣言などをめぐって開催された。ポツダム宣言受諾時の2回の御前会議を除いて，すでに実質的な決定をみた案件のみが形式的に審議され，また昭和天皇は臨席しても直接的な意思表明はおこなわなかった。主要な出席者は，首相，陸相・海相・外相などの主要閣僚，参謀総長，軍令部総長，枢密院議長など。

政 経 ⑧ 戦時体制 ★★★

　それでは，日中戦争から太平洋戦争へといたる時期，戦争は日本の政治と経済をどのように変えていったのでしょうか。とくに重要な動きとして，1938年に制定された**国家総動員法**と40年から始まる**新体制運動**があげられます。注意問題は，国家総動員法についてです。

> **注意問題** 国家総動員法は，軍需産業に資金を重点的に投入する法律として制定された。

　国家総動員法は，果たして注意問題のとおりの内容だったのでしょうか？　まず，戦時下の政治からみていきましょう。なかでも，新体制運動に注目してください。

> **NOTE**
>
> 政 社 ❶ **国民精神総動員運動**：1937年，日中戦争開始後に進められた，「挙国一致・尽忠報国・堅忍持久」をスローガンとする戦争協力のための教化運動。日本精神の高揚が図られた。
> 政 ❷ **新体制運動の開始**：1940年，ドイツの快進撃（▶p.353）は日中戦争に苦しむ日本に「光明」を与えた。

- ◆**運動の意図**…ナチスやファシスト党をモデルとして，強力な指導政党を中心とする新しい政治体制(一国一党体制)を築こうとした。
- ◆**運動の結果**…(a)現状維持的な性格の強い米内光政内閣が総辞職を余儀なくされ(▶p.345)，第2次近衛文麿内閣が成立，(b)複数政党の存在は不要とされ**全政党が解党**，(c)**大政翼賛※会**の成立，の3点があげられる。　※「翼賛」とは，時の権力者に協力するという意味

政 ❸ **大政翼賛会の性格**：大政翼賛会は，当初めざしたような一国一党的な政治組織ではない公事組織とされ，部落会・町内会・**隣組**などを下部組織とする官製の上意下達機関になった。

政社 ❹ **教育の戦時化**：教育面では，1941年に小学校が**国民学校**に改められ，国家主義的教育が推進された。また朝鮮・台湾でも，日本語教育の徹底などをめざす「**皇民化**」**政策**が推進された。

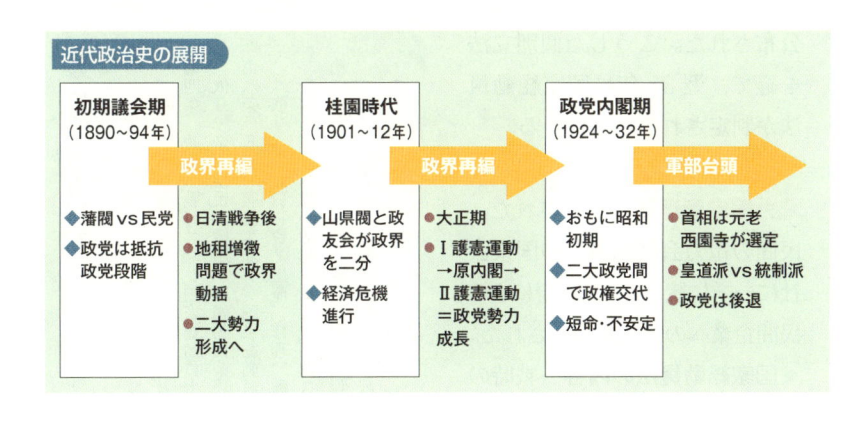

近代政治史の展開

初期議会期 (1890〜94年)	→ 政界再編 →	桂園時代 (1901〜12年)	→ 政界再編 →	政党内閣期 (1924〜32年)	→ 軍部台頭 →	
◆藩閥vs民党 ◆政党は抵抗政党段階	◆日清戦争後 ◆地租増徴問題で政界動揺 ◆二大勢力形成へ	◆山県閥と政友会が政界を二分 ◆経済危機進行	◆大正期 Ⅰ護憲運動 →原内閣→ Ⅱ護憲運動 ＝政党勢力成長	◆おもに昭和初期 ◆二大政党間で政権交代 ◆短命・不安定	◆首相は元老西園寺が選定 ◆皇道派vs統制派 ◆政党は後退	

第4章 近代

15 近代日本の挫折はどのように進行したか

　一方，経済面では統制経済を推進していこうと，新設機関の企画院と，強力な法律である国家総動員法が登場します。が，国家総動員法の効力は注意問題にあるような「軍需産業に資金を重点的に投入する」ことにとどまるものではありません。経済のみならず，あらゆる面から戦争遂行をサポートすることのできる法律です。

NOTE

政 ❶ 企画院の設立：日中戦争開始後の1937年，**戦時統制経済のための諸計画の立案などにあたった総合国策機関**。物資動員計画などを次々に立案したが，その計画目標はついに一度も達成されなかった。

政 経 ❷ 国家総動員法：現実の経済を統制するという面では，日中戦争勃発直後から，1937年に軍需産業に資金を重点的に投入するための**臨時資金調整法**と，貿易関係物資を全面的に統制する**輸出入品等臨時措置法**が公布された。こうした個別立法を経て，翌38年に国家総動員法が制定されることになる。

　また，国家総動員法と同時に**電力国家管理法**も制定された。民間の電力会社は単一の国策会社に一挙に統合され，政府による民間企業への介入が強化された。

　◆**国家総動員法の内容**…戦時の際の「**人的及物的資源**」の統制運用を勅令によって可能にした法律。これによって政府は，議会の承認なしに総力戦のための経済統制を広範におこなう権限を確保した（全面的な委任立法）。国家総動員法にもとづいて，**賃金統制**

◆**国家総動員法**

第一条　本法ニ於テ国家総動員トハ戦時ニ際シ国防目的達成ノ為，国ノ全力ヲ最モ有効ニ発揮セシムル様，人的及物的資源ヲ統制運用スルヲ謂フ

第四条　政府ハ戦時ニ際シ国家総動員上必要アルトキハ，勅令ノ定ムル所ニ依リ，帝国臣民ヲ徴用シテ総動員業務ニ従事セシムルコトヲ得

第八条　政府ハ戦時ニ際シ，国家総動員上必要アルトキハ，勅令ノ定ムル所ニ依リ，総動員物資ノ生産，修理，配給，譲渡其ノ他ノ処分，使用，消費，所持及移動ニ関シ必要ナル命令ヲ為スコトヲ得

第二十条　政府ハ戦時ニ際シ国家総動員上必要アルトキハ，勅令ノ定ムル所ニ依リ，新聞紙其ノ他ノ出版物ノ掲載ニ付，制限又ハ禁止ヲ為スコトヲ得
（第二項略）

（官報）

令・国民徴用令・価格等統制令など多くの勅令が発せられた。
- ◆**政党の後退**…従来，立法・予算を左右する権限をもつ議会（▶p.268），とりわけ衆議院に依拠して活動してきた政党は，その権限の無力化を意味する国家総動員法の成立によって，**国政への発言権を急速に後退**させることになった。40年，新体制運動の過程でついに全政党解散へ。

政 経 ❸ 国民生活と経済統制：軍需生産に寄与しない商品の製造・販売を禁じた**七・七禁令**（奢侈品等製造販売制限規則，「奢侈」とはぜいたく品という意味）の公布（1940年）など，生活必需品（消費財）への統制も急速に強化された。具体的には，砂糖・マッチの**切符制**導入を機に，生活必需品の**配給制**が戦時における統制経済の一環として実施され，以降，米穀配給制がとられるなど，日用品をはじめとするほとんどの物資が国家統制の対象にされていった。

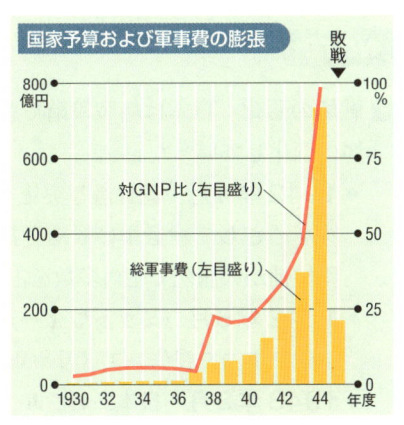

国家予算および軍事費の膨張
対GNP比（右目盛り）
総軍事費（左目盛り）
敗戦

社 ❹ 労働力の動員：労働者を戦争協力に動員することを目的とした**産業報国会**の組織が進められた。1940年には中央団体として**大日本産業報国会**が結成され，労働組合は解散を強制された。

9 帝国の崩壊 ★★★　　外 社

　太平洋戦争が始まると，日本は欧米による植民地支配からアジア諸民族を解放し，「**大東亜共栄圏**」を建設するという戦争目的をかかげました。
　しかし，それは夢物語に終わります。しだいに戦局は悪化し，日本の敗色が濃くなっていきました。

15 近代日本の挫折はどのように進行したか

> ☠ 注意問題 太平洋戦争中，日本は，アメリカ軍だけでなくソ連軍の長期にわたる攻撃にも苦しんだ。

ソ連が日本に宣戦布告をおこなったのは，1945年8月8日，ポツダム宣言受諾の直前です。注意問題にあるような，太平洋戦争中日本が「ソ連軍の長期にわたる攻撃にも苦しんだ」という事実はありません。

NOTE

政外 ❶ 戦局の悪化：日本は緒戦段階で勝利をおさめたが，その後，急速に戦局は悪化していった。

- ◆ 1942年4月…**翼賛選挙**実施。東条英機内閣は，戦争翼賛体制の構築をめざして総選挙に候補者推薦制を導入。選挙の結果，政府の推薦候補が衆議院で絶対多数を占めた。

- ◆ 1942年6月…**ミッドウェー海戦**。日本は大敗北を喫し，海軍機動部隊の主力を喪失。アメリカ軍の反攻が本格化した。

- ◆ 1943年2月…日本，**ガダルカナル島**撤退。圧倒的な物量を誇るアメリカとの激しい攻防により，日本は国力の急速な低下を隠せなくなった。以降，各戦線で戦局の主導権を失っていった。

  また，戦争の激化とともに，兵力・労働力不足が深刻化した。このため，朝鮮人・中国人の強制連行が日常化し，さらに1943年以降になると，兵力不足を補うための**学徒出陣**（徴兵適齢文科系学生の前線への出陣）や，女性労働力の活用，学徒の**勤労動員**が正式に開始された。

- ◆ 1943年11月…**大東亜会議**開催。東条英機内閣は，日本の影響下にある地域代表を集め，戦争完遂・アジアの解放・自存自衛・共存共栄といった理念を訴えた。しかし，参加政権は傀儡政権である満州国や中国の汪兆銘政権などすべて日本の庇護下にあり，また日本の占領地域では，日本軍による物資・労働力の調達が最優先されたため，これに対する反発がしだいに強くなっていった。

外 ❷ 本土空襲と沖縄戦：太平洋戦争が終結する最後の1年ほどのあいだ，

日本列島は圧倒的な国力を誇るアメリカ軍の猛攻にさらされた。

◆ **1944年7月**…サイパン島陥落。この敗北によって**東条英機内閣総辞職**。また以降，サイパン島を発進したアメリカ軍の大型爆撃機B29による**本土空襲**が日常化した。

　一方，国内では，大都市の児童を農村などに移動させる**学童疎開**が本格化していった。

◆ **1945年3月**…東京大空襲。B29約300機による無差別爆撃。死者は約10万人に達した。

◆ **1945年4月**…アメリカ軍が沖縄本島に上陸し，**沖縄戦**がおこなわれた。約3カ月の激しい戦闘の末，アメリカ軍が沖縄を占領。沖縄戦は**日米最後の地上戦闘かつ唯一の本土決戦**で，日本側の戦死者・犠牲者は18万人以上（うち約12万人以上が沖縄県民）におよんだと推定されている。

話が少し前後しますが，1943年になるとヨーロッパ戦線においても**連**

15 近代日本の挫折はどのように進行したか

合国軍の反攻が顕著になりました。同年9月にイタリアが降伏し、45年5月にドイツも無条件降伏すると、日本は完全な孤立のなかで最終局面を迎えます。

NOTE

社❶ **連合国の首脳会談**：アメリカ大統領フランクリン＝ローズヴェルトは、日本への上陸作戦にともなう損失を減らすため、ソ連の対日参戦が必要だと判断した。

- ◆1943年11月…**カイロ会談**。イタリア降伏後、**ローズヴェルト**(米)・**チャーチル**(英)・**蔣介石**(中)が、アジア地域の戦後処理問題についての認識を一致させるためにエジプトのカイロで会談し、**連合国の対日基本方針を明確化**した(カイロ宣言)。
- ◆1945年2月…**ヤルタ会談**。ドイツ降伏が迫るなかで、ローズヴェルト(米)・チャーチル(英)・**スターリン**(ソ)が黒海の北岸にあるクリミア半島のヤルタで会談した。中心議題はドイツの戦後処理問題だったが、**秘密協定でソ連の対日参戦に合意した**。
- ◆1945年7月…**ポツダム会談**。ドイツ降伏後、**トルーマン**(米)・チャーチル(のちアトリー、英)・スターリン(ソ)がベルリン郊外のポツダムで会談。議題はおもにドイツの戦後処理問題だった。
　一方、この会談とは別個に、対日降伏勧告文書を用意していたアメリカは、イギリス・中国の同意をとりつけて**ポツダム宣言**を発表した。

外社❷ **ポツダム宣言の受諾**：1945年7月、アメリカは人類史上初の**原爆実験**に成功した。

- ◆1945年8月6日…アメリカ、**広島**に原爆投下。
- ◆1945年8月8日…ソ連、ヤルタ秘密協定を理由に、日ソ中立条約を無視して日本に宣戦布告。翌日以降、ソ連軍は満州・朝鮮への大規模な軍事侵攻を展開した。
- ◆1945年8月9日…アメリカ、**長崎**に原爆投下。
- ◆1945年8月14日…日本、御前会議で、**鈴木貫太郎**首相が昭和天

皇の裁断を求め，**ポツダム宣言受諾を決定**。政府はこれを連合国側に通告した。
- ◆ **1945年8月15日**…「終戦の詔書」のラジオ放送(天皇のいわゆる「**玉音**」**放送**)により，日本軍の組織的な戦闘は停止された。
- ◆ **1945年9月2日**…東京湾内のアメリカ軍艦ミズーリ号上で，日本政府代表・軍代表が**降伏文書に署名**した。

> **COLUMN** トルーマン
>
> 　ローズヴェルトがドイツ降伏目前の1945年4月に死去したため，ポツダム会談のときには，副大統領のトルーマンが大統領に昇格していた。トルーマン大統領は，ソ連の参戦なくして太平洋戦争を終結させようと考えていた。

第15講 確認テスト

203. 1931年9月に満州事変が勃発したときの日本の首相は誰か。 — 若槻礼次郎

204. 1932年初頭に発生した，井上日召を指導者とする右翼的集団がひきおこした要人暗殺事件を何というか。 — 血盟団事件

205. 1932年に満州国執政，34年には満州国皇帝となった人物は誰か。 — 溥儀

206. 1930年代前半に急成長した，日産コンツェルン・日窒コンツェルンなど重化学工業中心の企業集団のことを総称して何というか。 — 新興財閥

207. 1935年に岡田啓介内閣が発した，天皇機関説を公的に否認する声明を何というか。 — 国体明徴声明

208. 二・二六事件をひきおこした青年将校らが属していた陸軍内の派閥を何というか。 — 皇道派

209. 1936年，広田弘毅内閣のときにドイツとのあいだで結ばれた国際的とりきめを何というか。 — 日独防共協定（1937年にイタリアが参加）

210. 1937年7月7日，盧溝橋事件が発生したときの日本の首相は誰か。 — 近衛文麿

211. 1937年，戦時統制経済の計画立案のために新設された総合国策機関を何というか。 — 企画院（物資動員計画などを立案）

212. 勅令で「人的及物的資源」の統制・運用を可能にした，1938年制定の法律を何というか。 — 国家総動員法

213	1940年，新体制運動をつうじて組織された，官製の上位下達機関を何というか。	大政翼賛会
214	1941年4月，外相松岡洋右の時代にソ連とのあいだで結ばれた国際的とりきめを何というか。	日ソ中立条約
215	1941年11月，日米交渉の最終段階で提示された，満州事変以前の状態への復帰を日本に要求する，アメリカ国務長官の対日回答を何というか。	ハル＝ノート
216	1945年2月，ドイツ問題などの討議のためにアメリカ・イギリス・ソ連3国の首脳によって開催され，ソ連の対日参戦が密約された会談を何というか。	ヤルタ会談
217	1945年8月14日，日本がポツダム宣言を受諾したときの首相は誰か。	鈴木貫太郎 （海軍出身。侍従長などを経て太平洋戦争終結時の首相に就任）

第4章 近代

第16講 近代の文化にはどのような特徴があるか

19世紀後半〜20世紀前半：文化の近代化・大衆化

1 幕末・明治初期の文化(1850〜70年前後) ★★★

近代の文化史を振り返っていきましょう。まずは幕末から明治初期にかけてです。幕末期、幕府や諸藩では欧米の学術・文化・技術を摂取しようとする動きが本格化しました。

> **注意問題** 開国後まもなく、洋学の研究・教育機関として蛮書和解御用が設けられた。

「蛮書和解御用」は、第3章で学びましたね（▶p.217）。思い出せない人は、第11講を見直してください。

幕末は政治や経済が混乱した一方で、人々のあいだには「世直し」を期待するムードが高まっていました。その例として、1866年をピークとした世直し一揆（▶p.201）や、翌67年にブームとなった「**ええじゃないか**」という集団踊りがあげられます。これは、「ええじゃないか」と叫びながら踊り歩く熱狂的なもので、多くの人々を巻きこんでいきました。また、**天理教**・**黒住教**・**金光教**など、神道系の新興宗教の活動も活発になります。

一方で海外へ留学生が派遣されたり、開国によって開港場の横浜などで欧米の文化に触れる機会が増えたりすると、知識人のあいだでは**西洋をモデルとした近代化を進めるべきだという認識**が急速に広まります。来日した宣教師のなかには、アメリカからやってきたヘボンやフルベッキなどのように英学を教える者もあらわれました。

そのようななかで設立されたのが、今回の注意問題でとりあげた洋学の研究・教育機関です。これはどのようなものだったのか、また当時の幕府の教育機関について、次のまとめで確認しましょう。

NOTE

文 ❶ **蕃書調所**：1855 年，蛮書和解御用を独立させて洋学所を設置して以降，幕府の洋学研究機関は，洋学所→蕃書調所(56 年，阿部正弘による幕政改革の一環)→洋書調所→**開成所**(63 年)と発展した。のちの東京大学。

文 ❷ **講武所**：1854 年，幕府の武術訓練機関として設置。当初は講武場と呼ばれていたが，56 年に講武所として正式に発足，西洋砲術や洋式訓練をおこなった。57 年には軍艦操練所も併設された。

文 ❸ **海軍伝習所**：阿部正弘による安政の改革期の 1855 年に，オランダの指導のもとで幕府が設けた海軍教育機関。長崎におかれ，**勝海舟**・榎本武揚・五代友厚らもここに学んだ。

もう注意問題の答えはわかりましたね。「蛮書和解御用」は，19 世紀初頭に天文方におかれた一局。それが洋学所として独立したのち，開国後まもなく蕃書調所と発展したのです。

COLUMN 咸臨丸

幕府がオランダに注文して建造した木造・3本マストの蒸気軍艦(原名ヤパン)。1857年に長崎に到着し，海軍伝習所の練習艦として使用された。60年に幕府が日米修好通商条約批准のための遣米使節を派遣した際，**咸臨丸**は随行艦に選ばれて日本の軍艦として初めて太平洋の横断に成功した(勝海舟・福沢諭吉らが乗船)。戊辰戦争の際には榎本武揚の艦隊に参加したが，暴風雨に遭遇して離脱，官軍に捕獲された。

このような急速な西洋文化の摂取は，明治初期になると**文明開化**と呼ば

16 近代の文化にはどのような特徴があるか

れる風潮を生み出しました。知識人たちは，啓蒙思想と呼ばれる個人の理性の自立をうながす考え方を広め，その精力的な活動によって**自発的に活動する国民**をつくり出していきます。儒教や神道による考え方や従来の習慣は時代遅れとされ，人々のあいだには現実の社会で成功したいというエネルギーが高まりました。

NOTE

❶ 思想・啓蒙：**森有礼**・**福沢諭吉**・**中村正直**・**西周**・加藤弘之・西村茂樹ら洋学者は，**明六社**（1873年＝明治6年に組織されたため明六社と命名）を結成して近代思想の普及につとめた。また，旧幕臣らによって東京を中心に各種の日刊新聞や雑誌が次々と創刊された。

- ◆ 森有礼…1847年生〜89年没。薩摩藩出身。明六社の創設者。第1次伊藤博文内閣の文相（初代文部大臣）として，86年に帝国大学令など一連の学校令を公布（▶p.369）。89年，帝国憲法発布の当日に暗殺された。
- ◆ 福沢諭吉…1834年生〜1901年没。適塾に学ぶ。68年に**慶応義塾**を創設し，73年には明六社に参加するなど，明治期を代表する啓蒙思想家として活躍。日本が西洋諸国と肩を並べるためにはアジア諸国を犠牲にしてもやむをえない，という主張をしだいに強めていった（「脱亜論」，▶p.275）。著書に『**西洋事情**』『**学問のすゝめ**』『**文明論之概略**』などがある。

❷ 宗教：維新の変革は，宗教界にも大きな変動をもたらした。具体的には，1868年に出された神社から仏教色を排除する**神仏分離令**を契機として，明治初期には仏教を排斥する**廃仏毀釈**の運動が高揚した。さらに70年には，**大教宣布の詔**（神道国教化のための詔書）が発せられたが，神道側の布教能力が弱かったため，神道国教化の動きはしだいに下火になった。

❸ 生活：1872年12月に暦法が改められ，従来の旧暦（太陰太陽暦）にかわって**太陽暦**が採用された。また，都市ではガス灯の設置・洋服の着用・人力車の利用・牛肉の食用化なども広まった。

2 明治期の文化(1870〜1910年前後) ★★★

次に明治期全体の文化についてです。ここでは、教育や思想、ジャーナリズム、芸術についてみていきましょう。

> **注意問題** 文相森有礼のもとで公布された、帝国大学令・師範学校令・中学校令・小学校令などを総称して教育令という。

政府は近代化政策の一環として、教育分野を常に重視しました。学校とは、近代国家に生きる国民がもつべき思想を人々に直接啓蒙することのできる場だったからです。

文部省が設立された翌年の1872年に**学制**が公布され、国民が身分に関係なく等しく学べるよう国民皆学教育がめざされます。しかし実情に合わなかった学制は79年に廃止され、かわって**教育令**が公布されました。さらに試行錯誤の末、86年に文相森有礼のもとで**学校令**が出され、小学校から大学までの学校体制が整備されることとなります。

よって、注意問題の「帝国大学令・師範学校令・中学校令・小学校令など」の総称は、「教育令」ではなく、学校令ですね。単純な語句の間違いですが、しばしば類題が出題されているので注意しましょう。

次に教育制度の流れをまとめましたので、しっかりと確認してください。

NOTE

❶ **明治初期**：明治時代初期には、教育制度をめぐる**試行錯誤がつづいた**。まず、1872年に公布された学制は、フランスの学区制などに学んだものだったが、あまりに画一的で現実的ではなく、たとえば農村では人手不足などの問題が生じるなどしたため、失敗した。79年、今度はアメリカをモデルとする教育令が公布された。教育令は一転して自由主義的性格の強いものだったが、現場の混乱も大きく、以後たびたび改正された。

また高等教育の分野においては、77年に旧幕府の開成所・医学所を

起源とする諸校が統合されて**東京大学**が設立された。

社文❷ **1880年代以降**：1880年代になると**国家主義的な理念にもとづく教育システムが確立**へと向かい，明治時代末期，児童の就学率は98％以上に達した。具体的には，86年に公布された学校令（帝国大学令・師範学校令・中学校令・小学校令の総称，文相森有礼）によって教育体系が確立し，90年に発布された**教育に関する勅語**（教育勅語）によって忠君愛国を柱とする国家主義的な教育理念がさらに浸透した。

義務教育における就学率の推移

義務教育4年以内となる（1886）
義務教育6年となる（1907）
男子／平均／女子

また，1903年には小学校の教科書を国定とする制度も整えられていった（**国定教科書**）。

◆ **教育に関する勅語（教育勅語）**…教育勅語は全国の各学校に配布され，学校儀式の場などで確実に奉読された。1891年，第一高等中学校で教育勅語奉読式がおこなわれた際，講師の**内村鑑三**がキリスト教徒としての信念から教育勅語への拝礼を拒否すると，この態度は天皇への不敬（皇室などに対して敬意を払わないこと）にあたるとして非難をうけ，内村は辞職を余儀なくされた（**内村鑑三不敬事件**）。この事例からもわかるように，教育勅語を中心とする教育は，強制力をともないながら思想・信条を超えて展開された。

次に，思想について確認しましょう。思想界の動向は，戦争に大きく影響されました。

NOTE

社文❶ **1870〜80年代**：この時期は民権運動が高揚して私擬憲法がつくられたり，ルソーの『社会契約論』の一部を訳した**中江兆民**の『**民約訳**

解』が刊行されたりと民権思想がさかんだったが，思想界が民権一色に染まっていたわけではない。清・朝鮮という「亜細亜東方の悪友」と手を切り，「西洋の文明国と進退を共に」せよと主張した福沢諭吉の「脱亜論」（▶p.275）や大阪事件（▶p.262）などにみられるように，西洋に対抗すべく，国家権力の強化や国威の拡張をめざした**国権論を説く風潮も強まっていった**。

社文❷ **日清戦争後（1895年〜）**：日清戦争後になると，戦争での勝利や三国干渉をきっかけに，**国家主義が思想界の主流**になった。たとえば，明治期の代表的ジャーナリスト**徳富蘇峰**は，これまで**平民的欧化主義**を唱えていたが，日清戦争と三国干渉を境としてその思想を激しく変化させ，**国家膨張主義**を唱えるようになった。ほかに同時期の国権論者として，雑誌『太陽』で日本の大陸進出をすすめる**日本主義**を唱えた**高山樗牛**がいる。

社文❸ **日露戦争後（1905年〜）**：20世紀の初頭にあたる日露戦争後には，列国の一角に勝利したことから生じた目標達成感や都市化の進行を背景として，国家主義に対する疑念が高まり，**個人主義的傾向が強まった**。政府は，こうした状況に対して戊申詔書（1908年，▶p.283）を発し，列国の一員となった日本を支えるための国民道徳の強化につとめた。また，幸徳秋水らの大逆事件（▶p.299）が大々的に報じられた直後には，「我々は今何処に我々の進むべき路を見出し得るか」を考察した，**石川啄木**の卓抜した評論，「時代閉塞の現状」が発表された。

16 近代の文化にはどのような特徴があるか

COLUMN 徳富蘇峰

1887年に民友社を創設して雑誌『国民之友』を発刊した徳富蘇峰(1863〜1957年)は、この雑誌を拠点として藩閥政治と貴族的な欧化政策に反対し、平民的欧化主義を唱えて明治中期の思想界に大きな影響を与えた。また同時期には、政教社を創設して雑誌『日本人』を発刊した三宅雪嶺・志賀重昂や、新聞『日本』を創刊した陸羯南らも、政府による偏重した欧化政策を批判したが、前提として国家の独立や国民性を重視する近代的民族主義(「国粋保存」主義)を主張したため、両者は対立した。

若き日の徳富蘇峰

しかし徳富蘇峰は、日清戦争を機に思想的立場を転換し、以後、山県有朋・桂太郎らとの関係を深め、体制派言論人としての立場を鮮明にしていった。1905年の日比谷焼打ち事件と、13年の第一次護憲運動の際には、いずれも蘇峰の経営する新聞社(国民新聞社)が襲撃されている。なお、『不如帰』などの作品で知られる小説家の徳冨蘆花は蘇峰の弟だが、両者の関係はしだいに疎遠になった。

　明治維新以降の日本社会における急激な変化は、ジャーナリズムや文学のあり方にも深い影響を与えます。
　明治初期から日刊新聞の発行があいつぎますが、政府を批判して民衆の不満を代弁するような内容だったため、人々の政治的な成長をうながす役割を担いました。また、芸術の世界にも西洋化の波が押し寄せ、革新への模索と伝統の再評価のなかからすぐれた作品が生み出されていきました。

NOTE

❶ **新聞・雑誌**：明治時代には、自由民権運動や条約改正といった動きのなかで、政治評論中心の大新聞が発行されたが、一方で娯楽を重視した大衆的な小新聞も多数発行され、メディアは政府が統制に乗り出すほど質量ともに発展した。また、19世紀末になると『太陽』『中央公論』

など**総合雑誌**の刊行も本格化した。

❷ **文学**：1880年代後半，**言文一致体**で表現された近代的小説が登場すると，日清戦争前後の時期には**ロマン主義文学**（自由な精神・感情・個性を重んじる文学）がさかんになり，日露戦争前後の時期には**自然主義文学**（人間社会の暗い現実などをありのままに描写しようとする文学）が主流を形成した。

また日露戦争後になると，**夏目漱石**の作品群に示されるように，国家や社会との関係における人間の内面に目を向けた小説も登場した。

近代文学一覧

		1880年代 写実主義	1890年代 ロマン主義	1900年代 自然主義	1910年代 反自然主義・その他
近代小説		坪内逍遙『小説神髄』 二葉亭四迷『浮雲』	森鷗外『舞姫』 樋口一葉『たけくらべ』 徳冨蘆花『不如帰』	島崎藤村『破戒』 田山花袋『蒲団』	〈高踏派〉 夏目漱石『吾輩は猫である』 〈耽美派〉 永井荷風『あめりか物語』 〈白樺派〉 武者小路実篤ら『白樺』創刊
近代詩	新体詩		島崎藤村『若菜集』		
	象徴詩				北原白秋『邪宗門』
俳句				正岡子規『俳句雑誌』 高浜虚子『ホトトギス』	
短歌					与謝野鉄幹 雑誌『明星』 与謝野晶子 歌集『みだれ髪』 石川啄木 歌集『一握の砂』 伊藤左千夫 短歌雑誌『アララギ』

❸ **演劇**：伝統的な歌舞伎に加え，日清戦争前後の時期には**新派劇**（人気通俗小説などを題材にした大衆的な現代劇）が登場し，さらに日露戦争後には**新劇**（翻訳された西洋の近代劇）が上演されるようになった。

❹ **美術**：政府は，1876年に西洋美術の導入を意図して**工部美術学校**を開いたが，やがて**岡倉天心**や**フェノロサ**などを中心に日本美術を再評価

16 近代の文化にはどのような特徴があるか

する動きが強まって、87年に西洋美術を除外した**東京美術学校**を設立した。

美術団体も、洋画団体では**明治美術会**や**黒田清輝**らによる**白馬会**、日本画団体では岡倉天心らによる**日本美術院**などが創設され、互いに競合するようになった。政府は、1907年から、日本美術・西洋美術共通の発表の場として**文部省美術展覧会**（**文展**）を開催し、両者の共存を図るようになった。

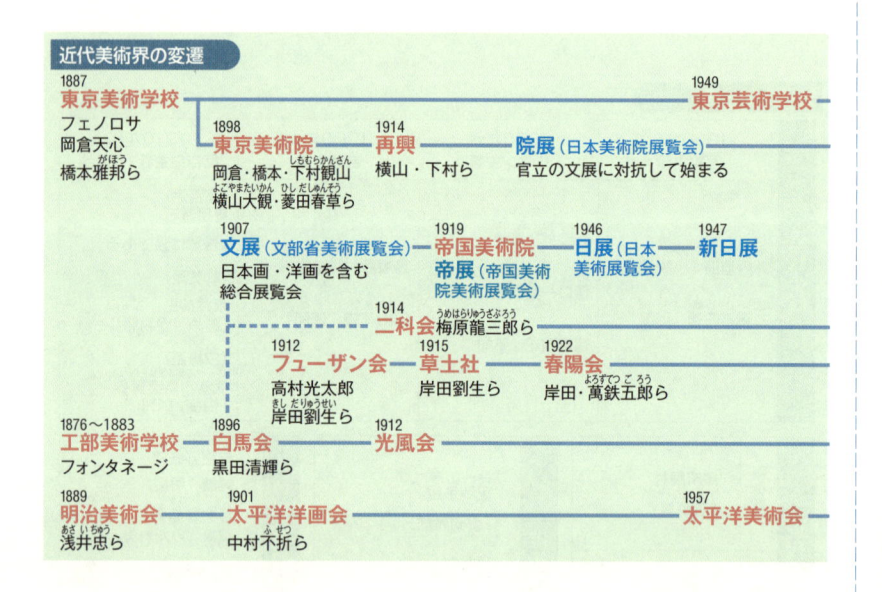

近代美術界の変遷

- 1887 **東京美術学校**（フェノロサ・岡倉天心・橋本雅邦ら） ── 1949 **東京芸術学校**
- 1898 **東京美術院**（岡倉・橋本・下村観山・横山大観・菱田春草ら） ── 1914 **再興**（横山・下村ら） ── **院展**（日本美術院展覧会）官立の文展に対抗して始まる
- 1907 **文展**（文部省美術展覧会）日本画・洋画を含む総合展覧会 ── 1919 **帝国美術院 帝展**（帝国美術院美術展覧会） ── 1946 **日展**（日本美術展覧会） ── 1947 **新日展**
- 1914 **二科会**（梅原龍三郎ら）
- 1912 **フューザン会**（高村光太郎・岸田劉生ら） ── 1915 **草土社**（岸田劉生ら） ── 1922 **春陽会**（岸田・萬鉄五郎ら）
- 1876～1883 **工部美術学校**（フォンタネージ） ── 1896 **白馬会**（黒田清輝ら） ── 1912 **光風会**
- 1889 **明治美術会**（浅井忠ら） ── 1901 **太平洋画会**（中村不折ら） ── 1957 **太平洋美術会**

⑤ 音楽：西洋文化の摂取は音楽の分野にも波及し、1887年には専門的に西洋音楽を学ぶ**東京音楽学校**が創設され、作曲家の**滝廉太郎**などを輩出した。また、小学校教育の場にも西洋の歌謡を模倣した唱歌が採用され普及した。

3 大正・昭和初期の文化（1910〜20年前後）★★★

つづいて，大正から昭和初期にかけての文化をみていきましょう。まずは，演劇に関する問題です。

> **注意問題** 関東大震災後，小山内薫は自由劇場を創設し，翻訳劇・西洋の近代劇を上演した。

演劇については，先ほど ② **明治期の文化**の NOTE で触れましたね。もう少し詳しく解説していきましょう。

明治時代になっても民衆には歌舞伎が好まれていましたが，一方で新派劇と呼ばれる当時の思想を反映した演劇が登場します。なかでも，日露戦争後の1909年に**小山内薫**が創設した自由劇場で上演された西洋の近代劇は，歌舞伎や新派劇に対して新劇と称されました。彼が関東大震災後に創設した築地小劇場は，以後，**新劇運動**（▶p.378）の拠点となり，知識人のあいだで評判を呼びます。

よって，注意問題の内容は「自由劇場」を築地小劇場とすれば正しくなりますね。

大正から昭和初期にかけての文化は，①映画や文学・マスコミ・スポーツ・生活様式など，文化とかかわりをもつあらゆる分野で**大衆化が進行**した，②**マルクス主義**と呼ばれる**社会主義的な言論**がとくに知識人のあいだで強大な影響力をもつようになった，という2つの大きな特色があります。

なぜ，そのような特色をもつにいたったのか，次のまとめでみていきましょう。

NOTE

❶ **都市化の進行**：都市化が一段と進み，一般国民の生活水準が上がったため，**生活・風俗の洋風化を多数の都市生活者が支える**ようになった。

とくに，都市化の進展を決定的に加速したのは1923年の関東大震災だった。震災は，江戸以来の景観をなお色濃く残していた「帝都東

16 近代の文化にはどのような特徴があるか

京」の姿を物理的に一変させた。復興の過程で、都市としての魅力を増した東京は、文化の発信地としての役割も果たすようになり、東京で生まれた流行が地方に伝わっていくという流れが一般化していった。

社文 ❷ **世界の新しい潮流**：第一次世界大戦やロシア革命の衝撃により、世界的に新しい思潮の流れが形成された（▶ p.333）。

社文 ❸ **教育の充実**：高等教育機関の充実を背景に、多様な政治・社会思想を受容する素地が日本社会に形成された。

◆ **大学令**…原敬内閣（▶ p.322）のもとで高等教育の充実が図られ、1918年に帝国大学以外に公立・私立大学、単科大学の設立を認めるため公布された。ただし、この政策は、鉄道の拡充などと同様に、**立憲政友会の支持基盤を充実・拡大するという目的**も有していた。

> **COLUMN 石橋湛山の「小日本主義」**
>
> 大正・昭和初期の文化のもつ多様性や可能性を示す一例として、ジャーナリスト石橋湛山（1884〜1973年、第二次世界大戦後には短期間ながら首相をつとめた）の「小日本主義」をあげることができる。
>
> 湛山は、「一切を棄つるの覚悟」をもって、中国領土問題への不介入、すべての植民地・権益の放棄、軍備の縮小などを実現することが日本にとって最大の国益になると、『東洋経済新報』（自由主義的な気風をもつ経済雑誌）誌上でくりかえし主張した。この「小日本主義」は、あらゆる面で拡大路線をひた走った戦前の日本の進路に対置しうる、もう1つの日本の道を明快に示した独自の議論として知られ、今日もなお、多方面から注目を浴びつづけている。

このように、都市化によって多くの人々が文化に触れるようになると、さまざまなものが生まれていきます。一般的な勤労者（大衆）が文化を築く主体となったことから、この時代の文化は**大衆文化**とも呼ばれています。その詳細を、文化の受容層の拡大に注目しながらみていきましょう。

NOTE

社 文 **❶ 受容層の拡大**：都市中心に高学歴者(インテリ)が増加し，**(a)新中間層**と呼ばれる**俸給生活者**の大量出現(**サラリーマン**，商業・金融・サービス業などに従事する労働者をいう)，**(b)職業婦人**(タイピスト・電話交換手などの職種に従事した女性をいう)の社会進出，などがみられるようになった。

社 文 **❷ 活字文化と放送**：発行部数100万部を超える新聞が登場，『**中央公論**』『**改造**』などの総合雑誌も大きく成長した。

また，1冊1円で大量販売され読書人口の拡大に貢献した**円本**や，国民全階層を読者として想定した大衆雑誌『**キング**』の創刊なども，**活字文化の隆盛**を加速した。さらに，1925年には東京・大阪・名古屋で**ラジオ放送**が開始された。

文 **❸ 映画**：活動写真と呼ばれた映画は大正期に発展し，**日活**や**松竹**などの映画会社によって国産映画がつくられた。それまでは音声のない**無声映画**が主流だったが，1930年代に入ると**トーキー**と呼ばれる**有声映画**が上映されるようになった。

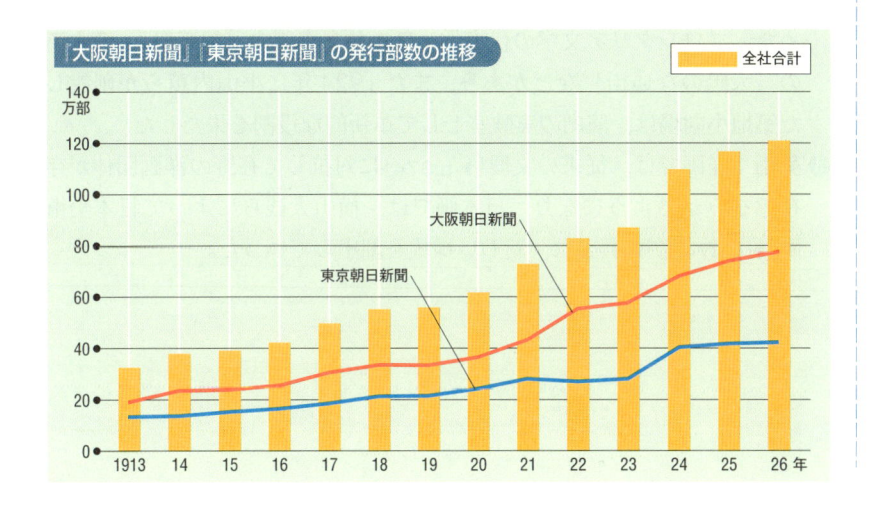

『大阪朝日新聞』『東京朝日新聞』の発行部数の推移

第4章 近代

16 近代の文化にはどのような特徴があるか

④ **生活様式**：東京や大阪では，**地下鉄**や**ターミナルデパート**（私鉄が経営）が開業した。また，都市部では，**モガ**（モダンガール）・**モボ**（モダンボーイ）と呼ばれる最新のファッションに身をつつんだ男女が登場し，郊外に住む中流階層のあいだでは和洋折衷の**文化住宅**が流行した。さらに，農村部を含めて一般家庭には**電灯**が普及していった。

最後に，学問と文学についてまとめておきましょう。学問の世界では，西洋を模倣する段階を経て独創的な研究が生まれ，文学などの分野においても次々に新しい潮流が形成されます。

NOTE

① **文学**：明治末期には，人道主義・理想主義をかかげる**白樺派**（**有島武郎**・志賀直哉・武者小路実篤ら）が登場し，さらに，知性を重視する**新思潮派**（芥川龍之介・菊池寛ら），象徴的・擬人的手法を駆使する**新感覚派**（横光利一・川端康成ら）がつづいた。

② **プロレタリア芸術**：大正末期から昭和初期にかけての一時期には，治安維持法による弾圧にもかかわらず，社会主義の理論にもとづく**プロレタリア文学運動**が隆盛し，新劇運動（▶p.375）も社会主義的傾向を強めた。プロレタリア文学の代表作には**小林多喜二**の『**蟹工船**』，**徳永直**の『太陽のない街』などがあり，また1924年に小山内薫らが創設した築地小劇場は，演劇の実験室として革新的な役割を果たした。

③ **美術**：洋画では，従来の文展（▶p.374）に対抗して**在野**の洋画団体が存在感をみせるようになり，日本画では，**横山大観**らによって日本美術院（▶p.374）が再興され，新しい様式を創出していった。

第16講 確認テスト

- 218 1867年，幕末の混乱のなかで熱狂的に発生・拡大した大衆的乱舞を何というか。 … ええじゃないか
- 219 維新直後の一時期，全国的に展開された仏教排斥運動のことを何というか。 … 廃仏毀釈(運動)
- 220 森有礼・福沢諭吉・西周・加藤弘之らが1873年に組織した洋学者の団体を何というか。 … 明六社
- 221 1886年に公布された，帝国大学令・師範学校令・小学校令などを総称して何というか。 … 学校令
- 222 1891年，第一高等中学校で教育勅語奉読式がおこなわれた際に，教育勅語への拝礼を拒否して非難された人物は誰か。 … 内村鑑三
- 223 当初，平民的欧化主義を唱えて雑誌『国民之友』などを発刊したが，日清戦争を機に，国家主義へと思想を転向させたジャーナリストは誰か。 … 徳富蘇峰
- 224 日露戦争後の個人主義的な風潮の高まりに対応して1908年に発せられた，国民に節約や勤勉を説いた詔書を何というか。 … 戊申詔書
- 225 1909年に小山内薫らによって創設され，翻訳劇・西洋の近代劇を上演した劇団を何というか。 … 自由劇場
- 226 帝国大学以外の大学設立を認める大学令を公布するなど，高等教育の充実が図られたときの首相は誰か。 … 原敬
- 227 昭和初期に1冊1円で大量販売された全集類のことを，総称して何というか。 … 円本
- 228 小林多喜二・徳永直らを代表的作家とする文学のことを，総称して何というか。 … プロレタリア文学

第4章 近代

第5章
現 代
1945年～2012年

第17講：日本の占領はどのように進展したか
第18講：独立回復後の日本はどのような変化をみせたか
第19講：現代の世界と日本はどうなっているか

第17講 日本の占領はどのように進展したか

1945～1954年：占領期から経済復興への道のり

政 外 ① 占領の開始 ★★★

　本書もいよいよ最後の章となりました。原始・古代からここまで，よく頑張ってきましたね。最後は，戦後日本の歩みについてみていきましょう。

　敗戦後の1945年9月，ポツダム宣言にもとづいて連合国軍による日本占領が始まります。占領の先頭に立ったのは，**マッカーサー元帥**を最高司令官とする対日占領政策の執行機関，**連合国軍最高司令官総司令部**（**GHQ** / SCAP, General Headquarters of the Supreme Commander for the Allied Powers）でした。ここで注意したい問題は，そのGHQが占領直後に発した指示の内容についてです。

> 注意問題　五大改革指令のなかで，GHQは日本軍の武装解除を命令した。

　五大改革指令とは，日本占領開始直後の45年10月に，GHQが日本の非軍事化と民主化をめざして日本政府に発したものです。果たして，そのなかに日本軍の武装解除命令は入っていたのでしょうか？

　正解を発表する前に，ポツダム宣言をうけいれた当時の日本の主権について確認しておきましょう。日本の主権，すなわち日本の国家権力がおよぶ領土は，北海道・本州・四国・九州の4つの島および連合国の定める諸小島の範囲に限定されました。さらに，日本は植民地などをすべて失い，南樺太・千島列島などはソ連軍が占領，沖縄・奄美諸島・小笠原諸島はアメリカ軍の直接軍政下におかれます。

　日本が主権をもった地域においても**アメリカ軍の主導する間接統治方式**が採用され，事実上，アメリカ軍による単独占領がおこなわれます。間接統治方式とは，日本の法律・政府組織を基本的に活用していく統治方式の

ことです。

よって、占領期はアメリカ軍によって日本が統治されていたような印象が強いのですが、本来はGHQの上位機関として**極東委員会**(対日占領政策決定の最高機関)や対日理事会(連合国軍最高司令官の諮問機関)も設置されており、そこにはソ連なども参加していました。しかし実際には、①GHQによる占領の先行、②米ソ冷戦の激化、を背景に、こうした機関は有効に機能しなかったのです。

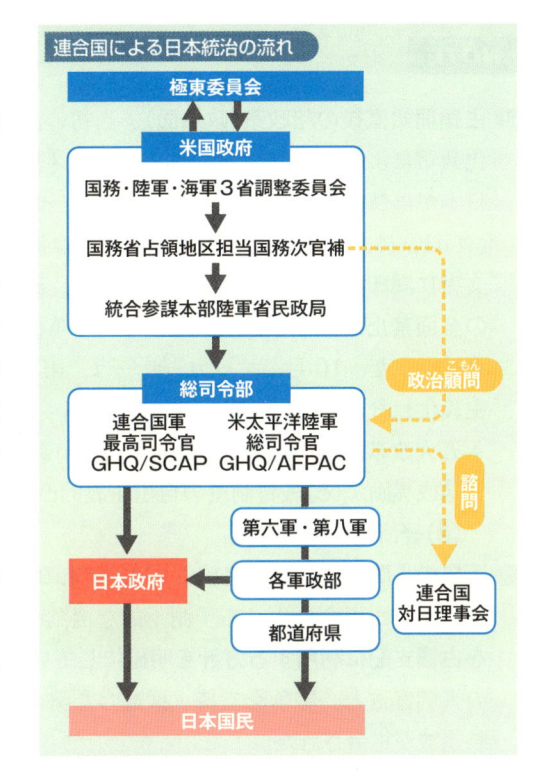

```
連合国による日本統治の流れ

        極東委員会
           ↓
        米国政府
   国務・陸軍・海軍3省調整委員会
           ↓
   国務省占領地区担当国務次官補
           ↓
   統合参謀本部陸軍省民政局
           ↓
         総司令部
   連合国軍      米太平洋陸軍
   最高司令官    総司令官
   GHQ/SCAP    GHQ/AFPAC
       ↓         ↓
              第六軍・第八軍
   日本政府 ←  各軍政部
              都道府県
           ↓
         日本国民

   政治顧問 → 総司令部
   諮問 → 連合国対日理事会
```

国際的には、第二次世界大戦の勃発を防げなかった反省から、45年10月に国際連盟にかわって**国際連合**が設立されました。連合国51カ国が参加した国連は、5大国(米・英・仏・ソ・中)を常任理事国とする**安全保障理事会**を設けて戦争再発の抑止を図ろうとしたのです。

しかし、戦争によって西欧諸国の国力が低下し、かわってアメリカとソ連が経済的・軍事的に力をつけたことから、戦後の世界秩序は米ソの対立を軸に展開されることになります。

そこで、占領開始直後の諸政策や、天皇のあり方がどのように変わったのか、また注意問題にある日本軍の武装解除命令がいつ出されたのか、次のまとめでみていきましょう。

17 日本の占領はどのように進展したか

NOTE

政 ❶ 占領開始直後の諸政策（政治面）：当初の占領目的は，非軍事化・民主化政策によって日本社会を改造し，アメリカや東アジア地域にとって日本が再び脅威となるのを防ぐことにあった。

　GHQは，占領開始直後から精力的な活動を展開した。日本が降伏文書に調印した1945年9月2日には，**日本軍の武装解除・軍需生産の全面禁止**が指令され，つづいて東条英機ら戦争犯罪容疑者の逮捕も開始された。10月，マッカーサーは，幣原喜重郎首相に「憲法の自由主義化」および五大改革を指令した。

- ◆ 五大改革指令の内容…(a)**婦人**（**女性**）**参政権**の付与，(b)**労働組合**の結成奨励，(c)教育制度の自由主義的改革，(d)秘密警察などの廃止，(e)経済機構の民主化。

政 社 ❷ 天皇の人間宣言と公職追放：1945年末頃になると，GHQは，天皇制を廃止した場合に生じる予測不能な混乱を回避するため，**天皇の存在を占領支配に利用する方針を明確**にしていった。46年1月には，天皇の**人間宣言**と，戦争を支持・推進した勢力を公的職務から排除する**公職追放**が指令された。

- ◆ **新選挙法**…45年12月には，衆議院議員選挙法（▶p.265）の改正（**新選挙法**）によって満20歳以上の男女に選挙権が付与された（女性参政権の実現）。翌年4月，新選挙法にもとづく戦後初の総選挙が実施され，39名の女性衆議院議員（帝国議会）が誕生した。
- ◆ **天皇の人間宣言**…天皇を「現御神（あきつみかみ）」（現人神（あらひとがみ））とし，それを根拠に日本民族の優越を説く観念は「架空」のものであるとして，天皇がみずから神格を否定した詔書。マッカーサーはこれに満足の意を表明した。
- ◆ **公職追放**…追放の対象は政界・官界・教育界・財界・言論界におよび，約21万名が追放された。

いつ日本軍の武装解除命令が発せられたか，もうわかりましたね。

1945年10月の「五大改革指令のなかで」ではなく，その前の9月2日，降伏文書に調印した日です。日本軍の武装解除は日本の非軍事化を進めるうえでの最優先課題であり，もし本当に占領が始まってから1カ月後に発せられたとしたら，GHQは相当のんびりしていたといわざるをえません。

占領が開始されてからの約半年間を表にまとめたので，流れをもう一度おさらいしておきましょう。

初期占領政策（政治面）

年月日	出来事
1945. 9. 2	降伏文書調印。 GHQ，日本軍の武装解除・軍需生産の全面禁止を指令。
1945. 9.11	GHQ，東条英機ら戦争犯罪容疑者の逮捕を指令。
1945.10. 4	GHQ，天皇に関する自由討議・政治犯の釈放・特高警察の撤廃・治安立法の廃止などを指令（人権指令）。
1945.10. 5	東久邇宮稔彦内閣，人権指令を実行不能として総辞職。
1945.10. 9	幣原喜重郎内閣成立。
1945.10.11	マッカーサー，幣原首相に五大改革を指令。
1945.12.17	新選挙法制定。
1946. 1. 1	天皇の人間宣言。
1946. 1. 4	公職追放指令。

日本の非軍事化には，武装解除とともに戦争犯罪人の処罰も重要な課題でした。46年5月，東京に設置された極東国際軍事裁判所で**A級戦犯**容疑者を対象にした裁判が開廷します（**東京裁判**，46年5月〜48年11月）。

NOTE

政❶ **A級戦犯**：「平和に対する罪」に問われた主要戦争犯罪人をいい，東条英機以下28名が起訴された。

政❷ **天皇**：アメリカが天皇を円滑な占領統治に利用する方針をとったこともあって，天皇は戦犯に指定されなかった。

17 日本の占領はどのように進展したか

政 ❸ **判決**：被告28名のうち1名は精神障害のため免訴とされ，2名が判決前に死亡。残りの25名全員が有罪となった（内7名が絞首刑）。

政 経 ② 民主化政策の展開 ★★★

　GHQが打ち出した占領政策によって，日本社会のあらゆる分野が改革されました。いくつか重要な政策がありますが，今回とりあげる注意問題は，そのなかでもとくに受験生が間違いやすいもののひとつです。

> **注意問題** 民主化政策の一環として実施された農地改革は，占領政策の転換により，当初意図したような結果は残せなかった。

　この問題を解くには，まずGHQがどのような政策を推進していったのかということについて，理解しなければなりませんね。ちょっと長くなりますが，GHQの政策を，①**財閥解体**，②**農地改革**，③**労働改革**，④**教育改革**，のポイントに分けてみていきましょう。

NOTE

政 経 ❶ **財閥解体**：GHQは当初，財閥の存在が軍国主義の温床になったと考えていた。

- ◆**財閥の特徴**…同族支配・進出部門の独占・経営の多角化。
- ◆**財閥解体の経過**…まず，三井・三菱・住友・安田など15財閥の資産の凍結・解体が指令された。
- ◆**持株会社整理委員会**…1946年発足。持株会社・財閥家族から譲渡された有価証券を売却し，株式の民主化を進めた。同時に公職追放も進行し，持株会社を頂点とする**株と人による支配は解体**された。
- ◆**独占禁止法**…47年に，この法律によって独占企業や不公正取引が全面的に禁止された（のち制限緩和）。
- ◆**過度経済力集中排除法**…この法律は，**既存の大企業の分割を意図**していた。当初325社が指定されたが，占領政策の転換により，実際

の分割は11社にとどまった。

- ◆**財閥解体の結果**…財閥解体は意図どおりには実行されず，当初から分割の対象とされなかった財閥系の銀行を中心にして**新しい企業集団が形成されていった**（▶p.416）。

❷ **農地改革**：海外市場を獲得する戦争に日本が駆りたてられたのは農民の貧しさに一因があると判断したGHQは，寄生地主制（▶p.261）の解体を試みた。

- ◆**農地改革の実施**…GHQの農地改革指令をうけ，日本側がまず自主的に改革（**第一次農地改革**）を決定したが，GHQにより地主制の解体が不十分とみなされ，より徹底した改革が実行された（**第二次農地改革**）。
- ◆**第二次農地改革**…この改革のために農地調整法（1938年制定）が再改正され，新たに**自作農創設特別措置法**が制定された。内容的には，(a)不在地主の全貸付地，(b)在村地主の貸付地のうち都府県平均1町歩（北海道は4町歩）を超える農地の強制買収，小作人への優先的売り渡しの対象とした。
- ◆**農地改革の結果**…全小作地の80％を解放した結果，大量の自作農が創出された。それは，農民の購買力を向上させ，**国内市場の拡大・農民の政治的保守化**をもたらした。

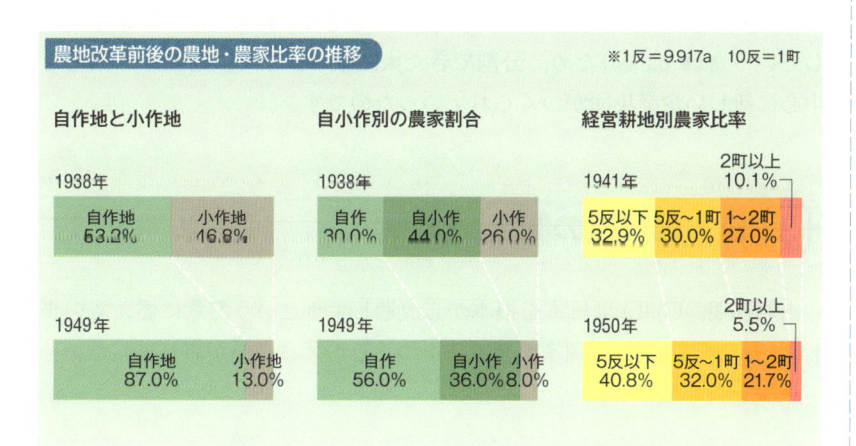

農地改革前後の農地・農家比率の推移 ※1反=9.917a　10反=1町

自作地と小作地
- 1938年：自作地 53.2%／小作地 46.8%
- 1949年：自作地 87.0%／小作地 13.0%

自小作別の農家割合
- 1938年：自作 30.0%／自小作 44.0%／小作 26.0%
- 1949年：自作 56.0%／自小作 36.0%／小作 8.0%

経営耕地別農家比率
- 1941年：5反以下 32.9%／5反〜1町 30.0%／1〜2町 27.0%／2町以上 10.1%
- 1950年：5反以下 40.8%／5反〜1町 32.0%／1〜2町 21.7%／2町以上 5.5%

[政][社] ❸ **労働改革**：(a)団結権・団体交渉権・争議権(ストライキ権)を保障した**労働組合法**(1945年)、(b)労働争議の予防・解決を図る**労働関係調整法**(46年)、(c)8時間労働制など労働条件の最低基準を規定した**労働基準法**(47年)が制定された(**労働三法**)。この結果、労働組合も次々に結成されていった。

[政][社] ❹ **教育改革**：1945年末に軍国主義的な教職員の追放(教職追放)と修身・日本歴史・地理の授業停止という措置がとられた。翌年、アメリカ教育使節団が来日すると、その勧告にもとづいて、(a)民主主義的教育理念を明示し、教育の機会均等・義務教育9年制・男女共学などを規定した**教育基本法**(47年)、(b)六・三・三・四制の新学制を規定した**学校教育法**(47年)が制定された。

　また、教育の地方分権をめざして、48年には公選制の**教育委員会**が都道府県・市町村に設置された。これは、56年から地方自治体の首長による任命制へと転換していった。

　さて、ここで注意問題をもう一度確認してみましょう。当初意図していたような結果が残せなかったのは、農地改革だったでしょうか？　違いますね。農地改革は寄生地主制の解体をめざし、結果として大量の自作農が生まれました。目的は果たされたわけです。

　そうでなかったのは、財閥解体。冷戦の本格化を背景に占領政策が転換していった(▶p.394)ため、分割できた大企業は少なく、財閥系の銀行を中心に新しい企業集団がつくられていったのです。

[政] ③ 日本国憲法の制定 ★★

　占領初期、GHQは日本を根本から改造しようという熱意に燃えていました。そのためには、国家の基本法をつくりかえる必要がありました。

> **注意問題** 新憲法の制定を急いだGHQは，憲法草案を議会で審議することを許さなかった。

　GHQが憲法草案を議会で審議させなかったかどうか，よく考えてみましょう。最初にお話した間接統治方式（▶p.382）の内容を思い出してください。間接統治方式は，基本的に日本の法律・政府組織を活用していくものでしたね。それを原則として考えると，GHQが審議を「許さなかった」というのは少々おかしな話だということに気づくはずです。よって，その部分が誤りとなります。

　現在の日本国憲法は，帝国議会での審議を経ています。憲法の制定過程をしっかりと覚えてください。

NOTE

政❶ **原案作成過程**：マッカーサーから憲法改正の必要性を示唆された幣原喜重郎内閣は，憲法問題調査委員会を設置し，**政府の憲法改正案を作成**。しかし，その内容が天皇の統治権を基本的に容認するなど大日本帝国憲法と大差なかったため，GHQは政府の憲法改正案を拒否し，**独自に作成した改正草案（マッカーサー草案）を提示**した。

　幣原内閣は，このGHQによる草案にもとづいて憲法改正草案要綱を発表（1946年3月）。以後，これを基礎として憲法改正作業が進められた。

政❷ **憲法改正過程**：女性参政権を認めた初の総選挙（最後の帝国議会選挙，1946年4月）で，日本自由党が第一党になると，**吉田茂**が内閣を組織した。第1次吉田茂内閣（**戦後初の政党内閣**）は，憲法改正案を帝国議会（衆議院・貴族院）に提出。

　憲法改正案は，**帝国議会での審議などを経て修正可決**され，**日本国憲法**として公布（46年11月3日），施行（47年5月3日）された。

政❸ **日本国憲法の特色**：**主権在民・平和主義・基本的人権の尊重**を基本原理とした。天皇は日本国の象徴・日本国民統合の象徴とされて政治的権力をもたず（**象徴天皇制**），第9条には，「国権の発動たる戦争と，武

17 日本の占領はどのように進展したか

力による威嚇又は武力の行使は，国際紛争を解決する手段としては，永久にこれを放棄する」という**戦争放棄**の条文が明記された。

国権の最高機関，唯一の立法機関とされた**国会**（衆議院・参議院）は，両院ともに選挙された議員で組織され，同時に**衆議院の優越**が規定された。また，内閣総理大臣を国会が指名するなど，国会，とくに衆議院の信任を存立の基礎とする**議院内閣制**が採用された。

④ 法律の再編：新憲法の精神にもとづいて，多くの法律が制定・改正された。おもなものに，(a)男女同権の新しい家族制度を定めた民法（**新民法**），(b)**姦通罪**や皇室に対する罪にあたる大逆罪・**不敬罪**などの規定を削除した刑法（一部改正），(c)都道府県知事・市町村長の公選制などを定めた**地方自治法**などがある。

COLUMN　憲法私案の作成

憲法改正が議論された時期には，民間でもいくつかの憲法私案が作成された。たとえば，1945年12月に憲法研究会が知識人7名の名前で発表した主権在民・立憲君主制の「憲法草案要綱」があるが，この改正案は直ちに GHQ 内部で英訳されてマッカーサー草案のたたき台になった。

---

4 政党の復活と占領期の内閣 ★★

ここまで，おもに占領期の GHQ による改革について説明してきました。一段落したところで，占領期（1945〜52年）の内政についてみていきましょう。この時期は，政情不安のため，さまざまな政党から次々に内閣が誕生しては消えていきました。

> **注意問題** 芦田均内閣は，日本社会党が初めて政権に参加した内閣だった。

戦前，社会主義政党である日本社会党は結成した翌年に結社禁止とされ，政権に参加したことはありませんでしたね。しかし，戦後すぐに新しく結成されて47年の総選挙で支持を獲得，第一党となり他党と連立政権を組んで内閣を成立させます。

　「初めて」などの極端な表現は入試で問われやすいところなので，覚えておきましょう。日本社会党が初めて政権に参加した内閣は，「芦田均内閣」ではなく，片山哲内閣です。

　では，ここで占領期の政党活動や歴代内閣の特色を確認しておきましょう。

NOTE

政❶ **政党活動の再開**：敗戦後から1945年末までのあいだに，政党活動も次々と再開されていった。具体的には，(a)**合法政党として活動を開始**した**日本共産党**，(b)戦前の旧無産政党を糾合して結成された**日本社会党**，(c)旧立憲政友会系の**日本自由党**，(d)旧立憲民政党系の**日本進歩党**，などがあげられる。

　◆ **日本自由党**…旧立憲政友会系で戦前の翼賛選挙における**非推薦議員を中心に結成**（45年11月）。総裁**鳩山一郎**。46年4月におこなわれた戦後初の総選挙で第一党となったが，その直後に総裁の鳩山一郎が公職追放されると，後継総裁には吉田茂が就任した。

政❷ **5人の首相**：占領期には5人の人物が首相を経験したが，内閣史上初の皇族内閣という性格をもつ東久邇宮稔彦内閣と，社会党を中心とする片山哲内閣を除くと，ほかの首相はすべて**外務省出身者で占められた**。GHQとの交渉力が，政権を担当するうえで重要な能力だったのである。

17 日本の占領はどのように進展したか

歴代内閣（1945〜54年）

組閣年月	首相	出身あるいは支持勢力	主要事項
1945.8	東久邇宮稔彦	皇族（旧憲法下の内閣）	連合国軍の進駐うけいれ。 人権指令（▶p.385）を実行不能として総辞職。
1945.10	幣原喜重郎	外交官（旧憲法下の内閣）	戦前，首相の幣原は協調外交を推進。 新選挙法の公布。金融緊急措置令の施行。GHQ案にもとづく憲法改正案の発表。
1946.5	吉田 茂Ⅰ	外交官（旧憲法下の内閣）	戦後初の政党内閣。連立内閣（日本自由党・日本進歩党）。 第二次農地改革の開始。日本国憲法の公布・施行。 傾斜生産方式の採用。 新憲法下初の総選挙（1947年4月）で日本社会党が第一党となり総辞職。
1947.5	片山 哲	日本社会党・民主党・国民協同党	日本国憲法下初の内閣（連立内閣）。 社会党左派の攻撃などにより総辞職。
1948.3	芦田 均	民主党・日本社会党・国民協同党	首相は外交官出身。 昭和電工事件（昭電疑獄）により総辞職。
1948.10	吉田 茂Ⅱ〜Ⅴ	（民主）自由党	長期政権を維持し，講和・独立を達成。 疑獄事件の発覚などにより，内閣への不信が高まり総辞職。

経社 5 占領初期の経済情勢 ★★★

　次に，当時の経済と国民生活の分野に話を進めましょう。占領期の経済政策として，金融緊急措置令と傾斜生産方式の採用があげられます。

☠ **注意問題** 金融緊急措置令や傾斜生産方式も，GHQの指示により，経済民主化政策の一環として実行された。

　この2つの政策は，果たしてGHQによる経済の民主化政策として実行されたのでしょうか？　民主化政策については，2 **民主化政策の展開**で学びましたね（▶p.386）。それを思い出してください。
　敗戦直後の日本経済は，①空襲などによる戦災，②軍需産業の崩壊などによる経済機能の麻痺，③復員・引揚げ（海外からの復員・引揚げの対象

者は約 630 万人）による人口の急増，④凶作による生活物資の極端な不足，といった要因が重なり，街には失業者があふれ，各地に露天形式の闇市（自然発生的に形成された自由市場）が乱立するなど，崩壊状態にありました。

加えて，通貨の増発が**猛烈なインフレーション**をひきおこします。政府はこの事態に対処するため，まず金融緊急措置令を出し，さらに傾斜生産方式を実行に移しました。

戦後の物価指数と日銀券発行高
※小売物価指数は1934～36年の平均を100とする

- 日銀券発行高（左目盛り）
- 小売物価指数（東京）※（右目盛り）
- 金融緊急措置令
- 経済安定九原則
- ドッジ＝ラインの開始

NOTE

政経 ❶ 金融緊急措置令（幣原喜重郎内閣，1946年2月）：通貨量を縮減するため，旧円の回収を進めて預金などを封鎖。一定額のみ新円での引出しを認めた。しかし，赤字財政の継続などにより，インフレ抑制効果は長つづきしなかった。

政経 ❷ 傾斜生産方式：生産復興のため，石炭・鉄鋼両部門中心に**資金・資材を集中的に投入する経済計画**（経済学者有沢広巳が提唱）をいい，この計画を資金面で支える政府の金融機関として**復興金融金庫**（復金）が創設された。

第1次吉田茂内閣が決定した傾斜生産方式は，片山哲・芦田均内閣へと継承されていった。この結果，生産は回復へと向かったが，一方で巨額融資がインフレを一段と助長させることになった。

よって，この金融緊急措置令や傾斜生産方式は「GHQの指示により，経済民主化政策の一環として実行された」のではなく，間接統治下で日本

政府が推進した経済復興策だったということがわかりますね。
　敗戦後の経済混乱とインフレは、労働運動の高まりにもつながりました。たとえば、実行されることはありませんでしたが、1947年に計画された**二・一ゼネスト**があげられます。これは、日本共産党などの指導による官公庁労働者を中心とした大規模なストライキの計画でした。なぜ実行されなかったかというと、スト突入前日にマッカーサーによって中止命令が出されたからです。

経社 6 占領政策の転換 ★★★

　1948年頃から、日本をとりまく国際情勢に変化が生じます。そのため、日本の民主化をめざす占領政策は、経済の自立へと大きく転換しました。

> **注意問題** ドッジは、日本経済の復興を急ぐために、財政支出の拡大を中心とする方針を打ち出した。

　ドッジとは、アメリカが日本の経済自立化をめざして派遣した銀行家です。なぜ、アメリカは日本の占領政策を転換したのでしょうか？　その背景には、米ソを核とする東西二大陣営の対立(**冷戦**)の本格化がありました。

NOTE

社❶ **資本主義・自由主義陣営(西側陣営)**：1947年、アメリカ大統領トルーマンは対ソ封じ込め政策(**トルーマン＝ドクトリン**)の必要性を訴え、**マーシャル＝プラン**(欧州復興計画)を発表。さらに49年には、アメリカ・西欧諸国の共同防衛組織として**北大西洋条約機構**(NATO)が結成された。

社❷ **社会主義・共産主義陣営(東側陣営)**：1949年、ソ連は原爆開発に成功し、55年にはソ連・東欧諸国の共同防衛組織として**ワルシャワ条約機構**が結成された。

③ **アジア情勢**：カイロ宣言(▶p.362)に独立が定められていた朝鮮半島では，第二次世界大戦後，**北緯38度線**を境にアメリカ(南部)とソ連(北部)による分割占領がおこなわれ，1948年，南部に**大韓民国**(韓国)，北部に**朝鮮民主主義人民共和国**(北朝鮮)が成立した。

また中国では，第二次世界大戦後に中国国民党と中国共産党による内戦が勃発した。農村・山岳地帯の解放区から都市を包囲する戦略を成功させた共産党は，49年10月，**中華人民共和国**(主席**毛沢東**)の成立を宣言(中国革命)。一方，国民党は台湾へ逃れ，中華民国政府(総統蔣介石)を存続させた(▶p.425)。

冷戦の本格化により，1948年1月，アメリカの陸軍長官ロイヤルは日本を「**共産主義の防壁**」にせよと演説します。そのために，**日本経済の復興・自立を図る**姿勢を明確にしました。

その影響をうけた例として真っ先にあげられるのが，② **民主化政策の展開**でみた財閥解体の結果です。47年，大企業の分割を意図して**過度経済力集中排除法**が施行されましたが，翌48年には企業分割が大幅に緩和され(▶p.386)，公務員の争議行為も禁止されます(政令201号)。さらに年末には，**経済安定九原則**が指令されました。

アメリカは日本の経済を自立させようと，政策の具体化を急ぎます。そこで派遣されたのが，銀行家のドッジと財政学者のシャウプでした。果たして，ドッジは注意問題にあるように，「日本経済の復興を急ぐために，財政支出の拡大を中心とする方針」をとったのでしょうか？

答えは正反対です。ドッジは，日本経済を復興させるためには何よりもインフレの克服が先決だと考え，デフレ政策の実行を日本政府に指示します。戦後の日本経済に大きな影響をおよぼす**ドッジ＝ライン**と**シャウプ勧告**の内容を，次のまとめで正確につかんでください。

NOTE

❶ **経済自立化政策の具体化**：経済自立化政策は，強力なデフレ政策の実行を意味した。

- ◆**経済安定九原則の指示**…総予算の均衡，徴税の強化，物価の統制などを内容とする指令。占領政策の転換を象徴的に示していた。
- ◆**ドッジ＝ラインの策定**…(a)インフレ（▶p.393）克服のために，**赤字を認めない緊縮予算**を策定させ（1949年度予算は歳入超過の超均衡予算），(b)日本経済を**ドル経済圏と直結**させるために，1ドル＝360円の**単一為替レート**を設定した。
- ◆**シャウプ勧告**…ドッジ＝ラインにもとづく財政運営を税制面から裏づけるために，所得税中心主義などを柱とする税制改革を勧告。以後長く，日本の税制の基本として機能した。

経 社 ❷ **経済自立化政策の結果・影響**：強力なデフレ政策の実行は，インフレの克服や物価の安定をもたらし，経済再建の基礎となった。しかし一方で，政府・民間企業における大量解雇が進行し，中小企業の倒産があいつぐなど，日本は深刻な不況におちいり，労働運動が激化していった。

- ◆**怪事件の発生**…こうしたなかで，1949年夏，国鉄（現在のJR各社）労働組合と日本共産党をめぐる怪事件が発生する（**下山・三鷹・松川事件**）。当時，これらの怪事件は国鉄労働組合と共産党によるものと発表され，労働運動は守勢に立たされた。しかし，事件の真相は，現在にいたるまで不明のままである。

COLUMN　下山・三鷹・松川事件

　下山事件は，1949年7月6日に下山定則初代国鉄総裁が常磐線綾瀬駅付近（東京都）で轢死体（列車などにひかれた死体）となって発見された事件。同年7月15日におこった三鷹事件では，中央線三鷹駅（東京都）で無人電車が暴走して6人が死亡し，10数人が重軽傷を負った。三鷹事件から1カ月後の8月17日には，東北本線松川駅付近（福島県）で，レールが外されるなどの進行妨害によって列車が転覆し，機関車乗務員3人が死亡する松川事件が発生した。

7 朝鮮戦争と講和・独立 ★★★ 　　　　外 社

　米ソの**冷戦**は，東アジアに「**熱戦**」をもたらします。1950年6月，緊張の高まっていた朝鮮半島でついに戦闘が始まりました。**朝鮮戦争**（50年6月～53年7月）の勃発です。

　朝鮮戦争は，日本の講和と独立をうながします。それが，51年の**サンフランシスコ講和会議**で結ばれた**サンフランシスコ平和条約**でした。

> **注意問題** インドやビルマは，条約案への不満から，サンフランシスコ講和会議には参加したが条約には調印しなかった。

　果たして，インドやビルマ（現在の呼称はミャンマー）は会議に参加しながらも調印はしなかったのでしょうか？　そもそも，なぜ朝鮮戦争が日本の独立へとつながったのでしょうか？

　朝鮮戦争で日本は，**アメリカを中心とする国連軍の出撃・補給基地**としての機能を果たしました。アメリカは，日本が戦略的に重要な位置にいることを朝鮮戦争で認識し，日本の早期独立と西側陣営への編入を画策します。占領への反発を回避しながら，同時に日本を友好国として確保する方針をとり，日本への**賠償請求権の放棄**をかかげるなど「**寛大な講和**」路線を推進していきました。

　そして実現したサンフランシスコ講和会議でしたが，会議における各国の態度はさまざまで，注意問題にあるインドとビルマは，条約に調印するどころか，会議にも参加しません。その理由は，アメリカの示した条約案に不満を抱いたからでした。

　サンフランシスコ平和条約と同時に，**日米安全保障条約**（安保条約）も結ばれます。それぞれの要点を次にまとめましたので，確認しましょう。

NOTE

外 社 ❶ **サンフランシスコ講和会議の開催（1951年9月）**：52カ国が参加し，日本は48カ国との講和を実現した（調印国の合計は49カ国）。

17 日本の占領はどのように進展したか

- **各国の態度**…(a)中華人民共和国・中華民国(台湾)は，英米の見解が対立したため，そもそも会議に**招請されず**(▶p.426)，(b)インド・ビルマは，条約案への不満から会議に**参加せず**，(c)会議の混乱をねらったソ連などの社会主義国は，会議には参加したが条約には**調印しなかった**。

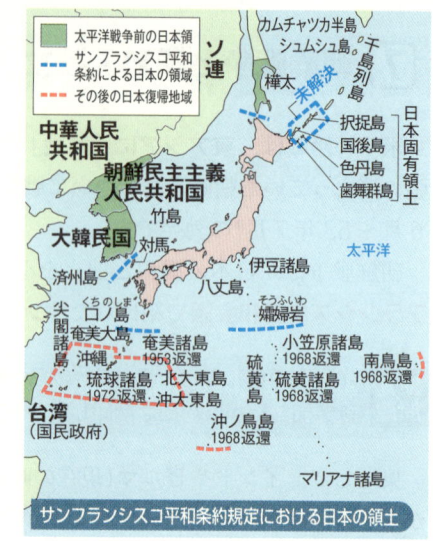

❷ **サンフランシスコ平和条約**（1951年9月調印，52年4月発効）：おもな内容は，(a)戦争状態の終結，日本の主権回復，(b)旧植民地（朝鮮・台湾など）の放棄，(c)沖縄・奄美諸島・小笠原諸島の**信託統治**化，など。

　信託統治とは，国際連合のもとで特定国がある一定地域を統治する形態をいうが，アメリカは，沖縄・奄美諸島・小笠原諸島をみずからの施政権下におく方針をとった（▶p.382）。

- **全面講和論の展開**…冷戦激化という国際情勢下では**アメリカ主導型の講和もやむなし**，と判断した日本政府（吉田茂内閣）の態度に対し，知識人層・日本社会党・日本共産党などの革新陣営は，理想主義的立場から，ソ連・中華人民共和国を含む**全交戦国との講和**（**全面講和**）をめざすべきだと主張した。
- **日本社会党の分裂**…51年，講和問題をめぐり党内対立が激化した社会党は，右派社会党（平和条約賛成・安保条約反対）と左派社会党（平和条約・安保条約ともに反対）に分裂した（▶p.403）。

❸ **日米安全保障条約の成立**（1951年9月調印，52年4月発効）：独立後の日本にアメリカ軍を駐留させるために結ばれたが，全体的に日本をアメリカの極東戦略のなかに組み入れた**片務的で不備な点も目立つ**

条約だった。

具体的には，(a)日本はアメリカ軍の国内への配備を承認したが，アメリカは**日本に対する防衛義務を負わず**，(b)条約の期限も明記されなかった(→ 60年に改定，▶ p.407)。

- ◆ **日米行政協定の締結**…駐留軍(アメリカ軍)への基地の無償提供などを規定。日米安全保障条約の細目協定としての性格をもつ。

占領直後，日本の非軍事化をめざしていたはずのアメリカは，朝鮮戦争をきっかけに，日本の再軍備政策などを強引に展開しようとします。

> **NOTE**
>
> 外 ❶ **再軍備政策の展開**：日本の再軍備は，**憲法9条**の制約をうけながら段階的に進められた。
> - ◆ **1950年**…朝鮮戦争の開始により占領軍が朝鮮半島へ出動すると，日本に**軍事的な空白**が生まれた。そのため，**警察予備隊**が新設される。
> - ◆ **1952年**…**サンフランシスコ平和条約**の発効によって日本が**独立を回復**し，アメリカ軍の帰還も進行した。警察予備隊を**保安隊**へと改組。**海上警備隊**も新設された。
> - ◆ **1954年**…**MSA協定**(日米相互防衛援助協定など4協定の総称)締結。この協定により，アメリカの援助をうけるかわりに**日本の防衛力増強が求められた**(▶ p.403)。**防衛庁**が新設され，陸・海・空3部隊からなる**自衛隊**が発足した。
>
> 社 ❷ **レッド＝パージ**：1950年，日本共産党員とその同調者を政府機関や民間企業から追放する**レッド＝パージ**が開始された。一方で，この時期には，服役中の戦犯の釈放や公職追放の解除が進行した。

8 経済の復興 ★★

朝鮮戦争は，日本の講和・独立をうながしただけでなく，経済再建も急

17 日本の占領はどのように進展したか

速に進めました。朝鮮戦争による好景気を，**特需景気**といいます。日本は，深刻な経済状態をどのようにして打開していったのでしょうか？

> **注意問題** 朝鮮戦争が勃発すると，アメリカは，いっそうドッジ＝ラインにもとづく諸政策を徹底させ，日本経済の健全化につとめた。

朝鮮戦争開始後，「ドッジ＝ラインにもとづく諸政策」が徹底されたという事実はありません。むしろ，ドッジ＝ライン（▶p.396）というデフレ政策とは逆の事態になったのです。

NOTE

- 経❶ **経済復興の前提**：傾斜生産方式によって**重要基礎産業の生産が回復**する一方で（▶p.393），ドッジ＝ラインなど一連のきびしいデフレ政策によって**インフレの克服・不良企業の整理**が急激に進行していた。
- 経❷ **朝鮮戦争の経済的影響（特需景気）**：国連軍（主力はアメリカ軍）は，出撃・補給基地である日本に軍需物資・自動車整備サービスなどを大量に発注。このため膨大な特需が発生した。

  また，冷戦が「熱戦」に転化すると，国際社会では戦争が拡大するのではないかという危機感が高まり，物資を調達する動きが加速した。この国際的な軍需景気により，日本は輸出の伸長にも成功した。

> **COLUMN** サンフランシスコ平和条約と賠償問題
>
> 賠償をめぐる問題は，講和会議の場で無賠償方針をとるアメリカに東南アジア諸国が反発して難航した。最終的には，日本軍の占領により損害をうけた国のみが賠償請求権をもち，**日本経済の存立が可能な範囲で日本に役務（技術や労働力）を提供させるための個別交渉をおこなう**と規定された。この原則にもとづき，日本はフィリピン・インドネシア・ビルマ（現ミャンマー）・南ベトナムとのあいだで賠償協定を締結。ラオス・カンボジア・タイ・韓国・マレーシア・シンガポール・ミクロネシアに対しても，賠償的性格をもつ資金供与などを実施した。

第17講 確認テスト

- 229　1945年10月，GHQによって五大改革指令が発せられたときの日本の首相は誰か。　　幣原喜重郎
- 230　財閥解体の一環として，各産業部門の大企業を分割するために制定された法律を何というか。　　過度経済力集中排除法（「独占禁止法」との性格の違いに注意）
- 231　教育制度の民主化の一環として，都道府県・市町村に公選によって設けられた，教育の地方分権を推進するための機関を何というか。　　教育委員会
- 232　1946年に発令された，一定額以上の預金の封鎖などを内容とする法令を何というか。　　金融緊急措置令
- 233　1947年に採用された，石炭・鉄鋼などの重要産業部門に資材・資金を集中的に投下する経済計画のことを何というか。　　傾斜生産方式
- 234　1947年初頭，GHQの指令で中止された大規模なストライキ計画のことを何というか。　　二・一ゼネスト（計画）
- 235　1947年，日本国憲法下初の内閣を3党連立で組織した日本社会党の党首は誰か。　　片山哲
- 236　1949年，中華人民共和国を樹立して国家主席に就任した中国共産党の指導者は誰か。　　毛沢東
- 237　1949年に来日して，超均衡予算の策定など一連の経済政策を具体化した人物は誰か。　　ドッジ
- 238　1949年の単一為替レート設定により，1ドルは何円に定められたか。　　360円
- 239　1949年夏に続発した怪事件のひとつで，当時の国鉄総裁の死体が常磐線の線路上で発見された事件を何というか。　　下山事件
- 240　朝鮮戦争勃発直後，GHQの指令で新設された防衛・治安維持部隊を何というか。　　警察予備隊
- 241　1951年，サンフランシスコ講和会議が開催されたときの日本の首相は誰か。　　吉田茂
- 242　日米安全保障条約（1951年9月調印，52年4月発効）の細目協定を何というか。　　日米行政協定
- 243　朝鮮戦争勃発を契機に日本が経験した好景気のことを何というか。　　特需景気

第18講 独立回復後の日本はどのような変化をみせたか

1951〜1975年：55年体制の成立と高度経済成長

政 社 ① 独立回復後の政治情勢 ★★★

第17講では，占領期の日本について学びましたね。ここからは，独立回復後の日本がどのように変わったかみていきましょう。独立回復後の日本国内では，米ソ冷戦という国際社会の動向を反映して，「保守」対「革新」という対立の構図が鮮明になりました。

> **注意問題** 自衛隊の発足をきっかけに，皇居前広場で「血のメーデー事件」と呼ばれる，デモ隊と警官隊との衝突事件が発生した。

1950年代におこった「血のメーデー事件」に関する問題です。これはどのような事件だったのか，まずは保守政権に焦点をあてて50年代前半の政治情勢を探ってみましょう。

NOTE

政 ❶ **保守政権の動向**：1954年，長期政権となった吉田茂内閣(第2〜5次)が総辞職し，かわって**鳩山一郎**内閣が成立した。

政 外 ❷ **保守政権の主要政策**：GHQという強烈な存在がなくなるなかで，保守政権は体制を維持するための方策を打ち出した。

- ◆ 1951年…サンフランシスコ平和条約・日米安全保障条約調印（▶p.397）。
- ◆ 1952年…平和条約・安保条約・**日米行政協定**発効。
  破壊活動防止法（破防法）公布。講和・独立により占領期の諸法令が失効するなかで制定された，「暴力主義的破壊活動」の規制を目的とした治安立法。調査機関として公安調査庁を設置。立法の過程で，「治安維持法の再来」を危惧する反対運動が高まった。

また，警察予備隊が保安隊に改組され，海上警備隊が新設された（▶p.399）。
- ◆1954年…MSA協定調印によって，防衛庁新設・自衛隊発足（▶p.399）。

破防法公布など一連の保守政権による政策に，革新陣営は激しい反発をみせました。革新陣営にかかわる重要な動向は次のとおりです。

NOTE

政 ❶ **革新陣営の構成**：日本社会党（左右両派社会党）・日本共産党・総評（**日本労働組合総評議会**）などの革新陣営は，保守政権の政策に激しく反発。

政 社 ❷ **革新陣営の動向**：
- ◆1951年…講和問題をめぐり全面講和論が展開された（社会党，左右両派に分裂，▶p.398）。
- ◆1952年…皇居前広場で独立後初のメーデーが発生し，デモ隊が警官隊と衝突。死傷者・検挙者が多数出たことから，「血のメーデー事件」（皇居前広場事件）と呼ばれる。
 破防法反対運動高揚。この頃から，革新陣営は**アメリカ軍基地反対闘争**を本格化させた。
- ◆1954年…**第五福龍丸事件**。アメリカの実施した**ビキニ環礁での水爆実験**により，第五福龍丸が被災（乗組員全員被爆）。これを機に，**原水爆禁止運動**が本格化した。

社 ❸ **アメリカ軍基地反対闘争**：講和・独立後も駐留するアメリカ軍の基地に反対する運動が全国で展開された。
- ◆1952～53年…**内灘事件**（内灘闘争）発生。これは，石川県内灘の砂丘を米軍の試射場として接収することに反対した住民による，最初の本格的な基地反対闘争。
- ◆1955～59年…**砂川事件**（砂川闘争）発生。東京都立川米軍基地の拡張に反対した住民による，最大の基地反対闘争。流血事件もおこり，基地の拡張は中止された。

18 独立回復後の日本はどのような変化をみせたか

　もう，注意問題の答えはわかりましたね。「血のメーデー事件」は，1954年の「自衛隊の発足」をきっかけにおこった事件ではありません。52年の日本の講和・独立直後におこったものです。

> **COLUMN　総評**
>
> 　日本労働組合総評議会の略称。1950年7月，日本共産党系の産別会議(日本産業別労働組合会議)に対抗するため，GHQ の指導・援助によって結成された。最大の労働組合中央組織(ナショナル＝センター)として出発した総評は，当初は占領政策に迎合的だったが，講和問題の論議などのなかで急速に左傾化し，51年には「全面講和・中立堅持・軍事基地提供反対・再軍備反対」を決定。以後，日本社会党とともに革新陣営の中心勢力として多くの運動を主導していった。89年，解散して連合(日本労働組合総連合会)に合流。

② 55年体制の成立 ★★★ 〔政〕〔外〕

保守政権と革新陣営の対立をみてきましたが、ここで鳩山一郎に注目しましょう。そう、あの第93代首相をつとめた鳩山由紀夫（▶p.434）の祖父にあたる人物です。

> **注意問題** 革新陣営の動きを警戒した鳩山一郎は、ソ連との国交回復に反対する姿勢を明確にした。

果たして、彼は「ソ連との国交回復に反対する姿勢を明確にした」のでしょうか？

戦前から立憲政友会の代議士として活動してきた鳩山一郎は、敗戦直後に公職追放となり、政界の表舞台から一時引退せざるをえませんでした。1951年、追放解除により政界に復帰すると、長期政権であった首相の吉田茂と激しく対立し、54年12月、反吉田路線をかかげて首相に就任します。

鳩山一郎内閣は、内政面では自主憲法の制定（憲法改正）、再軍備（自衛力増強）の推進を主張し、**外交面では「自主外交」をかかげて日ソ国交回復を追求**していきます。よって、注意問題にあるように「ソ連との国交回復に反対する姿勢」をとったのではありません。

なぜ、西側陣営に入った日本がソ連と国交を結ぶのか、不思議に思う人もいるかもしれませんね。実は、50年代半ばになると、冷戦の緊張緩和を望むアジアやアフリカなどの国々の発言力が増し、米ソの対立に変化が生まれるのです。核開発などの米ソの軍備拡張がいきづまったこともあって、米ソの対立はしだいに緩和され、平和共存路線に転換していきます。

このような国際情勢のなかで、鳩山一郎内閣はソ連と国交の回復を追求していったのでした。

鳩山一郎内閣期の内政・外交両面での変化は、どちらも大切です。

18 独立回復後の日本はどのような変化をみせたか

NOTE

政 ❶ 55年体制の成立：1955年，講和問題をめぐり分裂していた左右両派社会党が，総選挙での躍進（憲法改正阻止に必要な3分の1の議席を確保）を背景に再統一を果たすと，保守陣営も危機感を強め，日本民主党と自由党が合同して**自由民主党**を結成した（**保守合同**）。

　こうして議会内では，**議員の3分の2程度の議席を占めて安定政権を維持する自民党**と，**改憲阻止に必要な3分の1程度の議席を保持する日本社会党**との対立が継続する体制が形成された。この保守一党優位な政治体制を**55年体制**といい，約40年つづいた。

外 ❷ 日ソ国交回復：1956年10月，鳩山一郎首相はモスクワで日ソ国交回復に関する共同宣言（**日ソ共同宣言**）に調印した。

　おもな内容は，(a)日ソ間の戦争状態を終結させて国交を回復する，(b)ソ連は日本の国際連合加盟を支持する，(c)ソ連は日本に対する賠償請求を放棄する，(d)平和条約締結後に**歯舞群島**・**色丹島**を返還する，の4点である。

政 外 ❸ 国連加盟の実現：国際連合の常任理事国であるソ連の支持により，日本の**国連加盟**に対する障害が消え，1956年12月，国連総会は日本の国連加盟を全会一致で可決。鳩山一郎内閣は，これを花道に退陣した。

COLUMN 日ソ間の平和条約

　日ソ共同宣言には，平和条約締結の交渉の継承と，条約締結後の日本への歯舞群島・色丹島返還が盛りこまれていた。しかしその後，両国は領土問題などで対立し，結局日ソ間には平和条約は締結されなかった。現在，この交渉はロシアにひきつがれている。

③ 安保条約の改定 ★★★

1950年代後半，**岸信介**（きしのぶすけ）内閣が誕生します。この内閣のもとで，安保改定に向けた動きが本格化しました。

> **注意問題** 鳩山一郎内閣退陣後，岸信介は自民党の総裁選挙に勝利して首相になった。

岸信介内閣成立時に関する問題ですね。岸は，戦前から経済官僚として満州国などで活躍し，東条英機内閣の閣僚もつとめた人物です。戦後，A級戦犯容疑者として逮捕され3年間の獄中生活を送ったものの，不起訴・釈放となって政治活動を再開，53年に衆議院に当選し，56年に石橋湛山と自民党総裁の座を争いました。

しかし，鳩山一郎内閣が退陣したあと，総選挙に勝利したのは岸信介ではありません。自民党総裁の座をめぐる争いに勝ったのは，石橋湛山のほうだったのです。ところが，石橋が病気によってわずか2カ月でしりぞいたため，岸が首相の座に就いたのでした。よって，上の文章は「自民党の総裁選挙に勝利して」の部分が誤りです。

こうして成立した岸内閣は，「日米新時代」を唱えます。日米安全保障条約（旧安保条約，▶p.397）のもつ対米従属的性格を，より対等な形式に改めるため，安保改定にとりくんでいったのでした。

改定された新しい安保条約の内容と，その過程で生み出された空前の政治運動である**60年安保闘争**の特徴を追いかけてみましょう。

NOTE

❶ **新安保条約**：1960年1月，岸信介首相はワシントンで**日米相互協力及び安全保障条約**（新安保条約）・**日米地位協定**（日米行政協定を改定した新安保条約の細目協定）などに調印した。この条約をつうじて岸内閣は，従来の安保条約の不備を改善し，**より対等な形式を実現する**ことで，日本の国際的地位の向上をめざそうとした。

具体的には，日米経済協力の促進や日本の防衛力強化を前提に，(a)アメリカの日本防衛義務を明記(共同防衛義務を規定)し，(b)在日米軍の行動に関する事前協議制を確認した。また，(c)条約期限は10年とされた(→以後は自動延長により継続)。

政社 ❷ **60年安保闘争**：1960年，激しい安保闘争が展開された。

- ◆ **革新陣営の批判点**…安保改定は，日本をアメリカの世界戦略により深く結びつけ，戦争に巻きこまれる危険性を高める。
- ◆ **警職法問題**…58年，岸内閣は，安保改定にともなう混乱を予想して，警察官の権限強化を規定した**警察官職務執行法**(警職法)改正案を国会に提出。しかし，激しい反対運動によって同法案は審議未了・廃案となった。こうした岸の強引な政治手法は反発を生み，「保守」対「革新」の対立が激化していった。
- ◆ **安保闘争の高揚**…革新陣営は，**安保改定阻止国民会議**(安保闘争の推進母体)に結集して統一行動などをくりかえし展開した。

　60年5月19日，岸内閣が警官隊を導入して衆議院での新安保条約の批准を強行採決すると，安保闘争は，**議会制民主主義に対する危機感から空前の政治運動へと発展**した。
- ◆ **安保闘争の結果**…(a)新安保条約は参議院の議決のないまま自然成立したが，(b)デモ活動の激化によってアメリカ大統領**アイゼンハワー**の訪日が中止され，岸内閣は総辞職を余儀なくされた。

政外 ④ 長期自民党政権 ★★★

　55年体制が成立して以来，約40年にわたって自民党が政権を維持しましたが，自民党政権の長期化を支えた一因として，経済政策があげられます。岸信介内閣以後，自民党政権は国論を二分するような政治課題に正面からとりくむことを避け，**高度経済成長**を政策的に促進する路線を採用したのです。

　ここでは，長期自民党政権を代表する**池田勇人**内閣と**佐藤栄作**内閣につ

いてみていきましょう。とりあげる注意問題は，佐藤栄作内閣時の沖縄返還についてです。

> **注意問題** サンフランシスコ平和条約には，沖縄を日本に返還することが明記されていた。

果たして，サンフランシスコ平和条約（▶p.397）には，日本への沖縄返還が明記されていたのでしょうか？

まずは，両内閣の重要事項を確認しましょう。

NOTE

政経 ❶ 池田勇人内閣（1960～64年）：池田勇人内閣は，「寛容と忍耐」をスローガンに，政治の季節から経済の季節への転換を図り，**国民所得倍増計画**を決定した。国民所得倍増計画とは，10年間で実質国民所得をほぼ2倍にすることをめざした経済計画だったが，実際の経済成長はこの計画をはるかに上まわった。

また，国交のなかった中華人民共和国との貿易拡大をめざす（**LT貿易**，▶p.426）と同時に，一連の貿易自由化措置も推進した（▶p.415）。**東海道新幹線**（東京－新大阪間）が開通した1964年に，**オリンピック東京大会**の成功を機に総辞職。

池田勇人内閣期の重要事項（1960～64年）

年	出来事
1960	国民所得倍増計画を閣議決定。
1962	LT貿易（中華人民共和国との準政府間貿易）に合意（▶p.426）。
1963	GATT（関税及び貿易に関する一般協定）11条国へ移行（▶p.416）。
1964	IMF（国際通貨基金）8条国へ移行，OECD（経済協力開発機構）加盟（▶p.416）。東海道新幹線開通（東京－新大阪間）。池田勇人内閣，オリンピック東京大会成功を機に総辞職。

18 独立回復後の日本はどのような変化をみせたか

政 外 ❷ **佐藤栄作内閣（1964～72年）**：佐藤栄作は岸信介の実弟。運輸省から政界に入り，吉田茂のもとで政治家としての地歩をかためた。疑獄事件※で窮地におちいったこともあったが，1964年に池田勇人内閣を後継した。佐藤栄作内閣は，高度経済成長の継続などを背景に，7年8カ月におよぶ長期政権となった（戦前・戦後をつうじて最長）。　※犯罪事実があいまいな事件のこと。おもに政治問題化した利権関係の事件で使われることが多い。

佐藤栄作内閣期の重要事項（1964～72年）

年	出来事
1965	アメリカ，北ベトナムへの空爆（北爆）開始（**ベトナム戦争**）。日本のアメリカ軍基地は，このベトナム戦争における重要な後方基地としての役割を果たした。また，戦争にともなうアメリカからの輸入増やドル資金の流入が，日本の経済成長を促進した。 **日韓基本条約**調印。日韓交渉は長期にわたる中断と再開をくりかえしたが，1965年，ベトナム戦争が本格化するなかで，米日韓の協調を強く求めるアメリカの意向も働いて，ようやく日韓基本条約が成立した。この条約で，1910年以前の諸条約の失効が確認されたことにより，日本と韓国の外交関係が正式に樹立された。一方で，韓国を「朝鮮にある唯一の合法的な政府」とした点などが論議を呼んだ。
1967	公害対策基本法公布（▶p.420）。 佐藤首相，衆議院予算委員会で**非核三原則**（核兵器を「もたず，つくらず，もち込ませず」）表明。
1968	**小笠原諸島返還協定**調印。
1969	**大学紛争**激化。
1970	新安保条約，自動延長（▶p.408）。
1971	**沖縄返還協定**調印（1972年に沖縄返還協定発効，▶p.411）。 環境庁発足（▶p.420）。 アメリカ大統領ニクソン，北京訪問計画を突然発表し，つづいてドル防衛策も発表（**ニクソン＝ショック**，▶p.422）。
1972	佐藤栄作内閣，沖縄の日本復帰実現を機に総辞職。

ここで、注意問題でとりあげた沖縄の日本復帰について、詳しくみてみましょう。沖縄をとりまく状況は、どのように移り変わっていったのでしょうか？

NOTE

❶ **沖縄問題の推移**：沖縄返還にいたる過程は、次のように推移した。

- ◆ **第二次世界大戦後**…太平洋戦争末期に地上戦が展開された沖縄(▶p.361)は、戦後、**アメリカ軍の直接軍政下**におかれた。
- ◆ **対日占領終結後**…サンフランシスコ平和条約は、**沖縄の占領継続(アメリカの施政権)を事実上容認**する内容をもっていた(▶p.398)。1952年には、司法・立法・行政の三権分立の体裁を備えた形式的な自治機構として琉球政府が設置されたが、統治の全権はアメリカ側が掌握した。

沖縄にある基地の様子(1996年)
伊江島／名護／嘉手納／沖縄／那覇／浦添／糸満
■アメリカ軍専用施設　■自衛隊の施設

- ◆ **祖国復帰運動の高揚**…60年代、ベトナム戦争の拡大により、アメリカ軍の沖縄基地利用頻度が上昇するなかで、祖国復帰運動が本格化。68年には、琉球政府主席公選に野党統一候補が出馬して当選を果たした。
- ◆ **沖縄返還の実現**…日本側の沖縄返還要求に対して、アメリカも、沖縄を日本に返還することで米軍基地を安全に確保するという方針をとった。69年の日米首脳会議(佐藤・ニクソン会談)における返還合意、71年の沖縄返還協定調印を経て、72年に沖縄の施政権が返還されて沖縄県が復活した。

❷ **アメリカの施政権下地域の返還**：日本の講和・独立後もアメリカの施政権下におかれた諸地域は、奄美諸島→1953年、小笠原諸島→68年、沖縄→72年、の順に日本に返還された。

よって，沖縄返還はサンフランシスコ平和条約に明記されていたものではなく，祖国復帰運動の高まりに背中を押された日本側の返還要求に，アメリカが応じたものだということがわかりますね。

自民党が長期政権を継続させる一方で，野党側では，**多党化**現象が進行していきました。その具体例と政治への影響を知っておいてください。

NOTE

政❶ **多党化現象の具体例**：
- ◆1955年…日本共産党，武力闘争路線と党内分裂を自己批判。以後，無視できない議会勢力へと成長した。
- ◆1960年…安保闘争をめぐる対立を背景に，日本社会党から**民主社会党**が分立した（→1970年に民社党と改称）。
- ◆1964年…**創価学会**を母体とする公明党が結成された。

政❷ **多党化現象の影響**：野党の多党化現象は，支持率・得票率の点で長期低落傾向にあった自民党の政権維持を優位にさせる一因となった。

外 経 ⑤ 高度経済成長の過程 ★★★

ここで，1960年代前後の経済についてまとめておきましょう。いうまでもなく，高度経済成長の様相をさまざまな角度から理解することがポイントです。たとえば，次の文章はどこが誤っているのか，判断できるでしょうか？

☠ **注意問題** 日本は，1960年代に本格化した，貿易を自由化せよという欧米からの圧力を歓迎し，自由化のための措置を次々に実行へと移していった。

60年代に貿易の自由化が急速に進展したのは事実ですが，果たしてその理由は「貿易を自由化せよという欧米からの圧力を歓迎」したからだったのでしょうか？

順に整理していきましょう。まず，アメリカを中心とする西側の国際経

済秩序についてです。

> **NOTE**
>
> 経❶ **国際経済秩序の形成**：第二次世界大戦末期，アメリカは通貨・金融に関する連合国の国際会議を開催した。戦後，ここでの合意にもとづいて，**IMF**(国際通貨基金)や**世界銀行**(国際復興開発銀行，IBRD)の創設，**GATT**(関税及び貿易に関する一般協定)の締結が進行し，**自由貿易を理念とする開放的な国際経済秩序**が形成された。
> - ◆ **IMF(国際通貨基金)**…外国為替相場を安定させ，貿易の活発化などを図る国際通貨機構。これにより，**ドルは西側資本主義国の基軸通貨としての役割を負う**ことになった。
>   具体的には，各国政府に対して金兌換を保証したドルと各国通貨とのあいだに，単一為替レートが設定された(**固定為替相場制**，たとえばドルと円の為替レートは１ドル＝ 360 円，▶p.419)。
> - ◆ **世界銀行(国際復興開発銀行，IBRD)**…ヨーロッパや日本の戦後復興のための資金を融資する国際金融機関。
> - ◆ **GATT(関税及び貿易に関する一般協定)**…保護主義的なブロック経済化に対抗し，関税その他の貿易障壁の低減・撤廃により貿易の自由化推進をめざす国際経済条約。**自由・無差別・多国間交渉主義**を原則とし，多くの貿易交渉の場を提供していった。1995年，**WTO(世界貿易機関)**へと発展。

西側の国際経済秩序は，このように形成されていったのですね。では，講和・独立後にこの秩序の一員として再出発した日本が，一体どのようにして高度経済成長を遂げたのか，その特徴を確認しましょう。

> **NOTE**
>
> 経❶ **高度経済成長の時期と成長率**：日本の高度経済成長とは，1955年から73年までの期間を指す。この間，20年近くにわたって，日本の実質**GNP**(国民総生産)は年平均10％以上の増加率を維持し，経済規模は

約5倍に拡大した。

経 ❷ **高度経済成長の前提**：(a)特需景気（▶p.400）の結果，日本は，1950年代初頭に工業生産が戦前水準を突破するなど高度経済成長の前提を整えていった。さらに，同時期に講和・独立を果たしたことにより，(b)アメリカを中心とする西側の国際経済秩序への参加も可能になった（52年→ IMF・IBRD 加盟，55年→ GATT 加盟）。

経 ❸ **高度経済成長の経過**：高度経済成長の時期に，日本はいくつかの大型景気を経験した。

- ◆「もはや戦後ではない」…1955年，日本経済の主要指標が戦前最高水準を突破すると，翌年の『経済白書』は，こうした経済情勢を，「**もはや戦後ではない**。われわれはいまや異なった事態に当面しようとしている。回復をつうじての成長は終わった。今後の成長は近代化によって支えられる」と特徴づけた。
- ◆神武景気…55～57年。**神武景気**という名称は，「有史以来の好景気」という意味で当時のジャーナリズムが命名したもの。**ここから日本は高度経済成長期に突入した。**
- ◆岩戸景気…58～61年。60年には国民所得倍増計画（▶p.409）が決定され，また，オリンピック東京大会決定にともなう大規模な公共事業も開始された。
- ◆オリンピック景気…63～64年。オリンピック開催に向けた建設投資ブームなどに支えられた。
- ◆いざなぎ景気…66～70年。高度経済成長期における最長の好景気。68年，日本の GNP は資本主義国のなかでアメリカにつぐ第2位となった。

経済成長率の推移

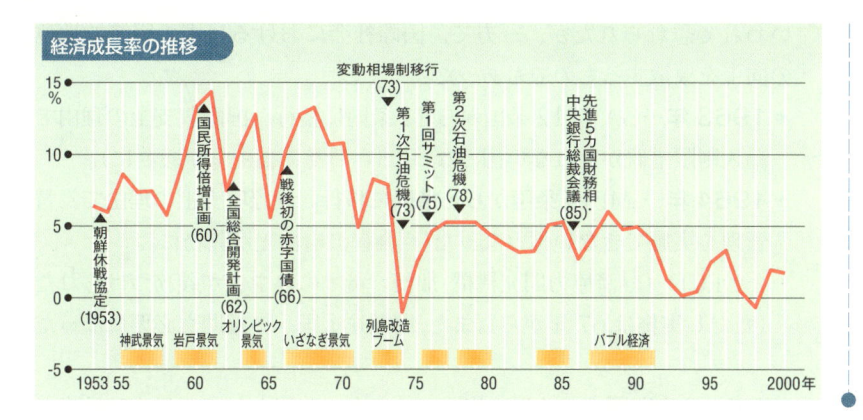

変動相場制移行(73)
第1次石油危機(73)
第1回サミット(75)
第2次石油危機(78)
先進5カ国財務相中央銀行総裁会議(85)

朝鮮休戦協定(1953)
国民所得倍増計画(60)
全国総合開発計画(62)
戦後初の赤字国債(66)

神武景気　岩戸景気　オリンピック景気　いざなぎ景気　列島改造ブーム　バブル経済

　景気が低迷しつづけている現在の状況から考えると，高度経済成長期はウソみたいに景気がよくてうらやましいですよね。前講で述べたように，政府は積極的に産業政策をおこない，1950年には輸出振興を目的とした**日本輸出銀行**(52年に**日本輸出入銀行**と改称)や，産業資金を提供する**日本開発銀行**を設立します。

　しかし，このような好調な経済に支えられた日本の急激な成長は，60年代に入ると他国の産業をおびやかすようになり，欧米諸国からの圧力が強まるのです。

NOTE

外 経 ❶ 貿易自由化政策の進展：講和・独立後も，日本は国内産業の保護や育成のため，きびしい輸入制限措置をとってきた。しかし，日本経済の回復・成長にともなって欧米諸国，とりわけアメリカから，そうした保護措置を撤廃して貿易を自由化するよう，強く求められるようになった。

　こうした外圧により，1950年代末にはまだ30%に達していなかった日本の輸入自由化率は，60年代前半に90%を突破した。

外 経 ❷ 開放経済体制への移行を示す国際的措置：以下に示したような開放経済体制への移行措置は，当時，国内では，海外の商品や企業に日本市場を奪われてしまうのではないかという危機感から「第二の黒船」と

いわれて恐れられたが，一方で，国際社会における日本の経済的地位の向上を象徴するものでもあった。
- ◆ **1963年**…GATT12条国から11条国に移行。国際収支上の理由で輸入制限措置がとれない国となった（＝**貿易の自由化**が義務に）。
- ◆ **1964年**…IMF14条国から8条国に移行。国際収支上の理由で為替管理を実施できない国となった（＝**為替の自由化**が義務に）。
　OECD（経済協力開発機構）加盟。**資本の自由化**が義務づけられた（ただし実施は67年から）。また，開発途上国への援助も必要になった。

ここで，注意問題をよく思い出してください。果たして，日本は欧米からの「貿易を自由化せよ」という圧力を「歓迎」して貿易の自由化に踏み出したでしょうか？　違いますね，「歓迎」はしていません。きびしく輸入制限措置をとっていたところに，欧米から圧力をかけられ，貿易の自由化が急速に進んだのです。

こうして1960年代後半に，日本は**開放経済体制**へと移行し，**貿易黒字**を経験するようになりました。「第二の黒船」と危惧され，日本市場を奪われるのではないかといった不安が国内にあったものの，実際にはそのような事態は発生しませんでした。それどころか逆に，国内における**技術革新**の進展，大型企業の合併，巨大**企業集団**の形成などを背景に，日本企業は国際競争力を強化して輸出をのばすことに成功します。

55年を起点とする高度経済成長は，**従来の内需全面依存型**から，**輸出・内需拡大型**へと性格を変えて継続しました。4年以上つづいた，いざなぎ景気を経験する過程で，68年に日本経済はついに西ドイツを抜いて，資本主義国のなかでアメリカにつぐ規模に到達します。

> **NOTE**
>
> 経 ❶ **企業集団の形成**：高度経済成長期には，三井・三菱・住友・富士（旧安田）や三和・第一勧銀といった旧財閥系銀行あるいは大銀行を中心として，企業グループが形成された。これらの企業グループは，経済成長を牽引する点で重要な役割を果たし，**六大企業集団**と総称された。

一方，同時期には，松下電器産業(現パナソニック)・新日本製鐵(現新日鐵住金)・本田技研工業など六大企業集団に属さない独立系の大企業も成長した。

経❷ **企業集団の特徴**：戦前の財閥が持株会社を頂点としてピラミッド型の企業群を構成していたのに対して，戦後の企業集団は**相互に対等な諸企業による水平的な連合体**だった。

　形成された企業集団は，互いに資金の安定的確保・経営基盤の充実・取引コストの削減・情報の共有などを図りながら，重化学工業分野を中心として，主要産業のほとんどすべての部門に積極的に進出し，系列企業を組織していった。そのため，高度経済成長期の各業界では，5～10社程度の企業が支配的な地位を確立し，それらが相互に激烈な競争を展開する状態が一般化した。

6 高度経済成長の要因とひずみ ★★★　　経 社

　高度経済成長の要因と，それによって生じた深刻な問題を確認して本講の終わりとしましょう。とりあげる注意問題は，経済成長の負の部分，公害についてです。

> **注意問題** 高度経済成長期，熊本の水俣では，石油コンビナートから排出された亜硫酸ガスによるぜんそくが深刻化した。

　これは，簡単な問題ですね。発生場所と内容とを照らし合わせれば，答えは出てくるでしょう。公害については，最後にまとめていますので確かめてくださいね。

　さて，人類史上まれな体験ともいわれる，急激で持続的な経済成長がもたらされた背景には，何があったのでしょうか？

　前提条件についてはすでに触れた（▶p.408）ので，ここでは経済を発展させる要因になった，日本国内での事象についてとりあげましょう。

18 独立回復後の日本はどのような変化をみせたか

NOTE

[経][社] ❶ **高い貯蓄率**：日本では国民が貯蓄につとめる傾向が比較的強く，それは政府・民間の有力資金となった。

[社] ❷ **高い教育水準**：1975年に高校進学率が90％を突破するなど，日本の比較的高い教育水準は，労働力の質の向上をうながし，アメリカなどからの新技術の導入（技術革新）を容易にした。

[経][社] ❸ **エネルギー革命の進行**：第二次世界大戦後，中東で続々と油田が開発され，国際的な原油価格が大幅に低下したため，日本の主力エネルギー源は**石炭から安価な石油**へと転換していった。

◆ **石炭産業の斜陽化**…エネルギー革命の反面で，1950年代末から石炭産業の整理が大きな課題となった。59年から60年にかけて，三井三池炭鉱で大量解雇に反対する労働者が激しく抗議した三池争議が発生。全国の炭鉱で閉山・人員整理の嵐が吹きすさんだ。

[経][社] ❹ **消費革命の進展**：高度経済成長期には，都市（労働者）と農村（農民）の双方で所得が順調に向上し，家電製品・自動車などの**国内市場が驚異的な拡大をみせた**。このため，1950年代後半には（白黒）テレビ・電気洗濯機・電気冷蔵庫を指す「三種の神器」，60年代後半には車(car)・クーラー・カラーテレビを指す「３Ｃ」といった流行語も生まれた。

家電製品の普及率
（白黒テレビ，カラーテレビ，電気冷蔵庫，電気洗濯機，乗用車，ルームエアコン，温水洗浄便座，ビデオカメラ，携帯電話，パソコン　1955〜2004年）

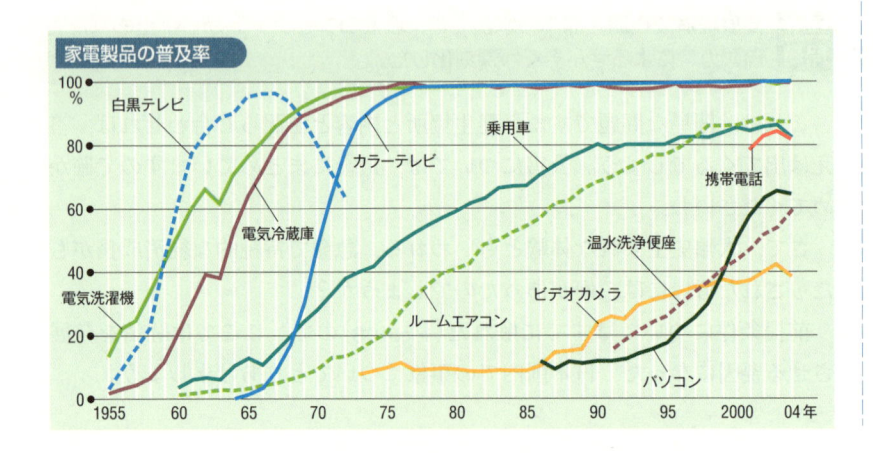

◆**所得向上の背景**…労働者の賃金は，**春闘**のたびに上昇した。春闘とは，総評傘下の労働組合などが一定時期に全産業規模で集中的に賃上げ闘争をおこなう方式をいい，賃上げ相場の水準を社会的に波及させる効果を発揮し，賃金の向上をもたらした。

農村は経済成長のための労働力を供給する役割を果たし，農業就業人口は減少したが，農業生産力の拡大，米価の引き上げ，農業外所得の増加，**農業基本法**(61年)による大規模農家の容認などにより，農家の所得水準も向上した。

経 ⑤ 固定(為替)相場制の継続：固定(為替)相場制にもとづく1ドル＝360円の単一為替レートは，実質的な円安の進行を意味することとなり，日本に輸出拡大効果をもたらした。

急速な経済成長は，人々に豊かさを実感させた反面，深刻な問題もひきおこしました。環境への配慮をまったく欠いていたため，**大気汚染・水質汚濁・騒音・地盤沈下**など，深刻な公害問題が発生したのです。

日本は「**公害先進国**」と形容され，高度経済成長のひずみに対する住民の反発は，1960年代から70年代前半にかけて，三大都市圏(東京・京都・大阪)などに**革新自治体**(日本社会党や日本共産党に支持された人物が首長になった地方自治体)を成立させる原動力にもなりました。

NOTE

社 ❶ 四大公害訴訟：1960年代に被害者が企業を提訴。71年から73年にかけて原告勝訴の判決があいついだ。
- ◆**水俣病(熊本)**…新日本窒素肥料(のちチッソ)の水俣工場排出の有機水銀による中毒。
- ◆**新潟水俣病(新潟)**…昭和電工排出の有機水銀による中毒。
- ◆**イタイイタイ病(富山)**…三井金属工業排出のカドミウムによる中毒。
- ◆**四日市ぜんそく(三重)**…石油コンビナート排出の亜硫酸ガスによるぜんそく。

政 ❷ 政府の公害対策：公害が大きな社会問題となった1960年代後半から，

政府も公害防止のための対策を講じた。
- ◆1967年…**公害対策基本法**公布。公害対策の理念と全体計画を示す法律で，環境基準設定などによる公害規制を明文化した。70年に全面改定。
- ◆1971年…**環境庁**発足。公害対策行政などを一元化。

第18講 確認テスト

- 244　1952年，暴力主義的な活動をおこなった団体の取り締まりのために制定された法律を何というか。　**破壊活動防止法**（略称「破防法」）

- 245　石川県の砂丘地帯を米軍の試射場として接収することに反対した，最初の本格的な基地反対闘争のことを何というか。　**内灘事件**（内灘闘争）

- 246　1954年に日米間で締結され，自衛隊発足の契機となったとりきめを総称して何というか。　**MSA協定**（日米相互防衛援助協定など4協定の総称）

- 247　1955年，いわゆる55年体制が成立したときの日本の首相は誰か。　**鳩山一郎**

- 248　1956年に岸信介と自民党総裁の座を争って総裁選挙に勝利した人物は誰か。　**石橋湛山**

- 249　日米相互協力及び安全保障条約（新安保条約）の細目協定を何というか。　**日米地位協定**

- 250　革新陣営が結集して統一行動などをくりかえすことで，60年安保闘争の推進母体となった組織を何というか。　**安保改定阻止国民会議**

- 251　1960年，岸信介内閣退陣後に「寛容と忍耐」を唱えて首相に就任した人物は誰か。　**池田勇人**

- 252　1965年に日韓基本条約が成立したときの日本の首相は誰か。　**佐藤栄作**

- 253　自由・無差別・多国間交渉主義を原則とし，第二次世界大戦後に多くの貿易交渉の場を提供した国際経済条約のことを何というか。　**GATT**（関税及び貿易に関する一般協定）

- 254　高度経済成長期に日本が経験した，史上最長の好景気のことを何というか。　**いざなぎ景気**

- 255　高度経済成長期に定着した，総評に加盟する労働組合などが一定時期に集中的な賃上げ闘争にとりくむ方式のことを何というか。　**春闘**

第19講 現代の世界と日本はどうなっているか

1949〜2012年：冷戦の終結，55年体制の崩壊と平成不況

経 社 ① 高度経済成長の終焉 ★★★

　いよいよ，本書で扱う日本の歴史も最後となりました。ここでは，高度経済成長の終焉から冷戦の終結，そして現在の政治情勢までをお話します。

　まずは，1960年代後半から70年代に世界を襲った2つの危機である，ドル危機と石油危機について，その内容と日本に与えた影響をみていきましょう。次にあげる注意問題は，そのドル危機に関する内容です。

> **注意問題** ニクソン＝ショック（ドル＝ショック）によって固定（為替）相場制は崩壊し，直ちに変動（為替）相場制へと移行する措置がとられた。

　60年代後半，ベトナム戦争にともなう軍事費の重圧などが原因となってアメリカ経済の疲弊が顕著になり，正貨準備が減少しました。これを**ドル危機**といいます。

　基軸通貨ドルに対する国際的信用が急落すると，71年8月，ニクソン米大統領が**ドル防衛策**を発表します。この政策は非常に衝撃的な内容だったため，**ニクソン＝ショック（ドル＝ショック）**と呼ばれ，戦後の国際経済秩序を揺るがす大事件として世界に衝撃が走りました。

　これがどのような内容だったのか，またニクソン＝ショック後，直ちに変動相場制に移ったのか，次のまとめで確認しておきましょう。

NOTE

経 ❶ **ドル防衛策の内容**：1971年8月，ニクソン米大統領は，**金・ドル交換停止**などを内容とするドル防衛策（新経済政策，New Economic Policy）を発表した。

経 ❷ **ドル防衛策の影響**：金との兌換が保証されていたドルを基軸通貨とす

る国際経済秩序(**ブレトン＝ウッズ〔IMF〕体制**)を直撃する措置だったため、世界に衝撃が広がった。

経 ❸ **ニクソン＝ショックへの対応**：先進国は当初、固定(為替)相場制の維持につとめ、1971年末にワシントンで開催された10カ国蔵相会議で**円の大幅な切上げ**(1ドル＝308円)などを含む合意を形成した(**スミソニアン体制**)。

しかし、固定(為替)相場制を前提とした10カ国蔵相会議の合意(スミソニアン合意)では、国際的な通貨不安は解消されなかった。73年2月、ついに円も変動(為替)相場制(為替相場の変動をおもに市場の需給関係に委ねる制度)へ移行することになり、以後、**円高の進行が基調**になった。

よって、ニクソン＝ショック後「直ちに変動(為替)相場制へと移行する措置がとられた」わけではありませんね。結局失敗してしまいますが、一度は固定(為替)相場制を維持する合意がなされているところに注意しましょう。ニクソン＝ショックから変動(為替)相場制への移行に関しては、混乱のないように学習してください。

COLUMN 円高の進行

1971年8月まで1ドル＝360円だった円為替相場は、変動(為替)相場制移行直後の73年2月には260円台を記録し、わずか1年半で100円近くも上昇していった。

1970年代前半における衝撃的事件は、ニクソン＝ショックだけではありませんでした。**第4次中東戦争**が勃発したのです。

この戦争が日本にどのような影響を与えたのか、みていきましょう。

NOTE

社 ❶ **第4次中東戦争の勃発**：1973年10月、**第4次中東戦争**が勃発した。

中東戦争とは、アラブ諸国とイスラエルのあいだで展開された戦争をいう。イスラエルのシナイ半島占領に対する反発に端を発した第4次中東戦争は、世界を震撼させる**第1次石油危機**を発生させた。

経社 ❷ **第1次石油危機の背景**：第4次中東戦争勃発を機に、**OAPEC**（アラブ石油輸出国機構）加盟のアラブ産油国が石油戦略を発動し、アメリカをはじめとするイスラエル支援国に対する全面禁輸などを断行した。また**OPEC**（石油輸出国機構）も、**原油価格を一挙に4倍へと引き上げた**。

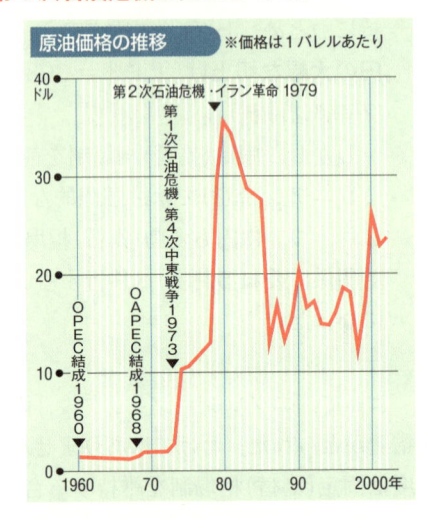

原油価格の推移 ※価格は1バレルあたり

第2次石油危機・イラン革命 1979
第1次石油危機・第4次中東戦争 1973
OPEC結成 1960
OAPEC結成 1968

経 ❸ **第1次石油危機の影響**：石油危機は世界経済を著しく混乱させ、日本でも「**狂乱物価**」と呼ばれる激しいインフレが発生した。変動相場制移行後の円高進行によって、商品輸出を支えてきた条件をすでに1つ喪失していた日本は、安価な石油に全面依存していた経済体質を直撃され、インフレが止まらないまま不況に突入した（スタグフレーション）。1974年、**戦後初の**<u>マイナス成長</u>を経験し、高度経済成長にもついに終止符が打たれた（田中角栄内閣）。

外経 ❹ **対応策の模索**：1975年、世界不況の深刻化への対応策の一環として、米・英・仏・西独・日・伊6カ国の首脳による協議の場が設けられた（**三木武夫**内閣）。この**先進国首脳会議**（**サミット**）は、翌年からカナダが加わって毎年開催され、通貨・貿易問題などの意見交換・政策協調が図られるようになった。

このように、第1次石油危機は日本経済に打撃を与え、高度経済成長は田中角栄内閣時に終焉を迎えました。これまで安価に入手できていた石油

の高騰は，トイレットペーパーなどの日用品が不足するのではという不安を生じさせ，買い溜めに走る市民が店に殺到してパニックになります。今から考えると，品不足になった原因はこの買い溜め行動なんですけどね。

1974年に戦後初のマイナス成長となったあと，再び日本の景気が上向くのは2年後の76年のことでした。

2 日中国交回復 ★★★　　　外 社

世界経済の混乱の一方で，国際関係もいくつかの変化をみせました。ここでは，とくに日本と中国との関係についてまとめておきましょう。

中国では，1949年の中華人民共和国成立（▶ p.395）以後，**正統政権たることを主張する2つの政府が存在する状態**（「**二つの中国**」問題）が継続したため，日中関係は今もなお未解決の問題を抱えています。

> **注意問題** 第二次世界大戦後，蔣介石率いる中華民国政府（台湾）と日本とのあいだで，国交が樹立されたことはなかった。

この注意問題は，中国における2つの政府のうち，中華民国政府（台湾）とのあいだで国交が樹立されたかどうかが問われていますね。

第二次世界大戦後，中華民国政府の立ち位置は非常に難しいものでした。なぜかというと，アメリカが中華民国政府を支持したのに対し，イギリスが中華人民共和国（大陸）を支持したからです。

日本はアメリカに従って，一度は中華民国政府と国交を樹立します。よって，注意問題の「国交が樹立されたことはなかった」という部分が誤りとなりますね。

しかし，その後アメリカは大きく方向転換します。65年の軍事介入以降，泥沼化していたベトナム戦争の終結などに中華人民共和国の力を必要としたからです。72年，ニクソン米大統領が訪中し，それまで対立していた米中関係は急速に改善され，73年に**ベトナム和平協定**が成立しました。

アメリカにならって，日本も中華人民共和国との関係を見直すことに

なったものの，このニクソン米大統領の訪中計画は71年に発表されるまでまったく知らされておらず，日本は非常に大きな衝撃をうけます。このニクソン米大統領の訪中は，**ニクソン＝ショック**と呼ばれました。

あれ？　ニクソン＝ショックは先ほどもやりましたね。そうなんです，ニクソン＝ショックはドル＝ショックと大統領の訪中計画発表という2つの衝撃的政策双方を指す言葉なんです。

ともかく，このように日中関係は複雑な推移をたどっています。次のまとめで，よく理解しておきましょう。

NOTE

外社 ❶ 1950～60年代の日中関係：
- ◆**サンフランシスコ講和会議の開催**…中華民国政府(台湾)を支持するアメリカと，すでに中華人民共和国政府(大陸)を承認していたイギリスの意見が対立したため，両政府ともに1951年の講和会議には招請されなかった(▶p.398)。
- ◆**日華平和条約の締結**…日本は，アメリカの意向に従い，講和の相手として**中華民国**を選択し，52年に**日華平和条約**を結んだ。同条約には，日本と中華民国との戦争状態の終結，日本に対する賠償請求権の放棄などが規定された。
- ◆**LT貿易に合意**…62年，国交のない中華人民共和国との準政府間貿易についてのとりきめが成立した。交渉にあたった廖承志・高碕達之助のイニシャルをとって，このとりきめにもとづく貿易を**LT貿易**と呼んでいる。

外社 ❷ 1970年代：
- ◆**ニクソン＝ショック**…中華人民共和国とは法的な戦争状態が長く継続したが，1970年代初頭，東アジアの情勢は大きな変動をみせた。
　71年，ニクソン米大統領は**北京訪問計画**を突然発表した。中ソ対立が激しさを増すなかで対米関係を改善したい中華人民共和国と，ベトナム戦争解決などのために対中関係を重視し始めたアメリカの意向を背景に，**米中接近が実現**したのである。

一方，米中接近を事前に知らされなかった日本政府は大きな衝撃をうけ，当時，このニュースはニクソン＝ショックと称された。

◆ **日中共同声明の発表**…72年，ニクソン米大統領の訪中後に**田中角栄**首相の訪中が実現し，**日中共同声明**が発表された。日中共同声明は，戦争状態の終結と**日中国交の正常化**，中華人民共和国を中国の唯一の合法政府であると認めること，賠償請求権の放棄などを規定。これによって，日中間の戦後処理には一応の決着がつけられた。

一方，日華平和条約は破棄され，中華民国との外交関係は断絶したが，日本と台湾は密接な関係を維持している。

> ◆ 日中共同声明
>
> 日本側は、過去において日本国が戦争を通じて中国国民に重大な損害を与えたことについての責任を痛感し、深く反省する。また、日本側は、中華人民共和国政府が提起した「復交三原則」を十分理解する立場に立って国交正常化の実現をはかるという見解を再確認する。
> 中国側は、これを歓迎するものである。……
> 五　中華人民共和国政府は、中日両国国民の友好のために、日本国に対する戦争賠償の請求を放棄することを宣言する。
> 七　日中両国間の国交正常化は、第三国に対するものではない。両国のいずれも、アジア・太平洋地域において覇権を求めるべきでなく、このような覇権を確立しようとする他のいかなる国あるいは国の集団による試みにも反対する。
> 　　　　　　　　　　（『日本外交主要文書・年表』）

◆ **日中平和友好条約の締結**…日中共同声明の発表から長い時間を要したが，**日中平和友好条約**が78年に調印・発効した（**福田赳夫**内閣）。

③ 自民党政権の動揺と日米貿易摩擦 ★★★

では，日本国内の政治に戻りましょう。1970年代も自民党による政権が継続したものの，高度経済成長期に確立された政治体制や政治手法は，しだいに制度疲労の色合いを強めていきました。その一端は，汚職事件の噴出というかたちで人々の目にさらされることになります。

注意問題は，経済成長が戦後初めてマイナスとなったときの首相だった

19 現代の世界と日本はどうなっているか

田中角栄に関する内容です。

> **注意問題** ロッキード事件が発覚したため，田中角栄内閣は退陣を余儀なくされた。

ロッキード事件は，アメリカの航空機メーカー・ロッキード社が大型旅客機売りこみのために展開した国際的な疑獄事件です。田中角栄はロッキード社から賄賂をもらったのではないかという収賄の疑いで逮捕されました。

しかし，ロッキード事件は田中内閣退陣後に発覚したものです。よって，注意問題の内容は誤りとなります。田中角栄内閣が退陣したのは，政治資金をどこから調達したのかという首相自身の**金脈問題**を追及されたからでした。その前後関係をよく覚えておいてください。

NOTE

政社❶ 1970年代の政治状況：

- ◆**田中角栄内閣**…1972年，佐藤栄作内閣の退陣後に成立（72〜74年）。田中角栄首相は，対外面では**日中共同声明**発表などの成果をあげたが，国内面では「**列島改造**」政策を打ち出すなかで**第1次石油危機**に遭遇した。戦後初のマイナス成長を記録した74年に，田中首相は**政治資金と個人資産をめぐる金脈問題**を追及され，辞意表明を余儀なくされた。
- ◆**三木武夫内閣**…74〜76年。76年，**ロッキード事件**が発覚し，田中前首相の逮捕という重大な事態に発展した。
- ◆**大平正芳内閣**…78〜80年。79年のイラン革命にともなう混乱により，**第2次石油危機**が発生した。このときも原油価格の急騰などの混乱が生じたが，第1次石油危機以降の省エネルギー対策などの結果，二度目の石油危機は日本に比較的軽微な影響しか与えなかった。

政社❷ 1980年代前半の政治状況：1980年代になると，田中派の支持をとりつけた**中曽根康弘**が自由民主党総裁の地位を獲得して内閣を組織した（82〜87年）。中曽根内閣は，「戦後政治の総決算」を唱え，日米韓関係の強化や防衛費の増額を図ると同時に，**行財政改革**を実施した。

行財政改革の一環として民営化の対象とされたのは，(a)国内の通信（電報など）・通話（電話）業務を独占していた**電電公社**（日本電信電話公社），(b)たばこ・塩の専売業務をおこなっていた**専売公社**（日本専売公社），(c)全国で鉄道・バス事業などを展開していた**国鉄**（日本国有鉄道）である。

85年，まず**日本電信電話**(NTT)と**日本たばこ産業**(JT)が発足し，87年には，国鉄分割民営の実現により **JR** 7社が新たに組織された（JR北海道・JR東日本・JR東海・JR西日本・JR四国・JR九州・JR貨物）。なお，国鉄の分割民営化には，巨額債務を解消するだけでなく，当時，日本最大の労働組合だった**国鉄労働組合**（国労）を解体するねらいもあったと考えられている。

❸ 1980年代後半の政治状況：1980年代後半，日本では国家財政の累積赤字が拡大し，新たな大型間接税をめぐる議論が本格化した。しかし，87年に中曽根康弘内閣が提出した売上税法案が廃案になるなど，その導入は根強い社会の反発に遭遇し，容易には進まなかった。

89年，昭和天皇が没して年号が**平成**に改められた。同年には，労資協調の流れが強まるなかで総評（▶p.404）が解散して**日本労働組合総連合会**（新「連合」）が発足し，一方で，竹下登内閣によって大型間接税である**消費税**の徴収が実施に移された（税率3％）。

◆消費税…消費税は，97年には税率の引き上げ（税率5％，内訳は国税4％・地方税1％）が実行され，短期間のうちに日本の国税収入の2割以上を占める中核的な税へと成長した。

COLUMN 「日本列島改造論」

太平洋ベルト地帯に集中した諸産業を地方都市に分散し，それらを交通網（新幹線・高速道路）でネットワークするという構想。この日本列島改造論に刺激されて生じた土地投機がインフレの一因になった。

一方，この時期の日本経済の状態はどうだったのでしょうか？ 1980年には全世界のGNPの約10％を占めるなど，日本は「**経済大国**」化した反面，輸出の増加によって大幅に貿易黒字が拡大し，欧米とのあいだで**貿易摩擦**（経済摩擦）がおこります。とくに対米輸出の激増がしばしば政治問題になりました。日米間の貿易摩擦の争点は，**伝統的産業分野から先端技術分野へ**と展開し，さらに日本の対米輸出だけでなく，**日本の市場開放・市場拡大も摩擦の対象**とされていきます。

NOTE

❶ **繊維・鉄鋼・自動車・半導体（はんどうたい）**：本格的な貿易摩擦の始まりは，日米繊維摩擦だった。これは，1969年から71年にかけて両国首脳を巻きこむ政治問題へと発展し，佐藤栄作首相が「本土なみ沖縄返還」の交換条件として，アメリカの要求に沿った繊維問題の解決を密約する一幕も生まれた。

また，60年代後半から80年代にかけて，アメリカでは日本製品などに対する反輸入キャンペーンが展開された。日本の鉄鋼や自動車についての輸出自主規制がとりきめられる一方で，自動車メーカーなどはアメリカでの現地生産を進めた。

さらに産業界のコメといわれる**半導体**の分野でも摩擦が激化し，85年頃には，アメリカ議会での「**ジャパン・バッシング**（日本たたき）」が話題になった。

❷ **日米農産物交渉と日米構造協議**：日本が工業製品を輸出し，アメリカが農産物・サービスを輸出するという日米貿易の傾向が定着するなかで，アメリカは日本に対する**農産物の輸入自由化**要求を強め，1988年，日本は3年後の**牛肉・オレンジ**の輸入自由化を決定した。その後の焦点になった日本のコメ市場開放問題は，日本が93年にコメの部分開放に同意することで決着した。

さらに89年のサミットにおける日米首脳会談を機に，日米構造協議が始められた。これは非関税障壁（関税以外の多様な貿易障壁のこと）の改善をめざすための交渉で，協議の場では，日本の社会構造（複雑な

流通機構など）や制度（各種の規制措置），慣行（系列取引など）も重要な議題となった。

> **COLUMN** 輸出自主規制
>
> 日米経済摩擦の一時的解決のために，単純な輸入制限ではなく，輸出自主規制という方式がしばしば用いられた。それは，自由貿易主義を標榜（ひょうぼう）するGATTが輸入制限の実施を原則的に禁じていたからだった。国際協定に明確に違反する行為を回避しつつ実質的な輸入制限をおこなう必要から，輸出国の自発的行為というかたちが採用された。

4 難題に直面する現代社会 ★★★

人間がつくり出した現代文明は，社会全体に急激で根底的な変化や飛躍をもたらす一方で，たとえば社会に蓄積された富を瞬時にゼロに変えてしまうようなパワーさえ，あわせもつようになりました。再び大国へと成長した日本が21世紀にどのような行動をとるのか。これによって，人類の未来は少なからず左右されることになるはずです。

それでは，本書の最後を飾る注意問題をみてみましょう。

> **注意問題** プラザ合意後に進行した急激な円安による輸入品の価格高騰は，日本にバブル経済をもたらす一因になった。

1985年の**プラザ合意**に関する問題ですね。果たして，プラザ合意の結果，「急激な円安に」よって日本にバブル経済がおこったのでしょうか。

NOTE

❶ **冷戦の終結**：1980年代後半になると，**チェルノブイリ原発事故**（げんぱつ）(86年)に象徴されるように，ソ連の社会主義システムの機能不全が明白に

なってきた(91年にソ連邦解体)。89年，米ソ首脳(アメリカ大統領ジョージ＝H＝W＝ブッシュ・ソ連議長ゴルバチョフ)は，地中海にあるマルタ島でついに**冷戦終結**を宣言した。

　91年には**湾岸戦争**が発生した。イラクによる**クウェート**侵攻に対して，国連決議を背景に，アメリカ軍を主力とする多国籍軍が武力制裁を加えたのである。資金だけでなく人的な国際貢献を求める声が強まるなかで，日本は翌年に**PKO協力法**(PKOとは**国連平和維持活動**＝Peace Keeping Operation のこと)を成立させ，同法にもとづき，総選挙の監視などを目的として自衛隊をカンボジアに派遣した。

- ◆**55年体制の崩壊**…冷戦の終結は国内の政局にも影響を与えた。93年には，短命ながら非自民7党1会派による連立内閣(細川護熙内閣)が成立し，55年体制(▶p.406)は最終的な崩壊へといたった。

❷**プラザ合意の形成**：1980年代前半，レーガン政権下のアメリカは，巨額の貿易赤字と財政赤字(双子の赤字)が拡大する悪循環におちいっていた。こうしたなか，85年にアメリカの呼びかけによって日・米・英・仏・西独5カ国蔵(財務)相・中央銀行総裁会議(G5，Group of 5 の略)が開催され，この場で，参加各国がドル安に向けて外国為替市場における協調介入をおこなう合意が成立した。これを**プラザ合意**という。

　そこには，市場をドル安・円高へと政策的に誘導することで，アメリカの輸出力を回復させる一方で日本の輸出力を抑制し，アメリカが抱える対日貿易赤字を減少させる意図があった。

為替相場の推移　※対米ドル

- **バブル経済**…プラザ合意の直後から**急速な円高が進行**し，日本企業の海外進出がうながされるなかで，深刻な不況をもたらすのではないかという懸念が生じた。そうした事態を回避するために内需拡大策や低金利政策が採用されたが，それらは不動産や株式への投機を加速させる結果を招いた。

　こうして，80年代後半の日本は，地価・株価などが実体経済とかけ離れて異常に高騰する，史上空前のバブル経済を経験した。

- **平成不況**…バブル経済は，90年代初頭に崩壊した。以後，長期にわたって停滞と不況が社会全体をおおうことになり，それはしばしば「失われた10年」などと形容されている（平成不況）。

　95年には**阪神・淡路大震災**や**地下鉄サリン事件**が発生し，人々のあいだでいっそう不安が広がった。また90年代後半には大型金融機関の破綻などもあいついだ。

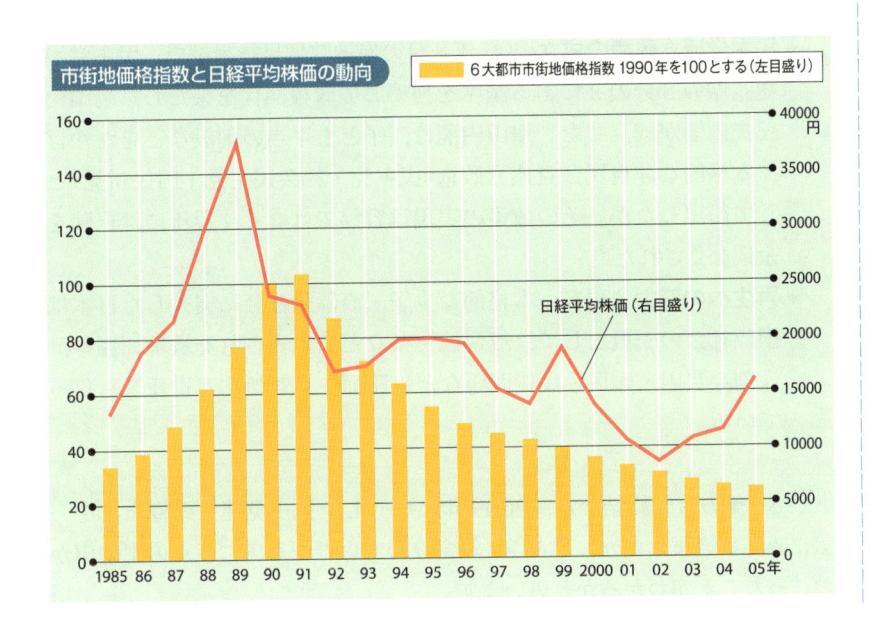

市街地価格指数と日経平均株価の動向

政社 ❸ 政治状況の変化：政治の世界では，冷戦の終結とともに，冷戦構造に対応して生まれた自由民主党（▶p.406）もしだいにその歴史的役割を終えつつあった。

◆「**構造改革**」…こうしたなかで2001年，**小泉純一郎**（こいずみじゅんいちろう）が「自民党をぶっ壊す」などと唱えて自民党総裁選を勝ち抜き，内閣を組織した。小泉純一郎内閣は，「**聖域（せいいき）なき構造改革**」をかかげ，政府による公共サービスの**民営化**など「官から民へ」という動きを促進する政策を実行した。

　ただし，こうした「小泉構造改革」路線は弱者や地方を切り捨てる性格をもっていたため，貧困層の拡大にみられるような改革の負の側面がまもなく問題視されるようになる。それは，国民の自民党全体への不信感をあおり，小泉の首相退任（06年）後の内閣が3代（**安倍晋三**（あべしんぞう）・**福田康夫**（ふくだやすお）・**麻生太郎**（あそうたろう））にわたっていずれも短命に終わる一因を形成した。

◆**民主党連立政権の成立**…09年8月の衆議院議員総選挙で，民主党が総議席の3分の2に迫る議席を獲得して政権交代を果たし，**鳩山由紀夫**内閣が成立した。鳩山内閣は，子ども手当の創設などをかかげて本格的な非自民3党連立政権（民主党・社会民主党・国民新党）として船出したが，その政策の実現は容易ではなく，翌年には退陣を余儀なくされた。

◆**再生への努力**…現在，本格的な少子・高齢化社会に突入した日本は，国際社会の一員として，**放射能汚染**（ほうしゃのう）などに代表される環境問題や，深刻な貧困・**難民**（なんみん）・民族問題などに正面から対処する責任をも負っている。

　1989年の冷戦終結から，2009年に成立した民主党連立政権までを一気にみていきましたが，この20年余りのあいだでも実に多くの出来事がおこったことがわかるかと思います。

　さて，注意問題の答えですが，プラザ合意後に進行したのは「急激な円安」だったでしょうか？　違いますね。プラザ合意の目的は，市場をドル

安・円高へと政策的に誘導してアメリカの輸出力を回復させ，アメリカの対日貿易赤字を減少させることでした。よって，急激に進行したのは円安ではなく円高です。

では最後に，最近の出来事を年表でもう一度確認して終わることにしましょう。あやふやなところは何度もくりかえし読んで，日本史に対する理解を深めていってくださいね。

年表（1990～2012年）—①

年	首相	主要事項
1990	海部俊樹	平成天皇，即位の礼で憲法の遵守を強調。
1991	宮澤喜一	湾岸戦争発生（▶p.432）。
1992		PKO協力法成立（▶p.432）。
1993	細川護熙	55年体制崩壊（▶p.432）。
1994	羽田孜	小選挙区比例代表並立制導入。
1995	村山富市	阪神・淡路大震災，地下鉄サリン事件発生（▶p.433）。
1996	橋本龍太郎	ペルーで日本大使公邸占拠事件発生。
1997		アイヌ文化振興法成立。地球温暖化防止のための京都議定書採択。
1998	小渕恵三	民主党結成。富本銭出土（▶p.36）。
1999		新ガイドライン（1997年に日米が合意した「日米防衛協力のための指針」）を実施するための周辺事態法など（新ガイドライン関連法）成立。
2000	森喜朗	沖縄サミット開催。
2001		アメリカで同時多発テロ事件発生。ハイジャックされた民間機がニューヨークの世界貿易センタービル（110階建）などに激突。
2002	小泉純一郎	初の日朝首脳会談（小泉純一郎首相・金正日総書記）が実現したが，その後，拉致問題・核兵器開発問題などが深刻化。

19 現代の世界と日本はどうなっているか

年表（1990〜2012年）—②

年	首相	主要事項
2003	小泉純一郎	米英軍、「大量破壊兵器の除去」などを理由にイラクを攻撃（イラク戦争）。
2004		自衛隊をイラクに派遣。
2005		日本道路公団などを民営化。郵政民営化関連法案成立。
2006	安倍晋三	教育基本法（▶p.388）改正。
2007		防衛庁（▶p.399）、「省」に昇格。
	福田康夫	
2008	麻生太郎	アメリカの大手投資銀行・証券会社であるリーマンブラザーズが経営破綻し、世界の金融市場と経済が不安定化。
2009	鳩山由紀夫	衆議院議員総選挙で民主党が圧勝し、鳩山由紀夫内閣成立（民主党・社会民主党・国民新党による3党連立内閣）。
2010	菅直人	小惑星探査機「はやぶさ」、7年ぶりに地球に帰還。
2011	野田佳彦	東日本大震災発生（マグニチュード9）。強い揺れと大津波（津波の高さは一部地域で40mを突破）で岩手・宮城・福島3県沿岸部は壊滅的被害をうけ、また、東京電力福島第一原子力発電所が冷却不能におちいったこと（国際原子力事故評価尺度で最も深刻な事故にあたる「レベル7」）により、深刻な放射能汚染が広がった。
2012		東京スカイツリー開業。

　未来の姿は誰にもわかりません。しかし、現代ほど人間の深い英知が求められている時代はないといってよいでしょう。

第19講 確認テスト

- 256. 1971年8月に金・ドル交換停止などを内容とするドル防衛策を発表したアメリカの大統領は誰か。 → ニクソン
- 257. 1973年に勃発して第1次石油危機を発生させることになった戦争を何というか。 → 第4次中東戦争
- 258. 1975年以来，主要先進国の首脳によって毎年1回定期的に開催されている，経済問題や政治課題などで政策協調を図るための国際会議のことを何というか。 → 先進国首脳会議（サミット）
- 259. 1972年，沖縄の日本復帰後に首相に就任し，日中国交回復を果たした人物は誰か。 → 田中角栄
- 260. 三木武夫内閣のときに発覚し，前首相の逮捕という重大な事態に発展した国際的な疑獄事件を何というか。 → ロッキード事件
- 261. 行財政改革の一環として電電公社・専売公社・国鉄の民営化がおこなわれた時期に，首相として政権を維持していた人物は誰か。 → 中曽根康弘
- 262. 1989年に竹下登内閣によって導入された大型間接税を何というか。 → 消費税
- 263. アメリカによる輸入自由化要求が強まるなかで，1988年に日本が3年後の輸入自由化を決定した農産物は何か。 → 牛肉・オレンジ
- 264. 1991年，イラクによるクウェート侵攻に対してアメリカ軍を主力とする多国籍軍が武力制裁を加えた戦争を何というか。 → 湾岸戦争
- 265. 1985年，5カ国蔵（財務）相・中央銀行総裁会議（G5）が開催され，参加各国がドル安に向けて外国為替市場における協調介入をおこなう合意が形成された。この合意のことを指す通称を何というか。 → プラザ合意
- 266. バブル経済が崩壊するなかで，阪神・淡路大震災や地下鉄サリン事件が発生したのは西暦何年のことか。 → 1995年

第5章 現代

おわりに

　一冊の本が書店に並ぶまでには，無数の人の協力が必要です。この点で，書籍とは総合芸術のひとつなのだろうと思います。本書も，そうでありたいと強く願いながらまとめられています。

　ただ残念なことに，著者本人は原稿の執筆にただただ追われてしまい，そうした人々の存在に気がつかないまま，あたふたと最後のページを記しています。

　この間，あれこれのスケジュールはしばしば衝突・遅延しましたが，東進・コンテンツ本部の佐藤愛果さんと小林佳世さんは，日本史担当として，本書の完成を温かく細やかな精神で支えつづけてくれました。また，東進日本史科がみずからの戦闘力の増強・高度化を短期間のうちに果たせたのは，何より二人のおかげです。

　本書の制作は，『究極の東大対策シリーズ　東大日本史問題演習』につづいて，東進ブックスの編集者中島亜佐子さんの全面的なサポートをうけています。この日本で子育てと仕事を両立させるのは並大抵のことではなかったはずですが，本書に関するさまざまなアイディアが1つ1つ確実に具現化されていく過程は，とても感動的でした。

　本書にかかわってくれたすべての人に，改めて拍手を送ります。

野島博之

索 引

　この索引には，本文中の重要用語（赤文字）を中心に，入試頻出の「日本史用語」が五十音順に整理されています。この索引を用語集がわりに用いて勉強することも可能です。

あ

- IMF（国際通貨金）・・ 413
- 鮎川義介・・・・・・・・・ 347
- 愛国公党・・・・・・・・・ 253
- 愛国社・・・・・・・・・・ 256
- 相沢忠洋・・・・・・・・・ 12
- アイゼンハワー・・・・・ 408
- 相対済し令・・・・・・・ 191
- アイヌ・・・・・・・・・・ 172
- アイヌ文化振興法・・・・ 435
- 青木周蔵・・・・・・・・・ 273
- 赤絵・・・・・・・・・・・ 211
- 『赤蝦夷風説考』・・・・ 194
- 県主・・・・・・・・・・・ 26
- 赤松氏・・・・・・・・・・ 116
- 赤松満祐・・・・・・・・・ 124
- 秋月の乱・・・・・・・・・ 253
- 商場知行制・・・・・・・ 173
- 芥川龍之介・・・・・・・ 378
- 悪党・・・・・・・・・・・ 110
- 悪人正機・・・・・・・・・ 136
- 明智光秀・・・・・・・・・ 151
- 上げ米（制）・・・・・・ 191
- 阿衡の紛議・・・・・・・ 55
- 朝倉氏・・・・・・・・・・ 131
- 足尾鉱毒事件・・・・・・ 297
- 足利学校・・・・・・・・・ 144
- 足利成氏・・・・・・・・・ 125
- 足利尊氏（高氏）・・・・ 111
- 足利直義・・・・・・・・・ 113
- 足利持氏・・・・・・・・・ 124
- 足利基氏・・・・・・・・・ 124
- 足利義昭・・・・・・・・・ 151
- 足利義教・・・・・・・ 120,124
- 足利義尚・・・・・・・・・ 125
- 足利義政・・・・・・・・・ 125
- 足利義視・・・・・・・・・ 125
- 足利義満・・・・・・・・・ 115
- 足利義持・・・・・・・・・ 120
- 芦田均・・・・・・・・・・ 390
- 飛鳥・・・・・・・・・・・ 33
- 飛鳥浄御原宮・・・・・・ 35
- 飛鳥浄御原令・・・・・・ 35
- 飛鳥寺（法興寺）・・・・ 69
- 飛鳥寺釈迦如来像・・・・ 69
- 飛鳥文化・・・・・・・・・ 68
- 預所・・・・・・・・・・・ 62
- 『吾妻鏡』・・・・・・・・ 138
- 麻生太郎・・・・・・・・・ 434
- 安達泰盛・・・・・・・・・ 105

- 安土城・・・・・・・・・・ 151
- 阿弖流為・・・・・・・・・ 51
- アニミズム・・・・・・・ 16
- 油粕・・・・・・・・・・・ 184
- 安倍氏・・・・・・・・・・ 64
- 安倍晋三・・・・・・・・・ 434
- 阿倍比羅夫・・・・・・・ 43
- 阿部信行・・・・・・・・・ 353
- 阿部正弘・・・・・・・ 226,234
- アヘン戦争・・・・・・・ 199
- 甘粕事件・・・・・・・ 317,334
- 甘粕正彦・・・・・・・・・ 334
- 天草版・・・・・・・・・・ 210
- 阿弥陀堂・・・・・・・・・ 79
- 網漁・・・・・・・・・・・ 184
- アメリカ軍基地反対闘争
     ・・・・・・・・・・・ 403
- 新井白石・・・・・・・ 171,180
- 荒事・・・・・・・・・・・ 214
- アラブ石油輸出国機構
     (OAPEC)・・・・・・ 424
- 有沢広巳・・・・・・・・・ 393
- 有島武郎・・・・・・・・・ 378
- 有馬晴信・・・・・・・・・ 149
- 鞍山製鉄所・・・・・・・ 308
- 安重根・・・・・・・・・・ 291
- 安政の改革・・・・・・ 227,234
- 安政の五カ国条約・・・・ 229
- 安政の大獄・・・・・・ 232,234
- 安全保障理事会・・・・・ 383
- 安藤（安東）氏・・・・・ 123
- 安藤昌益・・・・・・・・・ 217
- 安藤信正・・・・・・・ 232,235
- 安和の変・・・・・・・・・ 57
- 安保改定阻止国民会議
     ・・・・・・・・・・・ 408
- 安保条約（日米安全保障条約）
     ・・・・・・・・・・・ 397

い

- 井伊直弼・・・・・・・ 228,234
- 家持・・・・・・・・・・・ 165
- 位階・・・・・・・・・・・ 37
- 斑鳩寺（法隆寺）・・・・ 69
- 衣冠・・・・・・・・・・・ 78
- 生田万・・・・・・・・・・ 202
- 池貝鉄工所・・・・・・・ 296
- 池田勇人・・・・・・・ 408,409
- 池田光政・・・・・・・ 177,213
- 池田屋事件・・・・・・・ 236
- 異国警固番役・・・・・・ 103

- 異国船打払令（無二念打払令）
     ・・・・・・・・・・・ 199
- いざなぎ景気・・・・・・ 414
- 胆沢城・・・・・・・・・・ 51
- 石井・ランシング協定
     ・・・・・・・・・ 306,313
- 石川啄木・・・・・・・・・ 371
- 石田梅岩・・・・・・・・・ 218
- 石田三成・・・・・・・・・ 158
- 石橋湛山・・・・・・・ 376,407
- 石原莞爾・・・・・・・・・ 339
- 石包丁・・・・・・・・・・ 18
- 石山戦争・・・・・・・・・ 151
- 石山本願寺・・・・・・・ 151
- 出雲氏・・・・・・・・・・ 25
- 出雲阿国・・・・・・・・・ 210
- 伊勢神道（度会神道）・・ 137
- 伊勢長島の一向一揆・・ 151
- 伊勢平氏・・・・・・・・・ 64
- 石上宅嗣・・・・・・・・・ 71
- イタイイタイ病・・・・・ 419
- 板垣退助・・・・・・・・・ 252
- 板付遺跡・・・・・・・・・ 16
- 市川房枝・・・・・・・・・ 335
- 一条兼良・・・・・・・・・ 143
- 一木造・・・・・・・・・・ 77
- 一味同心・・・・・・・・・ 117
- 一里塚・・・・・・・・・・ 186
- 一揆・・・・・・・・・・・ 117
- 一色氏・・・・・・・・・・ 116
- 乙巳の変・・・・・・・・・ 32
- 一世一元の制・・・・・・ 241
- 一地一作人の原則・・・・ 154
- 一遍・・・・・・・・・・・ 136
- 『一遍上人絵伝』・・・・ 139
- 位田・・・・・・・・・・・ 38
- 伊藤仁斎・・・・・・・・・ 213
- 伊藤東涯・・・・・・・・・ 213
- 伊藤野枝・・・・・・・・・ 334
- 伊藤博文・・・・・ 257,280,290
- 伊東マンショ・・・・・・ 149
- 伊東巳代治・・・・・・・ 264
- 糸割符制度・・・・・・・ 167
- 稲村三伯・・・・・・・・・ 217
- 稲荷山古墳出土鉄剣・・ 24
- 犬追物・・・・・・・・・・ 102
- 犬養毅・・・・・・・ 303,326,340
- 犬上御田鍬・・・・・・・ 31
- 井上馨・・・・・・・・・・ 263
- 井上毅・・・・・・・・・・ 258
- 井上準之助・・・・・・ 317,330,342
- 井上日召・・・・・・・・・ 342

- 伊能忠敬・・・・・・・・・ 217
- 井原西鶴・・・・・・・・・ 214
- 位封・・・・・・・・・・・ 38
- 『今鏡』・・・・・・・・・ 140
- 今川義元・・・・・・・・・ 151
- 今様・・・・・・・・・・・ 134
- イラク・・・・・・・・・・ 432
- イラク戦争・・・・・・・ 436
- 色絵・・・・・・・・・・・ 215
- 磐井の乱・・・・・・・・・ 28
- 岩倉使節団・・・・ 240,252,272
- 岩宿・・・・・・・・・・・ 12
- 岩戸景気・・・・・・・・・ 414
- 磐舟柵・・・・・・・・・・ 43
- 院政・・・・・・・・・・・ 84
- 院宣・・・・・・・・・・・ 85
- 院近臣・・・・・・・・・・ 84
- 院庁・・・・・・・・・・・ 85
- 院庁下文・・・・・・・・・ 85
- 印旛沼・・・・・・・・・・ 194
- 院分国・・・・・・・・・・ 86

う

- ヴァリニャーニ・・・ 149,210
- ウィッテ・・・・・・・・・ 287
- ウィリアム＝アダムズ（三浦按針）・・・・・・・・ 167
- ウィルソン・・・・・・・ 310
- 植木枝盛・・・・・・・・・ 259
- 上杉謙信・・・・・・・・・ 129
- 上杉憲実・・・・・・・・・ 124
- 上杉憲忠・・・・・・・・・ 125
- 上田秋成・・・・・・・・・ 219
- 上原勇作・・・・・・・・・ 302
- ヴェルサイユ条約・・・・ 310
- ヴェルサイユ体制・・・・ 310
- 宇垣一成・・・・・・・・・ 345
- 右京・・・・・・・・・・・ 44
- 浮世絵版画・・・・・・・ 215
- 『浮世風呂』・・・・・・ 218
- 『雨月物語』・・・・・・ 219
- 『宇下人言』・・・・・・ 197
- 宇佐八幡神託事件・・・・ 46
- 氏・・・・・・・・・・・・ 25
- 氏寺・・・・・・・・・・・ 69
- 「失われた10年」・・・ 433
- 歌川広重・・・・・・・・・ 220
- 宇多天皇・・・・・・・・・ 55
- 内管領・・・・・・・・・・ 105
- 打ちこわし・・・・・・・ 193
- 内灘事件（内灘闘争）・・ 403

内村鑑三	370
内村鑑三不敬事件	370
右派社会党	398
駅家	44
厩戸王（聖徳太子）	30
運慶	138
運上	193
芸亭	72

え

映画	377
永享の乱	124
栄西	137
叡尊（思円）	137
永仁の徳政令	105
A級戦犯	385
ええじゃないか	366
荏胡麻	107
衛士	41
恵心僧都（源信）	79
蝦夷地	122,172
えた	242
江田船山古墳出土鉄刀	24
江戸	187
江藤新平	252
江戸地廻り経済圏	187
江戸の金遣い	185
江戸幕府	157
エネルギー革命	418
榎本武揚	241,367
絵踏	163
蝦夷	43
恵美押勝（藤原仲麻呂）	46
MSA協定	399
撰銭	126
撰銭令	126
LT貿易	409,426
円覚寺舎利殿	138
延喜格式	52
延喜の荘園整理令	57
延喜の治	56
延久の荘園整理令	84
猿人	10
袁世凱	289
円珍	76
縁日	221
円仁	76
円墳	66
円本	377
延暦寺	76
延暦寺焼打ち	151

お

OAPEC（アラブ石油輸出国機構）	424
『応安新式』	140
奥羽越列藩同盟	238
応永の外寇	121
応永の乱	116
欧化政策	273
奥州藤原氏	64,134
欧州復興計画（マーシャル＝プラン）	394
『往生要集』	79
王政復古の大号令	233
汪兆銘	350
応天門の変	55
応仁の乱	120,125
近江大津宮	35
淡海三船	71
往来物	144
大海人皇子	34
大内氏	131
大内義隆	129
大内義弘	116
大江広元	91
大江匡房	84
大臣	26
『大鏡』	134
大川周明	335
大久保利通	252
大隈重信	258,273,321
大蔵永常	184
大御所時代	200
大坂	187
大阪会議	256
大阪事件	262
大坂城	151
大坂の役	158
大阪紡績会社	293
大塩の乱	200,202
大塩平八郎	202
大新聞	372
大杉栄	334
大槻玄沢	217
大津事件	273
大伴氏	25
大伴金村	29
大友皇子	35
大伴家持	72
大友義鎮（宗麟）	149
太安万侶（安麻呂）	71

大平正芳	428
大連	26
大村純忠	149
大村益次郎	243
大山崎の油座	125
大輪田泊	87
岡倉天心	373
御蔭参り	221
小笠原諸島	251
小笠原諸島返還協定	410
岡田啓介	344
緒方洪庵	217
尾形光琳	215
沖縄サミット	435
沖縄戦	360
沖縄返還	411
沖縄返還協定	411
荻生徂徠	213
荻原重秀	179
阿国歌舞伎	210
桶狭間の戦い	151
刑部親王	37
尾崎行雄	264,279,303
小山内薫	375
織田信長	148
御伽草子	142
踊念仏	136
小野妹子	31
小野道風	78
御文	128
OPEC（石油輸出国機構）	424
臣	25
お雇い外国人	247
オランダ	167
オランダ風説書	170
オリンピック景気	414
オリンピック東京大会	409
オレンジ	430
蔭位の制	38

か

改易	161
海禁政策	120
海軍省軍令部	267
海軍伝習所	367
快慶	138
戒厳令	317,344
会合衆	131
外国人判事の任用	273
『海国兵談』	196

海上警備隊	399
改新の詔	33
開成所	367
改税約書	229
廻船	126
海賊取締令	156
『解体新書』	217
開拓使	240
開拓使官有物払下げ事件	258
開帳	221
貝塚	15
懐徳堂	218
海舶互市新例	171,182
開発領主	61
貝原益軒	213
『懐風藻』	72
開放経済体制	416
海北友松	209
海食青陵	217
カイロ会談	362
臥雲辰致	293
価格等統制令	359
加賀の一向一揆	128
賀川豊彦	334
蠣崎氏	123
嘉吉の徳政一揆	118
嘉吉の変	124
柿本人麻呂	72
部曲	25
革新	402
革新倶楽部	326
革新自治体	419
学制	369
学童疎開	361
学徒出陣	360
核兵器開発問題	435
『学問のすゝめ』	368
勘解由使	51
囲米	196
鹿児島藩（薩摩藩）	205
笠懸	102
借上	107
梶原景時	93
「臥薪嘗胆」	276
和宮	235
葛城氏	25
化政文化	216
華族	242
華族令	265
片岡健吉	264
刀狩	154

荷田春満	216	
片山潜	298	
片山哲	391	
月行事	132	
勝海舟	367	
学校教育法	388	
学校令	369	
活字印刷	149,210	
葛飾北斎	220	
GATT（関税及び貿易に関する一般協定）	413	
桂・タフト協定	290	
桂太郎	281,303	
桂離宮	211	
加藤高明	305,326	
加藤友三郎	312,325	
加藤弘之	368	
過度経済力集中排除法	386,395	
かな文字	78	
『蟹工船』	378	
金子堅太郎	264	
金沢文庫	138	
狩野永徳	209	
狩野山楽	209	
狩野派	143,209	
狩野正信	143	
狩野元信	143	
姓（カバネ）	25	
樺山資紀	277	
歌舞伎	214	
かぶき踊り	210	
かぶき者	176	
株仲間	192	
株仲間解散令	203	
貨幣改鋳	180	
貨幣法	292	
華北分離工作	349	
鎌倉公方	124	
鎌倉幕府	88	
鎌倉府	124	
長官	38	
上方の銀遣い	185	
亀戸事件	317	
亀ヶ岡遺跡	16	
甕棺墓	19	
鴨長明	138	
賀茂真淵	216	
加耶（加羅）	28	
韓鍛冶部	26	
樺太・千島交換条約	251	
ガラ紡	293	

唐様（禅宗様）	138	
刈敷	107	
刈田狼藉	115	
カルテル	319	
枯山水	143	
為替	107	
為替の自由化	416	
川端康成	378	
河村瑞賢	177	
観阿弥	141	
冠位十二階	29	
官位相当制	38	
閑院宮家	181	
官営事業払下げ	296	
官営模範工場	247	
勧学院	75	
「官から民へ」	434	
環境庁	420	
乾元大宝	57	
勘合	120	
環濠集落	19	
勘合貿易（日明貿易）	119	
韓国（大韓帝国）	285	
韓国（大韓民国）	395	
韓国統監府	290	
韓国併合	291	
韓国併合条約	291	
乾漆像	73	
勘定奉行	159	
『漢書』地理志	20	
鑑真	43	
観心寺如意輪観音像	77	
完新世	13	
寛政異学の禁	195	
関税及び貿易に関する一般協定（GATT）	413	
関税自主権	228,272	
寛政の改革	195	
間接統治方式	382	
神田	187	
貫高	129	
姦通罪	390	
乾田	18	
官田	59	
関東管領	124	
関東軍	287,330,339	
関東軍特種演習（関特演）	355	
関東御領	89	

関東大震災	315,317	
関東知行国	89	
関東都督府	287	
関東取締出役	202	
菅直人	436	
観応の擾乱	113	
関白	52,55,151	
桓武天皇	49	
桓武平氏	63	
官物	60	
管理通貨制度	346	
咸臨丸	367	
管領	116	
観勒	69	

き

議院内閣制	390	
棄捐令	196	
紀尾井坂の変	254	
器械製糸	294	
企画院	358	
記紀	24	
企業集団	416	
企業勃興期	261	
菊池寛	378	
菊池武夫	343	
岸信介	407	
騎射三物	102	
技術革新	416	
『魏志』倭人伝	21	
寄進地系荘園	61	
寄生地主制	261	
偽籍	48	
木曽義仲（源義仲）	88	
北一輝	335	
喜多川歌麿	220	
北大西洋条約機構（NATO）	394	
北朝鮮（朝鮮民主主義人民共和国）	395	
北畠親房	140	
北村季吟	214	
北山文化	140	
義太夫節	214	
契沖	56	
切符制	359	
義堂周信	141	
木戸孝允	252	
絹織物業	205	
紀古佐美	50	
紀貫之	78	

吉備氏	25	
吉備真備	42	
黄表紙	196	
義兵運動	290	
奇兵隊	236	
基本的人権の尊重	389	
君	25	
格	37	
九カ国条約	313	
「旧辞」	71	
旧人	10	
九州説	21	
旧石器時代	12	
宮中・府中の別	265	
牛肉	430	
牛馬耕	107	
旧平価解禁	319	
旧里帰農令	196	
教育委員会	388	
教育改革	386,388	
教育基本法	388,436	
教育に関する勅語（教育勅語）	370	
教育令	369	
教王護国寺	76	
狂歌	219	
狂言	142	
京極氏	116	
行財政改革	428	
共産主義（ボリシェヴィズム）	334	
協調外交	314,331	
京都	131,187	
京都大番役	89	
京都議定書	435	
享徳の乱	125	
京都守護職	235	
京都所司代	163	
享保の改革	190	
享保の飢饉	193	
京枡	153	
清浦奎吾内閣	325	
狂乱物価	424	
共和演説事件	279	
「玉音」放送	363	
曲亭馬琴	219	
極東委員会	383	
挙国一致内閣	342	
清原氏	64	
清原清衡（藤原清衡）	64	
居留地貿易	229	
キリシタン大名	149	

キリシタン版	210	恭仁京	43	華厳宗	72	講	128
記録所	111	国造	26	下司	62	公安調査庁	402
記録荘園券契所	84	口分田	40	解脱（貞慶）	137	弘安の役	103
義和団事件	285	熊沢蕃山	212	血税一揆	243	公案問答	137
金印	20	公文	62	血盟団事件	342	庚寅年籍	36
近畿説	21	公文所	91	検非違使	52	『広益国産考』	184
緊急勅令	329	蔵入地	152	解由状	51	公害先進国	419
禁教令	169	鞍作鳥	69	護園学派	213	公害対策基本法	420
金玉均	275	蔵物	187	喧嘩両成敗法	130	江華島事件	250
『金々先生栄花夢』	218	蔵屋敷	187	建艦詔書（和衷協同の詔書）		合巻	203
緊縮財政	319	蔵人所	52		270	合議制	93
近代的民族主義	372	蔵人頭	52	元寇	103	皇居前広場事件（血のメーデー事件）	402
禁中並公家諸法度	163	黒住教	366	元弘の変	110		
金・ドル交換停止	422	黒田清輝	374	兼好法師	138	公金貸付	196
金肥	182	郡	33,38	『源氏物語絵巻』	135	高句麗	23
金本位制	246,248,292	郡衙	38	『源氏物語』	78	孝謙天皇（称徳天皇）	46
銀本位制	261	郡司	38	原人	10	郷校（郷学）	213,218
金脈問題	428	群集墳	67	源信（恵心僧都）	79	光孝天皇	55
禁門の変（蛤御門の変）		軍需生産	384	遣隋使	31	庚午年籍	35
	236	『群書類従』	217	原水爆禁止運動	403	甲午農民戦争	276
金融恐慌	315,328	郡制	265	憲政会	326	皇室典範	265
金融緊急措置令	392,393	軍団	41	憲政党	278	工場払下げ概則	260
金輸出解禁（金解禁）	317	郡評論争	32	憲政の常道	326	工場法	283
金輸出禁止	309	軍部大臣現役武官制		憲政擁護	303	公職追放	384
金輸出再禁止	346		280,345	検地帳	153	庚申講	221
勤労動員	360	軍部大臣現役武官制改正		遣唐使	31,42	甲申事変	275
金禄公債証書	245		304	元和の大殉教	169	更新世	10
		軍役	90,154,158	原爆実験	362	皇親政治	36
く				言文一致体	373	強訴	86
		け		玄昉	42	豪族	25
クウェート	432			減封	161	皇族将軍（親王将軍）	99
空海	75	桂庵玄樹	144	憲法9条	399	好太王（広開土王）碑の碑文	
郡家	38	慶安の変	176	憲法私案	390		23
空也	79	桂園時代	281	憲法十七条	30	公地公民制	33,40
公営田	59	慶応義塾	368	建武以来追加	113	高地性集落	19
陸羯南	372	慶賀使	171	建武式目	112	高知藩（土佐藩）	206
盟神探湯	68	経済安定九原則	395,396	建武の新政	110	皇朝十二銭（本朝十二銭）	
『愚管抄』	138	経済大国	430	元明天皇	43		44
公家法	97	経済摩擦（貿易摩擦）	430	権門勢家	61	皇道派	344
公事方御定書	191	『経済録』	213	県令	240	幸徳秋水	298
『公事根源』	143	警察官職務執行法（警職法）		元老	282	高度経済成長	408,413
俱舎宗	72		408	元老院	256	抗日民族統一戦線	349
九条頼経（藤原頼経）	94	警察予備隊	399	元禄金銀	180	弘仁格式	52
公出挙	41	傾斜生産方式	392,393	元禄時代	178	弘仁・貞観文化	75
薬子の変（平城太上天皇の変）		警職法問題	408	元禄文化	212	光仁天皇	46
	51	計数貨幣	184			高師直	113
楠木正成	111	契沖	214	**こ**		高師冬	124
百済	23	計帳	40			公武合体	235
屈葬	15	慶長遣欧使節	167	恋川春町	196,218	公武合体運動	232
工藤平助	194,217	慶長の役	157	小石川養生所	191	興福寺阿修羅像	73
宮内大臣	265	激化事件	258	小泉純一郎	434	興福寺仏頭	70
国絵図	154	下剋上	125,127	五・一五事件	326,340,342	講武所	367

443

工部省	247
工部美術学校	373
高弁（明恵）	137
光明子	45
光明天皇	112
「皇民化」政策	357
孝明天皇	234
公明党	412
高野山	76
高麗	56
公領（国衙領）	62
コーデル＝ハル	354
評	33
御恩	89
五街道	185
古学	213
古河公方	129
5カ国蔵（財務）相・中央銀行総裁会議（G5）	432
五箇条の誓文	239
『後漢書』東夷伝	20
古義学派	213
古義堂	213
『古今和歌集』	78
国	38
国衙	38
国衙領（公領）	62
国学［近世］	216
国学［古代］	72
国際通貨基金（IMF）	413
国際復興開発銀行（世界銀行、IBRD）	413
国際連合	383
国際連盟	310,340
国司	38
国守	86
国人	114
国人一揆	117
国訴	201
国体	327
国体明徴声明	344
石高	153
石高制	153
国定教科書	370
国鉄（日本国有鉄道）	429
国鉄労働組合（国労）	429
国府	38
国風文化	77
国分寺建立の詔	46
国民学校	357
国民所得倍増計画	409
国民精神総動員運動	356
国民総生産（GNP）	413
国民徴用令	359
『国民之友』	372
石盛	153
黒曜石	15
国立銀行条例	248
国連加盟	406
御家人［近世］	158
御家人［中世］	89
御家人制	90
護憲三派	325
護憲三派内閣	328
小御所会議	233
五山・十刹の制	141
後三条天皇	84
後三年合戦	64
五山版	141
五山文学	141
五・四運動	311
『古事記』	24,71
児島惟謙	273
コシャマインの戦い	123
55年体制	406
55年体制の崩壊	432
呉春（松村月溪）	219
後白河上皇	85
小新聞	372
御成敗式目（貞永式目）	97
戸籍	40
御前会議	355,356
御前帳	154
五大改革	384
後醍醐天皇	110
古代朝鮮式山城	35
五代友厚	258,367
国会	390
国会開設の勅諭	258
国会期成同盟	257
国家改造運動	335,342
骨角器	13
国家社会主義	343
国家総動員法	356
国家仏教	70
国家膨張主義	371
『国記』	30
国共合作（第2次）	349
滑稽本	218
国権回復運動	339
固定（為替）相場制	413,419
後藤象二郎	252
後鳥羽上皇	94
子ども手当	434
近衛文麿	349
小林一茶	219
小林多喜二	378
五品江戸廻送令	230
古墳	66
古文辞学派	213
古墳文化	66
五榜の掲示	236
後水尾天皇	163
コミンテルン	334
小村寿太郎	274
米騒動	322,333
後陽成天皇	152
五稜郭の戦い	238
御料所	116
伊治呰麻呂	50
ゴローウニン事件	199
権現造	211
金光教	366
金剛峰寺	76
『今昔物語集』	134
健児	51
墾田永年私財法	46,48

さ

座	126
西園寺公望	281,310
西海道	38
在華紡	314
西行	138
西郷隆盛	252
最澄	75
在庁官人	62
斎藤実	312,340
済南事件	330
財閥	296
財閥解体	386
割符	126
西芳寺	141
西面の武士	94
左院	240
堺	131
酒井田柿右衛門	211
堺利彦	298,334
坂下門外の変	235
嵯峨天皇	49,75
坂上田村麻呂	51
佐賀の乱	253
佐賀藩（肥前藩）	206
坂本龍馬	232,237
酒屋	126
酒屋役	116
主典	38
防人	35
左京	44
冊封体制	20
桜会	342
桜田門外の変	232,234
座繰製糸	294
「鎖国」	169
雑喉場	187
指出検地	129
薩英戦争	236
雑訴決断所	111
薩長連合（同盟）	232
札幌農学校	247
薩摩口	172
薩摩藩（鹿児島藩）	205,235
佐藤栄作	408,410
佐藤信淵	217
左派社会党	398
サミット（先進国首脳会議）	424
サライェヴォ事件	305
サラリーマン	377
猿楽	134
三・一五事件	329
三・一独立運動	311
三貨	184
三角縁神獣鏡	66
『山家集』	138
三月事件	342
三管領	116
三経義疏	68
産業報国会	359
参勤交代	160
三権分立制	239
三国干渉	276
三国協商	305
『三国通覧図説』	196
三国同盟	305
三斎市	108
三山	122
3C	418
三種の神器	418
三条実美	236
三世一身法	45,48
三跡（蹟）	78
三代格式	52
三大事件建白運動	263
三都	158
山東京伝	196,218

山東出兵	330	地侍	129	四民平等	242	巡礼	221
三内丸山遺跡	14	鹿ヶ谷の陰謀	88	〆粕	184	書院造	142
三筆	75	四職	116	霜月騒動	105	判官	38
三奉行	159	寺社参詣	221	下関条約	276	貞永目(御成敗式目)	97
サンフランシスコ講和会議	397,426	寺社地	165	下山事件	396	蔣介石	329,349,362,395
サンフランシスコ平和条約	397,398,399	寺社奉行	159	シャウプ	395	城下町	131,165
		時宗	135	シャウプ勧告	395,396	荘園	62
産別会議(日本産業別労働組合会議)	404	自主外交	405	謝恩使	171	貞観格式	52
		慈照寺銀閣	142	社会主義	298,333	承久の乱	93
参謀本部	267	治承・寿永の乱	88	シャクシャインの戦い	172	貞享暦	214
讖緯律	259	閑谷学校	213	借家	166	将軍継嗣問題	232
三浦の乱	121	市制	265	車借	126	将軍後見職	235
三毛作	126	氏姓制度	25	写生画	219	貞慶(解脱)	137
三論宗	72	支石墓	19	借款	283	成功	61
		使節遵行	115	ジャパン・バッシング(日本たたき)	430	成実宗	72
し		自然主義文学	373			小選挙区制	323
		『自然真営道』	217	洒落本	196,218	正倉院鳥毛立女屏風	73
GHQ(連合国軍最高司令官総司令部)	382	士族	242	上海事変	340	尚泰	250
		士族授産	247	朱印船	166	『椎談治要』	143
GNP(国民総生産)	413	士族の商法	246	周恩来	349	正中の変	110
G5(5カ国蔵[財務]相・中央銀行総裁会議)	432	下地中分	101	集会条例	259	定朝	79
		七・七禁令	359	十月事件	342	象徴天皇制	389
シーボルト	217	七分積金	196	衆議院議員選挙法	265	正長の徳政一揆	118
ジーメンス事件	304	志筑忠雄	169	重慶政府	350	上知令	203
寺院法度	163	執権	93	修好通商条約	227	浄土教	79,134
自衛隊	399	執権政治	97	自由党	258	正徳金銀	181
JR	429	執事	91	自由都市	131	聖徳太子(厩戸王)	30
紫衣事件	163	湿田	18	十二単(女房装束)	78	称徳天皇(孝謙天皇)	46
思円(叡尊)	137	十返舎一九	218	周文	141	正徳の治	181
慈円	138	幣原外交	314	周辺事態法	435	浄土宗	135
『仕懸文庫』	218	幣原喜重郎	312,314,331,393	自由民権運動	252	浄土真宗(一向宗)	128,135
志貴重昂	372	四天王寺	69	自由民主党	406	小日本主義	376
地方知行制	161	地頭	87,88,100	宗門改め	163	尚巴志	122
志賀直哉	378	地頭請(所)	101	重要産業統制法	319	消費革命	418
紫香楽宮	43	四等官制	38	儒学	138,178	消費税	429
地借	166	持統天皇	36	宿駅	186	正風連歌	143
只管打坐	137	寺内町	131	宿場町	186	承平・天慶の乱	57,64
式	37	品川弥二郎	271	綜芸種智院	76	条坊制	36,44
式家	46	品部	26	主権在民	389	聖武天皇	45
私擬憲法	258	士農工商	164	主権線	274	定免法	191
「私擬憲法案」	259	斯波氏	116	守護	88	縄文時代	13
式亭三馬	218	地盤沈下	419	守護大名	114	縄文土器	14
職封	38	渋川春海(安井算哲)	179,214	守護領国制	114	縄文文化	13
職封	38	渋沢栄一	249	朱子学	138,144,211,212	条約改正交渉	271
式部省	38	シベリア出兵	306	主従関係	90	秤量貨幣	185
地下請(村請・百姓請)	118	シベリア鉄道	273	ジュネーヴ会議	329	生類憐みの令	178
地下検断(地下検断)	118	資本の自由化	416	聚楽第	152	青蓮院流	139
自検断(地下検断)	118	島津斉彬	205,234	殉死の禁止	177	昭和恐慌	319
四国艦隊下関砲撃事件	232	島津久光	235	『春色梅児誉美』	203	昭和電工事件(昭電疑獄)	392
色丹島	406	島原の乱	163	春闘	419		
自作農創設特別措置法	387	持明院統	110	順徳上皇	95	昭和天皇	429
				淳仁天皇	46		

承和の変 … 54	神道 … 137	スペイン … 167	禅 … 135
初期議会 … 269	新皇 … 64	スミソニアン体制 … 423	選挙干渉 … 271
初期荘園 … 47	親王将軍（皇族将軍）… 99	住友 … 297	前九年合戦 … 64
職業婦人 … 377	『神皇正統記』… 140	住吉具慶 … 215	戦後恐慌 … 315
殖産興業 … 246	新派劇 … 373	住吉如慶 … 215	全国水平社 … 335
『続日本紀』… 71	親藩 … 157,161	受領 … 60	戦国大名 … 127
『続日本後紀』… 71	神風連の乱 … 253		千石簁 … 183
織豊政権 … 150	神婦人協会 … 335	**せ**	「戦後政治の総決算」… 428
所司 … 116	神仏習合 … 74		宣旨枡 … 85
女性解放運動 … 335	神仏分離令 … 368	世阿弥 … 141	禅宗 … 136
女性参政権（婦人参政権）… 384	新聞紙条例 … 259	西安事件 … 349	専修念仏 … 136
如拙 … 141	新平価解禁論 … 320	「聖域なき構造改革」… 434	禅宗様（唐様）… 138
所領裁判 … 100	新補地頭 … 93	征夷大将軍 … 51	漸次立憲政体樹立の詔 … 256
ジョン＝ヘイ … 284	新補率法 … 96	正貨 … 248	先進国首脳会議（サミット）… 424
白樺派 … 378	神本仏迹説（反本地垂迹説）… 137	聖学 … 213	戦争放棄 … 390
白河天皇 … 85	新民法 … 390	正貨準備 … 248	銭納 … 107
新羅 … 23	神武景気 … 414	征韓論 … 252	千利休 … 210
自力救済 … 130	親鸞 … 136	『聖教要録』… 213	専売公社（日本専売公社）… 429
志波城 … 51		製糸業 … 294	専売制 … 193
新安保条約（日米相互協力及び安全保障条約）… 407	**す**	政事総裁職 … 235	千歯扱 … 183
新恩給与 … 90	隋 … 29	清少納言 … 78	前方後円墳 … 22,66
辛亥革命 … 289	出挙 … 41	『政談』… 213	前方後方墳 … 66
新ガイドライン … 435	推古天皇 … 29	聖堂学問所 … 178	全面講和 … 398
新ガイドライン関連法 … 435	水質汚濁 … 419	青銅器 … 16	川柳 … 219
心学 … 218	『隋書』倭国伝 … 31	青鞜社 … 335	
新貨条例 … 248	水稲農耕 … 16	政党内閣 … 277	**そ**
辰韓 … 23	水爆実験 … 403	西南戦争 … 245	
新感覚派 … 378	水墨画 … 141,209	清和源氏 … 63	租 … 40
神祇官 … 38	枢密院 … 264,267	清和天皇 … 55	宋 … 56
神宮寺 … 74	須恵器 … 68	セオドア＝ローズヴェルト … 287	惣（惣村）… 117
新劇 … 373	陶作部 … 26	世界恐慌 … 319	ソヴィエト連邦 … 306
新劇運動 … 375	陶晴賢 … 129	世界銀行（国際復興開発銀行、IBRD）… 413	惣掟 … 118
人権指令 … 385	菅原道真 … 55	世界貿易機関（WTO）… 413	騒音 … 419
新興財閥 … 347	杉田玄白 … 217	世界貿易センタービル … 435	創価学会 … 412
『新古今和歌集』… 138	数寄屋造 … 211	関ヶ原の戦い … 158	宋学 … 138
壬午軍乱 … 275	杉山元治郎 … 334	関所 … 186	宗祇 … 143
真言宗 … 75	次官 … 38	関銭 … 116	総合雑誌 … 373
震災恐慌 … 315	助郷役 … 186	石鏃 … 14	宗氏 … 121
震災手形 … 315	朱雀大路 … 44	関孝和 … 214	『宋書』倭国伝 … 24
新思潮派 … 378	崇峻天皇 … 29	石棒 … 15	宋銭 … 107
新人 … 10	調所広郷 … 205	石油輸出国機構（OPEC）… 424	曹洞宗 … 135
壬申の乱 … 34	鈴木貫太郎 … 362	絶海中津 … 141	惣百姓一揆 … 193,200
薪水給与令（文化の撫恤令）… 199	鈴木商店 … 316	摂家政治 … 56	総評（日本労働組合総評議会）… 403,404
新選挙法 … 384	鈴木春信 … 219	積極外交 … 329	惣無事 … 151
『新撰菟玖波集』… 143	鈴木文治 … 333	積極財政 … 347	惣無事令 … 130,152
新体制運動 … 356	スターリン … 362	摂家将軍（藤原将軍）… 94	僧兵 … 86
信託統治 … 398	スタグフレーション … 424	雪舟 … 143	双務的最恵国待遇 … 272
新田開発 … 192,194	崇徳上皇 … 87	摂政 … 30,55	草木灰 … 107
寝殿造 … 78	ストライキ … 297	瀬戸焼 … 139	雑徭 … 38
	砂川事件（砂川闘争）… 403		

惣領制	90	大戦景気	307	高向玄理	31
副島種臣	252	大仙陵古墳	67	高山右近	169
ソーシャル＝ダンピング	347	大東亜会議	360	高山樗牛	371
蘇我氏	25	大東亜共栄圏	359	高床倉庫	18
蘇我入鹿	32	大同団結運動	263	兌換	248
蘇我馬子	29	大徳寺大仙院	143	兌換紙幣	248
蘇我蝦夷	32	大納言	38	滝廉太郎	374
束帯	78	第二議会	271	竹下登	429
祖国復帰運動	411	第二次護憲運動	324	武田勝頼	148
租借	284	第二次世界大戦	352	武田信玄	129
塑像	73	第2次石油危機	428	竹内式部	218
尊王攘夷（尊攘）運動	232	第2次日韓協約	290	竹本義太夫	214
尊王論	217	第2次山本権兵衛内閣	325	多国籍軍	432
孫文	289	第2次若槻礼次郎内閣	339	太宰春台	213
		『大日本沿海輿地全図』	217	大宰府	38
た		大日本帝国憲法（明治憲法）	265	足高の制	191
		大日本産業報国会	359	太政官	38
ターミナルデパート	378	代表越訴型一揆	200	太政官（制）	240
第一議会	271	題目	135	多色刷版画	220
第一次護憲運動	303	大仏造立の詔	46	打製石器	12
第一次世界大戦	304	大仏様	138	橘奈良麻呂	46
第1次石油危機	424,428	『太平記』	140	橘逸勢	54,75
第1次長州征討	236	太平洋戦争	355	橘諸兄	45
第1次日韓協約	290	大宝律令	33,37	「脱亜論」	275
大学	72	大犯三カ条	89	竪穴式石室	66
大覚寺統	110	台密	76	竪穴住居	15
大学頭	179	大名	161	田堵	59
大学紛争	410	大名田堵	60	多党化現象	412
大学別曹	75	『太陽のない街』	378	田荘	25
大学令	376	太陽暦	368	田中角栄	424,427,428
『大学或問』	213	第4次中東戦争	423	田中義一	315,316,328
大化改新	31	第四議会	271	田中正造	298
大官大寺	70	平清盛	87	店借	166
大韓帝国（韓国）	285	平貞盛	64	田沼意次	193
大韓民国（韓国）	395	平忠常	64	田沼時代	193
大気汚染	419	平忠常の乱	64	WTO（世界貿易機関）	413
大逆罪	273	平正盛	64	田部	26
大逆事件	299	平将門	64	濃絵	209
大教宣布の詔	368	平将門の乱	64	為永春水	203,219
大航海時代	148	平頼綱	105	樽廻船	187
太閤検地	153	大老	159	俵屋宗達	211
大黒屋光太夫	196	台湾（中華民国）	426	単一為替レート	396
醍醐天皇	56	台湾銀行	316	段祺瑞	306
第五福龍丸事件	403	台湾出兵	250	塘沽停戦協定	341
第三議会	271	多賀城	43,50	男性普通選挙	327,328
第3次日韓協約	290	高杉晋作	236	段銭	116
大衆文化	376	高野長英	199	炭素14年代法	17
大正政変	303	高野房太郎	298	団琢磨	342
大審院	256	高橋是清	316,326		
大政奉還	233,236	高橋財政	346		
大政翼賛会	357	高松塚古墳壁画	70		

ち	
治安維持法	327
治安警察法	280,298,335
チェルノブイリ原発事故	431
地価	244
治外法権	228
地下鉄	378
地下鉄サリン事件	433
近松門左衛門	214
知行国	86
知行国主	86
知行国制	86
蓄銭叙位令	44
地券	244
知行合一	212
地租改正	243
地租改正条例	244
地租改正反対一揆	245
地租増徴問題	277
秩父事件	262
秩禄	245
秩禄処分	245
秩禄奉還の法	245
血のメーデー事件（皇居前広場事件）	402
知藩事	240
地方改良運動	283
地方官会議	256
地方三新法	257
地方自治法	390
地方制度	265
チャーチル	362
嫡子	114
茶道	143,210
茶の湯	210
中央権権国家	30
中華人民共和国	395
中華民国	289
中華民国（台湾）	426
中華民国政府	395
仲恭天皇	95
中国革命	395
中国国民党	289
中国分割	283
中尊寺金色堂	134
町	132
調	38
張学良	330,349
重源	138

447

張鼓峰事件	353	適々斎塾（適塾）	217	銅戈	16	徳川吉宗	190
張作霖	330	出島	167,172	東海道新幹線	409	特需景気	400
張作霖爆殺事件	330	鉄器	16	『東海道中膝栗毛』	218	『読史余論』	213
長州藩（萩藩）	206,236	鉄道国有法	283,296	道鏡	46	徳政	106
朝鮮（李朝）	120,171	鉄砲	148	東京音楽学校	374	独占禁止法	386
超然主義	270	デモクラシー	322	東京裁判	385	得宗	105
朝鮮戦争	397	寺請制度	163	東京スカイツリー	436	得宗専制政治	98
朝鮮総督府	291	寺内正毅	291,304,321	東京大学	370	独ソ不可侵条約	352
朝鮮民主主義人民共和国（北朝鮮）	395	寺子屋	218,222	東京電力福島第一原子力発電所	436	徳富蘇峰	371
町村制	265	寺島宗則	272	東京美術学校	374	徳冨蘆花	372
町人	165	田楽	134	東求堂同仁斎	143	徳永直	378
重任	61	天下徳政相論	51	銅剣	16	特別高等課（特高）	299
町人請負新田	192	天智天皇	35	道元	137	十組問屋	187
町人地	165	天正大判	152	東寺	76	土佐派	143,215
徴兵告諭	243	天正遣欧使節	149	同時多発テロ事件	435	土佐（高知藩）	206
徴兵令	242,243	天津条約	275	堂島	187	外様	157,161
徴兵制軍隊	242	電信線	248	東洲斎写楽	220	土佐光起	215
町法	132	天台宗	75	唐招提寺鑑真像	73	土佐光信	143
町法（町掟）	165	電電公社（日本電信電話公社）	429	東条英機	355,360,384	十三湊	123
チンギス＝ハン	103	電灯	378	唐人屋敷	172,182	土倉	126
賃金統制令	358	『天皇記』	30	統帥権干犯問題	331	土倉役	116
鎮護国家	72	天皇機関説	321,522	統帥権の独立	268	土地調査事業	291
鎮守府	43	天皇機関説排撃運動	343	統制派	344	ドッジ	394
鎮西探題	104	天皇大権	267	東大寺南大門	138	ドッジ＝ライン	395
賃租	49	田畑永代売買の禁止令	165	東大新人会	333	隣組	357
頂相	139	田畑勝手作り	244	銅鐸	16	舎人親王	71
		天平文化	71	道南十二館	123	鳥羽上皇	85
つ		天文法華の乱	132	倒幕論	235	鳥羽・伏見の戦い	238
		転封	161	逃亡	48	烽	35
通商国	171	天保の改革	200	東方会議	330	富岡製糸場	247
通信国	171	天保の飢饉	202	銅矛	16	富突	221
通信使	171	天保の薪水給与令	199,203	唐箕	183	富永仲基	218
継飛脚	186	天満	187	東密	76	伴（大伴）健岑	55
筑紫国造磐井	28	伝馬役	186	東洋拓殖株式会社（東拓）	291	伴造	26
『菟玖波集』	140	天武天皇	35	道理	97	伴善男	55
対馬口	172	天明の打ちこわし	197	富樫政親	128	豊田佐吉	294
津田三蔵	273	天明の飢饉	195	土岐康行の乱	116	豊臣秀吉	130,151
土一揆	118	天文方	179	土偶	15	虎の門事件	325
土御門上皇	95	天理教	366	徳川家定	234	取付け騒ぎ	316
津料	116	天暦の治	56	徳川家達	312	トルーマン	362
『徒然草』	138	天龍寺	141	徳川家綱	176	トルーマン＝ドクトリン	394
兵	63	電力国家管理法	358	徳川家斉	200	ドル危機	422
				徳川家光	159	ドル＝ショック（ニクソン＝ショック）	422
て		と		徳川家茂	232,234	ドル防衛策	422
『帝紀』	71			徳川家康	157	曇徴	69
『庭訓往来』	144	問（問丸）	107	徳川綱吉	171,178	屯田兵制度	247
帝国議会	267,269	問屋	126	徳川秀忠	158		
帝国国策遂行要領	355	問屋制家内工業	204	徳川光圀	177		
帝国国防方針	302,304	唐	31	徳川慶福	232,234		
手賀沼	194	東亜新秩序	349	徳川慶喜	232,235		

な

内閣・・・・・・・・・・・・・ 267
内閣制度・・・・・・・・・・・ 265
内大臣・・・・・・・・・・・・・ 265
内務省・・・・・・・・・・・・・ 247
中江兆民・・・・・・・・ 264,370
中江藤樹・・・・・・・・・・・ 212
長岡京・・・・・・・・・・・ 43,50
中岡慎太郎・・・・・・・・・ 237
長崎口・・・・・・・・・・・・・ 172
長崎高資・・・・・・・・・・・ 110
長崎貿易・・・・・・ 171,182,194
長篠合戦・・・・・・・・・・・ 148
中先代の乱・・・・・・・・・ 112
中曽根康弘・・・・・・・・・ 428
永田鉄山・・・・・・・・・・・ 344
中務省・・・・・・・・・・・・・・ 38
中継貿易・・・・・・・・・・・ 122
中臣鎌足（藤原鎌足）・・・ 32
中大兄皇子・・・・・・・・・・ 32
中村正直・・・・・・・・・・・ 368
長屋王・・・・・・・・・・・・・・ 45
長屋王の変・・・・・・・・・・ 45
ナショナリズム・・・・・・・ 343
名代・子代の部・・・・・・・ 26
菜種・・・・・・・・・・・・・・・ 127
ナチス・・・・・・・・・・・・・ 351
ナチズム・・・・・・・・・・・ 351
夏目漱石・・・・・・・・・・・ 373
ＮＡＴＯ（北大西洋条約機構）
・・・・・・・・・・・・・・・ 394
難波・・・・・・・・・・・・・・・・ 33
難波宮・・・・・・・・・・・・・・ 43
菜畑遺跡・・・・・・・・・・・・ 16
鍋島直正・・・・・・・・・・・ 206
生麦事件・・・・・・・・・・・ 236
奈良時代・・・・・・・・・・・・ 42
鳴滝塾・・・・・・・・・・・・・ 217
南学・・・・・・・・・・・・ 144,212
南家・・・・・・・・・・・・・・・・ 46
南禅寺・・・・・・・・・・・・・ 141
『南総里見八犬伝』・・・・・ 219
南朝・・・・・・・・・・・・・・・ 113
南都・・・・・・・・・・・・・・・・ 86
南都六宗・・・・・・・・・・・・ 72
難波大助・・・・・・・・・・・ 334
南蛮人・・・・・・・・・・・・・ 149
南蛮屏風・・・・・・・・・・・ 210
南蛮文化・・・・・・・・・・・ 210
南蛮貿易・・・・・・・・ 149,216

南部仏印進駐・・・・・・・・ 355
南北朝文化・・・・・・・・・ 139
南鐐弐朱銀・・・・・・・・・ 193

に

新潟水俣病・・・・・・・・・ 419
二・一ゼネスト・・・・・・ 394
ニクソン＝ショック（ドル＝ショック）・・・・・・ 422,426
ニクソン・・・・・・・・・・・ 422
西周・・・・・・・・・・・・・・・ 368
錦絵・・・・・・・・・・・・・・・ 219
西市・・・・・・・・・・・・・・・・ 44
西川亀三・・・・・・・・・・・ 306
西原借款・・・・・・・・・・・ 305
西廻り海運・・・・・・・・・ 177
西村茂樹・・・・・・・・・・・ 368
二十一カ条の要求・・・・ 304
二十四組問屋・・・・・・・ 187
二条河原落書・・・・・ 112,140
二条良基・・・・・・・・・・・ 140
似絵・・・・・・・・・・・・・・・ 139
『偐紫田舎源氏』・・・・・・ 203
日英通商航海条約・・・・ 274
日英同盟協約（第１次）
・・・・・・・・・・・・・・・ 286
日英同盟協約（第２次）
・・・・・・・・・・・・・・・ 289
日元貿易・・・・・・・・・・・ 119
日独伊三国同盟・・・・・・ 353
日独防共協定・・・・・・・ 351
日米安全保障条約（安保条約）・・・・・・・・・・ 397
日米行政協定・・・・・ 399,402
日米構造協議・・・・・・・ 430
日米修好通商条約・・・・ 228
日米相互協力及び安全保障条約（新安保条約）・・・ 407
日米相互防衛援助協定・・ 399
日米地位協定・・・・・・・ 407
日米農産物交渉・・・・・・ 430
日米和親条約（神奈川条約）
・・・・・・・・・・・・・・・ 226
日満議定書・・・・・・・・・ 340
日明貿易・・・・・・・・・・・ 115
日明貿易（勘合貿易）・・ 119
日蓮・・・・・・・・・・・・・・・ 136
日蓮宗（法華宗）・・・ 132,136
日露協商論・・・・・・・・・ 286
日露協約・・・・・・・・・・・ 289
日露戦争・・・・・・・・・・・ 285

日華平和条約・・・・・・・ 426
日韓基本条約・・・・・・・ 410
日光東照宮・・・・・・・・・ 211
日産コンツェルン・・・・ 347
日親・・・・・・・・・・・・・・・ 132
日清修好条規・・・・・・・ 250
日清戦争・・・・・・・・・・・ 276
日宋貿易・・・・・・・・・・・・ 56
日ソ基本条約・・・・・・・ 327
日ソ共同宣言・・・・・・・ 406
日ソ中立条約・・・・・・・ 354
新田義貞・・・・・・・・・・・ 111
日窒コンツェルン・・・・ 347
日中共同声明・・・・・ 427,428
日中国交の正常化・・・・ 427
日中戦争・・・・・・・・・・・ 348
日中平和友好条約・・・・ 427
日朝修好条規・・・・・・・ 250
日朝首脳会談・・・・・・・ 435
日朝貿易・・・・・・・・・・・ 121
二・二六事件・・・・・・・ 344
日本開発銀行・・・・・・・ 415
日本共産党
・・・・・・・・・・ 329,334,391
日本銀行・・・・・・・・・・・ 260
『日本後紀』・・・・・・・・・・ 71
日本国憲法・・・・・・・・・ 389
日本産業別労働組合会議（産別会議）・・・・・・・・・ 404
『日本三代実録』・・・・・ 57,71
日本社会党・・・・・・・ 298,391
日本自由党・・・・・・・・・ 391
日本主義・・・・・・・・・・・ 371
『日本書紀』・・・・・・・・ 24,71
日本人移民排斥運動・・ 289
日本人学童入学拒否事件
・・・・・・・・・・・・・・・ 289
日本進歩党・・・・・・・・・ 391
日本製鋼所・・・・・・・・・ 296
日本製鉄会社・・・・・・・ 347
日本大使公邸占拠事件
・・・・・・・・・・・・・・・ 435
日本たばこ産業（ＪＴ）・・ 429
日本鉄道会社・・・・・・・ 295
日本電信電話（ＮＴＴ）・・ 429
日本農民組合・・・・・・・ 334
日本橋・・・・・・・・・・・・・ 187
日本美術院・・・・・・・・・ 374
日本町・・・・・・・・・・・・・ 168
『日本文徳天皇実録』・・・ 71
日本輸出銀行・・・・・・・ 415
日本輸出入銀行・・・・・・ 415

「日本列島改造論」・・・・ 429
日本労働組合総評議会（総評）
・・・・・・・・・・・・ 403,404
日本労働組合総連合会（連合）
・・・・・・・・・・・・・・・ 404
日本労働組合総連合会（新「連合」）・・・・・・・・・ 429
日本労働総同盟・・・・・・ 333
二毛作・・・・・・・・・・・・・ 107
女房装束（十二単）・・・・ 78
人形浄瑠璃・・・・・・ 210,214
人間宣言・・・・・・・・・・・ 384
忍性（良観）・・・・・・・・ 137
人情本・・・・・・・・・・ 203,219
人足寄場・・・・・・・・・・・ 196
寧波の乱・・・・・・・・・・・ 120

ぬ

糠・・・・・・・・・・・・・・・・・ 184
渟足柵・・・・・・・・・・・・・・ 43

ね

根刈り・・・・・・・・・・・・・・ 18
熱戦・・・・・・・・・・・・・・・ 397
年行司・・・・・・・・・・・・・ 131
念仏・・・・・・・・・・・・・・・ 135

の

能・・・・・・・・・・・・・・・・・ 141
農業基本法・・・・・・・・・ 419
農業恐慌・・・・・・・・・・・ 319
『農業全書』・・・・・・ 184,213
『農具便利論』・・・・・・・ 184
農山漁村経済更生運動・・ 347
農産物の輸入自由化・・ 430
農書・・・・・・・・・・・・・・・ 182
農地改革・・・・・・・・・・・ 387
野口遵・・・・・・・・・・・・・ 347
野田佳彦・・・・・・・・・・・ 436
野中兼山・・・・・・・・・・・ 212
野々村仁清・・・・・・・・・ 215
野村吉三郎・・・・・・・・・ 354
ノモンハン事件・・・・・・ 353
ノルマントン号事件・・・ 273

は

ハーグ密使事件・・・・・・ 290
俳諧・・・・・・・・・・・・・・・ 219

配給制	359	
『梅松論』	140	
裴世清	31	
廃刀令	253	
廃藩置県	239	
廃仏毀釈	368	
破壊活動防止法（破防法）	402	
博多	131	
馬韓	23	
萩の乱	253	
萩藩（長州藩）	206	
白村江の戦い	34	
白馬会	374	
幕藩体制	155,158	
白鳳文化	70	
バサラ	140	
土師器	68	
箸墓古墳	22	
橋本欣五郎	342	
馬借	118,126	
場所請負制度	173	
長谷川等伯	209	
畠山氏	116	
旗本	158	
八月十八日の政変	236	
抜歯	15	
閥族打破	303	
バテレン（宣教師）追放令	156	
鳩山一郎	391,402,405	
鳩山由紀夫	434	
花の御所（室町殿）	115	
花畠教場	213	
塙保己一	217	
埴輪	66	
バブル経済	433	
歯舞群島	406	
浜北人	11	
浜口雄幸	317,328,330	
蛤御門の変（禁門の変）	236	
林子平	196	
林鳳岡（信篤）	179	
林羅山（道春）	211	
隼人	43	
原敬	321,322	
パリ講和会議	310	
ハリス	228,234	
播磨の土一揆	118	
ハル＝ノート	354	
『ハルマ和解』	217	
藩	161	
藩校（藩学）	197,213,218	
藩札	188	
蛮社の獄	199	
反射炉	205	
蕃書調所	367	
蛮書和解御用	217	
阪神・淡路大震災	433	
半済	115	
半済令	115	
版籍奉還	239	
『伴大納言絵巻』	135	
班田収授法	33,40	
半導体	430	
反本地垂迹説（神本仏迹説）	137	
反輸入キャンペーン	430	
ひ		
PKO協力法	432	
比叡山	76	
稗田阿礼	71	
菱垣廻船	187	
非核三原則	410	
東久邇宮稔彦	391	
東日本大震災	436	
東市	44	
東廻り海運	177	
東山文化	142	
引揚げ	392	
引付	98	
引付衆	98	
ビキニ環礁	403	
比企能員	93	
菱川師宣	215	
非常特別税	288	
ひすい	15	
肥前藩（佐賀藩）	206	
備中鍬	183	
ビッドル	226	
人返しの法	203	
人掃令（身分統制令）	154	
ヒトラー	351	
非人	242	
日野富子	125	
日比谷焼打ち事件	287	
卑弥呼	21	
百姓一揆	192	
百万町歩の開墾計画	48	
氷河時代	10	
評定衆	97	
評定所	159	
平等院鳳凰堂	79	
平泉	64	
平賀源内	217	
平田篤胤	216	
平塚らいてう	335	
平戸	167	
広田弘毅	345	
裕仁親王	325	
琵琶法師	138	
閔妃	275	
ふ		
ファシズム	351	
『風姿花伝』（花伝書）	141	
『風神雷神図屏風』	211	
フェートン号事件	199	
フェノロサ	373	
不換紙幣	248	
溥儀	340	
復員	392	
福沢諭吉	275,368	
福島事件	262	
福田赳夫	427	
福田康夫	434	
福地源一郎	258	
不敬事件	390	
武家諸法度（寛永令）	161	
武家諸法度（元和令）	161	
武家諸法度（天和令）	178	
武家地	165	
武家伝奏	163	
府県制	265	
富国強兵	246	
武士	63	
武士団	63	
伏見城	208	
藤原京	33	
藤原将軍（摂家将軍）	94	
藤原惺窩	211	
藤原家隆	138	
藤原宇合	45	
藤原鎌足（中臣鎌足）	32	
藤原清衡（清原清衡）	64	
藤原薬子	51	
藤原定家	138	
藤原佐理	78	
藤原純友	64	
藤原純友の乱	64	
藤原忠通	87	
藤原種継	50	
藤原時平	57	
藤原仲成	51	
藤原仲麻呂（恵美押勝）	46	
藤原秀郷	64	
藤原秀衡	64	
藤原広嗣	45	
藤原広嗣の乱	46	
藤原房前	45	
藤原良房	55	
藤原不比等	37,45	
藤原冬嗣	49	
藤原麻呂	45	
藤原道長	57	
藤原武智麻呂	45	
藤原基経	55	
藤原基衡	64	
藤原百川	46	
藤原行成	78	
藤原頼経（九条頼経）	94	
藤原頼長	87	
藤原頼通	57	
婦人参政権（女性参政権）	384	
普選運動	323	
不戦条約	329,330	
武装解除	384	
蕉村	219	
譜代	157,161	
双子の赤字	432	
札差	196	
「二つの中国」	425	
府知事	240	
復興金融金庫（復金）	393	
復古神道	216	
『風土記』	71	
太占の法	68	
船成金	308	
不入の権	62	
フビライ＝ハン	103	
富本銭	36	
踏絵	164	
踏車	183	
負名	60	
負名体制	60	
不輸の権	62	
部落解放運動	335	
プラザ合意	431,432	
フランクリン＝ローズヴェルト	362	
フランシスコ＝ザビエル	149	
ブレトン＝ウッズ体制（ＩＭ		

索引

F 体制)	423
浮浪	48
ブロック経済圏	347
プロレタリア文学運動	378
文永の役	103
文化住宅	378
分割相続	91
文化の撫恤令(薪水給与令)	199
文官任用令	280
文官任用令再改正	303
文久の改革	232
分国法	130
文人画	219
分地制限令	165,177
文展(文部省美術展覧会)	374
文明開化	367
文禄の役	157

へ

平安京	49
平安時代	49
平価	292
「米価安の諸色高」	190
平曲	138
平家没官領	89
『平家物語』	138
平氏政権(六波羅政権)	86
平治の乱	86
平城京	42
平成	429
平城太上天皇の変(薬子の変)	51
平城天皇	51
平成不況	433
兵農分離	154
平民	242
平民宰相	323
平民社	298
平民的欧化主義	371
平和主義	389
北京議定書	285
北京訪問計画	426
別当	91
ベトナム戦争	410
ベトナム和平協定	425
ペリー	226
弁韓	23
変動(為替)相場制	423

ほ

保安条例	263
保安隊	399
防衛庁	399
貿易自由化政策	415
貿易の自由化	416
貿易摩擦(経済摩擦)	430
法皇	84
俸給生活者	377
方形周溝墓	19
保元の乱	86
奉公	90
法興寺(飛鳥寺)	69
奉公衆	116
宝治合戦	99
放射能汚染	434
北条氏綱	129
北条氏康	129
『方丈記』	138
北条貞時	105
北条氏	93
法成寺	79
北条早雲	129
北条時政	93
北条時頼	98
北条政子	93
北条泰時	97
北条義時	93
奉公船制度	168
紡績業	293
法然	136
方墳	66
法隆寺(斑鳩寺)	69
法隆寺金堂釈迦三尊像	69
法隆寺金堂壁画	70
宝暦事件	218
宝暦・天明期の文化	216
俸禄制度	161
ポーツマス条約	287
北緯38度線	395
北清事変	285
北朝	112
北伐	329
穂首刈り	18
北面の武士	85
北嶺	86
干鰯	184
保科正之	177
保守	402
保守合同	406

戊申詔書	283
戊辰戦争	233
細川勝元	125
細川氏	116
細川護熙	432
渤海	42
北家	54
法華一揆	132
法華宗(日蓮宗)	132,136
法相宗	72
堀田正俊	178
堀田正睦	228,234
ポツダム会談	362
ポツダム宣言	362
堀川学派	213
堀越公方	129
ボリシェヴィキ	306
ボリシェヴィズム(共産主義)	334
ポルトガル	148,217
本阿弥光悦	211
本家	61
本所法	97
本陣	186
本草学	213
本多利明	217
本地垂迹説	137
本朝十二銭(皇朝十二銭)	44
本土空襲	361
「本土なみ沖縄返還」	430
本途物成	165
本能寺の変	151
翻波式	77
本百姓	164
本百姓体制	190
本補地頭	93
本末制度	163
本領安堵	90

ま

マーシャル=プラン(欧州復興計画)	394
マイナス成長	424
前島密	248
前田綱紀	177
前野良沢	217
前原一誠	253
蒔絵	78
巻狩	102
『枕草子』	78

『増鏡』	140
磨製石器	12
町奉行	159
松岡外交	354
松岡洋右	340,354
松尾芭蕉	214
マッカーサー元帥	382
マッカーサー草案	389
松方財政	260
松方正義	260
松川事件	396
末期養子の禁止	177
末期養子の禁止の緩和	177
松平容保	235
松平定信	195
松平慶永	234
末法思想	79
松前口	172
松前氏	123
松村月溪(呉春)	219
間部詮房	180
マニュファクチュア	204
マルクス主義	375
円山応挙	219
万延貨幣改鋳	231
満州国	285,340
満州事変	339
曼荼羅	77
満鉄(南満州鉄道株式会社)	287
政所	91
『万葉集』	72

み

三池争議	418
御内人	105
三浦按針(ウィリアム=アダムズ)	167
三木武夫	424,428
『水鏡』	140
水城	35
水野忠邦	199,203
見世棚	108
三鷹事件	396
三井	297
密教	75
ミッドウェー海戦	360
三菱	297
港川人	10
南淵請安	31

451

水俣病	419
南満州鉄道株式会社（満鉄）	287
南村梅軒	144
源実朝	93
源高明	57
源経基	64
源義家	64
源義親	64
源義親の乱	64
源義朝	87
源義仲（木曽義仲）	88
源頼家	93
源頼朝	87
源頼信	64
源頼政	88
源頼義	64
美濃部達吉	321
身分統制令（人掃令）	154
屯倉	26
三宅雪嶺	372
宮崎安貞	184,213
宮崎友禅	215
名	60
明恵（高弁）	137
冥加	193
三善康信	91
明	120
旻	31
民営化	434
民主社会党	412
民主党連立政権	434
明清交替	174
明銭	126
民撰議院設立の建白書	240,253
明兆	141
民党	270
民法典論争	266
民本主義	321
『民約訳解』	370
民友社	372

む

無学祖元	137
無産政党	327
武者小路実篤	378
夢窓疎石	141
ムッソリーニ	351
陸奥宗光	273
『陸奥話記』	64,134

無二念打払令（異国船打払令）	199
宗尊親王	99
棟別銭	116
村請制	165
村方騒動	201
村上天皇	56
紫式部	78
連	25
村田珠光	143
村田清風	206
室生寺	76
室生寺弥勒堂釈迦如来坐像	77
室町幕府	112
室町文化	139

め

明治改元	239
明治憲法（大日本帝国憲法）	265
明治十四年の政変	258
明治美術会	374
明治六年の政変	252
明徳の乱	116
明暦の大火	176
明六社	368
明和事件	218
目安箱	191
綿織物業	205

も

蒙古襲来	103
『蒙古襲来絵巻』	139
毛沢東	395
毛利元就	129
モガ（モダンガール）	378
最上徳内	194
目代	58
持株会社整理委員会	386
以仁王	88
木簡	33
モッセ	265
本居宣長	216
物部氏	25
物部守屋	29
「もはや戦後ではない」	414
モボ（モダンボーイ）	378
木綿	121

桃山文化	208
モラトリアム	316
森有礼	368
モリソン号事件	199
文章経国	75
門司町	131
問注所	91
文部省美術展覧会（文展）	374

や

八色の姓	35
薬師寺	70
安井算哲（渋川春海）	179,214
安田	297
柳沢吉保	178
八幡製鉄所	295,296
流鏑馬	102
山内豊信（容堂）	236
山鹿素行	213
山県有朋	243,265,277
山県大弐	218
山県閥	277
山片蟠桃	218
山川均	334
山崎闇斎	212
山下町洞人	11
山背大兄王	32
山城の国一揆	128
邪馬台国	20
大和絵	78,143
ヤマト政権	22
『大和本草』	213
山名氏	116
山名持豊（宗全）	125
山上憶良	72
山本権兵衛	303
闇市	393
弥生文化	16
ヤルタ会談	362
ヤン＝ヨーステン	167

ゆ

唯一神道（吉田神道）	143
由井（比）正雪	176
友愛会	333
結城合戦	125
結城氏	125
郵政民営化関連法案	436

友禅染	215
有職故実	138
有徳人	108
雄藩連合政権	236
郵便制度	248
雄略天皇	24
湯島聖堂	178
輸出拡大	347
輸出自主規制	431
輸出入品等臨時措置法	358
輸租	49
油田	418

よ

庸	38
洋学	217
洋学所	367
洋書調所	367
遙任	61
陽明学	212
養老律令	37
翼賛選挙	360
横穴式石室	67
横光利一	378
横山大観	378
吉田兼倶	143
吉田茂	389
吉田神道（唯一神道）	143
吉野	113
吉野ヶ里遺跡	20
吉野作造	321,333
寄木造	79
寄場組合	202
四日市ぜんそく	419
四つの口	172
米内光政	345,353
世直し一揆	201
読本	219
寄親・寄子制	129
四・一六事件	329
四カ国条約	312
四大公害訴訟	419

ら

来迎図	79
楽市	131
楽市令	131,151
ラクスマン	196
ラジオ放送	377
拉致問題	435

蘭学‥‥‥‥‥‥‥‥ 217
『蘭学階梯』‥‥‥‥‥ 217
蘭溪道隆‥‥‥‥‥‥ 137
欄間彫刻‥‥‥‥‥‥ 209

り

里‥‥‥‥‥‥‥‥‥ 38
リーマンブラザーズ‥‥ 436
利益線‥‥‥‥‥‥‥ 274
李鴻章‥‥‥‥‥‥‥ 275
李舜臣‥‥‥‥‥‥‥ 157
李成桂‥‥‥‥‥‥‥ 120
里長‥‥‥‥‥‥‥‥ 38
李朝（朝鮮）‥‥‥ 120,171
律‥‥‥‥‥‥‥‥‥ 37
立憲改進党‥‥‥‥‥ 258
立憲政友会‥‥‥ 280,326
立憲帝政党‥‥‥‥‥ 258
立憲民政党‥‥‥‥‥ 330
六国史‥‥‥‥‥‥ 57,71
立志社‥‥‥‥‥‥‥ 256
立志社建白‥‥‥‥‥ 257
律宗‥‥‥‥‥‥‥‥ 72
リットン調査団‥‥‥‥ 340
律令‥‥‥‥‥‥‥‥ 32
琉球王国‥‥‥‥‥ 122,171
琉球処分‥‥‥‥‥‥ 250
琉球藩‥‥‥‥‥‥‥ 250
柳条湖事件‥‥‥‥‥ 339
柳亭種彦‥‥‥‥‥‥ 203
令‥‥‥‥‥‥‥‥‥ 37
遼‥‥‥‥‥‥‥‥‥ 56
龍安寺‥‥‥‥‥‥‥ 143
両替商‥‥‥‥‥‥‥ 185
良観（忍性）‥‥‥‥ 137
領家‥‥‥‥‥‥‥‥ 62
令外官‥‥‥‥‥‥‥ 51
領事裁判権‥‥‥‥‥ 272
梁塵秘抄‥‥‥‥‥‥ 134
両統迭立‥‥‥‥‥‥ 110
令義解‥‥‥‥‥‥‥ 37
令集解‥‥‥‥‥‥‥ 37
林家‥‥‥‥‥‥‥ 178,211
臨済宗‥‥‥‥‥‥‥ 135
綸旨‥‥‥‥‥‥‥‥ 111
臨時資金調整法‥‥‥‥ 358
臨時雑役‥‥‥‥‥‥ 60

れ

冷戦‥‥‥‥‥‥‥‥ 394

冷戦終結‥‥‥‥‥‥ 432
黎明会‥‥‥‥‥‥‥ 333
レーニン‥‥‥‥‥‥ 306
レザノフ‥‥‥‥‥‥ 199
「列島改造」‥‥‥‥‥ 428
レッド＝パージ‥‥‥‥ 399
連歌‥‥‥‥‥‥ 140,143
連合（日本労働組合総連合会）
‥‥‥‥‥‥‥‥‥ 404
連合国軍最高司令官総司令部
（GHQ）‥‥‥‥‥ 382
連署‥‥‥‥‥‥‥‥ 97
蓮如‥‥‥‥‥‥‥‥ 128

ろ

老中‥‥‥‥‥‥‥‥ 159
労働改革‥‥‥‥‥ 386,388
労働関係調整法‥‥‥‥ 388
労働基準法‥‥‥‥‥ 388
労働組合‥‥‥‥‥‥ 384
労働組合期成会‥‥‥‥ 298
労働組合法‥‥‥‥‥ 388
労働三法‥‥‥‥‥‥ 388
牢人‥‥‥‥‥‥‥‥ 176
ロエスレル‥‥‥‥‥ 264
鹿苑寺金閣‥‥‥‥‥ 140
六斎市‥‥‥‥‥‥‥ 126
60年安保闘争‥‥‥ 407,408
六大企業集団‥‥‥‥ 416
六波羅探題‥‥‥‥‥ 95
鹿鳴館‥‥‥‥‥‥‥ 273
盧溝橋事件‥‥‥‥‥ 348
ロシア革命‥‥‥‥‥ 306
ロッキード事件‥‥‥‥ 428
ロッシュ‥‥‥‥‥‥ 235
ロマン主義文学‥‥‥‥ 373
ロンドン海軍軍縮条約‥ 331

わ

倭王武の上表文‥‥‥‥ 24
和学講談所‥‥‥‥‥ 217
獲加多支鹵大王‥‥‥‥ 24
若槻礼次郎‥‥‥ 316,328,339,342
若年寄‥‥‥‥‥‥‥ 159
脇本陣‥‥‥‥‥‥‥ 186
倭寇‥‥‥‥‥‥‥‥ 119
和事‥‥‥‥‥‥‥‥ 214
和算‥‥‥‥‥‥‥‥ 214
和人‥‥‥‥‥‥‥‥ 122
ワシントン会議‥‥‥‥ 312

ワシントン海軍軍縮条約
‥‥‥‥‥‥‥‥‥ 313
ワシントン体制‥‥ 314,339
渡辺崋山‥‥‥‥‥‥ 199
和田義盛‥‥‥‥‥‥ 93
度会家行‥‥‥‥‥‥ 137
度会神道（伊勢神道）‥ 137
和衷協同の詔書（建艦詔書）
‥‥‥‥‥‥‥‥‥ 270
和同開珎‥‥‥‥‥‥ 44
倭の五王‥‥‥‥‥‥ 24
侘茶‥‥‥‥‥‥ 143,210
ワルシャワ条約機構‥‥ 394
湾岸戦争‥‥‥‥‥‥ 432

[名人の授業シリーズ]

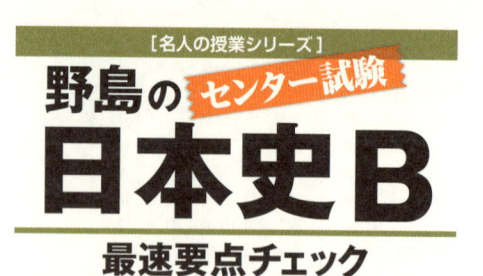

野島の センター試験 日本史B 最速要点チェック

発行日：2014年3月22日 初版発行

著者：**野島 博之**
発行者：永瀬昭幸

編集担当：中島亜佐子
発行所：株式会社ナガセ
〒180-0003 東京都武蔵野市吉祥寺南町1-29-2
出版事業部（東進ブックス）
TEL：0422-70-7456　FAX：0422-70-7457
URL：http://www.toshin.com/books/（東進WEB書店）
本書を含む東進ブックスの最新情報は、東進WEB書店をご覧ください。

編集協力：向山美紗子　大木誓子
校正協力：田中祐介　田村聡美　石塚友利恵　港就太　佐々木絵理
写真協力・提供：株式会社三光デジプロ　飛鳥園　アフロ　円覚寺　神戸市立博物館　清浄光寺　大仙院　TNM Image Archives　東寺　人間文化研究機構　福岡県立図書館　便利堂　薬師寺　読売新聞社

カバーデザイン：山口 勉
イラスト：新谷圭子
本文デザイン・図版：スギヤマデザイン
DTP：株式会社三光デジプロ
印刷・製本：シナノ印刷株式会社

※落丁・乱丁本は着払いにて小社出版事業部宛にお送りください。
　新本にお取り替えいたします。
※本書を無断で複写・複製・転載することを禁じます。

© Hiroyuki Nojima 2014
Printed in Japan
ISBN 978-4-89085-596-4　C7321

東進ブックス

編集部より

この本を読み終えた君にオススメの3冊!

東大日本史 問題演習
大問（時代）別に東大日本史の過去問とオリジナル予想問題を収録。質の高いシミュレーションを重ねることができる！

東大地理 問題演習
東大地理対策の決定版！掲載問題数は121問。論述力を徹底的に鍛え、幅広い知識を得ることで、実戦力が身につく！

英語長文レベル別問題集 5 上級編
実際に出題された入試問題を掲載。レベル1～6まで、自分のレベルに合わせて英語長文が学習できる！本文対応CD付き。

体験授業

この本を書いた講師の授業を受けてみませんか？

東進では有名実力講師陣の授業を無料で体験できる『体験授業』を行っています。「わかる」授業、「完璧に」理解できるシステム、そして最後まで「頑張れる」雰囲気を実際に体験してください。

※1講座（90分×1回）を受講できます。
※お電話または東進ドットコムでご予約ください。
連絡先は付録9ページをご覧ください。
※お友達同士でも受講できます。

野島先生の主な担当講座 ※2014年度
「新 スタンダード日本史B①②」など

▶ 東進の合格の秘訣が次ページに

合格の秘訣 1　全国屈指の実力講師陣

ベストセラー著者のなんと7割が東進の講師陣!!
2013年 新登場！

東進ハイスクール・東進衛星予備校では、そうそうたる講師陣が君を熱く指導する！

本気で実力をつけたいと思うなら、やはり根本から理解させてくれる一流講師の授業を受けることが大切です。東進の講師は、日本全国から選りすぐられた大学受験のプロフェッショナル。何万人もの受験生を志望校合格へ導いてきたエキスパート達です。

宮内 舞子 先生 [物理]
丁寧で色彩豊かな板書と詳しい講義で生徒を惹きつける。

英語

安河内 哲也 先生 [英語]
数えきれないほどの受験生の偏差値を改造、難関大へ送り込む！

今井 宏 先生 [英語] 
予備校界のカリスマ講師。君に驚きと満足、そして合格を与えてくれる

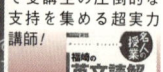

福崎 伍郎 先生 [英語] 
その鮮やかすぎる解法で受講生の圧倒的な支持を集める超実力講師！

山中 博 先生 [英語]
緻密にして明快、東進の元気印が受験生を魅了する！

大岩 秀樹 先生 [英語] 
情熱と若さあふれる授業で、知らず知らずのうちに英語が得意教科に！

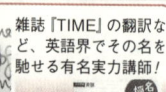

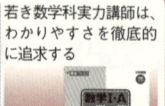

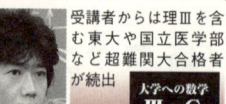

宮崎 尊 先生 [英語] 
雑誌『TIME』の翻訳など、英語界でその名を馳せる有名実力講師！

数学

志田 晶 先生 [数学] 
若き数学科実力講師は、わかりやすさを徹底的に追求する

長岡 恭史 先生 [数学] 
受講者からは理Ⅲを含む東大や国立医学部など超難関大合格者が続出

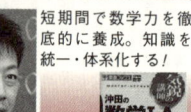

沖田 一希 先生 [数学] 
短期間で数学力を徹底的に養成。知識を統一・体系化する！

付録 1

WEBで体験

東進ドットコムで授業を体験できます！
実力講師陣の詳しい紹介や、各教科の学習アドバイスも読めます。
www.toshin.com/teacher/

国語

板野 博行 先生 [現代文・古文]
「わかる」国語は君のやる気を生み出す特効薬

出口 汪 先生 [現代文]
ミスター驚異の現代文。数々のベストセラー著者としても超有名！ 

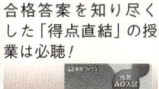

河本 敏浩 先生 [現代文・小論文] 
合格答案を知り尽くした「得点直結」の授業は必聴！ 

吉野 敬介 先生 [古文] <客員講師>
予備校界の超大物が東進に登場。ドラマチックで熱い講義を体験せよ

富井 健二 先生 [古文]
ビジュアル解説で古文を簡単明快に解き明かす実力講師

三羽 邦美 先生 [古文・漢文]
縦横無尽な知識に裏打ちされた立体的な授業に、グングン引き込まれる！ 

樋口 裕一 先生 [小論文] <客員講師>
小論文指導の第一人者。著書『頭がいい人、悪い人の話し方』は250万部突破！

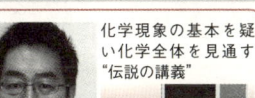

理科

橋元 淳一郎 先生 [物理]
『物理をはじめからていねいに』は熱烈な支持

鎌田 真彰 先生 [化学]
化学現象の基本を疑い化学全体を見通す"伝説の講義"

田部 眞哉 先生 [生物]
全国の受験生が絶賛するその授業は、わかりやすさそのもの！

地歴公民

荒巻 豊志 先生 [世界史]
"受験世界史に荒巻あり"と言われる超実力人気講師

金谷 俊一郎 先生 [日本史]
入試頻出事項に的を絞った「表解板書」は圧倒的な信頼を得る！ 

清水 雅博 先生 [公民]
全国の政経受験者が絶賛のベストセラー講師！

付録 2

合格の秘訣2

革新的な学習システム

東進には、第一志望合格に必要なすべての要素を満たし、抜群の合格実績を生み出す学習システムがあります。

ITを駆使した最先端の勉強法
高速学習

一人ひとりのレベル・目標にぴったりの授業

東進はすべての授業を映像化しています。その数およそ1万種類。これらの授業を個別に受講できるので、一人ひとりのレベル・目標に合った学習が可能です。1.4倍速受講ができるほか自宅のパソコンからも受講できるので、今までにない効率的な学習が実現します。

1年分の授業を最短2週間から3カ月で受講

従来の予備校は、毎週1回の授業。しかし、高速学習ならこれを毎日受講することができます。1年分の授業が最短2週間から3カ月程度で修了。先取り学習や苦手科目の克服、勉強と部活との両立が可能になります。

合格者の声

東京大学 理科Ⅰ類
川手 美希さん

東進の「高速学習」のおかげで、効率よく勉強を進められ、短期間で基礎固めができました。特に、まったく理解できていなかった理科を高2の冬の間にすべて履修できたことは大きかったです。入学時点での遅れを取り戻すことができ、志望校に合格できました。

先取りカリキュラム

	高1	高2	高3
東進の学習方法	高1生の学習 数学Ⅰ・A	高2生の学習 数学Ⅱ・B	高3生の学習 数学Ⅲ	受験勉強

高2のうちに受験全範囲を修了する

| 従来の学習方法（公立高校の場合） | 高1生の学習 数学Ⅰ・A | 高2生の学習 数学Ⅱ・B | 高3生の学習 数学Ⅲ |

目標まで一歩ずつ確実に
スモールステップパーフェクトマスター

基礎から着実に難関レベルに到達できる

自分に合ったレベルから始め、確実に力を伸ばすことが可能です。「簡単すぎる」「難しすぎる」といった無駄がなく、志望校へ最短距離で進みます。また、授業後には「確認テスト」や「講座修了判定テスト」で理解してから先に進むので、わからない部分を残すことはありません。自分の学習成果を細かく確認しながら、着実に力をつけることができます。

合格者の声

慶應義塾大学 法学部
川崎 悠吾くん

僕は勉強において復習を最も重視していたので、毎受講後にある確認テストは復習において非常に有効な学習システムでした。毎回の受講にきちんと取り組み、確実に理解しながら一歩ずつ進んでいったので、成績が着実に伸びていくことを実感できました。

パーフェクトマスターのしくみ

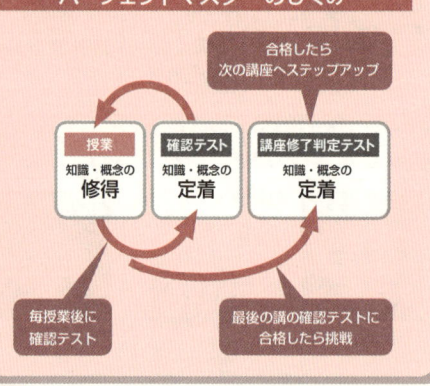

合格したら次の講座へステップアップ

- 授業：知識・概念の**修得**
- 確認テスト：知識・概念の**定着**
- 講座修了判定テスト：知識・概念の**定着**

毎授業後に確認テスト → 最後の講の確認テストに合格したら挑戦

付録 3

個別説明会

全国の東進ハイスクール・東進衛星予備校の各校舎にて実施しています。
※お問い合わせ先は、付録9ページをご覧ください。

徹底的に学力の土台を固める

高速基礎マスター講座

高速基礎マスター講座は「知識」と「トレーニング」の両面から、科学的かつ効率的に短期間で基礎学力を徹底的に身につけるための講座です。文法事項や重要事項を単元別・分野別にひとつずつ完成させていくことができます。インターネットを介してオンラインで利用できるため、校舎だけでなく、自宅のパソコンや携帯電話で学習することも可能です。

合格者の声

早稲田大学 創造理工学部
常岡 優吾くん

受験勉強を始めたころ、勉強の習慣づけができておらず、英単語などの勉強をうまく進められませんでした。しかし「高速基礎マスター講座」で、基礎の範囲を短い期間で確実に身につけることができ、本格的な受験勉強を進める上で非常に役立ったと思います。

東進公式スマートフォンアプリ
■東進式マスター登場！
（英単語／英熟語／英文法／基本例文）

スマートフォンアプリでつぎつぎ頭の中に！

1) スモールステップ・パーフェクトマスター！
頻出度（重要度）の高い英単語から始め、1つのSTEP（計100語）を完全修得すると次のSTEPに進めるようになります。

2) 自分の英単語力が一目でわかる！
トップ画面に「修得語数・修得率」をメーター表示。自分が今何語修得しているのか、どこを優先的に学習すべきなのか一目でわかります。

3)「覚えていない単語」だけを集中攻略できる！
未修得の単語、または「My単語（自分でチェック登録した単語）」だけをテストする出題設定が可能です。
すでに覚えている単語を何度も学習するような無駄を省き、効率良く単語力を高めることができます。

東進式マスター「英単語センター1800」

君を熱誠指導でリードする

担任指導

志望校合格のために
君の力を最大限に引き出す

定期的な面談を通じた「熱誠指導」で、最適な学習方法をアドバイス。スケジュールを具体的に示し、君のやる気を引き出します。課題をともに考えて解決し、志望校合格までリードする存在、それが東進の「担任」です。

合格者の声

東京外国語大学 国際社会学部
野口 鵬さん

東進に入学したての時期にさまざまなサポートをしていただき、東進の学習システムにすぐに慣れることができました。グループ面談などを通して、いつも親身に見守ってくれていた担任や担任助手の先生方は、受験勉強において大きな手助けとなりました。

合格の秘訣 3 東進ドットコム

ここでしか見られない受験と教育の情報が満載！
大学受験のポータルサイト

www.toshin.com

東進公式Twitter @Toshincom
東進公式Facebook www.facebook.com/ToshinHighSchool

東進WEB書店

東進ブックスのインターネット書店

ベストセラー参考書から夢ふくらむ人生の参考書まで

学習参考書から語学・一般書までベストセラー＆ロングセラーの書籍情報がもりだくさん！ あなたの「学び」をバックアップするインターネット書店です。検索機能もグンと充実。さらに、一部書籍では立ち読みも可能。探し求める1冊に、きっと出会えます。

スマートフォン版も充実！

ケータイからもご覧いただけます

東進ドットコムはケータイ・スマートフォンから簡単アクセス！

最新の入試に対応!!
大学案内

**偏差値でも検索できる。
検索機能充実！**

　東進ドットコムの「大学案内」では最新の入試に対応した情報を様々な角度から検索できます。学生の声、入試問題分析、大学校歌など、他では見られない情報が満載！登録は無料です。
　また、東進ブックスの『新大学受験案内』では、厳選した172大学を詳しく解説。大学案内とあわせて活用してください。

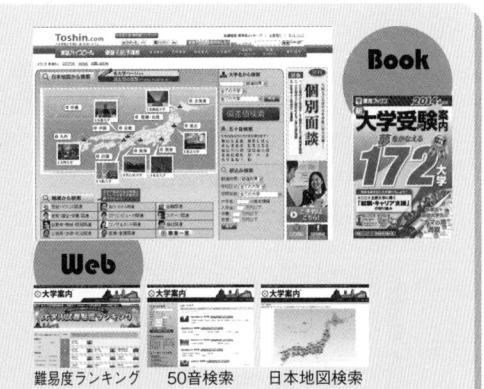

難易度ランキング　50音検索　日本地図検索

172大学の過去問を無料で閲覧
大学入試過去問データベース

**君が目指す大学の過去問を
すばやく検索、じっくり研究！**

　東進ドットコムの「大学入試問題 過去問データベース」は、志望校の過去問をすばやく検索し、じっくり研究することが可能。172大学の過去問をダウンロードすることができます。センター試験の過去問も18年分以上掲載しています。登録は無料です。志望校対策の「最強の教材」である過去問をフル活用することができます。

学生特派員からの
先輩レポート

**生の大学情報を
リアルタイムに提供！**

　東進で頑張り難関大学に合格した先輩が、ブログ形式で大学の情報を提供します。大勢の学生特派員によって、大学案内・情報誌などにはない生の大学情報が次々とアップデートされていきます。また、受験を終えたからこそわかるアドバイスも、受験勉強に役立つこと間違いなしです。

合格の秘訣 4 東進模試

申込受付中
※連絡先は付録9ページをご覧ください。

学力を伸ばす模試

「自分の学力を知ること」が受験勉強の第一歩

■ **絶対評価の連続模試**
毎回同じ判定基準で、志望校と現在の学力を比較。自分の成績の伸びが正確に把握できます。

■ **入試の『本番レベル』**
「合格までにあと何点必要か」がわかる。早期に本番レベルを知ることができます。

■ **最短7日のスピード返却**
成績表を、最短で実施7日後に返却。次の目標に向けた復習はバッチリです。

■ **合格指導解説授業**
模試受験後に合格指導解説授業を実施。重要ポイントが手に取るようにわかります。

模試受験中に学力を伸ばす！
合格までの距離を知り、計画を立てる！
学習効果を検証、勉強法を改善する！

☝ 全国統一高校生テスト
高3生 高2生 高1生
年1回

東進模試 ラインアップ 2013年度

模試名	対象	回数	
センター試験本番レベル模試	受験生 高2生	年5回	
センター試験高校生レベル模試	高2生 高1生	年4回	
東大本番レベル模試	受験生	年3回	センター試験本番レベル模試とのドッキング判定※
京大本番レベル模試	受験生	年3回	
北大本番レベル模試	受験生	年2回	
東北大本番レベル模試	受験生	年2回	
名大本番レベル模試	受験生	年2回	
阪大本番レベル模試	受験生	年2回	
九大本番レベル模試	受験生	年2回	
難関大本番レベル記述模試	受験生	年5回	
有名大本番レベル記述模試	受験生	年5回	
大学合格基礎力判定テスト	受験生 高2生 高1生	年4回	
センター試験同日体験受験	高2生 高1生	年1回	
東大入試同日体験受験	高2生	年1回	

※最終回がセンター試験後の受験となる模試は、センター試験自己採点とのドッキング判定となります。

東進で勉強したいが、近くに校舎がない君は…
東進ハイスクール 在宅受講コースへ

「遠くて東進の校舎に通えない……」。そんな君も大丈夫！ 在宅受講コースなら自宅のパソコンを使って勉強できます。ご希望の方には、在宅受講コースのパンフレットをお送りいたします。お電話にてご連絡ください。学習・進路相談も随時可能です。

付録 7

2013年も難関大・有名大 ゾクゾク現役合格
抜群の現役合格実績

現役のみ！最終学年高3在籍者のみ！講習生含まず！

東進の合格実績には、高卒生や講習生、公開模試生を含みません。（他の大手予備校とは基準が異なります）

2013年3月31日締切

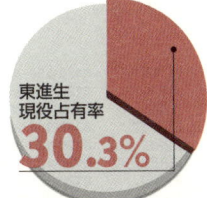

東大現役合格者600名（昨対+12名）ついに達成!!

東進生現役占有率 **30.3%**

- 文Ⅰ……124名
- 文Ⅱ……74名
- 文Ⅲ……81名
- 理Ⅰ……197名
- 理Ⅱ……79名
- 理Ⅲ……45名

2013年の東大合格者は現浪合わせて3,109人（うち、現役合格者は1,978人）。東進の現役合格者は、昨年より12名増の600名。東大現役合格者における東進の占有率は、2012年の29.50%から30.33%となりました。東大現役合格者の3.3人に1人が東進生です。

東大現役合格者の3.3人に1人が東進生

現役合格 旧七帝大＋四大学連合 2,447名（昨対+205名）

旧七帝大
- 東京大……600名
- 京都大……215名
- 北海道大……194名
- 東北大……201名
- 名古屋大……209名
- 大阪大……348名
- 九州大……292名

四大学連合
- 東京医科歯科大……37名
- 東京工業大……141名
- 一橋大……112名
- 東京外国語大……98名

現役合格 国公立医学部医学科 521名（昨対+1名）

- 東京大(理科Ⅲ類)……45名
- 京都大(医学部医学科)……16名
- 北海道大(医学部医学科)……8名
- 東北大(医学部医学科)……17名
- 名古屋大(医学部医学科)……11名
- 大阪大(医学部医学科)……13名
- 九州大(医学部医学科)……16名
- 札幌医科大(医学部医学科)……6名
- 旭川医科大(医学部医学科)……13名
- 弘前大(医学部医学科)……7名
- 福島県立医科大(医学部医学科)……8名
- 筑波大(医学部医学科)……7名
- 群馬大(医学部医学科)……10名
- 千葉大(医学部医学科)……22名
- 東京医科歯科大(医学部医学科)……14名
- 横浜市立大(医学部医学科)……9名
- 新潟大(医学部医学科)……15名
- 金沢大(医学部保健学科)……6名
- 福井大(医学部医学科)……7名
- 山梨大(医学部医学科)……6名
- 信州大(医学部医学科)……13名
- 岐阜大(医学部医学科)……11名
- 浜松医科大(医学部医学科)……13名
- 名古屋市立大(医学部医学科)……4名
- 三重大(医学部医学科)……18名
- 滋賀医科大(医学部医学科)……6名
- 京都府立医科大(医学部医学科)……7名
- 神戸大(医学部医学科)……13名
- 和歌山県立医科大(医学部医学科)……7名
- 広島大(医学部医学科)……15名
- 山口大(医学部医学科)……14名
- 徳島大(医学部医学科)……15名
- 愛媛大(医学部医学科)……9名
- 佐賀大(医学部医学科)……8名
- 長崎大(医学部医学科)……15名
- 熊本大(医学部医学科)……9名
- 鹿児島大(医学部医学科)……8名
- その他国公立大(医学部医学科)……63名

現役合格 早慶上智 5,017名（昨対+526名）

- 早稲田大……2,627名（東進生現役占有率 **21.3%**／4.7人に1人が東進生!!）
- 慶應義塾大……1,402名（東進生現役占有率 **23.6%**／4.3人に1人が東進生!!）
- 上智大……988名

現役合格 理明青立法中 11,102名（昨対+943名）

- 東京理科大……1,472名
- 明治大……2,895名
- 青山学院大……1,224名
- 立教大……1,626名
- 法政大……2,195名
- 中央大……1,690名

現役合格 関関同立 8,529名（昨対+1,389名）

- 関西学院大……1,642名
- 関西大……2,049名
- 同志社大……1,970名
- 立命館大……2,868名

全国主要国公立大

- 北海道教育大……69名
- 弘前大……55名
- 岩手大……52名
- 宮城大……27名
- 秋田大……48名
- 山形大……78名
- 福島大……42名
- 筑波大……214名
- 茨城大……125名
- 宇都宮大……47名
- 群馬大……58名
- 埼玉大……156名
- 埼玉県立大……36名
- 千葉大……284名
- 首都大学東京……205名
- お茶の水女子大……37名
- 電気通信大……60名
- 東京学芸大……121名
- 東京農工大……79名
- 横浜国立大……240名
- 横浜市立大……130名
- 新潟大……203名
- 富山大……107名
- 金沢大……165名
- 福井大……68名
- 山梨大……77名
- 信州大……141名
- 岐阜大……113名
- 静岡大……190名
- 静岡県立大……50名
- 愛知教育大……90名
- 名古屋工業大……114名
- 名古屋市立大……103名
- 三重大……177名
- 滋賀大……78名
- 京都教育大……24名
- 大阪市立大……179名
- 大阪府立大……152名
- 大阪教育大……112名
- 神戸大……325名
- 奈良女子大……44名
- 和歌山大……49名
- 鳥取大……87名
- 島根大……63名
- 岡山大……163名
- 広島大……228名
- 山口大……195名
- 徳島大……107名
- 香川大……88名
- 愛媛大……171名
- 高知大……47名
- 北九州市立大……132名
- 佐賀大……110名
- 長崎大……158名
- 熊本大……196名
- 大分大……69名
- 宮崎大……49名
- 鹿児島大……93名
- 琉球大……80名

※東進調べ

ウェブサイトでもっと詳しく ➡ 東進 検索

各大学の合格実績は、東進ハイスクールと東進衛星予備校の合同実績です。

付録 8

東進へのお問い合わせ・資料請求は
東進ドットコム www.toshin.com か
下記までお電話ください。(通話料無料)

東進ハイスクール　0120-104-555 (トーシン・ゴーゴーゴー)

●東京都

[中央地区]
- 市ヶ谷校　0120-104-205
- 新宿エルタワー校　0120-104-121
- 高田馬場校　0120-104-770
- ★渋谷駅西口校　0120-389-104

[城北地区]
- 赤羽校　0120-104-293
- 本郷三丁目校　0120-104-068
- 茗荷谷校　0120-738-104

[城東地区]
- 綾瀬校　0120-104-762
- 金町校　0120-452-104
- ★北千住校　0120-693-104
- 錦糸町校　0120-104-249
- 豊洲校　0120-104-282
- 西新井校　0120-266-104
- 西葛西校　0120-289-104
- 門前仲町校　0120-104-016

[城西地区]
- ★池袋校　0120-104-062
- 大泉学園校　0120-104-862
- 荻窪校　0120-687-104
- 高円寺校　0120-104-627
- 石神井校　0120-104-159
- 巣鴨校　0120-104-780
- 成増校　0120-028-104
- 練馬校　0120-104-643

[城南地区]
- 大井町校　0120-575-104
- 蒲田校　0120-265-104
- 五反田校　0120-672-104
- 三軒茶屋校　0120-104-739
- 下北沢校　0120-104-672
- 自由が丘校　0120-964-104
- 成城学園前駅北口校　0120-104-616
- 千歳烏山校　0120-104-331
- 都立大学駅前校　0120-275-104

[東京都下]
- ★吉祥寺校　0120-104-775
- 国立校　0120-104-599
- 国分寺校　0120-622-104
- 立川駅北口校　0120-104-662
- 田無校　0120-104-272
- 調布校　0120-104-305
- 八王子校　0120-896-104
- 東久留米校　0120-565-104
- 府中校　0120-104-676
- ★町田校　0120-104-507
- 武蔵小金井校　0120-480-104
- 武蔵境校　0120-104-769

●神奈川県
- 青葉台校　0120-104-947
- 厚木校　0120-104-716
- 川崎校　0120-226-104
- 湘南台東口校　0120-104-706
- 新百合ヶ丘校　0120-104-182
- センター南駅前校　0120-104-722
- たまプラーザ校　0120-104-445
- 鶴見校　0120-876-104
- 平塚校　0120-104-742
- 藤沢校　0120-104-549
- 向ヶ丘遊園校　0120-104-757
- 武蔵小杉校　0120-165-104
- ★横浜校　0120-104-473

●埼玉県
- 浦和校　0120-104-561
- 大宮校　0120-104-858
- 春日部校　0120-104-508
- 川口校　0120-917-104
- 川越校　0120-104-538
- 小手指校　0120-104-759
- 志木校　0120-104-202
- せんげん台校　0120-104-388
- 草加校　0120-104-690
- 所沢校　0120-104-594
- ★南浦和校　0120-104-573
- 与野校　0120-104-755

●千葉県
- 我孫子校　0120-104-253
- 市川駅前校　0120-104-381
- 稲毛海岸校　0120-104-575
- 海浜幕張校　0120-104-926
- ★柏校　0120-104-353
- 北習志野校　0120-344-104
- 新浦安校　0120-556-104
- 新松戸校　0120-104-354
- ★千葉校　0120-104-564
- 津田沼校　0120-104-724
- 土気校　0120-104-584
- 成田駅前校　0120-104-346
- 船橋校　0120-104-514
- 松戸校　0120-104-257
- 南柏校　0120-104-439
- 八千代台校　0120-104-863

●茨城県
- つくば校　0120-403-104
- 土浦校　0120-059-104
- 取手校　0120-104-328

●静岡県
- ★静岡校　0120-104-585

●長野県
- ★長野校　0120-104-586

●奈良県
- JR奈良駅前校　0120-104-746
- ★奈良校　0120-104-597

★は高校生・高卒生対象の校舎です。
その他は高校生対象の校舎です。
(2013年4月現在)

新校舎開校情報
最新の情報は東進ドットコム
(www.toshin.com)でご案内!

東進衛星予備校　0120-104-531 (トーシン・ゴーサイン)

東進ドットコムでお近くの校舎を検索!

「東進衛星予備校」の「校舎案内」をクリック　→　エリア・都道府県を選択　住所の一部からも検索できます

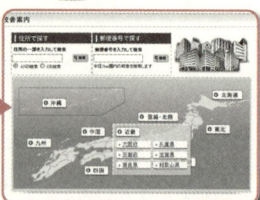

資料請求もできます

東進ハイスクール 在宅受講コース　0120-531-104 (ゴーサイン・トーシン)

付録 9